뇌연집

이 책은 2020년도 정부(교육부)의 재원으로 한국고전번역원의 지원을 받아
수행된 '권역별거점연구소협동번역사업'의 결과물임.

This work was supported by Institute for the Translation of Korean Classics - Grant funded by the Korean Government.

한국고전번역원 한국문집번역총서/이화여자대학교 한국문화연구원

뇌연집 4

雷淵集

남유용 南有容 지음

이은영 이주해 옮김

일러두기

1. 이 책의 번역 대본은 한국고전번역원에서 간행한 한국문집총간 제217~218집 소재 《뇌연집(雷淵集)》으로 하였다. 번역 대본의 원문 텍스트와 원문 이미지는 한국고전종합DB(http://db.itkc.or.kr)에서 확인할 수 있다.
2. 내용이 간단한 역주는 간주(間註)로, 긴 역주는 각주(脚註)로 처리하였다.
3. 한자는 필요한 경우 이해를 돕기 위하여 넣었으며, 운문(韻文)은 원문을 병기하였다.
4. 맞춤법과 띄어쓰기는 한글 맞춤법과 표준어 규정을 따랐다.
5. 이 책에서 사용한 부호는 다음과 같다.
   ( ) : 번역문과 음이 같은 한자를 묶는다.
   〔 〕 : 번역문과 뜻은 같으나 음이 다른 한자를 묶는다.
   " " : 대화 등의 인용문을 묶는다.
   ' ' : " " 안의 재인용 또는 강조 문구를 묶는다.
   「 」 : ' ' 안의 재인용을 묶는다.
   『 』 : 「 」 안의 재인용을 묶는다.
   《 》 : 책명 및 각주의 전거(典據)를 묶는다.
   〈 〉 : 책의 편명 및 운문·산문의 제목을 묶는다.

차례

뇌연집 제8권

시詩

잡시 雜詩

악부 樂府

잡체 雜體

연구 聯句

사언 四言

육언 六言

뇌연집

제7권

詩 시

임 충민공의 사당[1]에서 졸옹[2]의 시에 차운하다[3]

林忠愍廟 次拙翁韻

눈서리는 새로운 풍경을 열고 霜雪開生面
산천은 낮은 비석을 감싸고 있네 山川繞短碑
마음을 읽는 데는 독보적이었고 知心惟獨步
바닷가에 이르러서는 웅장한 모습이었지[4] 薄海一雄姿
죽어서도 숭정의 귀신이 될 것을 死亦崇禎鬼
살아서 누가 오랑캐의 개[5]가 되랴 生誰羯狗爲

1 임 충민공(林忠愍公)의 사당 : 충주 달천에 있는 충렬사(忠烈祠)로, 조선 중기의 명장 충민(忠愍) 임경업(林慶業, 1594~1646)을 모신 사당이다.

2 졸옹(拙翁) : 이덕홍(李德弘)으로, 본관은 완산(完山), 호는 졸옹(拙翁), 자가 문원(文遠)이다. 《뇌연집(雷淵集)》 권14의 〈동음의 화악유람기〔遊洞陰華嶽記〕〉에 "매서인 완산 이문원〔妹婿完山李文遠〕"이라고 하였으니 이덕홍은 남유용에게 매제가 됨을 알 수 있다.

3 임 충민공의……차운하다 : 이 시는 무인년(1758년, 영조34) 남유용의 나이 61세에 지은 시이다.

4 마음을……모습이었지 : 1622년 모문룡이 처음 가도에 들어가 동강진을 설치한 후, 조선의 항복을 받아낸 청나라는 명나라에서 귀순한 장수 공유덕(孔有德)과 경중명(耿仲明)을 앞세워 조선에 가도 정벌에 동참할 것을 강요했다. 그러자 조선 조정에서는 평안병사 유림(柳琳)을 주장으로, 의주 부윤 임경업(林慶業)을 부장으로 삼아 병력을 이끌고 철산 앞바다로 진격하도록 하되, 명나라 군과 비밀리에 교섭하여 전투를 피하였다.

5 오랑캐의 개 : 원래 안녹산(安祿山)을 가리킬 때 썼던 말이다. 안고경(顔杲卿)이 상산 태수(常山太守)로 있으면서 안녹산과 혈전을 벌이다 성이 함락되자 "조갈구(臊羯狗)야 어찌 나를 빨리 죽이지 않느냐.〔臊羯狗, 何不速殺我?〕"라고 꾸짖으며 끝내 굴복

찬 하늘이 흘리는 두어 줌의 눈물　寒天數掬淚
가을의 비감에 젖어서가 절대 아니네　端不作秋悲

하지 않고 죽었다고 한다. 여기서는 청나라를 가리킨다.

성곽에 들어가 따라온 사람 두서너 명이 시를 올리기에 이에 화답하다

入郭 二三從人獻詩 仍和之

나그네 생활을 오래 해서가 아니라	不爲客遊久
귀밑머리 원래부터 성글었다네	鬢毛元自踈
새재 너머 구름은 싸늘하고	雲寒鳥嶺外
기러기 노는 모래밭엔 물이 줄었구나	水落鴈沙餘
성곽엔 결국 들어가야 하니	城郭終須入
임천에서 지내려던 일 또 허망하게 되었네	林泉事又虛
어린 손자도 뜻을 이해하고	童孫也會意
벽을 털고 먼지 묻은 책을 꺼내네	拂壁出塵書

간옹[6]이 앞의 시에 첩운하여 보내온 시에 화운하여 공책 스무 권을 보내주신 것에 사례하다

和磵翁疊前韻見寄 謝惠空冊二十卷

공책 꽁꽁 묶어 보내주신 뜻 깊은데 東東藤編寄意長
저서라는 것이 옛 산양에 참으로 부끄럽소[7] 著書眞媿古山陽
특별히 상아와 옥으로 장식하여 책갑을 만들게 하였으니 端教象玉粧成匣
다만 아이들이 펼쳐서 당에 벌여놓을까봐 걱정해서라오 只怕兒童攤滿堂
하얀 종이는 응당 새 먹물 슬퍼하며 물들 것이요 皎白應悲新墨染
주황빛 글씨[8]는 끝내 낡은 붓을 빌려 빛을 낼 터 朱黃終借老毫光

6 간옹(磵翁) : 김이건(金履健, 1697~1771)으로, 본관은 안동(安東), 초명은 김제악(金齊岳), 자는 강백(剛伯), 호는 간옹(澗翁)이다. 참봉, 청도 군수, 청주 목사를 역임하였고, 환곡의 관리를 잘하여 흉년에 유리걸식자가 나타나지 않도록 진휼에 힘썼다고 하여 선치수령(善治守令)으로 뽑혔다. 이조 참판에 추증되었다.

7 저서라는……부끄럽소 : 원문의 '山陽'은 삼국 시대 위(魏)나라의 이른바 죽림칠현(竹林七賢)이 노닐었던 하내(河內)의 산양현(山陽縣)을 말한다. 일찍이 진(晉)나라의 혜강(嵇康), 상수(向秀) 등이 이곳에 살면서 절친하게 지냈는데 상수(向秀)가 전에 살던 산양(山陽) 땅을 지나다가 이웃 사람이 부는 젓대 소리를 듣고 죽은 벗 혜강(嵇康)과 여안(呂安)을 그리는 마음을 금할 수가 없어 〈옛 벗을 그리며〔思舊賦〕〉를 지었다는 고사가 있다. 《晉書 卷49 向秀列傳》 저서는 아마도 벗들과 어울리면서 우의를 다지는 시문이었던 것으로 보인다.

8 주황빛 글씨 : 붉은 붓으로 잘못된 곳을 교정하고 부족한 곳을 보충하는 것을 말한다.

맑은 창가에서 열람을 마치고 다시 베개 삼아 높이 베니

晴牕閱罷還高枕

더 좋은 건 서로 의지하며 꿈나라 가는 것이라오　更好相偎到睡鄕

울주로 외보되어 가면서[9] 도중에 이 상서 사수[10]의 증별시에 차운하다

外補蔚州 途中次李尙書士受贈別韻

북풍 속에 눈발은 말 앞에서 흩날리고 北風和雪馬前飛
몇 점 문성[11]은 빛을 내지 않네 數點文星不放輝
헛된 명성 우환의 시작이라고 비웃지 마소 莫笑浮名憂患始
사원[12]에 아직도 전하지 못한 의발[13]이 있다오 詞垣猶有未傳衣

내가 문형(文衡)을 천망(薦望)하는 문제로 성지(聖旨)를 거슬려 출보(黜補)되었기 때문에 그렇게 말한 것이다.

9 울주로……가면서 : 외보(外補)는 좌천시켜 외직(外職)으로 보임하는 것을 말한다. 임금이 전 대제학 남유용(南有容)에게 명하여 문형(文衡)의 권점(圈點)을 행하게 하였는데, 남유용이 여러 번 소패(召牌)를 어겨 울산 부사(蔚山府使)로 출보된 사실을 가리킨다.《英祖實錄 34年 11月 13日》

10 이 상서 사수 : 이정보(李鼎輔, 1693~1766)로, 본관은 연안(延安), 자는 사수(士受), 호는 삼주(三洲)・보객정(報客亭)이다. 남유용과 친했던 이천보(李天輔)의 사촌형이기도 하다. 대사간・대사성・이조 판서・대제학・예조 판서 등을 역임하였고 만년에 벼슬이 판중추부사에 이르렀다.

11 문성(文星) : 문창성(文昌星) 또는 문곡성(文曲星)의 준말로 이 별은 문재(文才)를 주관한다고 한다.

12 사원(詞垣) : 문단(文壇)과 같은 말로 홍문관이나 예문관 등 문학하는 신하가 봉직하는 부서를 이른다.

13 의발 : 전의발(傳衣鉢)은 본래 불사(佛師)가 그 제자에게 불법(佛法)을 전하는 증빙으로 삼았다는 뜻인데, 뒤에는 사부(師傅)와 도제(徒弟) 사이에 도나 학문을 전수하여 계승함을 이르는 말로 쓰였다.

태수의 시에 차운하여 감회를 적다
次太守韻 志懷

길에 있으면서 병에 걸려 날짜를 잊고 있었는데 예안(禮安)에 도착하자 태수가 맞이해 절하고, 이어서 한바탕 잔치를 마련해 주니 그제야 오늘이 나의 회갑 생일임을 깨달았다. 내 늙고 병든 몸으로 몇 달 사이에 다시 겹겹의 고개를 넘어와서 부모의 사판(祠版)에 와서 배알하고 어머님을 모시고 기쁨을 나누었는데[14] 또 마침 이날을 맞기까지 하였으니 거의 인력으로 이를 수 있는 것이 아니요, 또 성은(聖恩)이 미치는 바가 아닐 수 없다.

잔치 벌여 어머님 즐겁게 해드리는데 우연히 이날을 만났으니
燕喜慈闈偶此辰
잠깐 사이 눈서리 변하여 따뜻한 봄이 되었네 乍回霜雪作陽春
이 몸 이곳에 있는 것 내 힘이 아니니 此身此地非吾力
조물주는 본래 희한한 것을 너무도 좋아하지 造化從來太好新

14 부모의……나누었는데 : 사판(祠版)은 신주(神主) 대용으로 신위(神位)를 표시한 나무판자를 말한다. 위패(位牌)라고도 한다. 예안엔 남유용의 계모(繼母) 심씨(沈氏)가 살고 있었는데 울주 가는 길에 찾아가 뵈온 것으로 추정된다.

울주의 객관에서 졸옹이 보내온 시에 차운하다
蔚州客舘 次拙翁寄示韻

창해 끝까지 가서야 비로소 쉬는 것을 말하노니	行窮滄海始言休
강의 남쪽 수십 고을 다 밟고 왔구나	踏盡江南數十州
외로운 객관 닭 울음에 못다 꾼 꿈 깨는데	孤舘鷄鳴殘夢罷
머리맡 누각에선 해가 떠오르네	日華浮上枕邊樓

태화루[15]에 올라 송나라 사람의 운을 쓰다

登太和樓 用宋人韻

타향에서 흰 머리만 많아지니	異鄉多白髮
성세에 헛된 명성으로 곤액을 겪어서라	平世困虛名
황량한 변진은 늘 바다에 기대 있고	荒戍常依海
뭉친 구름은 성을 이루려 하는구나	屯雲欲作城
세월은 하늘 밖에서 다 보내고	歲華天外盡
환로의 자취는 북두 이남[16]에서 깨끗하리	宦跡斗南淸
오직 파도 위를 나는 새가 있어서	惟有波中鳥
멀리서 무언의 정을 머금는구나	遙含不語情

15 태화루 : 울산 태화동에 있는 누각이다. 진주 촉석루(矗石樓)・안동 영호루(映湖樓)・밀양 영남루(嶺南樓)・양산 쌍벽루(雙碧樓)・김천 연자루(燕子樓)와 더불어 영남 7대루(七大樓)의 하나로 불린다.

16 북두 이남(北斗以南) : 하늘 아래, 즉 천하라는 말과 같다. 당(唐)나라 적인걸(狄仁傑)의 어진 덕에 대해서 "북두 이남에서 오직 그 한 사람뿐이다.〔北斗以南, 一人而已.〕"라고 칭송했던 고사에서 유래한 것이다.《新唐書 卷115 狄仁傑列傳》

청도 군수 김강백[17]이 사흘 걸려 산 넘고 물 건너 군재로 왕림해 주었다. 천 리 길 수레를 몰아온 풍모를 뜻하지 않게 지금 보게 되었기에 그가 지은 〈수미음〉[18] 한 수에 화운하여 사례한다

清道守金剛伯跋涉三宿 見枉郡齋 千里命駕之風 不意於今乃見 和其首尾吟一首以謝之

인생 어디선들 서로 만나지 않으리오　人生何處不相逢
자고로 구름과 용은 동류끼리 따르는 법이거늘[19]　自古雲龍以類從
겹겹 관문이 멀리 보는 눈 막아 늘 안타까웠나니　常恨重關遮遠目
누가 아득한 바다로 하여금 용렬한 몸을 묶어 놓게 하였나　誰教絶海滯踈蹤
마음은 부평이나 마름 같아 끝내 만나고　情同萍帶終須合
기쁨은 등잔불로 들어와 절로 무르익네　喜入燈花自在濃
남쪽 산의 기이한 유람 예부터 품었던 계획이니　南嶽奇遊存宿計
인생 어디선들 서로 만나지 않으리오　人生何處不相逢

17 김강백(金剛伯) : 김이건(金履健, 1697~1771)이다. 32쪽 주6 참조.

18 수미음(首尾吟) : 시체(詩體) 가운데 하나로, 시의 첫 구절과 마지막 구절을 같게 짓는 시체인데, 송나라 소옹(邵雍)의 〈수미음(首尾吟)〉에서 비롯되었다.

19 구름과……법이거늘 : 용과 구름은 《주역(周易)》 〈건괘(乾卦) 문언(文言)〉의 "구름은 용을 따르고, 바람은 범을 따른다.〔雲從龍, 風從虎.〕"라는 말에서 나온 것으로, 보통 군주와 신하가 서로 만나는 것을 뜻하는데 여기에서는 절친한 친구 사이의 만남을 의미한다.

일학루[20]에서 '평연' 두 자로 분운하여 '평' 자를 얻다
一鶴樓 以萍緣二字分韻 得萍字

무심히 내 물속의 부평을 사랑하노니	無心吾愛水中萍
인연 따라 만나고 헤어지며 각기 형체를 잊기 때문이지[21]	聚散隨緣各忘形
급류 향해 서로 끌어당기지 않고	不向急流相句引
그윽한 기약 다분히 흰 마름 핀 물가[22]에 있다네	幽期多在白蘋汀

20 일학루(一鶴樓) : 울산도호부 내아(內衙)의 정문으로 사용되었던 가학루(駕鶴樓)를 의미하는 듯하다. 당시에 동헌을 일학헌(一鶴軒)이라 불러 이러한 착오가 있었던 것으로 보인다.

21 형체를……때문이지 : 원문의 '忘形'은 형체(形體)를 잊는다는 말로, 곧 물아(物我)를 초탈한다는 뜻이다. 《장자(莊子)》 〈양왕(讓王)〉에 "정신을 보양하는 자는 형체를 잊고, 형체를 기르는 자는 이욕을 잊으며, 도를 터득한 자는 마음을 잊는다.〔養志者忘形, 養形者忘利, 致道者忘心矣.〕"라고 한 데서 온 말이다.

22 흰……물가 : 초야에 사는 것을 비유한다. 남조(南朝) 양(梁)나라 시인 유운(柳惲)의 〈강남곡(江南曲)〉에 "물가 모래톱에서 흰 마름을 캐니, 해가 떨어지는 강남의 봄이로다.〔汀洲採白蘋, 落日江南春.〕"라고 하였다.

강백의 '연' 자에 차운하다

次剛伯緣字

생란[23]이 어디에서 신선들을 물을까 笙鸞何處問群仙
아홉 점의 연기[24]가 무릎 앞을 감싸고 있는 것을 九點煙光抱膝前
푸른 물결 속에 하늘은 신마의 굴을 담그고 翠浪天涵神馬窟
자색 운기 속에 별은 노인성 자리를 맴도네 紫氛星繞老人躔
세 번 첩첩고개 넘으니 끝내 기이한 만남 이루어지고 三踰重嶺終奇遇
한바탕 타향에서 웃으니 이 또한 숙세의 인연이라 一笑他鄕也宿緣
호탕하게 절에서 떠오르는 해를 공경히 맞이하고[25] 浩蕩竺菴賓出日
시편들은 사또의 배에 가득 싣네 詩牋滿載使君船

23 생란(笙鸞) : 선인이 타고 다닌다는 봉황 비슷한 선조(仙鳥)이다.

24 아홉 점의 연기 : 높은 하늘 위에서 내려다보면 중국의 구주가 가물거리는 아홉 점의 연기처럼 보인다고 해서 나온 말로 풍진 세상을 말한다. 이하(李賀)의 〈몽천(夢天)〉에 "멀리 제주를 보니 아홉 점의 연기인 듯, 큰 바다는 한잔 물을 쏟아 놓은 듯.〔遙望齊州九點煙, 一泓海水杯中瀉.〕"이라는 구절이 있다. 《昌谷集 卷1 大堤曲 夢天》

25 떠오르는……맞이하고 : 《서경》 〈요전(堯典)〉에, "희중에게 따로 명하여 동쪽 바닷가 우이에 머물게 하니 그곳이 바로 양곡이라, 떠오르는 해를 공손히 맞이하여 봄 농사를 고르게 다스리도록 하였다.〔分命羲仲, 宅嵎夷, 曰暘谷, 寅賓出日, 平秩東作.〕"라는 말이 있다.

간옹이 꿈에서 백옥[26]을 보고 감회가 일어 읊은 장편시에 화운하다

和磵翁夢伯玉感吟長篇

월곡이 한번 나를 버리고 떠난 뒤로	一自月谷棄我去
홀로 남은 그림자 세상 어디고 짝이 없었네	隻影四海行無偶
팔뚝 치고 웃으며 귀에 대고 소곤거리면	拍臂嘻笑附耳語
사람들은 지기라 하였으나 나는 아니라 하였지	人謂知己我則否
추운 겨울 마음의 기약[27] 누구에게 향할까	歲寒心期向何許
오직 오산의 늙은 태수[28]가 있네	獨有鰲山老太守
몸은 비록 노쇠하였으나 기상은 오히려 호걸스러웠고	

26 백옥(伯玉) : 오원(吳瑗, 1700~1740)이다. 본관은 해주(海州)이며 월곡(月谷)은 호, 백옥은 자, 시호는 문목(文穆)이다. 김창협(金昌協)의 외손자이며, 이재(李縡)의 처조카로 그의 문하에서 수학하였다. 동지사 서장관으로 청나라에 다녀왔고, 이후 부제학・승지・공조 참판 등을 역임하고 사후 좌찬성에 추증되었다. 남유용은 이천보, 황경원 등과 오원의 종암 별업에서 수시로 만나 시주(詩酒)를 즐겼고, 함께 유람하는 등 각별한 친구 관계로 지냈다. 형 남유상(南有常)의 아들이 오원의 딸과 결혼하여 남유용과 사돈지간이기도 하였다.

27 추운……기약 : '心期'는 마음속으로 서로 허여함을 이른다. 《논어》 〈자한(子罕)〉에 "날씨가 차가워진 뒤에야 소나무와 잣나무가 늦게 시듦을 안다.〔歲寒然後, 知松柏之後凋也.〕"라고 한 구절을 연상시키는 대목으로 변하지 않는 우의를 말하기 위한 표현이다.

28 오산의……태수 : 오산(鰲山)은 경상북도 청도(淸道)의 옛 이름이다. 김이건이 청도 군수로 있었기 때문에 이른 말이다.

身雖潦倒氣尚豪

백 편의 시 읊조리는 것 진정 묵은 버릇이었네 一吟百篇眞舊習

내가 성세에 바닷가로 좌천[29]되어 온 것 가련해했고 憐我淸時海上謫

내가 노령에 환갑 된 것 안타까워했네 憐我衰齡周一甲

산 넘고 물 건너 멀리서 찾아와 주었고 山川跋涉遙相訪

관사에서 가까이 앉아 마음을 열어보였지 官齋促席披心肝

영욕은 미리 정해진 것임을 오래전에 알았거늘 久知榮辱有前定

영해[30]라고 내 집의 편안함과 무엇이 다르리오 嶺海何異吾廬安

늙어가며 잊기 어려운 것이 옛날 노닐었던 일이고 垂老難忘是舊遊

말이 월곡에 미치면 근심만 일 뿐 즐거움이 없었는데 語到月谷悄無歡

아침 되어 그대의 술몽시를 읽으니 朝來見君述夢詩

이십 년 전의 모습과 목소리[31] 칠분은 상상이 되는구려

廿載音容想七分

바닷물은 넘실대고 산은 우뚝한데 海水洋洋山峩峩

몇 번이나 백아의 거문고 안고 벗들과 헤어져 사는 것을 탄식하였나[32]

29 좌천 : 남유용인 61세 때인 1758년(영조24) 11월에 주상이 마음에 두었던 정휘량(鄭翬良) 대신 이존중(李存中)을 문형으로 천거한 일로 인하여 울산 부사(蔚山府使)로 좌천된 것을 말한다.

30 영해(嶺海) : 큰 산과 바다에 인접한 고장으로, 궁벽한 귀양지를 가리키는 말로 쓰인다.

31 이십 년……목소리 : 월곡이 세상을 떠난 지 18년이 되었기 때문에 이른 말이다.

32 바닷물은……탄식하였나 : 백아의 지기(知己)인 종자기(鍾子期)는 청음(聽音)에 조예가 깊어, 백아가 높은 산을 염두에 두고 연주하면 다른 사람들은 알아듣지 못했으나, 종자기는 "좋구나, 높고도 험한 것이 태산과 같구나." 하였고, 흐르는 물을 염두에 두고 연주하면 "좋구나, 양양한 흐름이 강하와 같구나."라고 하였다. 뒤에 벗 종자기가

幾抱牙琴歎離群

평소 내가 너무도 엉성하고 오활한 것 염려하여 平生憂我太踈迂

나에게 관직 내려놓고 고향으로 돌아가라 권하였는데

勸我休官歸故鄉

간곡한 이 뜻 꿈을 빌어 전하니 叮嚀此意託夢傳

봉함 뜯어 읽어 보곤 마음이 슬펐다오 開緘一讀心悲傷

내 그대 통해 월곡에게 말하려 하니 我欲憑君語月谷

갈 때는 바삐 가지 말고 올 때는 미적거리지 마오 去勿忽忽來勿懶

지금부터 밤마다 그대 꿈에 들어가리니 從今夜夜入君夢

자리 옆에 쓸모없는 이 한 사람[33] 앉혀주시게 席邊容我一樗散

죽자 백아는 거문고 소리를 알아들을 사람이 없다며 거문고의 현(絃)을 모두 끊고 다시는 연주하지 않았다고 한다.《列子 湯問》

33 쓸모없는……사람 : 본문의 '樗散'은 저력 산목(樗櫟散木)의 약칭으로, 재목이 될 수 없는 쓸모없는 나무이다. 전하여 재능이 부족한 사람에 비유한다.《莊子 逍遙遊, 人間世》

화산관에 묵었더니 태수가 기녀를 보냈는데 잠이 깊이 들어 알지 못하였다. 깨고 나서 시를 지어 주다

宿花山館 太守送妓 睡深不省也 覺而贈詩

된서리 내리는 밤 외로이 이불 속에서 잠들어 알지 못했는데 霜重孤衾睡不知

등잔불 하나가 깜박깜박 미인[34]을 마주하고 있었구나 一燈明暗對蛾眉

아름다운 인연 무산의 꿈[35]을 이루지 못하고 芳緣未托巫山夢

비단띠에 부질없이 학사의 시만 남겼네 錦帶空留學士詩

34 미인 : 원문의 '蛾眉'는 누에나방의 모양처럼 아름다운 미인의 눈썹으로, 가늘고 길게 굽어진 눈썹을 가진 미인을 이른다. 백거이(白居易)의 〈장한가(長恨歌)〉에 "육군이 나아가지 않으니 어이할 길 없어, 아리따운 가인이 말 앞에서 죽었어라.〔六軍不發無奈何, 宛轉蛾眉馬前死.〕"라는 구절이 있다.

35 무산의 꿈 : 초(楚)나라 회왕(懷王)이 고당(高唐)에서 노닐며 낮잠을 자다 꿈속에서 무산의 신녀를 만나 사랑을 나누었다. 이튿날 신녀가 떠나면서 말하기를, "첩은 무산의 남쪽 높은 구릉의 험준한 곳에 사는데, 매일 아침이면 구름이 되고 저녁이면 비가 되어 아침저녁으로 양대(陽臺) 아래로 내려옵니다."라고 말하였다는 고사가 전한다. 무산몽은 남녀 간의 통정(通情)을 뜻한다. 《文選 卷19 高唐賦》

강백이 이별할 때 부쳐온 시에 차운하다 기묘년(1759, 영조39)[36]

次剛伯寄別韻 己卯

곤궁과 영달의 인생사	窮通百年事
점치지 않아도 마음이 아네	不卜也心知
빗속에서 동산의 꽃은 시드나	雨裏園紅老
서리 맞고도 시냇가의 소나무는 늦도록 푸르구나	霜邊澗翠遲
서로를 잊는 물고기는 스스로 즐거워하고[37]	相忘魚自樂
높이 나는 기러기는 약속이라도 한 것 같네	高擧鴈如期
진중한 오산의 태수[38]여	珍重鰲山守
밀감에 이별시를 딸려 보내셨구려	黃柑帶別詩

36 기묘년(1759) : 남유용의 나이 62세 되던 해이다.

37 서로를……즐거워하고 : 호수에서 자유롭게 살아가는 물고기가 서로의 존재를 망각한다는 말이다. 《장자(莊子)》 〈대종사(大宗師)〉에 "물고기는 강이나 호수 속에서 서로를 잊고 사람은 도의 세계에서 서로를 잊는다.〔魚相忘乎江湖, 人相忘乎道術.〕"라고 하였다.

38 오산의 태수 : 오산(鰲山)은 경상북도 청도(淸道)의 옛 이름이다. 강백(김이건)이 청도 군수로 있었기 때문에 이른 말이다.

선성[39]에서 며칠 머물며 무료하던 차에 유형[40]이 문득 나를 위해 《대학장구》 한 편 전체를 외워 주니 그 덕분에 회포를 잊을 수 있었기에 기뻐 지어주다

留宣城數日無聊 有衡輒爲余誦大學章句盡一編 賴以忘懷 喜贈

짧은 갈옷으로 풍상 맞으며	短褐風霜裏
낡은 경전과 함께 나그네로 지내는데	殘經旅泊餘
주문에 사는 가죽옷 입은 이는[41]	朱門衣貉者
몇 편의 책을 욀 수 있는가	能誦幾編書

39 선성(宣城) : 경북 예안(禮安)의 옛 이름이다. 남유용의 어머님이 이곳에 계셨다.

40 유형(有衡) : 남유용의 서재종제(庶再從弟)이다.

41 주문에……이는 : 주문과 가죽옷 모두 부귀한 사람을 비유한다. 옛날 부귀한 사람의 집 대문은 붉은 색칠을 하였으므로 주문(朱門)이라고 하였다. 공자는 제자 자로를 두고 "해진 솜옷을 입고서 여우나 담비 가죽으로 만든 갖옷을 입은 자와 같이 서 있으면서도 부끄러워하지 않는 자는 자로일 것이다."라고 말한 바 있다. 《論語 子罕》

석마를 생각하며 주 선생의 〈석마에 노닐며〉[42]시에 차운하다

懷石馬 次朱先生遊石馬韻

광릉(廣陵)의 석마(石馬)[43]를 내가 좋아하여 자주 왕래하기는 하였으나 또 열흘 머물지는 못하였으니 집을 짓지 못하였기 때문이었다. 바닷가에서 돌아와서 잠깐 어떤 이의 교정(郊亭)에 붙어살면서 도성을 등지고 지냈는데, 소음과 먼지가 사람을 괴롭게 하는지라 차라리 황량하고 깊숙한 석마만 못하였다. 그때 마침 자양(紫陽 주희의 호)의 시를 읽었는데 세사(歲事)를 거행하면서 이웃과 석마(石馬)에 술병 들고 가서 지은 작품이 있었고, 석마를 노닐면서 지은 다른 시편[44] 역시 네댓 편이 있었으니, 또한 그 마을 이름이 우연히도 선생이 머무시던 곳과 부합하는 것이 기뻐서, 돌아가려는 생각이 더욱 호연해졌다.[45]

42 석마에 노닐며 : 주희 시의 정확한 제목은 〈이웃의 제현들과 함께 세사를 거행하면서 술병을 들고 석마에 가서……함께 노닐던 사람들과 함께 짓자고 하다〔比與鄰曲諸賢修擧歲事 携壺石馬 …… 諸同遊者 請共賦之〕〉이다.

43 광릉(廣陵)의 석마(石馬) : 광릉은 광주이고 석마는 지금의 분당으로 남유용의 선영이 있던 곳이다.

44 석마를……시편 : 〈석마에서 노닐면서 '가언출유'로 분운하여 시를 짓되 '출' 자를 얻다〔游石馬以駕言出遊分韻賦詩得出字〕〉라는 시이다. '駕言出遊'는 《시경》 〈천수(泉水)〉의 "수레 타고 나가 노닐면서, 나의 근심 걱정 쏟아볼거나.〔駕言出遊, 以寫我憂.〕"라는 구절에서 나온 것이다.

45 돌아가려는……호연해졌다 : 《맹자(孟子)》 〈공손추 하(公孫丑下)〉에 "호연히 돌아갈 뜻이 있었다.〔浩然有歸志〕"라고 한 데서 따온 말로, 벼슬을 그만두고 향리로 돌아

그래서 우선 그 시의 운을 써서 짓는다.

재주도 없는 것이 현자의 진출을 방해하였으니	不才久妨賢
내 말의 걸음도 쉬어야 마땅한 것인데	我馬行當休
외보 또한 각별한 은총이라	外補亦恩私
잠깐 해상에서 노닐었네	薄言海上遊
탁 트여 평소 완상하려던 마음에도 맞고	虛曠愜素賞
베개를 높이 베면 긴 강물을 내려 볼 수 있었지	高枕俯長流
날 잡아 작은 배 타고	選日弄小舠
물길 따라 오르내리며 물새들을 쫓았네	沿洄逐群鷗
이제 도성으로 돌아왔으나	及玆返京國
지내고 있는 곳이 나의 선영이 아니요	棲息非吾丘
마을이 저잣거리와 이어져	村閭連市井
경박한 풍속 함께 하기 어렵구나	薄俗難與儔
몸을 뒤척이며 고향을 생각하노니	側身懷故里
돌아갈 계책 어찌하면 이룰 수 있을까	歸計何當酬
정원의 나무에 난 싹 몇 줄기나	園木茁幾行
나무꾼의 도끼를 면할 수 있었을까	得免樵斤不
새벽녘 처마에서 짧은 머리 빗자니	晨檐梳短髮
봄바람은 온갖 근심을 흐트러트리고	春風散百憂
고시를 읊고 또 화답하노라니	古詩詠還賡
천년 세월 넘어 서로를 찾은 것 같구나[46]	千載如相求

간다는 뜻을 담고 있다.

46 고시를……같구나 : 《주역》 〈건괘(乾卦) 문언(文言) 구오(九五)〉에 "같은 소리끼리는 서로 응하고, 같은 기운끼리는 서로 찾게 마련이니,……이는 각자 자기와 비슷한 것끼리 어울리기 때문이다.〔同聲相應, 同氣相求……則各從其類也.〕"라는 말이 있다. 시의 배경이 된 마을이 옛날 석마와 같고 뜻도 주자와 맞은 것을 이렇게 표현한 것이다.

내가 철원으로 귀양 갈 때[47] 윤 도헌 경유는 북관으로 귀양을 가게 되었다.[48] 동문 밖에서 헤어지려 할 때 윤계장[49] 또한 와서 잠깐 길가에 앉아 이야기를 나누다가[50] 문득 자양의 고사를 써서 각각 심은후가 범안성에게 준 시[51]에 차운하여 시를 짓고는 작별을 하였다

余之遷鐵原也 尹都憲景孺謫北關 東門外分道 尹季章亦來 班荊小話 輒用紫陽故事 各次沈隱侯贈范安成詩以爲別

갈림길에서 오랫동안 방황하다　　岐路久彷徨

47 내가……갈 때 : 영조 35년(1759) 3월 19일(기해) 남유용을 비롯하여 문무(文武) 식년 회시(式年會試)의 시관(試官)으로 있으면서 연달아 소패(召牌)를 어긴 인사들을 도배(徒配)하라는 명이 내려졌다.

48 윤 도헌……되었다 : 윤 도헌 경유는 윤급(尹汲, 1697~1770)으로, 본관은 해평(海平), 자는 경유(景孺), 호는 근암(近庵), 시호는 문정(文貞)으로, 영의정 윤두수(尹斗壽)의 5대손이며, 이재(李縡)·박필주(朴弼周)의 문인이다. 대사간·대사성·부제학·대사헌 등을 역임하였다. 영조의 탕평책을 반대하다 여러 번 파직 또는 좌천되었으나 계속 재기용되어 이후에도 이조 판서·한성 판윤·좌참찬 등을 지내고 기로소(耆老所)에 들어갔다. 북관(北關)은 함경도 지방을 가리킨다. 당시 같은 사건으로 시관 남유용와 함께 대사헌 윤급(尹汲) 또한 도배되었다.

49 윤계장(尹季章) : 윤봉오(尹鳳五, 1688~1769)로, 본관은 파평(坡平), 자는 계장(季章), 호는 석문(石門), 시호는 숙간(肅簡)이다. 1714년(숙종40) 사마 양시에 합격한 이후 왕세제(王世弟)인 영조를 측근에서 보필하였다. 부수찬·교리·동지의금부사·대사헌 등을 역임하였고, 특진관(特進官)으로 판돈녕부사를 겸한 뒤 기로소(耆老所)에 들어갔다. 저서로 《석문집》이 있다.

50 잠깐……나누다가 : '班荊'은 풀을 깔고 앉는다는 말로, 친구 간에 길가에 앉아 이별의 정을 나누는 것을 뜻한다. 초(楚)나라의 오삼(伍參)과 채(蔡)나라의 자조(子朝)가 친하게 지냈는데, 그의 아들들인 오거(伍擧)와 성자(聲子)도 서로 친하게 지냈다. 그 뒤에 오거가 정(鄭)나라로 도망쳤다가 진(晉)나라로 들어가려고 하는데, 성자 역시

전원으로 돌아가자는 약속 홀로 저버렸네　　孤負田園期
재주 없는 몸이라 버림받는 것도 마땅한 일　　不才當見棄
어찌 청명함이 없는 때라 하리오　　豈曰無淸時
세도가 비록 백번 변하나　　世道雖百變
마음은 지조를 귀히 여기는 것　　寸心貴自持
향기로운 연못에서 그윽한 난초 꺾어　　芳澤搴幽蘭
그리운 이에게 주고 싶어라　　願言贈所思

진나라로 가다가 정나라 교외에서 둘이 만나 형초(荊草)를 펴고 길가에 앉아서 함께 초나라로 돌아가는 것을 의논하였다. 《春秋左氏傳 襄公26年》

51 심은후가……시 : 심은후(沈隱侯)는 심약(沈約)이다. 남조 시대 양(梁)나라 오흥(吳興) 사람이며, 자는 휴문(休文)이다. 시호가 은(隱)이라서 심은후라고 불렸다. 그가 친구 범수(范岫)와 이별하면서 지은 〈범안성을 이별하며〔別范安成〕〉에 "평소 소년 시절에는 헤어져도 만날 기약 쉬웠네. 그대와 함께 늙은 지금은 다시 헤어질 때가 아니라오. 한 잔 술이 별거냐고 말하지 마오. 내일 다시 이 술잔 잡기 어렵네.〔生平少年日, 分手易前期. 及爾同衰暮, 非復別離時. 勿言一尊酒, 明日難重持.〕"라는 구절이 있는데, 주자가 사원(史院)의 동료들과 전별연을 할 적에 누군가 심약의 이 시를 읊자, 주자의 제자인 이계장(李季章)이 자신 또한 이 시를 매우 좋아한다고 말하였다. 훗날 주자가 이계장에게 편지를 보내면서 "나는 그 시의 의미를 이해할 수 있지만 그대는 아직 나이가 젊어 아니다."라고 한 일이 있다. 《晦庵集 卷29 與李季章書》

일곱 명의 벗을 애도함[52]

七哀

자서 自序

내 사귄 사람도 적었는데 지금 다 작고하였으니 얻는 것은 어렵고 잃는 것은 느닷없음을 한탄하며 〈칠애(七哀)〉를 짓는다. 아. 내가 늙어 다시는 책을 읽지 못하니 뜻은 날로 황폐해지고 학업은 날로 퇴보하였는데, 게다가 붕우의 도움과 채찍질조차 얻지 못하게 되었으니 그들을 애도하는 것은 바로 나 스스로를 슬퍼하는 것이다.

수찬에 추증된 백씨 태화공[53] 伯氏贈修撰太華公

형님께서는 옥 같은 사람이라 伯也玉如人
온화한 말소리와 기운 화락하셨네 溫溫聲氣樂
뱃속 가득 희음[54]을 쌓아두시고는 滿肚貯希音

52 일곱……애도함 : 두보(杜甫)의 〈팔애시(八哀詩)〉를 본떠 지은 시로 짐작된다. 두보는 당시의 현신(賢臣)이었던 왕사례(王思禮), 이광필(李光弼), 엄무(嚴武), 왕진(王璡), 이옹(李邕), 소원명(蘇元明), 정건(鄭虔), 장구령(張九齡) 등 8인의 죽음을 슬퍼하여 〈팔애시〉를 지은 바 있다.

53 수찬에……태화공 : 남유용의 형 남유상(南有常, 1696~1728)이다. 자(字)는 길재(吉哉)이고 호(號)는 태화자(太華子)이다. 1727년(영조3) 성균시(成均試)에 장원하고 효장세자(孝章世子)의 사부(師傅)로 천거되었다. 그해 증광문과(增廣文科)에 을과로 급제, 춘추관 기사관(春秋館記事官)이 되어 《숙종실록》 편찬에 참여하였고, 수찬·이조 정랑 등을 지냈다.

54 희음(希音) : 보통 사람은 귀로 듣지 못하는 위대한 소리로, 《도덕경(道德經)》

때로 태평성대의 노래[55] 지으셨지	時則韶護作
홀연 옥중에서 붓을 떨치니[56]	忽奮獄中筆
맑은 가을날 한 마리 물수리 공격당하였네[57]	淸秋擊一鶚
장대한 계획 얼마 가지 못하고	壯圖局小年
노나라 들판에서 외뿔 짐승 거꾸러지니[58]	魯野踣一角

41장의 "지극히 큰소리는 잘 들리지 않는다.〔大音希聲.〕"라는 말에서 유래하였다. 여기서는 심오한 이치, 깊은 학문 세계를 비유한다.

55 태평성대의 노래 : 원문의 '韶護'는 은(殷)나라 탕(湯) 임금 때의 궁중음악이라는 설도 있고, 소(韶)는 순(舜) 임금 때의 궁중음악, 호(護)는 탕 임금 때의 궁중음악이라는 설도 있는데, 옛날 태평성대의 음악을 가리킨다.《春秋左氏傳 襄公29年》《司馬相如 上林賦》

56 홀연……떨치니 : 남유상(南有常)이 1727년(영조3) 4월에 실록낭청 겸 춘추관기사관이 되어 《숙종실록(肅宗實錄)》 찬수에 참여하였는데, 7월에 영조가 환국을 단행하여 노론(老論)의 중진인 우의정 이의현(李宜顯)·예조 판서 신사철(申思喆) 등과 삼사(三司)의 여러 신하들을 파직하고 소론(少論)의 영수인 이광좌(李光佐)를 《숙종실록》 총재관으로 삼았다. 이에 남유상이 병이 있다고 핑계 대고 떠나갔다가 죄에 걸려 서면으로 심문을 받게 되었다. 사람들이 "어버이의 병환이 있다고 말하라."라고 권하였으나 "내 본래 저들과 함께 일하고자 하지 않으니, 어찌 다른 이유로 사양하겠는가."라고 하고는 정적들의 죄상을 낱낱이 들어 말하였다. 이에 영조가 노하여 삭탈관직(削奪官職)하고 문외출송(門外出送)할 것을 명하였는데, 얼마 후 정적들이 처벌이 너무 가볍다며 다시 먼 변방으로 유배 보낼 것을 고하여 낭주(朗州), 즉 영암(靈巖)으로 유배되었다.《陶谷集 卷14 贈弘文館副修撰南君墓碣銘》

57 한 마리……공격당하였네 : 한 마리의 물수리는 뛰어난 인물을 비유한다. 후한(後漢) 때 공융(孔融)이 예형(禰衡)을 추천하면서 "사나운 새가 수백 마리 있어도 한 마리 물수리보다 못하니, 예형을 조정에 세우면 필시 볼만한 점이 있을 것이다."라고 말한 고사가 있다.《後漢書 卷80下 文苑列傳 禰衡傳》

58 노나라……거꾸러지니 : 일각수(一角獸)는 뿔이 하나 달린 짐승이란 뜻으로, 인수(仁獸) 기린의 이칭으로 쓰인다. 《사기》〈무제본기(武帝本紀)〉에, "그 이듬해 옹

소나무 소리 태화[59]에서 사그라들고	松聲老太華
달 뜬 밤 외로운 학만 울부짖는구나	夜月叫孤鶴

내가 태화 형님께 드린 시에 "내 이제 학이 되고 그대는 소나무가 되리〔我方爲鶴子爲松〕"[60]라는 것이 있고 형님께서 또한 "선생은 들학과 같고 태화에는 구름 덮인 소나무가 있네〔先生如野鶴, 太華有雲松〕"[61]라고 한 바 있다.

태학사 월곡 오공 백옥[62] 大學士月谷吳公伯玉

백옥은 항상 있는 것이 아니어서	伯玉不常有
한 번 만날 기약 세상에 드물고	曠世期一遇
좋고 나쁜 옥이 더불어 동화해도	賢愚與俱化
껍질 뚫고 순박한 성질을 드러낸다네	徹皮見沖素

(雍) 땅에서 교(郊) 제사를 지내다가 흰빛의 일각수를 잡았는데, 그 모습이 큰 사슴〔麃〕과 같았다." 하였고, 또 노(魯) 애공(哀公) 14년에 사냥하다가 기린을 잡았는데 공자(孔子)가 이를 보고 때가 아닌 때 기린이 나왔다는 것으로 《춘추》의 집필을 그만두었다는 고사가 있다. 《春秋公羊傳 哀公14年》 어질고 걸출한 인물 남유상이 뜻을 펴지 못하고 곤액을 겪다가 죽은 것을 비유한 것이다.

59 태화(太華) : 중국의 큰 산 이름으로, 화산(華山)이다. 태화라는 호를 가지고 있어서 남유상은 '화산(華山)' 또는 '화악(華嶽)' 등에 비유되었다. 《弘齋全書 文淸公南有容致祭文》

60 내……되리 : 《뇌연집(雷淵集)》 권1에 있는 〈태화께서 도성 서쪽 화산을 유람하려 하면서 부쳐 보내주신 시에 삼가 수답하다〔奉酬太華將遊國西華山見寄〕〉라는 시에 있는 구절이다.

61 선생은……있네 : 남유상이 지은 이 시는 "봄이 와서 병이 많이 나아져 도성 서쪽의 화산을 유람하려 하면서 시로 생각을 적다〔春來病益蘇 將遊國西之華山 詩以志之〕"라는 제목으로 되어 있다. 《太華子稿 卷之二》

62 태학사……백옥 : 오원(吳瑗, 1700~1740)이다. 41쪽 주26 참조.

나라 걱정하는 눈물 숱하게 흘리고	數出憂國淚
가을날의 회포 술과 시로 쏟아냈건만	秋懷寫酒賦
부질없이 모래사장에 발자국만 남겼으니	空遺沙中跡
누가 아득한 하늘 속으로 날아갈 줄 예측했으랴	誰測冥冥羽
평생 지닌 한 자루 고검[63]만	生平一古劒
쓸쓸히 광릉[64] 숲에 남았네	蕭瑟廣陵樹

지평에 추증된 처사 일헌 유공 수보[65] 處士贈持平逸軒兪公守甫

유자는 옛 못에서 파리하게 살면서[66]	兪子古澤癯
오히려 고급[67]을 우습게 여겼고	猶然笑顧及

63 평생……고검 : 고검은 훌륭한 자질을 지녔지만, 자신의 경륜을 펼쳐보지 못한 것을 비유한다. 용천(龍泉)과 태아(太阿)라는 두 보검이 땅속에 묻힌 채 자기(紫氣)를 하늘의 두우성 사이에 내쏘고 있다가 마침내는 발굴되기에 이르렀다는 전설이 있다. 《晉書 卷36 張華列傳》

64 광릉 : 오원이 잠든 곳이다.

65 지평에……수보 : 유수기(兪受基, 1691~1729)로 본관은 기계, 호는 일헌(逸軒), 자는 수보(守甫), 또는 수보(受甫)이다. 유명홍의 아들이고 창협의 막내사위이며, 남유용에게는 처남이 된다. 효행이 있다고 하여 향인(鄕人) 이강(李橿) 등 100여 인이 감사에게 글로 아뢰고 감사가 조정에 알림으로써 사헌부 지평(司憲府持平)에 추증되었다. 《雷淵集 卷25 司憲府持平逸軒兪公行狀》

66 유자는……살면서 : 원문의 '澤癯'는 형용이 파리한 은사(隱士)를 가리킨다. 한(漢)나라 사마상여(司馬相如)가 일찍이 천자(天子)가 선도(仙道)를 좋아하는 것을 보고, 인하여 생각하기를 '역대 신선들이 서로 전해 가면서 산택 사이에 거주한 이들은 형용이 몹시 파리했으니, 이것은 제왕이 하고자 하는 신선이 아니다.' 하고, 마침내 〈대인부(大人賦)〉를 써서 올렸다는 고사가 있다. 《史記 卷117 司馬相如列傳》

67 고급(顧及) : 후한 말기에 명사(名士)들을 분류한 명칭인 '팔고(八顧)'와 '팔급(八

포위[68]로 곤궁하게 지내면서도　　隱約布韋中

우뚝하게 세운 바를 보였네　　卓爾見所立

평생토록 마음의 계책 있어　　百年有心策

영고성쇠 전혀 개의치 않았고　　榮枯了不入

농사지으며 그 아버님을 즐겁게 해드리니　　耕圃樂而公

아버님이 급류에서 한 척 배 가벼이 띄울 수 있었네[69]　　急流輕一楫

죽리공(竹里公)[70]이 일찍이 스스로 말하기를 "내가 진퇴(進退)에 대해 가벼이 여길 수 있었던 것은 셋째 아들이 농사를 도와준 덕이 컸다."라고 하였다.

쪼가리 원고에서 자못 뜻을 보였으니　　斷藁頗見志

마치 고어의 울음[71]을 듣는 듯하구나　　如聞臯魚泣

及)'의 줄임말로, 곧 명사를 일컫는 말이다. '팔고'는 여덟 명의 '덕행으로써 사람을 인도할 수 있는 자〔以德行引人者〕'로, 곧 곽임종(郭林宗)·종자(宗慈)·파숙(巴肅)·하복(夏馥)·범방(范滂)·윤훈(尹勳)·채연(蔡衍)·양척(羊陟)을 이르고, '팔급'은 여덟 명의 '추숭하는 자들을 인도할 수 있는 자〔其能導人追宗者〕'로, 곧 장검(張儉)·잠질(岑晊)·유표(劉表)·진상(陳翔)·공욱(孔昱)·원강(苑康)·단부(檀敷)·적초(翟超)를 이른다.《後漢書 黨錮傳序》

68 포위(布韋) : 포의 위대(布衣韋帶)의 준말로, 베로 지은 옷과 가죽으로 만든 띠를 말하는데, 빈한한 선비의 복식을 말한다.

69 급류에서……있었네 : 벼슬자리에서 과감하게 물러나는 것을 말한다. 송(宋)나라 어떤 도승(道僧)이 전약수(錢若水)에 대해서 "급류 속에서 용감하게 물러날 수 있는 사람이다."라고 평하였는데, 과연 그가 추밀 부사(樞密副使)에 이르렀을 때 40세도 안 된 나이로 관직에서 물러났다는 일화가 있다.《聞見前錄 卷7》

70 죽리공(竹里公) : 유수보의 아버지 유명홍(兪命弘 1655~1729)으로, 본관은 기계(杞溪), 자는 계의(季毅), 호는 죽리(竹里)이다. 대사간·예조판서 등을 거쳐 우참찬에 이르렀다. 남유용의 장인이기도 하다.

71 고어의 울음 : 세상을 떠난 부모를 생각하는 슬픈 마음을 의미한다. 공자(孔子)가 길을 가는데 고어(臯魚)란 사람이 슬피 울고 있기에 까닭을 물었더니 "나무는 고요하고

금성 현령 동계 이공 몽여[72] 金城縣令東溪李公夢與

이후는 호걸스러운 선비의 부류라 李侯豪士流
골상이 너무도 비범하였지 骨相太磊砢
탁월한 담론이 오래된 집을 흔들었고 高談撼老屋
기필코 기필코 안 된다고 한 것 많았네[73] 期期多不可
추운 시절이면 그대는 얼음이 되었으니 在寒汝爲氷
온갖 마귀인들 나를 어쩌랴 하였네 百魔其如我
지방관 되어서는[74] 분방하게 지내니[75] 符竹且寄傲

자 하여도 바람이 그치지 않고 자식은 봉양하고 싶어도 어버이는 기다려 주지 않는다." 하고는 서서 울다가 말라 죽었다는 고사가 있다. 《韓詩外傳 卷9》

72 금성……몽여 : 이영보(李英輔, 1687~1747)로, 본관은 연안(延安), 자는 몽여(夢與), 호는 동계(東溪)이다. 남유용의 친한 벗 이천보의 족형이기도 하다. 1714년(숙종40) 진사시에 장원으로 입격한 뒤 정릉 참봉(靖陵參奉)·정랑 등을 거쳐 금성 현령(金城縣令) 등을 끝으로 사직한 후, 낙향하여 후진 육성과 향촌 교화에 힘썼다.

73 기필코……많았네 : 원문의 '期期'는 '기필코'를 거듭한 것으로, 한 고조(漢高祖)가 만년에 태자(太子)를 폐하고 척희(戚姬)의 소생 여의(如意)로 태자를 바꿔 세우려고 할 때, 본디 어눌하여 말을 잘 더듬던 어사대부 주창(周昌)이 강력하게 간쟁하면서 말하기를, "신이 입으로 말은 잘 못하지만, 신은 기필코 기필코 그것이 불가한 일인 줄은 압니다. 폐하께서 아무리 태자를 폐하려 하시더라도 신은 기필코 기필코 조서를 받들지 않을 것입니다."라고 한 데서 온 말이다. 《史記 卷96 張丞相列傳》 이영보는 1714년(숙종40) 유생 신분으로 상소를 올려 최석정이 송시열을 헐뜯은 죄상을 논하는가 하면 1723년(경종3)에는 영동 현감으로 있으면서 상소를 올렸는데 '흉당에 빌붙는다'고 하여 사판(仕版)에서 삭거(削去)하라는 명을 받은 바 있다.

74 지방관 되어서는 : 원문의 '符竹'은 대나무로 만든 부절(符節)이라는 뜻으로, 한(漢)나라 때 외방에 목민관(牧民官)을 내보낼 적에는 이 죽부를 나눠 주어 신표(信標)로 삼게 한 데서 유래하여 지방 장관의 상징이 되었다.

75 분방하게 지내니 : 원문의 '寄傲'는 어디에 얽매이는 일이 없이 세상을 아래로 내려

주렴 친 누각에서 바둑 소리 들렸네 簾閣棋聲墮
나지막이 읊조리며 한 세상을 바라보노니 沉詠頫一世
좌중을 놀래킬 진준이 몇 명이나 될까[76] 幾箇陳驚坐

국자좨주 정암 민공 사원[77] 國子祭酒貞菴閔公士元

징사[78]는 사람 가운데 봉황이라 徵士人中鳳
한 번 울면 상서로운 세상이 되는 것 一鳴當瑞世
날개를 접고 그칠 바를 알았으니 斂翮知所止
고운 무늬 어찌 그리도 우아한가 彩章何容裔
교목[79]은 날로 이미 초췌해져 가고 喬木日已悴

다보며 자기 뜻대로 자유분방하게 살아가는 것을 말한다. 도잠(陶潛)의 〈귀거래사(歸去來辭)〉에 "남쪽 창가에 기대어 분방한 마음을 부치나니, 무릎만 겨우 들여놓을 작은 집도 편안한 줄을 알겠네.〔倚南窓以寄傲, 審容膝之易安.〕"라는 말이 나온다.

76 좌중을……될까 : 한(漢)나라 때 진준(陳遵)은 자가 맹공(孟公)으로, 주연을 벌일 때는 손님들이 가지 못하도록 문을 걸어 잠그고 손님들의 수레바퀴에서 비녀장을 빼내어 우물 속에 던져 넣었다는 인물이다. 그 당시 열후(列侯) 중에 또 다른 진맹공이 있었는데, 진맹공이 어느 집을 방문한다고 하면 그 집에 모인 손님들은 진짜 진준이 오는 줄로 알고 놀랐다가 다른 사람인 것을 알고 실망하였으므로 그 사람을 '진경좌(陳驚座)'라고 불렀다고 하는 고사가 있다.《漢書 卷92 陳遵傳》 여기서는 그러한 호방한 사람이 별로 없을 것이라는 의미를 담아 표현하였다.

77 국자좨주……사원 : 민우수(閔遇洙, 1694~1756)로, 본관은 여흥, 자는 사원(士元), 호는 섬촌(蟾村)·정암(貞庵)이다. 신임사화(辛壬士禍)가 일어나자 벼슬을 버리고 낙향하여 학문에만 전념하다가 집의(執義)·대사헌·공조 참판·성균관 좨주를 지내고 정경대부(正卿大夫)에 추증되었다.

78 징사(徵士) : 학문과 도학이 높아, 조정의 천거로 부름을 받은 선비를 가리키는 말이다.

깊은 여울에선 옷을 걷고 건널 수 없는데[80]	深涉不可揭
동궁의 스승으로 외람되이 같은 반열에 올랐으나	宮師忝同列
가는 곡구를 잡아매지 못하였구나[81]	莫縶谷駒逝

나는 공과 함께 원손보양관(元孫輔養官)에 임명되었다. 그러나 내가 재차 상서하여 불러오기를 청하였고[82] 상께서 사관(史官)을 보내어 면유(勉諭)를 하셨는데도 끝내 병으로 사양하고 출사하지 않다가 이내 작고하였다.[83]

맑은 의표를 잊을 수 있으랴	淸標俾也忘
여수의 달[84]은 언제나 밝구나	驪水月常霽

79 교목(喬木) : 높고 큰 나무로, 여러 대에 걸쳐 중요한 지위에 있으면서 나라와 운명을 같이하는 명가를 비유하는 '교목세신(喬木世臣)'을 의미한다. 《맹자집주》 〈양혜왕 하(梁惠王下)〉에 "이른바 고국이란 교목이 있음을 말하는 것이 아니라, 세신이 있음을 말하는 것이다."라고 하였다.

80 깊은……없는데 : 《시경》 〈포유고엽(匏有苦葉)〉에 "박에 쓴 잎이 있거늘 건너는 곳에 깊은 여울이 있도다. 물이 깊으면 옷을 벗어 가지고 건너고 물이 얕으면 옷을 걷고 건너야 한다.〔匏有苦葉, 濟有深涉. 深則厲, 淺則揭.〕"라는 말이 있다.

81 곡구를……못하였구나 : 곡구(谷駒)는 골짜기의 망아지라는 뜻으로, 어진 사람을 비유하는 말로 쓰인다. 《시경》 〈백구(白駒)〉에 "깨끗한 흰 망아지가 채소밭 망친다는 구실을 붙여, 붙잡아 매어 두고 오늘 못 떠나게 하고는, 그분이 우리 집에서 소요하게 하리라.〔皎皎白駒, 食我場苗. 縶之維之, 以永今朝. 所謂伊人, 於焉逍遙.〕"라고 하여 어진 사람을 떠나지 못하게 만류하는 뜻을 노래하였다.

82 나는……청하였고 : 민우수는 영조 30년(1754) 9월 이천보의 추천으로 남유용과 함께 원손의 보양관이 되었으나 상소하여 사양하였는데 남유용(南有容)이 진소(陳疏)하여 불러들일 것을 청하였다. 《承政院日記 英祖 32年 2月 27日》

83 상께서……작고하였다 : 영조 32년(1756) 9월 10일 임금이 사관(史官)을 보내어 찬선 민우수(閔遇洙)에게 따로 하유하고 함께 오게 하였으나, 병이 있다고 사양하고 오지 않았고 영조 32년 윤 9월 5일에 결국 작고하였다.

84 여수의 달 : 민우수는 여강(驪江)에 은거하여 살았고 죽어 여주(驪州) 섬악리(蟾樂里)에 묻혔다.

예부 시랑 임재 윤공 경평[85] 禮部侍郞臨齋尹公景平

임재는 천하의 선비라	臨齋天下士
고결하고 굳센 지조 행할 바를 얻었고	幽貞獲所履
향당에서 여유자적 지내니	由由鄕黨中
부귀영화[86]인들 그 뜻을 빼앗을 수 없었네	鍾駟不奪志
천명대로 살며 참된 것을 알 수 있었으니	義命見得眞
만사에 성내고 기뻐할 일 무에 있었으랴	萬事何慍喜
나의 소문금을 알아주고	知我昭文琴
한마디 말에 성공과 실패를 이해했는데[87]	一言了成毁

85 예부……경평 : 윤심형(尹心衡, 1698～1754)으로 본관은 파평(坡平), 자는 경평(景平), 호는 임재(臨齋), 시호는 청헌(淸獻)이다. 1721년(경종1) 정시 문과에 장원, 전적(典籍)·정언(正言) 등을 지냈다. 신임사화로 노론이 추방당할 때 삭직되어 은퇴하였고, 노론이 집권하면서 응교(應敎)가 되고 이어 공조 참의가 되었으나 정미환국(丁未換局)으로 다시 파직당했다. 뒤에 부제학에 기용되어 예조 참판에 이르고, 이조 판서로 추증되었다. 문집에 《임재집(臨齋集)》이 전한다.

86 부귀영화 : 종(鍾)은 곡식을 담는 도량형기인데 여기서는 만종(萬鍾)의 녹봉을 받는 높은 벼슬을 가리키고, 사(駟)는 말 네 필인데 여기서는 천사(千駟), 즉 4천 필의 말을 소유한 부유함을 가리킨다. 《맹자》 〈만장 상(萬章上)〉에 맹자가 이윤(伊尹)의 마음가짐을 설명하면서 "의롭지 못하거나 도에 합당하지 않으면 천하를 그에게 녹봉으로 주어도 돌아보지 않고, 4천 필의 말을 매어 놓는다 하더라도 거들떠보지 않았다."라는 말이 있다.

87 나의……이해했는데 : 소문(昭文)은 고대 중국의 거문고를 잘 타던 사람이다. '成毁'는 휴성(虧成), 즉 결함과 완전, 성공과 실패를 뜻하는 말이다. 《장자》 〈제물론(齊物論)〉에 "가야금의 명인 소문이 연주를 하면 성(成)과 휴(虧)가 있고, 연주를 하지 않으면 성과 휴가 아예 없어진다.〔無成與虧, 故昭氏之不鼓琴也, 有成與虧, 故昭氏之鼓琴也.〕"라고 하였다.

나의 노래 누구에게 듣게 할까나 我歌孰令聽
경박한 세상에 이러한 귀가 없는 것을 薄世無此耳

부제학 결재 이공 자이 덕중[88] 副提學潔齋李公子彝 德重
부제학은 옥당의 뛰어난 인재라 副學玉堂英
온화한 모습 석상의 보배[89]였으니 雍容席上珍
경전을 펼쳐놓고 고문[90]에 응하였고 横經發顧問
붓을 꽂고[91] 윤음[92]을 장식하였네 簪筆賁綵綸
큰소리치며 명론을 안타까워하였고[93] 嘐嘐惜名論

88 부제학……자이 : 이덕중(李德重, 1702～?)을 말한다. 본관은 한산(韓山)이고 자는 자이(子彝)이며, 호는 결재(潔齋)이다. 예문관 검열을 거쳐 여러 차례 사간원 정언과 사헌부 지평을 지냈고, 이후 도승지・홍문관 부제학・대사간・이조 참의 등의 요직을 두루 역임하였다.

89 석상의 보배 : 재덕(才德)을 갖춘 선비를 뜻한다. 노(魯)나라 애공(哀公)이 공자(孔子)에게 유자의 행실을 묻고는 자리를 권하자, 공자가 "유자는 자리 위의 보배를 지녀서 초빙을 기다리며, 밤낮으로 학문을 힘써서 물음을 기다리며, 충신을 지녀서 천거되기를 기다리며, 힘써 행하여 취해지기를 기다리니, 자립함이 이와 같은 것이 있습니다."라고 대답하였다. 《禮記 儒行》

90 고문(顧問) : 임금의 물음에 대답하는 일을 말한다.

91 붓을 꽂고 : 원문의 '簪筆'은 관원이 관(冠)이나 홀(笏)에 붓을 꽂아서 서사(書寫)에 대비하는 것을 이르는 말로, 사관(史官)이나 시종신(侍從臣)으로 활약하는 것을 말한다.

92 윤음 : 원문의 '綵綸'은 임금의 조서(詔書)를 뜻하는 말이다. 《예기》〈치의(緇衣)〉의 "왕의 말은 처음엔 실오라기 같다가도 일단 나오면 굵은 명주실처럼 되고, 왕의 말은 처음엔 굵은 명주실 같다가도 일단 나오면 밧줄과 같이 된다.〔王言如絲, 其出如綸, 王言如綸, 其出如綍.〕"라는 말에서 유래한 것이다.

93 큰 소리로……하였고 : 이덕중은 이인좌의 난에서 공을 세운 사람을 포상하라는

나가고 물러날 때는 몸이 있어야 할 곳을 알았네　進退知有身

어찌 금마[94]의 직책을 작게 여겼으랴만　豈少金馬僚

사랑하고 좋아한 것이 맑고 순박한 것에 있었네　惠好在淸淳

시국 걱정은 몸져누웠어도 여전하였으니　時憂猶病枕

말이 많은 가운데 그 정신 돋보였다네　灑灑見精神

내용을 비롯하여 유봉희・조태구・이광좌의 관직을 추탈하도록 요구하는 내용, 임금에게 의리를 밝히고 언로를 열며 시비를 바로 하라는 등 노론의 입장에서 소론을 공격하고 명분을 바로잡도록 요청하는 상소를 많이 올린 바 있다. 《英祖實錄 16年 5月 19日, 21年 7月 12日, 22年 6月 1日》

94 금마(金馬) : 한대(漢代)의 궁문인 '금마문(金馬門)'의 약칭으로, 학사들이 대조(待詔)하던 곳인데, 전하여 한림원(翰林院)의 별칭으로 쓰인다. 이덕중이 홍문관 부제학이었기 때문에 이른 말이다.

귀양살이하는 집에서 운을 얻다

謫廬得韻

세상 밖으로 청우[95]는 멀어지고	世外青牛遠
길 위에서 백발만 생겨났네	途中白髮生
북쪽으로 길을 떠날 땐 따뜻한 자리 없고	北裝無暖席
남쪽에서 밥을 먹을 땐 불어먹을 뜨거운 국물 없구나	南食未懲羹
한낮에 잠을 잘 땐 봄기운 퍼지고	午枕連春氣
새벽에 책을 읽을 땐 빗소리를 듣네	晨書對雨聲
인연 따라 애오라지 먹고 마실 뿐	隨緣聊飮啄
잠홀은 본래 정 둔 바 아니라네	簪笏本非情

95 청우(青牛) : 신선이나 도사들이 타고 다닌다는 소를 가리킨다. 노자(老子)가 주(周)나라가 장차 쇠해지려는 것을 보고 서쪽으로 떠나가다가 함곡관(函谷關)을 지나게 되었다. 이때 함곡관의 관령(關令)으로 있던 윤희(尹喜)가 관문 위에 자기(紫氣)가 떠 있는 것을 보고 현인이 올 것이라고 여기고 있었는데, 얼마 뒤에 노자가 청우를 타고 왔다. 이에 윤희가 글을 지어 달라고 청하니 노자가 《도덕경(道德經)》을 지어 주고는 관문 밖으로 떠나갔다는 전설이 있다. 《列仙傳 卷上》

북관정[96]에 올라

登北寬亭

북관정 위에서 유연히 바라보니 北寬亭上望悠然
장안이 해 주변에 있다는 것 믿지 못하겠네[97] 未信長安在日邊
묵은 나무가 비오고 바람 부는 일에 무슨 상관을 하랴
老木何關風雨事
겨울 소나무는 눈 내리고 서리 오던 해를 기억하지 않는다네
寒松不記雪霜年
시서로 배를 채우면[98] 한 해를 견딜 만하고 詩書拄腹堪終歲

96 북관정(北寬亭) : 철원도호부(鐵原都護府) 북쪽에 있던 정자이다. 1칸 규모의 작은 정자였으나 이곳에서 수백 리 밖이 보일 정도로 전망이 뛰어났다고 알려져 있다. 《국역 신증동국여지승람 제47권 강원도 철원도호부 누정조(樓亭條)》

97 장안이……못하겠네 : 일변(日邊)은 임금의 주변을 뜻한다. 동진(東晉)의 명제(明帝)가 어렸을 적에 부왕인 원제(元帝)로부터 장안(長安)과 해 중에 어느 것이 거리가 더 먼가 하는 물음을 받고 해는 눈에 보이니 더 가깝다고 대답한 고사가 있다. 《世說新語 夙惠》 여기서는 북관정이 한양과 너무도 멀리 떨어져 있음을 비유해서 말한 것이다.

98 시서로……채우면 : 당나라 한유(韓愈)가 아들에게 독서를 권면하는 시 〈부가 성남에 독서하러 가다〔符讀書城南〕〉에 "사람이 능히 사람이 될 수 있음은, 배 속에 시서가 있기 때문이라. 시서는 부지런해야 소유할 수 있고, 그리 못 하면 배 속이 텅 비게 되느니라.〔人之能爲人, 由腹有詩書. 詩書勤乃有, 不勤腹空虛.〕"라는 표현이 있고, 또 소식(蘇軾)의 시 〈동전의 이별시에 화답하다〔和董傳留別〕〉에도 "거칠고 허름한 옷이 한 생애를 휘감아도, 배 속에 시서만 있으면 기운이 절로 화사해져.〔麤繒大布裹生涯, 腹有詩書氣自華.〕"라는 구절이 있다. 《古文眞寶 前集 卷1》《蘇東坡詩集 卷5》

가고 멎는 것 마음을 따르지 하늘에 묻지 않네　行止由心莫問天
모두가 쫓겨난 신하라 함부로 다니기 어려워서이니 摠爲逐臣難浪跡
봉호[99]가 지척이나 구름 연기에 가로막혀 있구나　蓬壺咫尺隔雲煙

99 봉호(蓬壺) : 봉래산(蓬萊山)으로, 신선이 산다고 하는 바닷가 가운데에 삼신산(三神山) 중의 하나이다. 여기서는 금강산을 비유한다.

홰나무 아래 우물

槐下井

바위샘 본래가 맑고 차데 巖泉自淸冽
하물며 홰나무에 이슬 내렸음에랴 況以槐露零
내가 와서 염장[100]으로 고생을 했는데 我來困炎瘴
샘물 마시니 성령이 즐거워지네 飮之悅性靈
좋아하는 것이어도 많이 취하는 것은 꺼려 好物忌多取
하루에 두 병만 길어 마시지 一日止兩甁
담담한 사귐[101]은 이름을 필요로 하지 않는 법 淡交不要名
나는 다경을 잇지 않으려네[102] 吾不續茶經

100 염장(炎瘴) : 더운 지방의 장기(瘴氣)를 말한다.

101 담담한 사귐 : 군자의 사귐을 말한다. 《장자》 〈산목(山木)〉에 이르기를, "군자의 사귐은 담담하기가 물과 같고, 소인의 사귐은 달기가 단술과 같다."라고 하였다.

102 다경을……않으려네 : 당대(唐代)의 은사(隱士)인 육우(陸羽)는 차를 매우 즐겨 별호를 다전(茶顚), 즉 '차 미치광이'라고 하였고 다신(茶神), 다성(茶聖), 다선(茶仙)으로 불렸다. 그가 《다경(茶經)》 3편을 지으면서 샘물을 평가하여 이름을 붙이곤 하였는데 일례로 강소성 무석현(無錫縣)에 있는 혜산(惠山)을 일컬어 '천하제이천(天下第二泉)'이라 하였다. 《茶經 煮》《續茶經》 샘물에 굳이 이름을 붙이는 등 형식적인 치레를 하지 않겠다는 의미이다.

울 밖에 한 그루 복숭아나무가 있는데 바람이 많이 불어 쉬 시들었다
籬外有一樹桃花 多風易衰

벌과 나비가 삶을 영위하는 곳 蜂蝶經營處
처음에 볼 때는 한 그루 붉은 나무였는데 初看一樹紅
잠깐 사이 밤비에 흠뻑 젖더니 乍能滋夜雨
끝내 또 봄바람에 시달리는구나 終亦困春風
객지 밥 먹으니 때 바뀌는 것에 놀라고 旅食驚時改
묻혀 살다 보니 색은 공임을 깨닫는데[103] 幽居悟色空
나의 집에는 도우가 있으니 儂家有道友
동파(東坡)가 소나무를 가리켜 도우(道友)라고 하였다.[104]
절대로 쇠한 늙은이 저버리지 않으리 端不負衰翁

103 색은……깨닫는데 : 공색(空色)은 불교의 말로, 색(色)은 곧 형체가 있는 만물을 총칭한 것이고, 공(空)은 곧 이 형체 있는 만물 또한 인연(因緣)을 따라 생긴 것이요 본래 실유(實有)가 아니기 때문에 공이라 한다는 것이다. 《반야심경(般若心經)》에 "색은 공과 다르지 않고 공은 색과 다르지 않으니, 색이 곧 공이요 공이 곧 색이다."라는 말이 나온다.

104 동파가……하였다 : 송나라 소식(蘇軾)의 〈3월 20일 정원을 열다〔三月二十日開園〕〉 시에 "울창한 푸른 수염 진정 도우이고 가냘픈 붉은 꽃받침 향인이로다.〔鬱鬱蒼髯眞道友, 絲絲紅萼是鄕人〕"라고 하였는데 소동파의 자주(自注)에 "창염(蒼髯)은 소나무이고 홍악(紅萼)은 해당화이다."라고 하였다.

졸옹의 〈해조〉[105]시에 화운하다

和拙翁解嘲

늘그막에는 응당 목석과 무리 지어야 하니[106]	垂老應將木石群
인간의 언어는 참으로 분별하기 어렵다네	人間言語信難分
귓속에 별도로 균천의 음악[107] 있는데	耳中別有勻天樂
나만 들을 수 있고 그대는 듣지 못하는구려	惟我能聞子不聞

105 해조(解嘲) : 세상의 조롱에 대해 해명한다는 뜻이다. 전한 말기의 학자인 양웅(揚雄)이 빈한한 생활을 하며 《주역(周易)》을 모방하여 《태현경(太玄經)》을 저술하고 있을 적에 어떤 사람이 "당신의 도(道)가 아직 설익어서 이렇게 곤궁한 게 아닌가?"라고 조롱하자, 양웅이〈해조(解嘲)〉를 지어 부귀영화를 초탈하여 담박하게 살아가려는 자신의 마음을 표현한 데서 유래하였다. 이후로 많은 문인들이 '해조'라는 단어를 써서 스스로를 해명하는 시나 글로 삼았다. 《漢書 卷87 揚雄傳下》

106 목석과……하니 : 산중에 은거해야 한다는 뜻이다. 《맹자》에 "순 임금이 깊은 산중에 거처할 적에 나무와 돌과 함께 거처하시었다."라는 말이 보인다. 《孟子 盡心》

107 균천의 음악 : 균천광악(勻天廣樂), 즉 천상의 음악을 일컫는다. 춘추 시대 진 목공(秦穆公)이 병이 들어 혼수상태에 빠졌다가 깨어나 말하기를, "내가 옥황상제가 있는 곳에 갔는데 심히 즐거웠으며 신선들과 균천광악을 들었다." 하였다. 《列子 周穆王 註》

고을 부로를 찾아가 부내의 노닐만한 명승지를 묻고는 기뻐 읊다

從里中父老 問府內名勝可遊者 喜吟

동주[108]에 승경이 얼마나 있는지	多少東州勝
애오라지 고을 노인을 통해 알아보네	聊憑里老探

황공(黃公)의 정사(精舍) 북쪽에 창랑정(滄浪亭)[109]이 있고 김자(金子)의 폐촌(廢村) 남쪽에 삼부연(三釜淵)이 있다.[110]

골짝은 길게 뻗어있고 내는 발 씻기 좋고	谷遠川宜濯
소나무는 높고 바위에서는 담소 나눌 만하다지	松高石可談
말을 듣고 있자니 흥이 절로 용솟음치는데	聞言興自湧
직접 가보고 싶은 마음은 또 어떻게 견딜꼬	脚踏更何堪

108 동주(東州) : 강원도 철원의 옛 이름이다.

109 황공(黃公)의……창랑정 : 월담(月潭) 황근중(黃謹中, 1560~1633)이 광해군 때 낙향하여 지었다고 하는 정자이다. 고석정(孤石亭), 북관정과 함께 철원의 3대 정자로 불렸다.

110 김자(金子)의……삼부연 : 철원의 명성산에 있는 소(沼)이다. 높은 절벽 사이로 물이 떨어지는 곳에 가마 같은 세 개의 바위가 있어 삼부연이라고 하였다. 김자는 김창흡(金昌翕)을 의미하는 것으로 보인다. 그는 1679년(숙종5) 7월에 철원(鐵原)의 용화촌(龍華村) 삼부연(三釜淵)에 거주지를 마련하고 '삼연(三淵)'이라고 자호(自號)하였다.

등화[111]

燈花

오늘 저녁은 무슨 저녁인가　今夕是何夕
등 단 나무들 이집 저집에 있네　火樹東西家
아무려면 서재 휘장 속에서　誰似書帷裏
등잔의 불꽃이 절로 피는 것만 하랴　自發燈中花

두 번째 其二

졸옹[112]이 등화로 점을 치곤　拙翁占燈花
공의 집에 기쁜 일 있겠소 하네[113]　公家有喜事
거백옥은 나이 육십에 변화하였다지만[114]　伯玉六十化
당초 노여움 없거늘 또 무슨 기쁨이 있으랴[115]　無慍又何喜

111 등화(燈花) : 등잔을 오래 켜서 심지 끝이 꽃 모양의 불똥으로 엉겨 붙은 것을 이른다.

112 졸옹(拙翁) : 이덕홍(李德弘)으로, 남유용의 매서(妹婿)이다.

113 등화로……하네 : 등잔불의 불꽃이 꽃 모양으로 깜박이는 이 등화 현상이 일어나면 조만간 기쁜 일이 있게 된다는 속설이 있다. 《本草 燈花》《西京雜記 卷3》

114 거백옥은……변화하였다지만 : 춘추 시대 위(衛)나라의 대부(大夫) 거백옥이 60세가 되었을 때 그동안의 잘못을 깨닫고 고쳤다는 일화가 있다. 《莊子 則陽》

115 당초……있으랴 : 《논어》 〈공야장(公冶長)〉에 "초(楚)나라의 영윤(令尹)인 자문은 세 차례나 출사(出仕)하여 영윤이 되었지만 기뻐하는 빛이 없었고, 세 차례나 그만두었어도 노여워하는 빛이 없었다."라는 내용이 있다.

세 번째 其三

밝은 달이 뜬구름을 벗어나니 明月脫浮雲
일렁이는 못 속에 배가 떠있네 澹澹潭中舟
대도는 험난하지도 평탄하지도 않아 大道無險夷
군자는 스스로 말미암을 수 있다네 君子得自由

네 번째 其四

가지 위에 백설조[116] 떠나가니 枝頭百舌去
꽃은 더욱 활짝 피어나네 花意更藹然
시끄럽든 조용하든 모두가 오묘한 경지인 것을 喧靜皆妙境
군자는 그 전체를 본다네 君子見其全

116 백설조 : 새 이름인데, 잘 울고 소리에 변화가 많아서 말 많은 사람에 비유된다. 《회남자(淮南子)》 〈설산훈(說山訓)〉에 "사람 중에 말이 많은 자는 마치 백설의 소리와 같다."라고 하였다.

시골 노인

野老

촌 노인이 사립문 들쭉날쭉 가지런하지 않고　野老柴荊揷不齊
항아리는 기우뚱하여 병아리들 흩어지네　甕罌欹側散童鷄
집안을 지키는 꿋꿋한 부인은 근심과 즐거움을 알고　持門健婦知憂樂
슬하에 둘러있는 예쁜 애들 웃고 울게 내버려두네　繞膝嬌兒任笑啼
채소밭에 김을 매니 종자가 다양하고　菜圃經鋤多色種
토방에 흙손질하니 높낮이가 생기네　土房隨墁有高低
관장[117] 일도 끝나 다른 일 없으니　官場看罷無餘事
산들바람에 해 질 때까지 코 골고 자네　鼾睡飀飀到日西

117 관장(官場) : 관가에서 관리하는 전장(田場)을 말한다.

사제[118]의 편지를 받고 부쳐 보내다

得舍弟書却寄

젖먹이 이제 막 문 붙들고 일어나고	乳子初扶戶
손자는 책을 덮지 않는다지	孤孫不廢書
담장은 비 온 뒤 무너지지 않고	垣無經雨壞
꽃은 해를 향해 활짝 피어 있겠지	花有向陽舒
끼니 거르는 것 이제 와서 이상할 것 있으랴	缺食今何怪
살아가는 것 예부터 이미 서툴렀던 것을	爲生昔已踈
다만 소식이나 이어지게 한다면	但敎平問續
동쪽 골짜기 또한 내 집이란다	東峽亦吾廬

118 사제 : 남유용의 동생 남유정(南有定)이다.

신감채[119]를 먹으며

食辛甘菜

한 꾸러미에 모두 아홉 묶음인데	一包凡九束
짤막짤막 또 주렁주렁하구나	短短復長長
누구나 소반을 비게 하는 빛깔을 사랑하고	共愛空盤色
공연히 거른 술의 향을 자랑하네	虛誇壓酒香
당귀는 좋은 이름이고	當歸好名號
원지는 한결같은 마음이라[120]	遠志一心腸
고고한 높은 절개를 가지고서	莫以孤高節
고개 숙여 수양에 양보하지 마라[121]	低頭讓首陽

119 신감채 : 승검초〔辛甘菜〕의 취음(取音)이다. 미나릿과에 속한 여러해살이풀로 높이는 1미터 정도이고, 잎은 깃꼴 겹잎으로 마주나며, 8월에 하얀 꽃이 가지 끝에 핀다. 뿌리는 당귀(當歸)라 하여 한약재로 많이 쓰인다.

120 당귀도……마음이라 : 삼국 시대 위(魏)나라 사람 강유(姜維, 202~264)는 촉(蜀)나라의 제갈량(諸葛亮)이 북벌할 당시 사로잡혀 제갈량의 부하가 되었는데, 그때 그의 어머니가 강유에게 편지를 보내 위나라로 다시 돌아올 것을 호소하면서 마땅히 돌아와야 한다는 뜻에서 당귀라는 약재를 함께 보냈다. 이에 강유는 답서에서 자신의 밭에는 "다만 원지만 보일 뿐, 당귀는 없습니다.〔但見遠志, 無有當歸.〕"라고 하였다. 《晉書 卷28 五行志18》

121 고개……마라 : 은(殷)나라 말기 왕자였던 백이(伯夷)와 숙제(叔齊)가 나라가 망하고 주(周)나라가 천자국이 되자, 주나라 녹을 먹는 것을 부끄러워하여 수양산(首陽山)에 은둔하면서 고사리만 먹었다는 고사를 가져온 것이다. 고고한 절개가 고사리와 맞먹을 수 있다는 뜻이다. 《史記 卷61 伯夷列傳》

손자가 부친 시가 왔는데 자못 문사가 운치를 보이는지라 기뻐 그 시운을 쓰다

兒孫寄詩至 頗見詞致 喜用其韻

내 귀양 오느라 동성[122]을 떠나온 뒤로	自我遷謫去東城
산골 마을에서 홀로 지내며 맑고 흐린 날 겪었는데	崦村孤坐歷陰晴
섬돌 아래 푸른 대나무는 이제 막 가지를 쳤고[123]	階下綠竹初出孫
산새도 새끼 데리고 지저귀는 소리 좋네	山鳥引子亦好聲
눈앞에 어찌하면 너희들을 데려올 수 있을까	眼中安得致汝曹
사랑해도 보지 못하니 내 맘이 상하는구나	愛而不見傷我情
시서에 힘을 기울이며 할아비 올 때를 기다리렴	努力詩書待爺歸
어려운 글자 물어 선생님 곤란하게 하지 말고	莫將難字困先生

122 동성(東城) : 조선 시대 사소문(四小門)의 하나인 광희문(光熙門)을 말한다.

123 대나무는……쳤고 : 새로 자라난 대나무 가지를 죽손(竹孫)이라고 한다. 소식(蘇軾)의 〈경신년 인일에 짓다〔庚辰歲人日作〕〉 제2수에 보면 "긴 수심 월촌에 걸어둘 것 없네, 빈랑은 자식 낳고 대나무는 손주 낳았으니〔不用長愁挂月村, 檳榔生子竹生孫.〕"라는 구절이 있다.

의족
義足

꿈에 어떤 이가 나에게 책 한 권을 주었는데 제목이 《기방(氣方)》이라고 되어 있고 "유후(留侯)의 양기법(養氣法)입니다."라고 말하였다. 글자가 수십 자가 되지 않았기에 내 그것을 다 외어서 기억했는데 깨고 보니 문득 다 까먹고 '의족(義足)' 두 글자만 잊히지 않았다. 내가 이때 기운이 고르지 않아 괴로웠기로 신기하게 여겨 한 편을 덧붙여 짓는다.

내 꿈에 책을 얻었는데 제목은 기방이요	我夢得書名氣方
한 쪽에 두 자씩 모두 아홉 쪽이었네	一葉二字凡九葉
유후가 기를 배양하던 법이라고 하니	言是留侯養氣法
'기'는 양기를 말하는 것이요 '방'은 방법이라	氣謂養氣方是法
내 듣건대 유후는 황제의 스승이 되었으나	吾聞留侯帝者師
만년에 도를 배워 벽곡을 했다고 일컬어졌다지	晩節學道稱辟穀
적송자를 따라 노닐었다는 것 또한 우언이어늘[124]	赤松從遊亦寓言

124 유후는……우언이어늘 : 유후(留侯)는 한나라 창업 공신인 장량(張良)의 봉호이다. 유후(留侯)에 봉해진 뒤, 장량은 속세의 미련을 버리고 신선술을 닦으며 말하기를 "지금 세 치의 혀를 가지고 임금의 스승이 되었을 뿐만 아니라, 만호에 봉해지고 열후의 지위에 올랐으니, 이는 포의가 누릴 수 있는 최대의 영광으로 나에게는 이미 충분하다고 하겠다. 그러니 이제는 인간 세상의 일을 버리고 적송자를 따라 노닐고 싶다."라고 하고는 음식을 먹지 않는 벽곡(辟穀)과 몸을 가볍게 하는 도인(導引)을 행했다고 한다. 《史記 留侯世家》

어찌 진짜로 책이 있어 읽을 만했으랴　豈嘗眞有書可讀
책 속의 문자 심오하고 기이하여　書中文字奥以奇
막 깨었을 때에는 모두 기억했는데　在初寤時記皆得
고개 돌리는 사이 문득 까먹어 주울 수가 없었네　轉頭便空不可拾
기억나는 것은 두 글자 '의족'이었으니　存者二字曰義足
혹시 의가 족하고 의가 족하지 못하다는 뜻인지 의문이 들었으나　或疑義足義未足
아마도 이는 글자가 빠져 구문이 이어지지 못하는 것이었으리　恐是字逸句不屬
내가 말하는 지극한 도는 많은 말을 허비하는 것이 아니니　我言至道言不費
이 때문에 어두웠다가 깨닫게 되는 것이라　所以昧昧而覺覺
기는 한갓 기르기만 해서 되는 것이 아니라 성품을 선하게 해야 하고　氣不徒養在善性
행동은 마음에 부족함이 없어야 의가 모이는 것　行無不慊義乃集
의가 내면에 충분해야 기가 해를 당하지 않게 되니　義足於內氣不害
이에 호연한 것이 밖에서 엄습하는 것이 아님을 알게 된다네[125]　乃知浩然非外襲
전체와 묘용 두 마디 말이 모두 포괄되니　全體妙用二言咸

125 기는……된다네 : 《맹자》 〈공손추 상(公孫丑上)〉에, 맹자가 호연지기를 기르는 것에 대해 "이 호연지기는 의(義)를 많이 축적하여 생겨나는 것이다. 의가 하루아침에 갑자기 엄습하여 얻어지는 것은 아니니, 행하고서 마음에 부족하게 여기는 바가 있으면 호연지기가 주리게 된다."라고 하였다.

한 글자 많으면 연자이고 하나가 적으면 궐자라　多一字衍少一闕
일찍이 들은 바로는 우사가 육기를 변화시켰고　嘗聞雨師化六氣
염제 말기에는 신선이 출현하지 않았다는데[126]　炎帝欲末僊不出
어찌 유언을 유후에게 남겨　豈有遺言在留侯
백겁 동안 비밀스레 간직되어 있다가 나한테서 발현되었을까
秘藏百刦於吾發
내 늘그막에 인간사 더욱 싫어　吾老益厭人間事
장차 사직하고 오두막집으로 돌아가리라 다짐하였는데
矢將乞骸還蓬蓽
신이 고해주신 것을 삼가 받은 것이 마침 이때라　敬受神告屬玆時
머리 조아리는 것으론 부족하여 뼈에 새기네　稽首不足銘之骨
화기를 끌어들이는 것과 늙지 않는 것은 두 가지 일 아니니
導和難老非二事
웅경과 호고[127]는 다만 말단의 술수일 따름이리　熊經虎顧徒末術

126 우사가……않았다는데 : 육기(六氣)는 하늘과 땅 사이의 여섯 가지 기운으로, 곧 음(陰)・양(陽)・풍(風)・우(雨)・회(晦)・명(明)을 말하고 우사(雨師)는 비를 관장하는 신(神)이다. 염제(炎帝)는 보통 신농씨(神農氏)로 불리며 농사짓는 법을 만들고 온갖 식물을 맛보아 약초를 정했다고 하며 머리가 소머리처럼 생겼다고 하는 전설상의 제왕인데, 유후가 따라 노닐었다는 적송자가 염제 신농씨(炎帝神農氏) 때 우사(雨師)를 맡았다고 전해진다.《列仙傳 卷上 赤松子》

127 웅경과 호고 : 도가(道家)에서 장생불사(長生不死)하기 위해 수련하는 도인법(導引法)의 한 가지로 마치 곰이 앞발로 나무를 부여잡고 매달리는 것 같이, 범이 돌아보듯이 하면서 기(氣)를 단련하는 것이다.《장자(莊子)》〈각의(刻意)〉에 "새로운 기운을 들이쉬고 탁한 공기를 내쉬며, 묵은 것을 토해 버리고 신선한 공기를 마시며, 곰이 나뭇가지에 매달리듯, 새가 공중을 날며 두 다리를 쭉 펴듯이 하는 운동은 바로 장수를

위한 것이다."라는 내용이 나오고 《회남자(淮南子)》〈정신훈(精神訓)〉 편에는 이보다 상세하게, "숨을 급히 쉬거나 천천히 쉬면서 호흡하여, 묵은 기〔故〕를 토해내고 새로운 기〔新〕를 받아들이며 곰처럼 곧게 서거나 새처럼 목을 펴며, 오리처럼 목욕하고 원숭이처럼 뛰며 소리개처럼 살피고 범처럼 돌아봄과 같은 것, 이것이 자신의 육체를 기르는 사람이다."라고 하였다.

김 상사 인겸에게 차운하여 주다

次贈金上舍仁謙

상사(上舍)는 삼연(三淵)의 서종질(庶從侄)이다. 시에 능하고 산수를 좋아하였으며 진심이 외모에 드러났다. 그 많은 산들을 한걸음에 넘어, 알지도 못하는 이 귀양지까지 찾아와주었으니, 이 또한 기이한 일이다. 결국 부탁한 시운을 써서 그가 돌아가는데 준다.

안장 두른 말 우뚝 서있고 계곡의 해 지는데	鞍馬亭亭澗日西
쓸쓸한 오두막 문 앞은 반쯤 봄 진창이구나	蓽扃牢落半春泥
사람 보러온 그대는 멀리서 온 마음 전하고	看人君自傳心遠
객을 맞이한 나는 손 들어 인사하네	肅客吾能擧手低
세상만사 이렇게 머리 세는 것 궁구하기 어렵고	萬事難窮此鬢髮
외로운 마음속엔 오직 아무 산과 계곡뿐	孤懷惟有某山溪
죄지은 신하 떠나서 전원으로 돌아가게 되면	纍臣得去田園去
헤어지자는 말 말고 함께 가자 말하세	莫說分携說共携

견여

肩輿

대부가 물러나 재야에 있으면	大夫退在野
견여로 마차를 대신하는데	肩輿用代車
나는 가난하여 마부를 둘 수 없어	我貧闕車徒
도성 안에서도 견여를 썼지	城裏亦肩輿
이제 귀양을 오게 되니	及玆遷謫來
말 빌리는 것은 마을을 번거롭게 하는지라	借馬煩里閭
오뚝하니 두 덩이 짐과 함께 타고	突兀騎兩擔
옷과 책을 바닥에 까네	藉以衣與書
동주[128]는 유명한 명승지라	東州盛名勝
고을엔 수석도 많은데	水石多村墟
객창에 갇힌 듯 앉아있고	客窓坐如拘
나가고 싶어도 소나 나귀가 없었네	欲出無牛驢
고을 원님은 늙어도 건장한 사람인데	地主老更健
내가 너무 쓸쓸히 지내는 것을 괴이히 여기더니	怪我太索居
두 사내에게 견여 메게 하여	肩輿用二夫
나를 칠만[129]으로 불러 고기를 잡으라고 하였네	邀我七瀯漁

128 동주(東州) : 현재 남유용이 귀양 와 있는 철원의 옛 이름이다.

129 칠만(七瀯) : 철원에 있던 물굽이이다. 《뇌연집(雷淵集)》 권8에 〈총옥천 수석의 맑고 기이함이 정자못보다 덜하지 않는데 고을 사람들만 그 기이함을 알지 못할 뿐이라

내 비록 옛날에는 벼슬아치였으나 我雖簪履舊
지금은 평민[130]과 다름없으니 於今編戶如
물러난 선비는 스스로 해야 하거늘 退士以自爲
예에 있어 참람한 것이 아닌가 在禮不僭歟
평생 지닌 묵은 지팡이 하나가 平生一老藤
나를 부축해 앞 개울에 세워주니 扶我立前渠
막 갠 날씨에 햇빛이 고와 初晴日華鮮
담담히 의관에 그림자 지네 澹澹影冠裾
흰 바위 사이로 풀 더미를 제치니 素石披翠帶
헤엄치며 뛰노는 고기들 많기도 하구나 泳躍亦多魚
호복[131]이 멀리 있지 않으니 濠濮不在遠
어딜 가든 즐겁지 않으랴 何往非樂且

비로소 칠만총옥이라고 이름을 지었으니 내가 명명한 것이다〔叢玉川水石清奇 不下亭淵特邑人未之奇耳 始名七灣叢玉 余所命也〕〉라는 시가 있다.

130 평민 : 원문의 '編戶'는 호적에 편입된 평민을 말한다. 죄인을 변방의 고을로 귀양 보내면 해당 고을의 수령이 편호(編戶)로 편성하여 죄인을 관리하였다.

131 호복(濠濮) : 호량(濠梁)과 복수(濮水)의 준말이다. 호량은 장자(莊子)가 혜시(惠施)와 함께 물고기의 즐거움에 대해서 논한 곳이고, 복수는 장자가 초(楚)나라 왕의 초빙도 거절한 채 낚시를 하던 곳으로, 《장자》 〈추수(秋水)〉에 상세한 내용이 나온다. 또 간문제(簡文帝)가 화림원(華林園)에 들어가서 좌우를 돌아보며 "마음에 맞는 곳을 찾으려면 굳이 멀리 갈 필요가 없다. 울창하게 우거진 이 수목 사이에 들어서니, 호량과 복수 가에 와 있는 듯한 느낌이 저절로 든다."라고 말한 고사가 있다. 《世說新語 言語》

이 승지 평일[132]의 서독 말미에 시를 붙여 화답하다
李承旨平一牘尾 附詩和之

빈 배란 또 무슨 뜻인가[133]	虛舟亦何意
풍파가 지나가는 바에 맡겨야 하는 것	風波信所經
조금이라도 해구를 떠날 수 있게 되면	稍能離海口
푸르른 고향 산을 서로 바라보겠지	相望故山青

두 번째 其二

아무 일도 없을 수 있겠소	可能無一事
전대를 털어 낡은 책을 꺼내오	拂橐出殘經
담박하여 무슨 맛이 있겠소만	澹泊有何味
객사의 등불은 밤새 푸르다오	客燈終夜青

132 이 승지 평일 : 이형만(李衡萬, 1711～?)으로, 본관은 경주(慶州), 자는 평일(平一)이다. 1735년(영조11) 문과에 급제하고 정언, 승지, 판결사 등을 역임하였다.

133 빈 배란……뜻인가 : 원문의 '虛舟'는 《장자》 〈산목(山木)〉에 "배를 타고 강을 건널 때, 빈 배가 떠내려 와 부딪히면 비록 너그럽지 못한 뱃사공일지라도 화내지 않는다."라는 구절에 보이는 말로, 세상사에 무심함을 뜻한다. 아마도 이평일이 편지 속에 이런 말을 쓴 것으로 보인다.

졸옹이 청송자 박사흥 아저씨의 고택을 지나면서 느낌이 일어 읊은 시에 화답하다

和拙翁過青松子朴叔士興故宅感吟韻

고사가 은거하던 곳이라 高士幽棲地
겨울 소나무가 작은 문을 표시하네 寒松表短扃
관문을 나설 때는 흰 소를 탔고 出關牛是白

청송자(青松子)는 항상 흰 송아지를 타고 다녔다.

고갯마루 올라갈 때는 푸른 학을 보았지[134] 登嶺鶴曾青
잠시 거문고 타며 정사를 시험해 보았지만[135] 薄試鳴琴政
끝내 옥을 바친 형벌을 슬퍼해야 했네[136] 終悲獻玉刑

134 관문을……보았지 : 흰 송아지는 함곡관 령(函谷關令) 윤희(尹喜)가 천기(天氣)를 관찰하다가 동쪽으로부터 함곡관 머리에 자줏빛 기운이 도는 것을 보고 성인이 지날 것을 예측했는데, 과연 노자가 왔다고 하는 고사를, 푸른 학은 주(周)나라 영왕(靈王)의 태자 진(晉), 즉 왕자교(王子喬)가 생(笙) 불기를 좋아하였는데 도사의 초대를 받아 숭산(嵩山)에 갔다가 30여 년 뒤에 백학을 타고 구산(緱山) 꼭대기에 내려와서 사람들에게 인사를 하고 신선이 되어 떠났다는 고사를 연상시킨다. 《史記 卷63 老莊申韓列傳》《列仙傳 王子喬》 신선의 이미지를 강화시키기 위해 쓴 표현으로 보인다.

135 거문고……보았지만 : 명금(鳴琴)은 거문고를 연주하면서 백성을 잘 다스리는 것을 의미한다. 공자(孔子)의 제자인 복자천(宓子賤)이 성품이 매우 인애(仁愛)하여 일찍이 선보(單父)를 다스릴 적에 항상 거문고만 타고 당(堂) 아래를 내려가지 않았으나, 선보가 잘 다스려졌다는 데에서 유래하였다. 《說苑 卷7 政理》

136 옥을……했네 : 춘추 시대 초(楚)나라의 변화(卞和)라는 사람이 형산(荊山)에서 직경이 한 자나 되는 박옥(璞玉)을 얻어 여왕(厲王)과 무왕(武王)에게 바쳤으나, 옥을 감정하는 사람이 보고 돌이라 하여 두 발이 잘리고 말았다. 그 후 문왕(文王)이 즉위하

아름다운 돌들 무너지게 하지 마시게	莫教花石廢
맑고 깨끗한 청송자께서 편히 쉬시는 곳이니	瀟灑子攸寧

자 화씨는 형산 아래서 박옥을 안고 사흘 밤낮을 울어 피눈물이 흘렀다. 문왕이 이 사실을 듣고 옥공(玉工)을 시켜 박옥을 다듬게 하여 천하에 둘도 없는 보배인 화씨벽(和氏璧)을 얻었다 한다.《韓非子 和氏》억울한 일을 당한 사정이 있는 듯하나 박사홍과 관련해서 알려진 내용은 없다.

박씨 아우 민원과 교원[137]에게 주다

贈朴弟敏源敎源

현부의 가풍을 아들들이 아니	賢父家風令子知
오랜 굶주림에도 옛 우애[138] 변치 않았네	長飢不廢舊塤箎
벽 속에 모아놓은 천 권의 책찌 있다 하니	壁中收拾千籤在
다만 연옹을 위해 술 한 단지 빌려야겠네[139]	只爲淵翁借一鴟

137 민원과 교원 : 박사걸(朴師傑)의 아들들이다. 박사걸은 비안 현감(比安縣監)을 지낸 바 있다.

138 옛 우애 : 원문 '塤箎'에서 '훈'과 '지'는 모두 악기의 이름으로, 형제간의 우애가 지극한 것을 비유한다. 《시경》 〈하인사(何人斯)〉에 "백씨는 훈을 불고, 중씨는 지를 분다.〔伯氏吹壎, 仲氏吹篪.〕"라고 하였는데, 여기에서 온 말이다.

139 다만……빌려야겠네 : 송(宋)나라 황정견(黃庭堅)의 시에 "원컨대 공은 내게 장서의 목록을 빌려주오, 때로 한 병 술 보내서 자물쇠를 열게 하리.〔願公借我藏書目, 時送一鴟開鎖魚.〕"라는 말이 있다. 《山谷外集詩註 卷9 聞致政胡朝請多藏書以詩借書目》 아마도 김창흡의 책이 이곳에 있었던 듯하다. 김창흡도 철원(鐵原)의 용화촌(龍華村) 삼부연(三釜淵)에 살았었다.

선성에 있는 사질[140]의 편지를 받고 기뻐 아우에게 보낸 시운에 첩운하여 편지 말미에 써넣다

得宣城舍姪書 喜疊寄弟韻 寫牘尾

등불 앞에 앉은 천리 밖 나그네가	燈前千里客
영외에서 한 통 편지 받았네	嶺外一封書
이별의 회포 어찌 다할 수 있을까	離抱何能盡
시름겹던 눈썹 그저 잠시 펼 뿐	愁眉秖暫舒
남쪽 구름[141]은 날아가서 더욱 멀어지고	南雲飛更遠
북쪽 기러기는 떠나가서 응당 뜸해지겠지	北鴈去應踈
조만간 전원으로 돌아갈 계획이니	早晩歸田計
그대가 초가집 손 좀 봐 주게나	須君理草廬

140 선성(宣城) : 예안(禮安)의 고호(古號)이다. 남유용의 어머니가 이곳에 계셨고, 또 사질이 이곳 태수로 있었다. 《뇌연집》 권6에 〈선성현재에서 사질 태수에게 보여주다〔宣城縣齋 示舍侄太守〕〉라는 시가 있다.

141 남쪽 구름 : '南雲'은 어버이를 생각하는 마음을 비유한다. 진(晉)나라 육기(陸機)의 〈사친부(思親賦)〉에 "남쪽 구름 가리켜 정을 부치고, 돌아가는 바람 보며 정성을 바친다.〔指南雲以寄款, 望歸風而效誠.〕"라고 하였다.

여사에서 열 개의 사물을 읊다-격양체[142]를 본뜨다
旅舍十詠 效擊壤體

너를 일러 군자라 하자니	謂汝爲君子
사람 따라 찡그리거나 웃고	隨人作顰笑
장차 너에게 소인이라 하자니	將謂汝小人
사물을 사사로이 비추는 것이 없구나	在物無私照

이상은 돌거울이다.

춥다 해서 가까이해서도 안 되고	寒亦不可褻
덥다 해서 버려두어서도 안 되네	熱亦不可捨
부디 가벼이 만지거나 들지 말지니	愼莫輕提挈
깊은 가운데 숨은 불씨가 있기 때문일세	深中有伏火

이상은 쇠난로이다.

간소하고 질박하여 남에게 괄시를 받지만	簡朴人所賤
온화하고 후덕함은 내가 사랑하는 바라	溫厚吾所愛
가난할 때부터 사귀었기 때문이니	爲是貧時交
머리 하얘지도록 서로 의지한다네	白首相藉在

이상은 왕골자리이다.

142 격양체(擊壤體) : 송나라 소옹(邵雍)이 지은 시체이다. 백거이(白居易)의 체를 모방해서, 논리로 근본을 삼고 수식에 힘쓰지 않은 것을 특징으로 한다.

네 이름은 부로[143]이니 爾名爲扶老
힘써 나아가는 길을 잘 살필지어다 努力愼所趍
험지를 보거들랑 곧 멈추고 見險則便止
넘어질 때까지 기다려 붙들지 말라 莫待顚時扶

이상은 등나무 지팡이이다.

작은 병풍 속에서 잠을 깨니 睡罷小屛裏
눈썹 긴 노인 누구인가 何許脩眉翁
새벽마다 늘 먼저 와 있으니 每曉輒先在
아마도 이가 황석공인가보다[144] 恐是黃石公

이상은 침실 병풍이다.

큰 벼루는 관각서 쓰기 마땅하고 大硯宜館閣

143 부로(扶老) : 지팡이를 가리킨다. 도연명의 〈귀거래사〉에 "지팡이로 늙은 몸 부축하여 쉬엄쉬엄 다니다, 때로 머리를 들어 멀리 바라본다.〔策扶老以流憩, 時矯首而遐觀.〕"라는 구절이 있다.

144 새벽마다……황석공인가보다 : 병풍 속 눈썹 긴 노인을 황석공으로 추정하여 설명한 것이다. 유방(劉邦)을 도와 한(漢)나라를 세운 장량(張良)이 일찍이 하비(下邳)의 흙다리 위〔圯上〕에서 황석공(黃石公)을 만났다. 그가 짐짓 다리 밑으로 떨어뜨린 신을 주워다가 그의 명에 따라 공손히 꿇어앉아서 신겨 주었더니 황석공이 닷새 뒤 새벽에 여기에서 만나자고 하였다. 약속한 날 새벽에 장량이 그곳으로 가 보니 황석공이 벌써 나와 있었다. 황석공이 늙은이와 약속하고 늦게 왔다고 꾸짖으며 다시 닷새 뒤에 일찍 나오라고 하였다. 이렇게 세 번을 반복한 다음에야 태공(太公)의 병서(兵書)를 받았다. 장량이 이를 익혀 한 고조(漢高祖)의 모신(謀臣)이 되어 마침내 진(秦)나라를 멸하고 한(漢)나라를 세웠다.《史記 卷55 留侯世家》

작은 벼루는 산에 살며 쓰기 마땅하네　小硯宜山居
쓰거나 놓아두는 것은 각각 때에 따라 할 일이니　用捨各隨時
저들에게 맡겨서 서로 승제[145]하게 하리라　任渠相乘除

이상은 휴대용 벼루이다.

눈병으로 문자를 팽개쳐 둔 덕분에　病眼閣文字
너를 며칠이나 푹 쉬게 하였는지　饒汝幾日閒
기대어 간혹 단경[146]을 생각하기도 하고　據或念丹經
기대어 청산을 보기도 하였네　隱爲看青山

이상은 책상이다.

오랜 나그네 생활엔 약물이 필요하니　久客須藥物
자루 밑엔 새것과 묵은 것이 섞여있네　囊底雜新陳
평생 배운 강제술[147]이라는 것이　平生康濟術
겨우 내 몸 하나 지키는 데 미쳤구나　纔及自家身

이상은 약봉지이다.

145 승제(乘除) : 수학상의 용어인 곱하기와 나누기인데, 곱하면 득(得)이 되고 나누면 실(失)이 되므로 전하여 인사(人事)의 소장(消長), 성쇠(盛衰), 영허(盈虛)를 가리킨다.

146 단경(丹經) : 도가 경전을 가리킨다. 《신선전(神仙傳)》에, 한나라 회남왕(淮南王) 유안(劉安)이 《팔로단경(八老丹經)》 36장을 받아 단약(丹藥)을 단련하여 이를 먹고 대낮에 승천했다는 기록이 있다.

147 강제술(康濟術) : 백성을 안정시키고 세상을 구제하는〔安民濟世〕 방법을 의미한다.

당초엔 일이 없어 피웠는데　　始爲無事飮
결국 큰 삶의 이치가 되어 버렸네　　遂作大生理
가소롭구나 다니며 구걸하는 사람이　　可笑行丐人
곡식 한 움큼 쥐고 차 시장으로 달려가는 꼴이　　握粟走茶市

이상은 담배[148]이다.

기쁘구려 그대 능히 밤을 지새울 수 있으니[149]　　喜君能卜夜
와서 마음의 모든 근원을 비추어 다오　　來照百源襟
조심스러운 몸가짐 아름다움을 품은 듯하다가[150]　　斂處若含章
때를 만나면 도리어 심지를 다 태워 버리네　　逢時却盡心

이상은 밀초이다.

148 담배 : '煙茶'는 담배의 이칭이다. 이 같은 이칭이 생기게 된 까닭에 대해 《인조실록(仁祖實錄)》 16년 8월 4일 기사에는 "손님을 대할 때 차나 술을 대신하기 때문에 '연다(煙茶)'·'연주(煙酒)'라고도 부른다."라고 하였고, 이의현(李宜顯, 1669～1754)의 《경자연행잡지 하(庚子燕行雜識下)》에는 "손님을 대접할 때 차와 함께 내놓기 때문"이라고 하였다.

149 능히……있으니 : 원문의 '卜夜'는 복주복야(卜晝卜夜)에서 나온 말로, 밤낮을 가리지 않고 즐기는 것을 가리킨다. 춘추 시대 제(齊)나라 공자(公子) 진경중(陳敬仲)이 제 환공(齊桓公)에게 주연을 베풀어 주었는데, 환공이 몹시 기뻐 불을 밝히고 계속 마시자고 하자, 진경중은 사양하며 "신은 낮에 모시는 일에 대해서만 점을 쳤고 밤에 모실 것에 대해서는 점을 치지 않았으니, 감히 명을 받들 수 없습니다."라고 하였다. 《春秋左氏傳 莊公22年》

150 아름다움을……듯하다가 : 원문의 '含章'은 내면에 아름다운 자질을 간직한 것을 말한다. 《주역》 〈곤괘(坤卦) 육삼(六三)〉에 "아름다움을 속에 품고 곧은 덕을 지킬 수 있다.〔含章可貞.〕"라는 말이 나온다.

원숭이

猿

언뜻 말한 줄 아는 듯하지만 금수에서 벗어나지 않고 乍能言語不離獸
설사 의관을 입힌다 해도 사람과 비슷하지 않네 假與衣冠難似人
자못 괴이하여라 조화옹은 하는 일도 많은데 頗怪化翁多事在
도리어 쓸데없는 데 영묘한 능력을 썼구나 却於無用用機神

졸옹 노인과 박씨 아우와 둔계[151]에서 고기를 잡기로 약속하였으나 비가 와서 가지 못하다

期拙老朴弟遯溪獵魚 雨不果

둘러싼 구름 모여들자 빗소리 따라오고 雲圍纔合雨聲隨
점차 처마 끝 빗물이 작은 울타리로 스미는 것을 느끼네 稍覺簷零浸小籬
연녹색이 밭두둑을 두른 것은 채소가 싹을 틔워서이고[152] 軟綠緣畦蔬甲拆
담황빛이 들판에 넘치는 것은 보리가 익어서라 輕黃浮野麥頭垂
농가엔 실로 봄날의 소망을 어루만져 주었지만 田家實慰三春望
어부집엔 끝내 하루의 기약 저버리게 하였네 漁戶終孤一日期
거문고 속 살기[153]가 모두 사라져 버렸으니 琴裏殺心消得盡

151 둔계(遯溪) : 철원 관아 서쪽 20리쯤에 있는 계곡이다.

152 채소가……틔워서이고 : '蔬甲'은 채소의 새싹이다. 송(宋)나라 매요신(梅堯臣)의 〈비가 그치다〔晴〕〉에 "정원의 꽃은 오히려 습기를 머금었고 채소의 새싹은 이미 푸르렀네.〔苑花猶帶濕, 蔬甲已微青.〕"라고 하였다.

153 거문고 속 살기 : 후한(後漢)의 채옹(蔡邕)이 진류(陳留)에 있을 적에 이웃 사람이 술과 음식을 마련하고 초대해서 그 집에 갔는데, 손님 중에 병풍 사이에서 거문고를 타는 자가 있었다. 채옹이 거문고 소리를 듣고는 속으로 '거문고 소리에 살기(殺氣)가 있음은 어째서인가?'라고 생각하였는데, 과연 거문고를 타던 자가 대답하기를 "거문고를 탈 적에 당랑(螳螂)이 매미를 잡으려고 다가가는 것을 보았습니다. 매미가 떠나려 하였으나 아직 날아가지 아니하여 당랑과 일진일퇴(一進一退)를 거듭하니 나의 마음이 오싹해져서 당랑이 매미를 놓칠까 두려워하였습니다." 하였다. 채옹은 웃으면서 "이것

앞 개울엔 고기 새끼들 무수히 올라오겠네　　前溪無數上魚兒

은 충분히 살기에 해당된다."라고 하였다.

잠깐 날이 개었기로 둔계에 가기로 한 약속대로 가서 주인인 박씨 아우 경선 문원 에게 주다

乍晴 赴遯溪期 贈主人朴弟景先 文源

부슬거리던 비 막 멎고 겨우 아침이 되어　空霏初斷劣成朝
한 걸음 문을 나서니 생각이 벌써 아득해지네　一步出門意已遙
나는 어량이 응당 이 물에 있음을 알지만　知我魚梁應此水
그대에게 묻노니 꾀꼬리 소리 정녕 어느 가지에서 나는가　問君鸎語定何條
남여[154]타고 해를 밟노라니 깊은 산속 절인 것을 잊고　籃輿踏日忘深寺
대모자 쓰고 구름을 따르노라니 먼 하늘 드높기도 하구나　竹幘隨雲岸遠霄
비로소 믿겠네 소산이 참으로 사리에 밝았음을　始信小山眞曉事
다 함께 은거하면 그뿐 부를 필요 없었다네[155]　只堪偕隱不須招

정성암(鄭惺菴)[156]이 도사가 눈 감고 있는 것을 보고 묻기를 "저 새가 울고

154 남여(籃輿) : 산길에 주로 쓰이는 가마로, 뚜껑이 없고 의자 같이 생겼다.

155 비로소……없었다네 : 소산(小山)은 한(漢)나라 때 회남왕(淮南王) 유안(劉安)에게 초빙된 문객 중의 한 부류를 일컫는 용어이다. 여기에 속한 한 문사(文士)가 〈초은사(招隱士)〉라는 부(賦)를 지었는데, 은사(隱士)들에게 은거하지 말고 세상에 나와서 출사(出仕)하도록 권유하는 내용을 담고 있다. 그러나 후세에는 그와 반대로 선비들을 은거하도록 권유하는 뜻으로 쓰였다.

156 정성암(鄭惺菴) : 미상이다.

있는 곳이 몇 번째 나무이고 몇 번째 가지입니까?"라고 하니, 대답하기를 "울고 있는 곳은 눈 속의 나무〔眼中樹〕요, 귓가의 가지〔耳邊枝〕입니다."라고 하는지라, 정성암이 크게 탄복하였다.

구불구불 영천암을 찾아가서 경선[157]이 부탁한 시에 차운하다

迤叩靈泉菴 次景先見屬韻

밀어내도 떠나지 않을 판에 하물며 굴대 빗장을 던졌음에랴[158]
推擠不去況投車

흰머리 서로 휘날리며 생각 더욱 많아지네 雪鬢相飄意更加

산 밖에는 참으로 편지 한 통 없는데 山外固應無尺牘

부처님 앞에만 어찌 능가산[159]이 있는가 佛前何獨有楞迦

서리 맞은 말발굽[160]은 늙은 뒤에야 겨우 마구간을 벗어나고
霜蹄已老初辭廐

바람 속 대나무는 아무리 피곤해도 갈대에 기대지 않네
風竹雖疲不倚葭

157 경선(景先) : 박문원(朴文源)이다.

158 굴대 빗장을 던졌음에랴 : '投車'는 투거할(投車轄)의 준말로, 손님이 가지 못하게 그가 타고 온 수레의 굴대 빗장을 우물에 던져 넣는 것이다. 서한(西漢) 때 진준(陳遵)이 술을 몹시 좋아하여 빈객이 집에 가득 모이면 대문을 닫아 빗장을 걸고 손님들이 타고 온 수레의 굴대 빗장을 우물에 던져 넣어 아무리 급한 일이 있어도 가지 못하게 한 고사가 있다. 《漢書 卷92 遊俠傳 陳遵》

159 능가산 : 부처가 대혜보살(大慧菩薩)을 위해 가르침을 설파한 산이다. 여기서는 영천암을 비유하였다.

160 서리……말발굽 : 《장자(莊子)》 〈마제(馬蹄)〉에 "말은 발굽으로는 서리와 눈을 밟을 수 있고, 털로는 바람과 추위를 막을 수 있다.〔馬蹄可以踐霜雪, 毛可以禦風寒.〕"라고 한 데서 온 말로, 전하여 준마의 발굽을 가리킨다.

듣자니 황정[161]엔 승경이 많다던데 聞說黃亭饒勝矚

흥에 겨워 나귀 한 마리 몰 수 있으려나[162] 可能乘興一驢耶

161 황정 : 창랑정(滄浪亭)을 의미하는 것으로 보인다. 황근중(黃謹中)이 한탄강이 내려다보이는 절벽 위에 지었다는 정자로 고석정(孤石亭), 북관정과 함께 철원의 3대 정자로 불렸다.

162 흥에……있으려나 : 시상에 빠져들고 싶은 흥취를 말한다. 성당(盛唐)의 시인 맹호연(孟浩然)이 일찍이 좋은 시를 지으려고 고심하다가 나귀 등에 타고서 눈발이 휘날리는 파교(灞橋) 위를 지나갈 때에야 그럴듯한 시상이 떠올랐다고 한다. 이를 두고 소식(蘇軾)이 "또 보지 못했는가, 눈 속에서 나귀를 탄 맹호연이, 눈썹을 찌푸리고 시를 읊느라 어깨가 산처럼 솟은 것을.〔又不見雪中騎驢孟浩然, 皺眉吟詩肩聳山.〕"이라고 읊었다.《蘇東坡詩集 卷12 贈寫眞何充秀才》

주인의 초당에 쓰다

題主人草堂

죄인이 둔계 가에 왔다고 해될 것 없겠지　纍蹤未害遯溪濱
하물며 또 선향이라 속세와 멀어졌음에랴　况復仙鄕遠世塵
밭 가는 곳 언덕 구름은 객에게 주기 어려운데　耕處隴雲難贈客
낚시 뒤 물가의 달은 사람을 따르는 것이 익숙하네　釣餘汀月慣隨人
도서는 옛날 공부하던 것[163]에서 달라지지 않았는데　圖書不改藏修舊
울타리는 새로 수선해야 할 것이 많구나　藩落多須補葺新
알겠네 절로 통하는 별도의 오솔길 있어　知有別蹊通淨社
석양녘에 맑은 풍경소리 숲에서 자주 날 것을　夕陽淸磬出林頻

163 공부하던 것 : 원문의 '藏修'는 '장수유식(藏修遊息)'의 줄임말로, 장수는 항상 학문을 닦아 게을리 하지 않는 것을, 유식은 정해진 과정에 의해 쉬는 시간에도 학문에 마음을 두는 것을 말한다. 《예기》 〈학기(學記)〉에 "군자는 학문할 적에 장하고, 수하고, 식하고, 유한다.〔君子之於學也, 藏焉, 修焉, 息焉, 遊焉.〕"라는 말이 보인다.

낮잠

晝眠

백 가지 단점에 한 가지 장점이 있는데	百短一長在
평생 낮잠을 자지 않는 것이네	平生無晝眠
몹시 쇠해진 것임을 가히 알 만하니	可知衰甚矣
어찌하여 쉽사리 피곤해지는가	胡乃倦居然
말하지 않았던가 장부의 일은	不曰丈夫事
천지 앞을 궁구하기 어렵다고	難窮天地前
또렷이 맑은 정신[164]으로 스스로 일어날 것이요	惺惺須自起
뒤엉킨 흰 머리로 누워있는 꼴 되지 말지어다	莫晝白紛顚

164 맑은 정신 : 원문의 '惺惺'은 마음이 깨어 있게 한다는 뜻이다. 원래 "성성하면서도 적적하고 적적하면서도 성성해야 한다.〔惺惺寂寂, 寂寂惺惺.〕"라는 불교 선종(禪宗)의 용어에서 나온 것인데, 송유(宋儒) 사양좌(謝良佐)가 "경은 항상 깨어 있게 하는 방법이다.〔敬是常惺惺法.〕"라고 말한 뒤로부터 유가(儒家)에서 경(敬)을 해석하는 하나의 유력한 용어가 되었다.

제비는 이르렀으나 꾀꼬리는 오지 않다

燕至鶯不來

노래하는 새 오지 않고 춤추는 새만 와서	歌者不來舞者來
꽃을 파고들고 버드나무 스치며 한바탕 배회하네	穿花拂柳一徘徊
봄을 맞은 성 어딘들 노래와 춤 없으랴만	春城何處無歌舞
유독 너만 고향 마을 찾아 돌아왔구나	獨爾能尋故巷迴

집 편지를 기다렸으나 오지 않기에 아우에게 부치다
待家信不至 寄家弟

오늘도 심부름꾼 오지 않으니　今日又無使
객지의 시름 이십 일째 이어지네　羇愁連二旬
나무는 나부끼며 홀로 누운 이를 기롱하고　樹翻欺獨臥
개는 짖어대나 사실이 아닌 것 익숙해라　尨吠慣非眞
조용한 길에는 바람에 꽃이 다 지고　徑靜飄花盡
텅 빈 처마엔 제비들만 자주 드나드네　簷虛度燕頻
어찌 다 센 머리로　那將滿頭雪
도리어 젊을 때만 생각하는가　還憶少年人

박씨 아우 경선이 부쳐 보낸 시에 차운하다

次朴弟景先見寄韻

새벽 꾀꼬리 울 제 말 타고 나가 저녁 새 들 제 돌아오니 晨鸎騎馬夕禽來
오랜 객지생활 시름겨운 눈썹 그대 덕분에 펴지네 久客愁眉與子開
남은 흥은 아직도 낚시 드리운 곳에 매여 있어 餘興尙牽垂釣處
꿈에서도 강달 따라 절로 배회한다네 夢隨江月自徘徊

생각나는 대로 읊어 졸옹에게 보여주다

漫吟示拙翁

산골 풍습은 단오를 중히 여겨　峽俗重端陽
서로 불러서 이 저녁을 뽐내니　招呼矜此夕
초동목부의 방에서는 노래하고 북 치고　歌鼓樵牧室
버드나무 길에서는 그네를 타네　鞦韆楊柳陌
창가에서 베개에 기대있는 사람　窓間欹枕人
슬픈 마음 어디로 향하는가　惆悵意何適
유양[165] 고향[166] 선영에　維楊桑梓丘
이 년간 제사도 지내지 못하였는데　二載香火隔
선성[167]은 바라볼수록 더욱 멀고　宣城望更遠
석 달간 편지도 막혀버렸네　三月阻書尺
오도에 있어 목탁[168]도 아닌 것을　吾道非木鐸

165 유양(維楊) : 경기도 양주의 다른 이름이다.

166 고향 : 원문의 '桑梓'는 뽕나무와 가래나무를 이른다. 《시경》 〈소반(小弁)〉에 "뽕나무와 가래나무도 반드시 공경하는데, 우러러볼 것이 아버지 아님이 없으며, 의지할 것이 어머니 아님이 없도다.〔維桑與梓, 必恭敬止. 靡瞻匪父, 靡依匪母.〕"라고 하였는바, 이는 부모가 심은 나무여서 공경하지 않을 수 없음을 말한 것이다. 이후 상재는 고향을 가리키는 말로 쓰이게 되었다.

167 선성(宣城) : 46쪽 주39 참조.

168 목탁 : 고대에 정교(政敎)를 펼 때에 흔들어서 사람들을 경계시키던 도구이다. 의(儀) 땅의 봉인(封人)이 공자를 만나 본 뒤 제자들에게 "천하에 도가 없어진 지 오래이니, 하늘이 장차 부자를 목탁으로 삼으실 것이다."라고 하였다. 《論語 八佾》

어이하여 오랫동안 나그네가 되었는가	胡爲長作客
타향에서 명절을 만나니	異鄕値名節
나그네 마음 한층 시름겹고 적적하구나	客心轉愁寂
서로 이끌어주는 오래된 벗 있어	相携有老友
마음을 알아준 것 실로 옛날부터였지	知心亮在昔
나에게 속히 돌아오라 권면하며	勸我早歸來
시가로 거듭 복받치게 하시는구려	歌詩屢感激
그대의 뜻 고결함이 기쁘고	喜子志高潔
그대의 머리 속절없이 세는 것 안타깝소	憐子頭空白
그저 들에 나가 삶의 계책을 내고	聊爲適野謀
옷깃 나란히 하고 낚시터에 앉았으면	連襟坐釣石

산중거사
山中有居士

산속에 거사가 있어 山中有居士
은거하는 곳엔 낮에 늘 구름이 떠있네 隱處晝常雲
지팡이 하나만 몸과 같이 홀쭉하고 一杖身同瘦
옛 거문고 곡조를 사람들은 듣지 못하는구나 古琴人不聞
낚시터는 텅 비어 학 한 마리만 지키고 있고 磯空孤鶴守
정원엔 열매 익어 늙은 다람쥐들 여기저기 있네 園熟老鼯分
서로 만나면 전혀 말이 없으니 相見了無語
알겠네 하조[169]의 무리라는 것을 乃知荷篠群

169 하조(荷篠) : 공자와 동시대의 은자(隱者)인 하조장인(荷篠丈人), 즉 삼태기를 멘 노인이다. 공자의 제자 자로(子路)가 공자를 따르다가 뒤떨어졌을 때 그를 보고, 우리 선생님을 보았느냐고 묻자 그는 “사지(四肢)를 부려먹지도 않고 오곡(五穀)을 분간하지도 못하는데, 누가 선생인가.”라고 하면서 지팡이를 꽂아놓고 김만 매었다. 자로가 공수(拱手)하고 공경을 표하자 자로를 집으로 데리고 가 재워주고 대접을 하였다. 그 이튿날 자로가 공자에게 말하자, 공자는 “은자(隱者)이다.”라고 말하며 자로에게 다시 가 보라고 하였는데 다시 찾아갔을 때는 이미 노인이 떠난 뒤였다. 《論語 微子》

거문고를 타다

彈琴

내 새 노래를 배우지 못하여	吾不學新聲
손가락으로 타는 것은 모두 옛 가락인데	動指皆古調
홀로 타면서 스스로 즐길 뿐	獨彈以自娛
지음이 적다고 한탄하지 않네	不恨知音少
바위 밑에는 깊은 샘물 떨어지고	巖底幽泉滴
솔숲 사이로 달빛이 외로이 비치는데	松間月孤照
묘처를 누구와 말하리요	妙處與誰言
곡을 타고나서 다시 한 번 휘파람을 부노라	曲罷復一嘯

한양으로 들어가는 사람을 전송하다

送人入洛中

길을 둘러싼 시내의 모래는 희고　　繞徑川沙白
처마에 닿아있는 나뭇잎은 푸른데　　連簷木葉蒼
돌아가는 이의 한 필 말 수척하고　　歸人一馬瘦
거사의 옛 거문고 소리 유장하구나　　居士古琴長
보리밭에선 새벽안개에 놀라고　　麥野驚晨霧
낚시터에선 저녁별이 사랑스러울 터　　漁磯愛夕陽
오고 가는 것에 모두 물리가 있는 법이니　　往來渾物理
그런대로 타향을 믿어보게나　　聊且信他鄉

평강 태수가 설화전을 보내주다

平康太守惠雪華牋

자른 옥처럼 온화하고 깁보다 깨끗하고	溫如截玉潔勝紗
가볍고 얇은 것이야 그 무엇이 설화전과 견주랴	輕薄誰曾比雪華
한림과 만나 큰 붓을 적셔야 합당할 것을	合與翰林滋大筆
어찌하여 와서 쫓겨난 신하의 집을 꾸미는가	如何來賁逐臣家

어떤 객이 장차 금강산을 유람한다고 하기에 내가 "산속에서는 다리와 눈이 쉬 힘들어지니 회옹의 글을 읽으며 앉아서 유람하는 것만 못하다"라고 말하고는 드디어 장난삼아 읊다

有客言將遊金剛 余謂山中脚目易窮 不如讀晦翁文之爲坐遊 遂戲吟

객은 우물 안 개구리라 꼭대기까지 오르는 것 겁내고 客從蛙井怯窮攀
스님은 나귀 연자매에 지쳐 깊이 들어가 보는 것 꺼리니 僧倦驢磨諱奧觀
석 달 식량 가져가야 모두 부질없는 흥취이고 三月齎糧渾漫興
백 편의 시 자루에 담으려 해야 그저 빈손으로 돌아오리 百篇含橐秪空還
토정의 생각은 산수 사이에서 고갈되고[170] 土亭思竭峩洋際
삼연 노인의 정신은 지팡이와 신발 사이에서 고단해졌으니[171] 淵老神疲杖屨間
어찌 이 노인이 띳집 아래서 何似此翁茅屋下
바다도 건너지 않고 산도 오르지 않은 것만 하리오 不航以海不梯山

170 토정의……고갈되고 : 토정은 《토정비결》의 저자로 알려진 이지함(李之菡, 1517~1578)이다. 만년에 조선 팔도를 두루 유람하였는데, 조카인 이산해(李山海)는 〈숙부묘갈명(叔父墓碣銘)〉에서 "배 타기를 좋아하여 큰 바다를 마치 평지처럼 밟고 다녔다. 나라 안 산천을 멀다고 가보지 않은 곳이 없었으며, 험하다고 건너보지 않은 곳이 없었다."라고 하였다. 《鵝溪遺藁 卷6》

171 삼연……고단해졌으니 : 원문의 '淵老'는 김창흡(金昌翕, 1653-1722)이다. 그는 1671년 청년기부터 1713년 노년기까지 도합 6차례에 걸쳐 금강산을 여행한 바 있다.

정원에서 굽은 나무를 보고는 가련히 여겨 짓다

園中見曲木 憐而賦之

한 번 굽어 다시 곧아지지 않으니 一曲不復直
천심은 어찌 그리 공평치 못한가 天心何不平
가련타 꽃과 잎이 可憐花與葉
그래도 굽은 속에서 자라난 것이 還自曲中生

두 번째 其二

하늘은 굽은 나무를 내었고 惟天生曲木
성인은 기울어진 그릇[172]을 만들었네 惟聖作欹器
두렵고 조심스러운 것은 마음이 다치는 것 怵惕心中傷
이제야 알겠네 조화옹의 뜻인 것을 方知造化意

172 기울어진 그릇 : '欹器'는 기울어져서 잘 엎어지도록 고안된 그릇으로, 고대에 임금을 경계하기 위하여 만들어졌다. 물이 없으면 기울어지고 물이 가득 차면 엎어지며, 알맞게 담겨야만 반듯하게 서 있는 형태로, 임금들이 이것을 자리 오른쪽에 두고 항상 경계로 삼았다고 한다.《荀子 宥坐》

어부와 나무꾼을 그린 옛 그림에 쓰다

題古畫漁樵

허리에 낫을 찬 늙은 나무꾼이 날 저물어 마을로 돌아가다	腰鎌老子暮歸村
늙은 어부 만나 한마디 말 건네네	邂逅漁翁寄一言
그대의 작은 배에 나를 태워줄 수 있겠나	問爾小舟容我否
불어난 봄물 타고 도원[173]으로 들어가고 싶네만	願乘春水入桃源

173 도원(桃源) : 진 무제(晉武帝) 태원(太元) 연간에 무릉(武陵)의 한 어부가 시내를 한없이 올라가다가 갑자기 도원의 선경(仙境)을 만나 들어가 보니, 그곳에는 예전 진(秦)나라 때의 학정을 피해 들어온 사람들이 살고 있었다는, 도잠의 〈도화원기(桃花源記)〉를 떠올리게 하는 내용이다.

한양에 있는 벗이 편지를 보내왔기에 시 한 수로 답하다
漢中朋友有書 答以一詩

한 자 소식 강 북쪽에서 건너왔으니	一字度江北
옛날 노닐던 홍취는 응당 시들지 않았으리	舊遊應未闌
다만 수염과 머리털 세는 것 근심할 뿐	但愁髭髮變
갈림길의 어려움일랑 묻지 마시게	莫問路歧難
바람에 일렁이는 물은 빛이 일정치 않고	風水色無定
갠 구름은 날아가며 다시 넓게 퍼지네	霽雲飛更寬
그 모습 머무르게 할 수 있다면	可能留面目
훗날 서로 좋게 만나리	他日好相看

왕가수(王嘉叟)[174]가 왕구령(王龜齡)[175]에게 말하기를 "우리들의 회합은 일정치 않네. 다만 항상 모습을 머물게 한다면 훗날 서로 만날 수 있으리."[176]라고 하니, 구령이 언제나 탄복하였다.

174 왕가수(王嘉叟) : 남송 때의 문인 왕거(王秬)이다. 왕안중(王安中)의 손자로, 가학을 전승받아 학문을 익혔고 시를 잘 지어 도(陶), 사(謝)의 유풍이 있다고 평가받았다.

175 왕구령(王龜齡) : 왕십붕(王十朋)으로 역시 남송 때의 문인이다. 고종(高宗)이 친히 제일인자로 발탁하였고 효종(孝宗) 때는 요주(饒州), 기주(夔州) 등 여러 고을을 맡아 선정을 펼쳤다.

176 우리들은……있으리 : 이 말은 남송 때 문인 장단의(張端義)의 《귀이집(貴耳集)》 권하(卷下) 〈섬계야어(剡溪野語)〉에서 볼 수 있다.

제비집이 지어지다

鷰壘成

짧은 지혜로 분촌을 헤아릴 줄 알고　短智能分寸

가벼운 몸으로 오고 가기 쉽네　輕身易去來

물어온 진흙 마치 씨앗과 같고　啣將泥似核

단장한 집은 잔 모양이구나　粧得屋如盃

솔개는 실로 겁탈할 생각 버려야 하고　鳶實離橫刦

뱀도 의당 작은 재난 도모하길 삼가야 하지　蛇宜愼小災

도망간 백성들은 작은 고을[177]도 이루지 못하니　逋氓無十室

제비집을 보고 더욱더 슬퍼지는구나　見此益堪哀

177 작은 고을 : 원문의 '十室'은 열 가구쯤이 사는 작은 마을이라는 뜻이다. 참고로 《논어》 〈공야장(公冶長)〉에 "십실(十室) 되는 고을에도 나처럼 충신한 사람은 반드시 있겠지만, 나처럼 학문을 좋아하는 사람은 아마 없을 것이다."라는 공자의 말이 나온다.

새장에 꿩을 가둬두었던 아이가 꿩을 숲으로 놓아주다
豎子有樊雉者 放之林中

꿩은 새장에서 울고 까치는 숲에서 우니	雉雊于樊鵲噪林
가련타 슬픔과 기쁨 그 소리 같지 않구나	可憐哀樂不同音
동이 속에서도 족히 살아가는 이치를 볼 수 있고[178]	盆中亦足觀生理
거문고 속에 어찌 일찍이 죽일 마음 있었으랴[179]	琴裏何曾有殺心
사는 곳에 그물이 쳐져 있으면 멀리 피해야 하는 법	在處網羅須避遠
풀숲으로 돌아오니 깊이 숨기에 좋으리	歸來藪澤好藏深
이 일을 통해 아득한 변방 먼 바다 끝을 생각하나니	因思絶徼窮瀛外
몇 날이나 유배된 신하가 고향 노래[180] 불렀던가	幾箇羈臣動越吟

178 동이……있고 : 송유(宋儒) 정명도(程明道)가 분지(盆池)에다 송사리 몇 마리를 키우면서 때때로 관찰하였는데, 어떤 이가 그 까닭을 묻자 "만물이 자득하는 뜻을 보려고 한다.〔欲觀萬物自得意〕"고 대답했던 고사가 있다. 《宋元學案 卷14 明道學案下 附錄》

179 거문고……있었으랴 : 93쪽 주153 참조.

180 고향 노래 : '越吟'은 고향을 생각하고 고국을 그리워하면서 부르는 슬픈 노래를 말한다. 전국 시대 월나라 사람 장석(莊舄)이 초(楚)나라에서 벼슬하여 높은 관직에 올라 부귀를 누리게 되었다. 그가 병들었을 때 초나라 왕이 "장석은 월나라의 미천한 사람이었다. 지금 초나라에서 벼슬하여 관직이 높고 부귀를 누리고 있으니 아직도 월나라를 그리워하겠는가."라고 하였다. 신하가 대답하기를 "무릇 사람이 고향을 생각하는 것은 몸이 아플 때입니다. 저 사람이 월나라를 그리워한다면 월나라 소리를 할 것이고, 그렇지 않다면 초나라 소리를 할 것입니다."라고 하므로 사람을 시켜 들어보게 하니, 여전히 월나라 소리를 하고 있었다는 고사가 전한다. 《史記 卷70 陳軫列傳》

날이 막 개었을 때 집 북쪽의 높은 언덕에 올라 농부의 말을 듣다

新晴 陟舍北高丘 聞田父語

오랜 비 막 개어 구름 조각 가시니 宿雨新晴雲葉擧
높은 언덕에 올라 물가 끝까지 바라보네 崇皐騁目窮洲渚
길게 뻗은 마을엔 늘어진 버들 앞까지 물이 들어오고
村長水入垂柳前
아득히 펼쳐진 풀밭엔 하늘 닿은 곳까지 해가 비치는구나
草遠日照連天處
들밭의 흙 부드러우니 소가 힘쓰기 쉬워 野田土柔牛力寬
소 발굽 흙을 뒤집는 것이 마치 절구질을 하는 듯 牛蹄撥土如投杵
사람의 공과 하늘의 때가 흔연히 서로 만난 것이라 人功天時欣相及
지팡이 언덕 위에 꽂고 바라보며 떠나지 않네 植藜壟首看不去
머리가 반쯤 센 농부가 耕夫髮半皓
풀 속에 쟁기 놓아두고 나에게 말을 건네네 息耒草中向余語
내 들으니 대부께서는 관원이라는데 吾聞大夫是官人
타향에서 무슨 일로 오래 떠도시오 異鄕何事久羇旅
내가 밭 가는 것을 보고 기뻐하는 듯한 낯빛이니 見我耕田色若喜
나는 대부께서 이처럼 하실 수 있는 것이 기쁘오 我喜大夫能如此
내가 옛날 젊을 적에 我昔少年時
출가하여 중이 되어 산속에 살았는데 出家作僧住山裏
가을장마 걷혔을 때 산수가 비옥해져 秋潦捲時山水肥

시냇물에서 즐겨 놀며 맑은 물결 희롱하였지요　　愛游溪上戲清泚
큰 고기 작은 고기 물속에서 나오니　　大魚小魚亦出來
은빛 입술 붉은 수염[181] 자가사리와 잉어 같은 것들인데
銀脣朱鬣鱨與鯉
혹은 도약하여 내 옷으로 뛰어들기도 하고　　或躍擲我衣
혹은 헤엄쳐와 아름다운 물가에 있기도 했습니다　　或泳在芳沚
내 농부가 되어 산문을 벗어난 뒤로　　自我爲農去山門
가끔씩 낚싯대 안고 강가로 나왔는데　　時抱釣竹來江濆
고기들이 나의 그림자를 보고　　群魚見我影
머리를 나란히 하고 꼬리를 흔들며 놀라 달아났습니다
駢首擺尾駭且犇
부들 뚫고 들어가고 마름 젖히고 들어가 어디 있는지 몰랐는데
攢蒲掣荇不知處
물 밑은 맑디맑아 돌을 만질 수 있었지요　　水底湜湜石可捫
예전엔 내가 기심을 잊었기 때문이고[182]　　昔也謂我忘機故
지금은 내가 기심을 두어서일 겁니다　　今也謂我心機存

181 은빛……수염 : '銀脣'은 은어(銀魚)의 별칭이고, '朱鬣'은 붉은빛의 지느러미를 가진 예쁜 물고기들을 가리킨다.

182 기심을……때문이고 : 원문의 '忘機'는 계교를 부리는 마음이나 교활한 마음을 잊어 아무 물욕이 없는 상태를 말한다. 어떤 사람이 바닷가에 살면서 매일 갈매기와 놀았더니, 갈매기들이 그를 피하지 않았다. 어느 날 그의 아버지가 "내일은 갈매기를 한 마리 붙들어 가지고 오너라."라고 하여 다음 날 바닷가에 나갔더니 갈매기가 멀리 피하고 오지 않았다. 그것은 갈매기를 잡겠다는 마음〔機心〕이 있기 때문이었다. 《列子 黃帝》

대부의 안색을 내가 감히 엿보니 大夫顔色吾敢窺

내가 석장 짚고 물고기 보던 때와 같은데 如我拄錫觀魚時

알지 못하겠습니다 거마 타고 조정에 가실 때 不識車馬趍朝日

이날 이 마음 도리어 버리지 않으실지 此日此心還不遺

내 보니 목민관이 백성 다스리는 방법은 吾觀民牧牧民術

자못 내가 고기를 잡던 때와 비슷하여 頗亦類我釣魚時

그저 고기 잡아 밥 한 그릇 배불리 먹는 것만 말할 뿐 但言釣得飽一飯

많이 잡으려다 고기를 흩어지게 했음은 알지 못합니다 未覺釣多令魚散

성의 남쪽에 큰 시내가 온 고을을 두르고 있는데 城南鉅川環一州

모두 우리 마을 백성들의 옛 밭두렁입니다 皆我村氓故疆畔

작년엔 크게 홍수가 나 열에 아홉은 망실되고 往年大浸十亡九

지금은 사나운 물결만 질펀할 뿐이지요 秪今但見橫波漫

무너진 모래에 수북 자란 갈대숲을 관가에서 보고도 頽沙亂荻官所覩

집집마다 세금 갈취하기를 옛날 하던 대로 하니 逐戶誅稅猶舊貫

궁지에 몰린 짐승들은 우리 뚫고 도망갈 줄만 알고 困獸徒知決網逃

다 부서진 마룻대만 저 언덕에 의탁해 있습니다 惟殘破棟寄彼岸

오가는 관원들 또한 탄식을 하지만 去來冠盖亦歎咨

관아에 들어가자마자 이 탄식을 잊는데 纔入公府忘此歎

다행히도 공께서 한가로이 나와 이렇게 회포를 열게 해 주시니 幸公閒出開此抱

그렇지 않다면 회포가 있은들 어찌 펼 틈을 얻겠나이까 不然有抱那得間

그대의 말이 끝나기도 전에 내 마음 측은하여	爾言未竟我心惻
눈물이 그렁그렁 하마터면 쏟을 뻔했네	有涕滲滲欲透眼
내 지금 쫓겨난 신세이니 무엇을 할 수 있으랴	我今放逐何能爲
우선 풍요[183]를 대신하여 대쪽에 기록하리	且代風謠記之簡

183 풍요(風謠) : 민간의 시와 노래 등을 말한다. 옛날에는 제후가 민간의 풍요를 채집하여 천자에게 바치면 천자가 이를 통해서 그 지역 정치가 어떠한지를 파악하였다.

어떤 벗 - 후산의 시운을 사용하다[184]

有友 用后山韻

어떤 벗은 도를 구하다 가난을 얻으니	有友求道仍得貧
마른 가지에 바람만 쓸쓸하고 봄가을이 따로 없는데	枯枝颯颯無秋春
흰 머리로 서로 만나도 부끄러운 기색 없음은	白首相看不愧色
이 생에서 가인 되려는 마음 벌써 단념했기 때문이라	已斷此生作佳人
어떤 아전은 마음이 정밀하고 손은 더욱 날래니	有走心精手更速
시를 베끼고 글을 교정하여 내 집을 꾸며주는데	繕詩校文華我屋
이따금 좋은 글귀로 늙고 용렬한 이를 흥기시키니	往往佳句起衰慵
꾀꼴꾀꼴 울음소리 깊은 골짝에서 나올 만하네[185]	嚶其鳴矣出幽谷
어떤 종은 객에게 응대할 때 말재간이 뛰어나고	有奴應客嫺語言
어떤 여종은 요리할 때 차고 더운 음식 잘 맞추는데	有婢在饔調凉溫
나는 어이하여 그저 놀기만 하는가	夫我何事但遊遨
또한 지팡이 하나 있어 짚고 문을 나서네	亦有一藤扶出門

184 후산의……사용하다 : 후산(后山)은 송나라 때의 시인인 진사도(陳師道)의 호이다. 진사도의 원시는 〈조사군이 숯을 보내 준데 대해 사례하다〔謝趙使君送烏薪〕〉이다.

185 꾀꼴꾀꼴……하네 : 《시경》 〈벌목(伐木)〉에 "나무를 쩡쩡 베거늘, 새는 꾀꼴꾀꼴 우는도다. 깊은 골짜기에서 나와, 높은 나무로 올라가도다.〔伐木丁丁, 鳥鳴嚶嚶. 出自幽谷, 遷于喬木.〕"라고 하였는데, 학문이나 지위가 상승해서 높은 곳으로 옮겨 가는 것을 비유한다.

저자의 떠들썩함

市鬨

한낮의 시장 한바탕 떠들썩해지니	日中市一鬨
고래고래 고함치는 소리 기운이 사납구나	洸洸聲氣橫
갑은 을이 거짓말했다 나무라고	甲咎乙欺心
을은 갑의 성품이 글러 먹었다 떠들어대며	乙嘖甲喪性
을은 갑이 곧지 못하다고 욕하고	乙詬甲不直
갑은 을이 바르지 못하다고 꾸짖으니	甲詈乙不正
이기기려고만 할 뿐 낮추려 들지 않아	要勝不要下
주거니 받거니 결론이 없네	往復無究竟
군자가 말을 아는 것을 귀히 여김은[186]	君子貴知言
여기에서 그 이유를 깊이 살펴볼 수 있네	於玆足深省
심성은 이치의 근원이요	心性理之原
정직은 행실의 지극함이라	正直行之至
저따위들[187] 그 요체를 끌어내어	彼哉挈其要
충분히 강학해야 할 텐데	十分講學事

186 군자가……여김은 : 《논어》의 마지막 장인 〈요왈(堯曰)〉 끝에 "명을 알지 못하면 군자가 될 수 없고, 예를 알지 못하면 설 수 없으며, 말을 알지 못하면 사람을 알 수 없다."라는 공자의 말이 나온다.

187 저따위들 : 공자(孔子)가 자서(子西)에 대해서 "저따위 인간이야, 저따위 인간이야.〔彼哉彼哉.〕"라고 평한 데에서 유래한 것으로, 어떤 인물에 대해서 거론할 가치도 없다는 뜻으로 멸시할 때 쓰는 표현이다. 《論語 憲問》

안타깝도다 남을 책망할 줄만 알지	惜乎能責人
자기 스스로를 반성하지 않으니	而不反諸己
그래서 학문에서 멀어지고	所以遠於學
끝내는 싸움질로 끝내는 것이라	終以鬩狠止

안양사[188]에 올라

登安養寺

구름 속이라 길이 없는 것 같아 雲裏似無路
견여가 온 곳으로 오니 肩輿來處來
풍상 속 천 길의 잣나무요 風霜千丈栢
원학 사는 한 동산의 이끼로구나 猿鶴一園苔
그윽한 샘은 거문고 타고 싶은 마음을 일으키고 琴意幽泉發
옛 경쇠는 시 읊는 소리를 재촉하는데 詩聲古磬催
북두성에 의지해 서울을 바라보며[189] 望京依北斗
깊은 밤 앞 누대에 서 있노라 遙夜立前臺

188 안양사(安養寺) : 강원도 철원군 철원읍에 있었던 유점사(楡岾寺)의 말사이다.

189 북두성에……바라보며 : 두보(杜甫)의 〈추흥팔수(秋興八首)〉에 "기주부 외로운 성에 지는 해 기우는데 매번 북두성에 의지해 장안을 바라보네.〔夔府孤城落日斜, 每依北斗望京華.〕"라는 구절이 있다.

거문고를 가지고 절의 남쪽 작은 시내에서 노닐다
携琴遊寺南小磵

지팡이 짊어지고 산길을 걷는데　負策涉山徑
비가 막 개어 수목이 말쑥하네　水木澹新霽
산새는 정해진 거처가 없건만　幽禽無定棲
사나운 새는 쉴 곳을 고르는구나　厲翼選所憩
외로운 거문고 소리 쉽게 울려 퍼져　孤琴易爲響
타는 곡조 솔바람 따라 가늘게 들리네　度曲松風細
어찌 서울을 그리워하는 마음 없으랴　豈無京國戀
택란[190]을 소매 가득 꺾어 안네　澤蘭搴滿袂
그러다 도로 초은사를 읊조리노니　還爲招隱詠
높은 언덕에 계수나무 떨기가 있네[191]　崇阿有叢桂

190 택란 : 창포와 비슷한, 물가에서 자라는 향초의 일종이다.

191 초은사를……있네 : 계수나무 떨기는 《초사(楚辭)》 〈초은사(招隱士)〉에 "계수나무가 떨기로 남이여. 산의 깊은 곳이로다. 아름답고도 무성함이여. 가지가 서로 얽혔도다.〔桂樹叢生兮山之幽, 偃蹇連蜷兮枝相繆.〕"라고 한 데서 온 말로, 전하여 은사의 처소를 의미한다.

절의 경승이 시를 구하기에 한 수를 지었는데 꼭 적어서 줄 필요는 없었다

上方經僧乞詩 爲賦一首 不必題贈

절은 깊고 아득하여 인가와 떨어져 있는데　上方幽敻隔人煙
종경 소리 멀리 퍼지니 이곳이 별천지라　鐘磬悠揚是別天
골짝의 아지랑이 끼었다 개었다 하니 모든 색이 허깨비이고　洞靄陰晴諸色幻
죽통의 샘물[192] 밤낮으로 흐르니 하나의 소리로 이어지는구나　筧泉朝暮一聲連
연화게[193] 속에 승려의 나이 머물러 있고　蓮花偈裏僧年住
잣나무 뜰 앞[194]에 부처의 해가 걸려 있네　栢樹庭前佛日懸
벽사롱 덮을 절묘한 시구[195] 원하지 않아　不願碧紗籠妙句

192 죽통의 샘물 : 원문의 '筧泉'은 멀리서 대나무 대롱으로 물을 받아 와 샘을 만든 것이다.

193 연화게(蓮花偈) : 《묘법연화경(妙法蓮花經)》을 찬양한 글귀이다.

194 잣나무 뜰 앞 : '栢樹'는 어떤 승려가 당(唐)나라의 선승(禪僧) 조주(趙州)에게 달마가 서쪽에서 온 뜻을 묻자 "뜰 앞의 잣나무〔庭前栢樹子〕"라고 대답한 데서 유래하여 불가의 유명한 화두(話頭)로 쓰인다.

195 벽사롱(碧紗籠)……시구 : 벽사롱을 덮는다는 것은 옛날 귀인과 명사가 지어 벽에 걸어 놓은 시문을 청사(靑紗)로 덮어서 오래도록 보존하며 존경의 뜻을 표하는 것을 말한다. 당(唐)나라 왕파(王播)가 어려서 가난하여 양주(楊州) 혜소사(惠昭寺) 목란원(木蘭院)의 객이 되어 글을 읽으며 승려들을 따라 잿밥을 얻어먹었는데, 승려들이 염증을 내어 재가 모두 파한 뒤에야 종을 치곤 하였다. 그 뒤 20여 년이 지난 뒤에

시 지어 두견새 곁에서 읊조리기만 하였네　　　　詩成吟罷子規邊

왕파가 중한 지위에 있다가 이 지방에 출진(出鎭)해서 이 절을 찾아갔더니, 지난날 자기가 지어 놓은 시를 벌써 푸른 비단으로 감싸 놓고 있었으므로, 그 시의 뒤에 "이십 년 동안 먼지를 뒤집어쓰고 있다가, 오늘에야 푸른 깁으로 장식되었구나.〔二十年來塵撲面, 如今始得碧紗籠.〕"라고 지어 넣었다는 고사가 있다. 《唐摭言 起自寒苦》

북관정[196]에 올라가 바라보다

北寬亭登望

정자가 서 있는 곳 평평하기가 상과 같고　亭子得地平如案
우뚝한 소나무 백 그루 바람 장막이 되네　穹松百樹爲風幔
섬돌에 올라 '북관' 글자에 마음이 트이니　上砌心開北寬字
고인이 이름 짓는 법 진정 허탄하지 않았구나　古人名物眞不誕
시내는 들판을 휘돌아 그치지 않고 흘러　川迴野盤去未已
곧장 함관[197] 육백 리 길로 통하네　直通咸關六百里
뜬구름은 철령[198]의 흰빛을 빼앗으려 하고　浮雲欲奪鐵嶺白
저녁 햇빛은 금강산의 자색 빛을 은은하게 보내주네　返照微送金剛紫
창해가 지금 상전 된 것[199] 깨닫지 못하겠고　未覺滄海今桑田
아득히 넓은 것이 만곡선에 앉은 것 같구나　汗漫如坐萬斛船
하늘 끝까지 바라보아도 가는 기러기 없고　極目天邊無去鴈
오직 일기[200]만이 연기처럼 가로질러 있네　惟有一氣橫如煙

196 북관정(北寬亭) : 64쪽 주96 참조.

197 함관(咸關) : 함관령(咸關嶺)으로, 함경남도 함주군(咸州郡) 덕산면(德山面)과 홍원군(洪原郡) 용운면(龍雲面) 사이에 있는 재이다.

198 철령(鐵嶺) : 함경남도 안변(安邊)과 강원도 회양(淮陽) 사이에 있는 고개로, 예로부터 지형이 험하여 천연요새지로 중시되었으며, 관북・관동・중부지방을 잇는 중요한 교통로이기도 하였다.

199 창해가……된 것 : 큰 바다가 농토로 변하고 농토가 큰 바다로 변한다는 뜻으로 세상사의 변화가 매우 큰 것을 비유한 것이다.

작년에는 두 고개 넘으며 험로의 곤액[201]을 겪었는데　去年二嶺困羊腸
오늘은 궤안에 기대 툭 트인 길을 보는구나　今日隱几得康莊
세간의 평탄함과 기울어짐[202] 대개 이와 같으니　世間平陂蓋如此
한 귀퉁이만으로도 원방의 이치를 궁구할 수 있네　一隅可以窮圓方
올라가 굽어보면 어찌 마음과 눈만 상쾌해지랴　登臨奚止心眸快
성지[203]의 방어 또한 경계하게 되는구나　城池防禦仍可戒
송강의 가곡엔 좋은 풍경과 정취 많은데　松江歌曲大風情
궁예의 흥망 따위야 탄식할 거 있었으랴[204]　弓裔興亡安足欸

200 일기(一氣) : 천지(天地)의 근원이 되는 기운이다. 《장자(莊子)》 〈대종사(大宗師)〉에 "저 지극한 이(理)는 바야흐로 조물주와 더불어 사람이 되어서 천지의 한 기운에서 노닌다.〔彼方且與造物者爲人, 而遊乎天地之一氣.〕"라는 말이 있다.

201 험로의 곤액 : 원문의 '羊腸'은 산서성(山西省)에 있는 판도(坂道)인 양장판(羊腸坂)을 가리키는데, 비탈길이 마치 양의 창자처럼 꼬불꼬불하여 매우 험난하므로 붙여진 이름이다. 흔히 험난한 세로(世路)에 비유된다. 남유용이 한 해 전에 울산으로 유배를 간 적이 있기 때문에 이런 표현을 했다.

202 평탄함과 기울어짐 : 《주역》 〈태괘(泰卦) 구삼(九三)〉에 "평탄한 것은 반드시 기울어질 때가 있고, 가는 것은 반드시 돌아올 때가 있다.〔無平不陂, 無往不復.〕"라는 말이 있다.

203 성지(城池) : 성(城)과, 적의 접근을 막기 위해 성의 둘레에 깊게 파 놓은 연못을 아울러 말하는 것이니, 곧 튼튼한 성을 말하는 것이다.

204 송강의……있었으랴 : 송강(松江) 정철(鄭澈)의 〈관동별곡(關東別曲)〉에서 북관정을 읊으면서 "東洲(동쥬)ㅣ 밤 계오 새와 北寬亭(븍관뎡)의 올나ᄒᆞ니, 三角山(삼각산) 第一峰(뎨일봉)이 ᄒᆞ마면 뵈리로다. 弓王(궁왕) 大闕(대궐) 터희 烏鵲(오쟉)이 지지괴니, 千古(천고) 興亡(흥망)을 아ᄂᆞᆫ다, 몰ᄋᆞᄂᆞᆫ다."라고 하였기 때문에 이른 말이다.

졸옹과 함께 금학사[205]에서 노닐다가 돌아오는 길에 박씨 아우를 만나 장난삼아 주다

與拙翁遊金鶴寺 歸路遇朴弟戲贈

산승들이 나를 귀양 온 신선[206]이라 부르며　山僧呼我謫來仙
다투어 남여를 메고 불천에서 내려왔네　爭挽籃輿下佛天
나더러 신선이라 부른 것도 참람하지 않으니　呼我爲仙亦不僭
노담이 뒤에 있고 갈홍이 앞에 있어서라[207]　老聃在後葛洪前

두 번째 其二

가벼운 수레 가뿐하여 나는 신선 같은데　輕輿超忽似飛仙
지친 송아지에 험준한 길이라 불천에 오르기 어렵네[208]

205 금학사 : 금학산(金鶴山)에 위치했던 절로 보인다. 금학산은 강원도 철원의 서남부 동송읍 이평리에 있는 산이다.

206 귀양 온 신선 : 중국 당(唐)나라 하지장(賀知章)이 이백(李白)을 가리켜 적선(謫仙)이라 한 것을 빗댄 표현이다.

207 노담이……있어서라 : 노담(老聃)은 노자를 가리킨다. 함곡관(函谷關)의 관령(關令) 윤희(尹喜)가 서쪽으로 옮겨 오는 자색 구름 기운이 떠 있는 것을 보고 성인이 오실 것이라고 기대하였는데, 과연 노자(老子)가 푸른 소를 타고 왔다는 전설이 있다. 《列仙傳 卷上》《關令內傳》 갈홍(葛洪)은 동진(東晉) 구용(句容) 사람으로 자는 치천(稚川), 호는 포박자(抱朴子)이다. 나부산(羅浮山)에 머무르면서 연단술(鍊丹術)을 통하여 선인이 되었다고 한다. 《晉書 卷72 葛洪列傳》 동행한 졸옹과 박씨 아우를 비유한 말이다.

208 가벼운……어렵네 : 나와 졸옹은 남여 타고 가므로 가볍게 갈 수 있었지만 아마도

倦犢崎嶇難上天

이 노인과 함께 한걸음 먼저 가고 보니	且與此翁饒一步
올 때 갈 때 모두 젊은이 앞에 있었구려	去來都在少年前

박군(朴君)이 금학사(金鶴寺)로 나를 따라오려 했으나 갈 때나 올 때나 모두 미치지 못했다.

박군은 송아지를 타고 온 것으로 보인다.

정원백 노인 선[209] 이 신선 되어 올라갔다는 말을 들으니 화가의 명맥 또한 끊긴 것이라 그를 위해 장구를 짓다
聞鄭老元伯 敾 登仙 畫家亦絶矣 爲賦長句

정 노인의 그림 솜씨 우리나라에서 절묘하였으니 鄭老丹靑妙天東
삼산[210]과 칠택[211]이 가슴속에 펼쳐져 있었네 三山七澤羅胸中
만물의 모습 그릴 때는 고요하고 소박한 것을 좋아하였으나 萬種生姿媚空素
채색붓 종이에 휘두르면 조화옹을 놀라게 하였지 彩毫落紙驚化翁
그대의 그림 필치 형상 밖에 있음을 보면 看君筆意在象外
바로 높은 산 드넓은 바다를 거문고 소리 빌어 표현한 격이네[212]

209 정원백 노인 : 정선(鄭敾, 1676～1759)으로 본관은 광주(光州), 자는 원백(元伯)이며, 호는 겸재(謙齋) 또는 난곡(蘭谷)이다. 약관에 김창집(金昌集)의 천거로 도화서의 화원(畵員)이 되고 그 뒤 현감을 지냈다. 처음에는 중국 남화(南畵)에서 출발했지만 30세를 전후하여 조선 산수화의 독자적 특징을 살린 사생(寫生)의 진경화(眞景畵)로 전환했으며 여행을 즐겨 전국의 명승을 찾아다니면서 그림을 그렸다.

210 삼산(三山) : 동해(東海) 가운데 있다는 봉래(蓬萊), 방장(方丈), 영주(瀛洲)의 삼신산(三神山)을 말한다. 우리나라의 삼신산으로는 금강산, 지리산, 한라산을 꼽는다.

211 칠택(七澤) : 초(楚) 땅에 있다고 하는 운몽택(雲夢澤) 등 일곱 개의 소택(沼澤)을 가리키는데 여기서는 국내의 이름난 호수를 두루 가리킨다.

212 바로……격이네 : 거문고의 명인인 백아가 마음속에 '높은 산〔高山〕'과 '흐르는 물〔流水〕'을 두고 거문고를 타면 친구 종자기가 이를 알아들었듯 마음속의 생각을 그림으로 잘 표현했다는 뜻인 듯하다. 《列子 湯問》

直假衰洋聲絲桐

세간의 슬픔과 즐거움 미간에 이르게 하지 않았기에[213]

世間哀樂不到眉

가을별처럼 반짝반짝 두 눈동자 맑았네 秋星爍爍淸雙瞳

내가 새로 지은 시를 얻어 손 가는 대로 그림을 그리니

得我新詩信手作

몇 장의 종이에 아득하게 푸른 빛이 펼쳐졌네 數紙杳冥空翠色

소등에 탄 술 취한 노인 길을 알지 못하는데 牛背醉翁不知路

흘러가는 계곡물에 송화가 떨어지네 一谿流水松花落

이 누구인가 도롱이 걸치고 오로봉 정상에서 是誰披蓑五老頂

단구에 들어가 흰 돌을 밟았던 이는[214] 去入丹丘蹋白石

푸른 소나무 두 그루는 벼랑에서 묵어가고 靑松兩樹硹崖古

벼랑 위에서 떨어지는 폭포물을 한 마리 사슴이 마시네

崖首飛泉飲一鹿

또 누구인가 거문고 끼고 향로봉 북쪽에서 更誰携琴香爐北

와서 금류 두 번째 구비에 앉은 이는[215] 來坐金流第二曲

213 세간의……않았기에 : 소옹의 〈안락와 속에서 읊다〔安樂窩中吟〕〉시에 "술을 마시되 만취하게 되지는 말 것이며, 꽃을 구경하되 시들할 때까지는 하지 말아야지. 사람이 능히 이런 일을 안다면, 어찌하여 양미간에 괜한 시름 이르리오.〔飮酒莫敎成酩酊, 賞花愼勿至離披. 人能知得此般事, 焉有閑愁到兩眉?〕"라는 구절이 있다.

214 도롱이……이는 : 그림에 등장하는 사람으로 추정된다. 참고로 단양 군수로 부임한 퇴계(退溪) 이황(李滉)이 단구를 유람할 때 마침 현학(玄鶴)이 봉우리 중간에서 날아와 몇 차례 빙빙 돌다가 멀리 구름 낀 하늘로 들어가는 것을 보고 그 봉우리 아래를 '채운(彩雲)', 가운데를 '현학(玄鶴)', 위를 '오로(五老)'라고 이름 붙였다고 한다. 《退溪集 卷42 丹陽山水可遊者續記》

스스로 말하길 구십 평생[216]에 바라는 것 없고 自言九十無所求
그대의 한마디 말 얻으면 만사가 만족스럽다 하였지 得君一語萬事足
고심하여 이루어낸 그림 천고로 향하는 것 이미 깨달았는데 已覺苦心向千古
노련한 솜씨 다시 얻기 어렵게 된 것 다시금 애석하구려 更惜老手難重得
불면 날아갈세라 쥐면 없어질세라 噓之恐飛握恐滅
앉으나 누우나 돌아볼 때나 공벽[217] 다루듯 해야 하리 坐臥顧眄當拱璧
아침 햇살은 점차 구름 있는 곳에서 밝은 빛을 발하고 朝暉稍發雲處白
저녁 새는 연기 속 푸른 곳으로 날아가려 하네 暝禽欲擲煙中碧
조화옹이 오묘한 그림 속에 있음을 이제 알겠는데 乃知造化在墨妙
알아주는 자 나 하나뿐인 것 거듭 한탄스럽구려 復歎知者惟我獨
장차 산수기 새로 짓기를 기다려 且待新修山水記
나와 함께 셋이서 초가집에서 늙어가자 하였지 與我爲三老茆屋
허나 지금 떠돌이 신세 되어 장안을 떠나 只今飄泊去長安
남쪽에선 바다를 엿보고 동쪽으론 관산을 나섰네[218] 南窺溟海東出關

215 또……이는 : 역시 그림에 등장하는 사람으로 추정된다. 참고로 향로봉은 수락산의 정상이다. 김시습이 금류폭포에 움막을 짓고 살았다고 알려져 있다.

216 구십 평생 : 겸재가 만 83세를 살았기 때문에 이른 말이다.

217 공벽(拱璧) : 두 손으로 안을 정도로 아주 커다란 보옥(寶玉)을 말하는데, 극히 진귀한 물건을 비유할 때 널리 쓰인다.

218 남쪽에선……나섰네 : 남유용이 남해로, 또 철원으로 유배를 갔기 때문에 이른 말이다.

몇 곳에서 시를 지어 그대를 그리워했던가　幾處題詩仍憶君
붉은 노을 밝은 달[219]을 꿈속에서 보았네　丹霞明月夢中看
그러던 중 객지에서 만난 사람이 한바탕 눈물을 뿌리더니　客裏逢人一揮涕
그대가 이 세상 싫어 청산의 객이 되었다는 말을 하는구려　言翁厭世作青山
아 정 노인이여 지금 어디에 있는가　嗚呼鄭老今安有
천년에 한번 만나기도 진실로 어려운 분이라　千歲一遇良亦難
그대는 듣지 못했는가　君不聞
위천의 긴 대나무 쑥대처럼 지천이어도　渭川脩竹賤如蓬
운당곡의 대나무 한 그루만도 못 한 것을[220]　不及篔簹碧一竿
색상[221]이 생겨나고 사라지는 것 누가 또 따지랴　色相興滅誰復數

219 붉은……달 : 주희의 〈감춘부(感春賦)〉에 "붉은 노을 엮어 인끈을 삼고, 밝은 달을 달아 관자로 삼네. 슬프다, 좋은 시절 다시 오지 않음이여. 그리워라, 그대의 후덕한 말 잊을 수 없네.〔結丹霞以爲綬兮, 佩明月而爲璫. 悵佳辰之不可再兮, 懷德音之不可忘.〕"라는 구절이 있다. 여기서 단하와 명월은 군자를 비유한다.

220 위천의……것을 : 위천은 위수(渭水)로 이곳에 넓은 대숲이 있다. 운당곡(篔簹谷)은 북송 시대 문인 문동(文同)이 양주 태수(洋州太守)로 있을 때 대나무가 많기로 유명했던 골짝이다. 문동은 소동파(蘇東坡)에게 운당곡에 비스듬히 누워 있는 대나무를 그려 주었는데 소동파의 〈문여가가 그린 운당곡의 누운 대나무 그림을 보고 쓴 기문〔文與可畫篔簹谷偃竹記〕〉에 "지금 그림을 그리는 사람들은 대 마디를 일일이 그리고 잎을 일일이 그려 놓으니, 그러고서야 대가 어디 있겠는가. 그러므로 대를 그리려면 반드시 먼저 가슴속에 대가 이루어진 뒤에 붓을 잡고 물끄러미 바라보다가 그리고 싶은 형상이 떠오르면 급히 붓을 휘둘러 그 떠오른 형상을 그려야 한다." 라고 하였다. 《蘇東坡集 卷32 文與可畫篔簹谷偃竹記》 즉 운당곡의 대나무는 마음속에서 형상화된 대나무를 말한다.

오직 이 대나무만 인간 세상에 남았구려 惟有此竹留人間

221 색상(色相) : 불교 용어로, 겉으로 드러난 만물의 모습을 말한다.

졸옹이 괴로이 읊조리는 것을 조롱하다
嘲拙翁苦吟

양미간 잔뜩 찌푸린 것은 무슨 근심이 있어서인가 皺疊雙眉有底愁
수염 비틀어 반쪽 빰 비게 한 건[222] 또 누구의 허물인가 撚空半頰又誰尤
일이 억지로 구하는 데 이르면 아름다운 곳이 없나니 事到强求無佳處
아름다운 곳은 도리어 응당 구하지 않음에 있다네 佳處還應在不求

222 수염……한 건 : 시상을 끌어내느라 고심하는 모습을 묘사한 것이다. 당나라 노연양(盧延讓)의 시 〈고음(苦吟)〉에 "시 한 글자를 찾아내느라 몇 가닥 수염을 비틀어 끊어먹었네.〔吟成一箇字, 撚斷數莖鬚.〕"라는 구절이 있다.

창랑정[223]에 올라

登滄浪亭

풍진이 먼 곳 모두가 신선의 집이나　風塵遠處盡仙扉
땅 잡기가 결국 이만하긴 쉽지 않으리　得地終應似此稀
난간 밖 길은 풍악을 감돌며 나 있고　檻外路縈楓嶽去
울타리 앞 물은 옥병풍을 끌고 돌아 흐르네　籬前水引玉屛歸
빈 물가에 해는 그늘졌다 갰다 하는 나무로 옮겨가고　空洲日轉陰晴樹
오래된 벼랑 위 구름은 벽려로 만든 옷[224] 속으로 가라앉네　古壁雲沉薜荔衣
듣자니 굽은 못에 시렁 하나 더 놓았다는데　見說曲潭添一架
필시 낚시꾼들이 낚시터를 다투지 않게 하려 함이리　定敎漁釣不爭磯

223 창랑정(滄浪亭) : 69쪽 주109 참조.

224 벽려로……옷 : 벽려의(薜荔衣)는 상록 활엽의 덩굴나무인 벽려의 잎으로 만든 옷으로 원래는 신선들이 입는 옷을 이르는데, 뒤에 은사들이 입는 옷을 가리키게 되었다.

강백[225]이 청도 군수에서 승자되었기로 홍대를 부쳐주다[226]
剛伯自淸道陞資 以紅帶寄贈

십 년간 띠 하나 되려 귀히 여겼거니	一帶十年還自珍
백발의 몸이 백발의 사람에게 주네	白頭人贈白頭人
옛 모양이요 새 모양 아니라고 싫어하지 마오	莫嫌故樣非新樣
교의는 바야흐로 오래된 것에서 새로워지는 법이니	交義方從故處新

225 강백(剛伯) : 김이건(金履健, 1697~1771)이다. 32쪽 주6 참조.

226 승자되었기로……부쳐주다 : 승자(陞資)는 자급이 오르는 것인데 조선조에는 당하관(堂下官)이 당상관(堂上官)으로 오르던 것을 일컬었다. 홍대(紅帶)는 당상관이 허리에 차고 다니던 붉은 띠이다.

화산 여인의 시권에 장난삼아 쓰다

戲書花山女詩卷

아름다운 이의 깊은 시름 새벽 이불이 알아	芳愁黯黯曉衾知
하늘에 닿은 조도[227]에 눈썹달이 떴네	鳥道連天月一眉
앵무는 새장 추워 잠들지 못하고	鸚鵡籠寒無夢寐
재잘재잘 주인의 시를 잘도 외우는구나	聲聲念得主人詩

227 조도(鳥道) : 나는 새도 넘기 어려울 만큼 험한 산속의 좁은 길을 말한다.

이 판서 사수[228]가 매화 시축을 보내주었는데 이때는 내가 북관으로 갈 때라[229] 애오라지 그중 한 수에 화운하고 이내 작별을 하다 경진년(1760)[230]

李判書士受寄示梅花軸 時余有北關之行 聊和一首 仍以爲別 庚辰

섣달 지나도록 매화시 쓰지 못했는데	過臘梅花不到詩
그대의 멋진 시구 읊조리며 내 노쇠함을 깨닫소	誦君佳句覺吾衰
얼음 서리 다 겪어도 잔향은 남았으니	氷霜歷盡餘香在
부디 옥가지 잘라서 그리운 이에게 부쳐주시길[231]	須折瓊枝寄所思

228 이 판서 사수 : 이정보(李鼎輔, 1693～1766)로, 본관은 연안(延安), 자는 사수(士受), 호는 삼주(三洲)・보객정(報客亭)이다. 남유용과 친했던 이천보(李天輔)의 사촌형이기도 하다.

229 북관으로 갈 때라 : 북관은 함경도를 일컫는다. 남유용이 안변 부사가 되었기 때문에 이른 말이다.

230 경진년(1760) : 영조 36년으로, 남유용의 나이 63세 되던 해이다.

231 옥가지……부쳐주시길 : 원문의 '瓊枝'는 실제 매화 가지이면서 소식을 전하는 매개이자, 아름다운 시문 등 중의적 의미로 쓰였다. 남조 송(南朝宋)의 육개(陸凱)가 강남의 매화꽃 한 가지〔梅花一枝〕를 역사(驛使)를 통해서 장안(長安)에 있는 친구 범엽(范曄)에게 부쳐 안부를 전했다는 고사가 있다. 《太平御覽 卷970 荊州記》 또 《초사(楚辭)》 〈이소(離騷)〉에서는 "경옥(瓊玉) 가지를 꺾어 음식을 만들고 경옥 가루를 빻아서 양식을 만들리라.〔折瓊枝以爲羞兮, 精瓊爢以爲粻.〕"라고 하여 아름다운 시문(詩文)을 비유적으로 표현하였다.

안변 동헌에서 벽 위에 있던 청음의 시[232]에 차운하다
安邊東軒 次壁上淸陰韻

한직이 본디 분수에 맞는 것임을 아노니 置散元知乃分宜
늙고 게으른 몸은 대궐 가까이 가는 것 맞지 않는다네 衰慵不合近龍墀
고향 숲의 원숭이와 학들아 괴이쩍어 말지어다[233] 故林猿鶴休相怪
명산을 보고자 잠시 머무는 것이니 爲見名山住少時

풍악(楓岳)과 내가 있는 고을의 거리가 100리 길[234]이기 때문에 이른 말이다.

232 청음의 시 : 청음은 김상헌(金尙憲, 1570~1652)으로, 본관은 안동(安東), 자는 숙도(叔度), 호는 청음(淸音)·석실산인(石室山人)이다. 병자호란 때 주화론(主和論)을 배척하고 끝까지 주전론(主戰論)을 주장하였다. 김상헌의 원시는 〈안변 부사(安邊府使) 심자순(沈子順)에게 주다. 나의 큰형님께서 이곳을 다스리던 때 새로이 아헌(衙軒)을 지은 다음 빙 둘러서 배나무를 심고는 향설헌(香雪軒)이라고 이름하였는데, 지금 이미 25년이나 지나 배꽃이 몹시 무성하게 피었기에 감회가 일어 이 시를 읊다〔贈安邊使君沈子順 我伯氏在政日 新構衙軒 遍植梨樹 命曰香雪 今已二十五年 開花甚盛 感懷賦此〕〉이다. 《淸陰集 卷3》

233 고향……말지어다 : 남제(南齊) 때 공치규(孔稚圭)가 〈북산이문(北山移文)〉을 지어 일찍이 북산에 은거하다가 변절하여 벼슬길에 나간 주옹(周顒)을 책망하는 뜻을 서술하였는데 그중에 "혜초 장막이 텅 비어 밤의 학은 원망하고, 산인이 떠나매 새벽 원숭이는 놀라도다.〔蕙帳空兮夜鶴怨, 山人去兮曉猿驚.〕"라는 구절이 있다.

234 100리 길 : 원문의 '宿舂'은 《장자》 〈소요유(逍遙遊)〉에 "가까운 교외에 가는 자는 세끼 밥만 가지고 갔다가 돌아와도 배가 여전히 부르고, 백 리를 가는 자는 전날 밤에 양식을 찧어서 준비해야 하고, 천 리를 가는 자는 삼 개월 전부터 양식을 모아야 한다.〔適莽蒼者, 三飡而反, 腹猶果然, 適百里者, 宿舂糧, 適千里者, 三月聚糧.〕"라는 말에서 나왔다.

남천[235] 송정을 노닐며

遊南川松亭

시냇가 나무는 솨솨 멀리서 불어온 바람 소리를 내고 澗木翛翛遠籟鳴
들 정자는 흡사 바람에 쏠린 기둥 같네 野亭渾似臥風楹
시서로 변방 편안히 할 계책[236] 다 터득치 못했건만 詩書未了安邊策
인끈 차고 오히려 보외[237]에 이름을 남기는구나 章紱猶存補外名
골격은 수척해져 점차 금대가 무거워지는 것을 느끼고 骨瘦漸知金帶重
마음은 쇠약해져 거울 속 머리칼 많이도 하얘졌는데 心衰贏得鏡毛明
성은이 오히려 신선 찾아가는 편을 빌려주시려 聖恩尙借求仙便
아낌없이 부절 나누어[238] 다시 학성으로 보내셨구나 不惜分符再鶴城

울산(蔚山)과 안변(安邊)이 모두 학성(鶴城)이라고 불리었다.[239]

235 남천(南川) : 덕원도호부의 부내천(府內川)으로 안변은 이 부의 속읍이다.《新增東國輿地勝覽 咸鏡道 德源都護府》

236 시서로……계책 : 이곳이 안변(安邊)이기 때문에 중의적 의미로 쓴 표현이다.

237 보외(補外) : 높은 지위에 있는 관원(官員)에게 잘못이 있을 때에 지방의 수령(守令)으로 좌천(左遷)시켜서 징계(懲戒)하는 일을 말한다.

238 부절 나누어 : 원문의 '分符'는 지방관이 되어 외직으로 떠나는 것을 가리킨다.

239 울산과……불리었다 : 두 해 전인 1758년(영조34) 남유용이 문형을 잘못 천거한 일로 울산 부사로 출보된 사실이 있다.

가학루에서 벽 위에 있던 포은의 시에 차운하다[240]

駕鶴樓 次壁上圃隱韻

문서 걷어치우고 높은 누각에 올라 시름겨워 하는데 文書捲盡悄高樓
그래도 외로운 거문고 있어 객과 함께 머물러주네 自有孤琴伴客留
가없이 비치는 낙조에 뭇 산봉우리들 밝고 落照無邊諸嶺皎
끝없이 펼쳐진 평림 사이로 한 줄기 강물이 흘러가네 平林不斷一江流
남여로 잠시 나가는 것도 오히려 날을 다투는데 籃輿小出猶爭日
풍악의 기이한 유람 어찌 가을을 기다리랴 楓嶽奇遊肯待秋
백발에 동장[241] 찬 것 작은 일 아니니 華髮銅章非少計
저주[242]에서 돌아가는 길에 곧 쉬겠다 말하리라 滁州歸路便言休

240 가학루에서……차운하다 : 가학루는 함경도 안변에 있던 누각이다. 포은(圃隱)은 고려의 충신 정몽주(鄭夢周, 1337~1392)로, 그의 원시는 〈이 시중의 안변루 시에 차운하다〔次李侍中安邊樓詩韻〕〉이다. 《圃隱集 卷2》

241 동장(銅章) : 동(銅)으로 만든 관인(官印)으로, 군현(郡縣)을 맡은 지방관을 뜻한다.

242 저주(滁州) : 북송(北宋)의 구양수가 좌천되어 나가 지사(知事)로 있던 곳이다. 강호를 끼고 있는 절경인 데다 정사(政事)가 한가로웠으므로 취옹정(醉翁亭)이라는 정자를 지어 놓고 백성과 함께 즐기며 〈취옹정기(醉翁亭記)〉를 지었다. 남유용이 좌천되어 내려온 안변을 비유한 것이다.

4월 기해일에 금강으로 들어가 남산역[243]에 이르러 말을 먹이고 삼가 선조의 문집에 있는 시[244]에 차운하다

四月己亥入金剛 至南山驛秣馬 謹次先集韻

붕새의 포부는 남쪽으로 날아가는 기러기를 좇지 않으니 鵬圖不逐鴈南賓
물결을 치고 바람을 타는[245] 바로 그날이 왔네 擊水搏風會有辰
다만 마음에 산과 바다를 품을 뿐 秖爲心期存海嶽
무엇하러 경물을 가지고 봄가을을 비교하랴 誰將景物較秋春
수령의 인끈 벗어던지니 몸에 얽매인 것 없고 投還州紱身無累
산속 살림 요량하니 일이 도리어 새롭네 料理山資事却新
봉도의 신선들 저 멀리서 기다리는데 蓬島群仙遙見待
조금 날리는 눈 따위가 어찌 다시 사람을 붙들어두랴 小霏何得更留人

243 남산역(南山驛) : 안변도호부(安邊都護府)의 본부 남쪽 25리에 있던 역이다. 《新增東國輿地勝覽 卷49 咸鏡道 安邊都護府》

244 선조의……시 : 증조부인 남용익의 〈홍 상서 만적이 연구시에 다시 차운하여 남기고는 떠나가기에 붓을 휘둘러 화답하다〔洪上舍萬迪再次聯句韻 留別 走筆以答〕〉이다. 《壺谷集 卷4》

245 붕새의……타는 : 《장자》 〈소요유(逍遙遊)〉에 "붕새가 남쪽 바다로 옮겨갈 때에는 물결을 치는 것이 삼천 리요, 회오리바람을 타고 구만 리를 올라가 여섯 달을 가서야 쉰다.〔鵬之徙於南冥也, 水擊三千里, 搏扶搖而上者九萬里, 去以六月息者也.〕"라는 말이 있다. 영웅호걸이 웅대한 포부를 펴는 것을 비유하는데 여기서는 숙원이었던 금강산 여행을 떠나는 것을 이렇게 표현하였다.

고산촌에서 묵으며 졸옹이 뜻을 말한 시에 차운하다
宿高山村 次拙翁言志韻

일신이나 세상 위해 도모하는 것 너무도 엉성하여	謀身謀世太疏疏
늙도록 한 가지 재주도 갖지 못했는데	垂老兼無一技餘
천리 밖 바다와 산 끝까지 넘고 건너며	千里海山窮跋涉
영욕의 인생 승제를 겪었네	百年榮辱閱乘除
결국 영주로 돌아간 영숙[246]에게는 몹시 부끄러우나	深慚永叔終歸潁
여산으로 들어가지 않은 강후[247]는 자못 괴이하여라	頗怪康侯不入廬
오직 이 노인 있어 이 뜻을 알아주니	惟有此翁知此意
객창 외로운 촛불 아래서 둘이 흉금을 터놓네	客窓孤燭兩襟虛

246 영주로……영숙 : 송나라 때의 구양수(歐陽脩)는 자신이 한때 수령을 지냈던 영주(潁州)를 매우 사랑하여 〈사영시(思潁詩)〉를 지은 바 있고 벼슬에서 물러난 뒤에는 그곳으로 돌아가 여생을 마쳤다. 《文忠集 卷44 思潁詩後序》

247 여산으로……강후 : 형악을 여산으로 잘못 이해한 것으로 보인다. 송나라 호안국(胡安國)이 부(部)를 순행하러 갈 적에 형악(衡嶽)을 지나가게 되었는데, 그는 그 웅장하고 빼어난 모습을 좋아하여 한번 올라 구경하려다가 이윽고 "직무가 있는 곳이 아니다." 하고는 결국 그만두었다. 이 일은 나중에 주희가 남강(南康)의 수령으로 가서 열흘에 한 번씩 여부(廬阜 여산(廬山))를 유람한 고사와 비교되었다. 일례로 박종경(朴宗慶)의 〈선고충헌공가장(先考忠獻公家狀)〉에 "강후의 형악과 회암의 여부 가운데 그 가운데를 취하여 처신하겠다."라는 내용이 나온다. 《敦巖集》

새벽에 철령[248]을 지나며 동악의 시운[249]을 쓰다
曉過鐵嶺 用東岳韻

범은 숲을 나오지 않고 용은 못에 있고　虎未出林龍在潭
산 하늘 영험한 기운 바람 안개에 쌓여있네　峒天靈氣積風嵐
듬성듬성 북두는 삼경[250]의 북쪽이요　踈踈星斗三京北
역력한 산천은 육진[251]의 남쪽이라　歷歷川原六鎭南
평지에서 비탈을 만나는 것도 본래 지극한 이치요　平處逢陂元至理
높은 곳에서 두려움을 생각하라는 것도 다 훌륭한 이야기라　高方思懼儘名談
여기부터 한길로 풍악과 이어지니　從玆一路連楓嶽
틀림없이 화천의 몇 번째 암자에서 잠을 자겠네　定宿花川第幾庵

248 철령(鐵嶺) : 함경남도 안변(安邊)과 강원도 회양(淮陽) 사이에 있는 고개이다.

249 동악의 시운 : 동악은 이안눌(李安訥, 1571~1637)로, 본관은 덕수(德水)이고, 자는 자민(子敏)이며, 호는 동악(東岳)이고, 시호는 문혜(文惠)다. 1632년 주청부사(奏請副使)로 명나라에 가서 인조의 아버지인 정원군(定遠君)의 추존을 허락받아 원종(元宗)이라는 시호를 받아왔다. 원시는 〈인오상인에게 주다〔贈印悟上人〕〉인데 곧이어 쓴 〈다시 앞의 운을 써서 풍악의 옛 사찰로 돌아가는 인오상인과 이별하다〔疊用前韻別印悟沙門還楓岳舊刹〕〉를 차운한 것으로 보인다. 《東岳集 卷8》

250 삼경(三京) : 세 서울이란 뜻으로 도성인 한양(漢陽)과 개성(開城), 평양(平壤)을 가리킨다.

251 육진(六鎭) : 세종 때 김종서(金宗瑞)를 시켜 지금의 함경북도 북변을 개척하여 설치한 경원(慶源)·경흥(慶興)·종성(種城)·온성(穩城)·회령(會寧)·부령(富寧)의 여섯 진이다.

화천 가는 도중 택당의 시운[252]을 써서 회양 태수 유계지 언술[253]에게 편지 삼아 보내다

花川途中 用澤堂韻 簡淮陽守兪繼之 彦述

마부가 구불구불 산골짜기로 들어올 제　馬僕崎嶇入峽時
숲에서 나온 해는 서쪽으로 기울려 하네　出林山日欲西移
새 소리 오르락내리락하며 서로 맞이하는 듯하고　禽聲下上如相迓
채색 구름 동쪽 남쪽에서 차츰 기이함을 드러내는구나　雲彩東南稍見奇
사흘 묵어도 인연 생긴다는 것[254] 이해할 만하나　三宿有緣差可了

252 택당의 시운 : 택당(澤堂)은 이식(李植, 1584~1647)으로, 본관은 덕수(德水), 자는 여고(汝固)이며, 택당은 호 이다. 이정귀(李廷龜), 신흠(申欽), 장유(張維)와 더불어 한문4대가(漢文四大家)로 일컬어졌다. 원시는 〈유천 한공이 문경의 심 수재와 함께 읍취헌의 잠두록을 보고 나서 각자 소감을 읊은 시 세 수를 화운하여 나에게 보여주기에 나도 그 운에 따라 졸렬한 시를 지어 바치다〔柳川韓公與聞慶沈宰 共閱挹翠蠶頭錄 仍有所感 各和三篇示余 依韻效拙〕〉 중 첫 수이다.

253 유계지(兪繼之) : 유언술(兪彦述, 1703~1773)로, 본관은 기계(杞溪), 자는 계지(繼之), 호는 송호(松湖)·지족당(知足堂)·서고(西皐), 시호는 정헌(靖憲)이다. 동지사의 서장관으로 청나라에 다녀왔고, 대사헌을 거쳐 지중추부사로 치사하고, 기로소에 들어갔다. 산수를 좋아하여 족숙인 유척기(兪拓基) 등과 함께 금강산을 유람하기도 하였다. 저서로 《송호집》이 있다.

254 사흘……생긴다는 것 : 《후한서(後漢書)》 권30 〈양해열전(襄楷列傳)〉에 "불법(佛法)을 닦는 승려가 뽕나무 아래에서 사흘 밤을 계속 묵지 않는 것은 오래 머무르면서 애착이 생길까 두려워하기 때문이니, 이는 그야말로 정진(精進)의 극치라고 할 것이다."라는 말이 나온다.

구환단[255] 만들 기술 없으니 늦는다 말하지 마오　九還無術莫言遲
산간의 풍류 넘치는 것 일찌감치 알았으니[256]　早知山簡風流甚
부들방석 깔고 한번 만날 기약을 아끼랴　肯惜蒲團一會期

255 구환단(九還丹) : 아홉 번을 제련하여 만들었다는 단약(丹藥)으로 구전단(九轉丹)이라고도 하는데 이를 복용하면 3일 만에 신선으로 화한다고 한다. 《抱朴子 金丹》

256 산간의……알았으니 : 산간(山簡)은 진(晉)나라 사람이다. 술을 매우 좋아했는데, 그가 일찍이 양양 태수(襄陽太守)로 있을 적에 현산(峴山) 아래 습씨(習氏)들이 소유한 양어지(養魚池)의 아름다운 경치를 매우 좋아해서 날마다 그곳에 나가 종일토록 술을 마시고 곤드레가 되어 돌아오곤 하였다. 《晉書 卷43 山濤列傳 山簡》 여기서는 회양 태수 유계지를 비유한다.

장안사[257]에서 금강산의 몇 봉우리를 처음 보고 농암의 시운[258]을 써서 짓다

長安寺初見金剛數峯 用農巖韻

말 머리에 보이는 푸른 산이 바로 선방이라 馬頭靑嶂卽禪扉
아득히 솟은 구름 난간에 석양이 말끔하네 雲檻岧嶢霽晩暉
세상 놀랠 높은 명성이야 익히 들어왔지만 驚世高名聞已慣
산에 들어와 펼쳐지는 첫 경치는 잘 보기 어려우리 入山初景見應稀
천 개의 못 물 따뜻하여 용은 막 일어나는데 千潭水暖龍方起
오래된 벽에 소나무 우거져도 학은 돌아오지 않는구나 古壁松深鶴未歸
스님의 지팡이 빌려 천천히 거닐어 보노라니 借得僧筇成緩步
목련꽃 아래 이슬이 옷을 적시네 木蓮花下露沾衣

257 장안사(長安寺) : 내금강(內金剛)에 있는 사찰로, 만천교(萬川橋)를 건너 왼쪽 산언덕에 있다. 유점사(楡岾寺)·신계사(新戒寺), 내금강의 표훈사(表訓寺)와 더불어 금강산 4대 고찰로 꼽힌다.

258 농암의 시운 : 농암은 김창협(金昌協, 1651~1708)으로, 그는 금강산을 유람하면서 〈동유기(東游記)〉를 남겼다. 원시는 〈만폭동 어귀로 돌아왔을 때 비를 만나다〔歸到萬瀑洞口遇雨〕〉이다. 《農巖集 卷2》

명경대[259]에 앉아 옥경담[260]을 엿보며 운자를 뽑다
坐明鏡臺 窺玉鏡潭拈韻

묵은 벼랑엔 제천[261]이 가까이 있고	壁老諸天近
텅 빈 못엔 만 봉이 들어오네	潭虛萬嶂來
휘황하게 햇빛을 먼저 받고	輝輝先受日
쾅쾅 우렛소리 들릴 듯하구나	颯颯欲聞靁
한제의 구리 기둥[262] 우뚝하고	漢帝金莖直
진아의 옥거울[263] 펼쳐졌네	秦娥玉鏡開

259 명경대(明鏡臺) : 강원도 금강군 내강리에 위치한 금강산 명소 중 하나이다. 선돌 형태의 암주로 수평절리와 수직절리가 잘 발달하여 있다.

260 옥경담(玉鏡潭) : 강원도 금강산 내금강지역 명경대구역 백천동에 있는 소이다. 구슬같이 맑고 거울같이 잔잔하며 둘레의 산봉우리들이 비쳐 어른거리고 소의 바닥에는 나뭇잎들이 깔려 물색이 검은색을 띤다.

261 제천(諸天) : 불교에서 여러 천상(天上)의 세계를 뜻하는 말인데, 흔히 사찰을 의미하는 말로 쓰인다.

262 한제의……기둥 : 원문의 '金莖'은 한 무제(漢武帝)가 세웠던 승로반(承露盤)의 동주(銅柱)를 가리킨다. 한 무제가 일찍이 신선을 사모한 나머지, 건장궁(建章宮)에 동(銅)으로 선인장(仙人掌)을 만들어 세워서 승로반을 받쳐 들고 이슬을 받게 하여 그 이슬을 옥가루에 타서 마셨다는 이야기가 있다. 《後漢書 卷40下 班固列傳》 우뚝 솟은 명경대를 비유한다.

263 진아의……옥거울 : 진아(秦娥)는 춘추 시대 진 목공(秦穆公)의 딸 농옥(弄玉)이다. 생황을 잘 불었던 자신과 합주(合奏)할 수 있는 사람이 아니면 남편으로 맞지 않겠다고 하여 남편이 될 사람을 기다리던 끝에 퉁소를 잘 부는 소사(蕭史)를 만났다. 소사는 농옥에게 퉁소를 가르쳐 농옥은 퉁소로 봉황의 소리를 낼 수 있었고, 봉황이

옷을 털고 발도 씻으니[264] 振衣兼濯足

어디서 티끌이 날아오랴 何所得纖埃

그들의 집에 와 앉았으므로 봉대(鳳臺)를 짓고 부부(夫婦)가 함께 거처하다가 봉황을 타고 신선이 되어 날아갔다고 한다. 옥경담의 풍경을 비유한 것인데 아마도 진아의 이름이 농옥이라 옥거울로 표현한 것으로 보인다.

264 옷을……씻으니 : 진(晉)나라 좌사(左思)의 〈영사 팔수(詠史八首)〉 가운데 "천 길 산등성이에서 옷 먼지를 털어내고, 만 리 흐르는 강물에 발을 씻노라.〔振衣千仞岡, 濯足萬里流.〕"라는 구절이 있다. 속세를 초월함을 의미한다.

명연[265]

鳴淵

명연이 물삼 급하여 우렁차 소리 우레 같으니 鳴淵水急吼如雷
헤엄치던 숱한 물고기들 도망갔다 돌아오네 多少游魚去却迴
한번 보게나 선옹이 칼을 날렸던 곳 試看禪翁飛劍處
검은 구름이 마귀를 굴복시킨 대를 길이 진압한다네[266] 黑雲長鎭伏魔臺

265 명연(鳴淵) : 장안사(長安寺)에서 동쪽으로 5리쯤 떨어진 지점에 있는 큰 늪이다. 글씨가 새겨 있으며, 만폭동(萬瀑洞)의 하류로, 바닥이 보이지 않을 정도로 깊다.

266 선옹이……진압한다네 : 남효온의 〈유금강산기(遊金剛山記)〉에 의하면 명연(鳴淵 울연(鬱淵))과 관련하여 다음과 같은 이야기가 전해 내려온다. 고려 시대 부자였던 김동(金同)은 평생에 부처를 좋아하여 울연의 위에다 암자를 짓고 모든 바위의 면에다 불상을 조각하여 부처를 공양하고 중에게 시주를 하였는데 지공(指空)이 이 산에 들어와 김동을 보고 외도(外道)라고 지적하였다. 김동이 불복하자 지공이 "네가 옳고 내가 그르면 오늘 안으로 내가 천벌을 받을 것이요, 내가 옳고 네가 그르면 오늘 안으로 네가 천벌을 받을 것이다." 하였다. 과연 밤에 뇌성벽력이 일어나 김동은 물과 돌에 부딪쳐 절의 부처, 절의 종, 절의 중과 한꺼번에 울연으로 빠져 들어갔다고 한다. 또 《임하필기(林下筆記)》 권37 〈봉래비서(蓬萊秘書)〉에 의하면 김동(金同)이라는 사람이 나옹(懶翁)과 도술을 다투었다고 한다. 나옹이 묘길상(妙吉祥)을 새기자, 금동이 정으로 그것을 깨뜨리려고 하였는데, 하늘이 천둥소리를 내며 비를 내려 금동을 못에 빠뜨렸다. 이에 금동은 이무기로 변하였으며, 물이 그 때문에 슬프게 우니, 그 명연을 울연(鬱淵)이라고도, 명운연(鳴韻淵)이라고도 불렀다고 한다. 어유봉(魚有鳳)의 〈동유록(東遊錄)〉이나 이현석(李玄錫)의 〈사자봉차(獅子峯次)〉 등에는 남효온의 〈유금강산기(遊金剛山記)〉에 근거하여 김동과 싸운 것은 나옹이 아니라 지공이라는 설을 제기하고 있다.《杞園集 卷20》《游齋集 卷7 東遊錄下》 그밖에 지공이 나옹의 스승이고 칼을 잘 썼다고 알려져 있다거나, 이 근방에 나옹이 여름 한 철을 지내면서 뭇 산봉우리

들을 굽어보았다는 나옹대(懶翁臺) 등이 있다거나, 울연과 관련된 이야기들이 많이 전해져 오는데 이러한 몇 가지 이야기들이 섞여 이러한 표현이 나온 것 같다《牧隱集 牧隱文藁 卷2 金剛山潤筆菴記》

표훈사에서 묵으며 재삼 장로에게 시를 지어 주었는데 간이의 시운을 썼다[267]

宿表訓寺 贈載森長老 用簡易韻

금강이 우리 조선에서 으뜸이라는 건 진즉에 알았으나

早識金剛冠我鮮

반평생 먼지 낀 벽에서 박처럼 달려 산 것[268]만 한탄하였지

半生塵壁歎匏懸

한가로움은 우연히 거문고 울린 뒤에 빌리고[269]　餘閒偶借鳴琴後

승경 유람은 결국 기대앉은 궤안 앞에서 이루었네　勝賞終酬隱几前

구름은 중봉에서 나와 늘 비를 머금고 있고　雲出中峯常帶雨

스님은 늙은 잣나무와 지내며 나이를 알지 못하네　僧將老栢不知年

267 표훈사……썼다 : 표훈사는 지금의 강원도 금강군 내금강면 장연리에 있는 사찰이다. 백화암(白華庵) 위에 있고, 신라 문무왕(文武王) 때 승려 표훈(表訓)이 창건했다고 알려져 있다. 간이(簡易)는 최립(崔岦, 1539~1612)으로, 본관은 통천(通川), 자는 입지(立之), 호는 간이(簡易)·동고(東皐)이다. 당대 최고의 문장가로서 중국과의 외교문서를 많이 담당하였다. 원시는 미상이다.

268 박처럼……산 것 : 밖으로 다니지 않고 칩거하며 지낸 것을 말한다. 조(趙)나라 중모재(中牟宰)인 필힐(佛肹)이 공자(孔子)를 부르자 공자가 가려고 하였는데, 자로(子路)가 공자에게 필힐은 불선한 사람이므로 가서는 안 된다는 뜻으로 말하자, 공자가 이르기를 "내가 어찌 박이더냐, 어째서 한 군데에 매여 있어 음식도 먹지 못한단 말이냐?"라고 한 데서 온 말이다. 《論語 陽貨》

269 거문고……빌리고 : '鳴琴'은 84쪽 주135 참조. 남유용이 안변 부사로 와 있으면서 금강산 유람을 할 수 있게 되었기 때문에 이른 말이다.

나잔이 운명을 보는 것도 대단한 법 없으니[270] 懶殘相命無多法
용퇴한 물러난 사람 가운데 곧 신선이 있다네[271] 勇退人中便有仙

재삼(載森)은 어려서 삼연(三淵)을 따라 노닐어서 자못 관상법(觀相法)에 밝았다.[272]

270 나잔이……없으니 : 나잔(懶殘)은 당나라 때 승려로 법명은 명찬(明攢)이다. 성품이 게으르고 남은 음식 찌꺼기를 먹는다고 해서 '나잔(懶殘)'이라 불렸다. 이필(李泌)이 일찍이 그가 있는 형악사에서 독서를 하다가 심야에 찾아가자, 마침 쇠똥으로 불을 지펴 구워 먹고 있던 토란을 나눠 주면서 이필이 앞으로 재상이 될 것이라고 예언을 했다는 고사가 전한다. 《宋高僧傳 卷19》

271 용퇴한……있다네 : 송나라 때 전약수(錢若水)가 젊었을 적에 도사 진희이(陳希夷)를 찾아갔다가 옆에 있던 노승으로부터 '급류 속에서 용퇴할 사람〔急流中勇退人〕'이라는 인물평을 받고 물러 나왔는데, 진희이가 이르기를 "전약수에게 선풍도골이 있으므로 노승에게 살펴보게 하니, 노승이 신선이 되지는 못하고 급류 속에서 용퇴할 사람이라고만 하였는데, 이 또한 신선과 멀지 않은 것이다." 하였다. 《聞見前錄 卷7》

272 삼연(三淵)을……밝았다 : 김창흡은 사람의 상을 보면 이따금 신기하게 그 사람의 신수를 맞혔다고 알려져 있다. 《대동기문(大東奇聞)》에 마전 군수(麻田郡守) 정야(鄭冶)와 자기 형제들의 상에 대해서 말한 것이 있다.

천일대[273]에 올라 중향·비로 등 여러 봉우리를 보며 짓다
登天逸臺 觀衆香毗盧諸峯有作

천일대 앞엔 만 이천의 기이한 봉우리　　臺前萬二千奇峯
천일대 위엔 63명의 노옹이라[274]　　臺上六十三老翁
어릴 적엔 이름만 알았다가 늙어서야 만나니　　少小知名老大逢
붉은 노을 밝은 달이 꿈속인 듯하구나　　丹霞明月似夢中
귓가에 막 정양사[275]의 종소리 들려오니　　耳邊初聞正陽鐘
얼굴과 머리털이 청춘 아닌 것 자탄하는데　　自嗟顔鬢非春風
앉을 때는 궤안에 기대고 다닐 때는 지팡이를 짚어야 하는 몸　　坐須隱几行扶笻
어떡하면 몸을 떨쳐 나는 기러기를 쫓을 수 있을까　　安得奮身追飛鴻
푸른 하늘에 올라 금부용을 다 밟고　　青天蹋盡金芙蓉
요초를 따서 진동을 부를 텐데[276]　　採擷瑤草招秦童

273 천일대(天逸臺) : 정양사 앞에 있는 봉우리로, 천을대(天乙臺)·진헐대(眞歇臺)라고도 한다. 내금강의 전경이 잘 보이는 곳이다.

274 천일대……노옹이라 : 천일대 근방에 송림굴(松林窟)이라는 석굴이 있는데 여기에 63개의 작은 석불상(石佛像)이 있다. 《弘道遺稿 卷5 東遊錄》

275 정양사(正陽寺) : 금강산 만폭동(萬瀑洞) 어귀 표훈사(表訓寺)의 북쪽에 있던 절인데 표훈사의 북쪽 산맥 고지대에 위치하여 시계가 확 트여서 금강산의 제봉(諸峯)을 모두 볼 수 있다.

276 요초를……부를 텐데 : 요초는 신선세계의 풀이다. 진동(秦童)은 진나라의 동남동녀란 뜻으로, 진 시황(秦始皇)이 약초를 캐러 보낸 동자들을 말한다. 진 시황이 서복(徐福)에게 동해의 삼신산(三神山)으로 가 불로초를 캐 오라고 하면서 동남동녀 3000

중향은 선부의 기운 충만하여 衆香仙府氣重重
삼청의 깃발과 멀리서 서로 통하고[277] 三淸幢節遙相通
우뚝 선 비로봉은 뭇 산들의 종주라 獨立毗盧衆嶽宗
아침저녁으로 채색 구름 늘 영롱하네 暮朝雲彩常玲瓏
늙은이가 여기서 감히 게으름 피울 수 없어 老夫於此不敢慵
둘러보곤 자못 조물주의 공에 놀라는데 騁目頗驚眞宰功
녹록하게 몇 년이나 대가의 종살이[278]를 하였나 潦倒幾年大家傭

도은거(陶隱居)[279]는 늙어도 쉬지 않는 자를 '대가(大家)의 종'이라고 하였다.

오늘에서야 이공을 모시게 되었구나[280] 今日乃得御李公
세상 사람들은 복사꽃은 사랑하고 소나무를 사랑하지 않으나 世人愛桃不愛松
지인[281]은 흰색을 고수하지 붉은색을 고수하지 않네 至人守白不守紅

명을 데리고 가게 하였다.《史記 卷6 秦始皇本紀》

277 중향은……통하고 : 중향은 마하연암(摩訶衍庵)의 뒤를 병풍처럼 에워싼 바위 봉우리들인 중향성(衆香城)을 가리킨다. 마하연암 일대를 선경(仙境)에 비유한 것이다.

278 대가의 종살이 : 조정에서 벼슬살이한 것을 말한다.

279 도은거(陶隱居) : 은거는 양(梁)나라 도홍경(陶弘景)의 자이다. 약관(弱冠)에 제왕시독(諸王侍讀)을 지내고 뒤에 구곡산(句曲山)에 은거했는데, 양 무제(梁武帝)가 큰일이 있으면 글을 보내어 물으므로 사람들이 홍경을 '산중재상(山中宰相)'이라 불렀다.

280 오늘에서야……되었구나 : 이공이 누구인지는 미상이다. 다만 평소 존경하던 분과 동행하여 유람을 했던 듯하다. 후한(後漢) 이응(李膺)의 풍도를 사모한 사대부들이 그의 접견을 받기만 해도 용문(龍門)에 올랐다면서 기뻐했는데, 순상(荀爽)이 그를 위해 수레를 몰고는 집에 돌아와서 "오늘 내가 비로소 이 선생님의 수레를 몰 수 있었다.〔今日乃得御李君矣.〕"라고 자랑했던 고사가 있다.《後漢書 卷97 黨錮列傳 李膺》

푸르고 수척하며 높고 가파른 이것이 참 모습이니 蒼癯秀峭是眞容
그림 빛깔에 어찌 단풍만 입힐 필요 있으랴 繪色何用着丹楓
이제야 알겠네 아득하고 고요한 데서 도가 나오는 것이요[282]
乃知玄默道所從
한효하며 탄성 지르는 데서 정이 쉬 다하는 것을 讙呼叫奇情易窮
바다 위 신선 바위 가버리고 자취 없으니 海上仙石去無蹤
누가 한 곡조 타서 거문고 소리 울릴까 誰將一曲聲枯桐

281 지인(至人) : 일반적으로 덕이 높은 사람을 말한다. 《장자(莊子)》 〈소요유(逍遙遊)〉에 "지인(至人)은 아집이 없다." 하였고, 《후한서(後漢書)》 권79 〈중장통 열전(仲長統列傳)〉에 "지인은 마음대로 변하고 달사(達士)는 세속에서 벗어난다."라고 하였다.

282 아득하고……것이요 : 《회남자(淮南子)》 〈주술훈(主術訓)〉에 "천도는 아득하고 고요해 모습도 없고 법칙도 없으며, 그 크기는 끝을 알 수 없고 깊이는 측량할 수 없다."라고 하였다.

정양사[283]에서 '요' 자를 뽑다

正陽寺拈遙字

견여 탔으니 절이 멀다 말하지 마오	肩輿不道上方遙
앉아있는 곳 봉우리들 맑은 하늘에 솟았구나	坐處群峯聳絳霄
마을이 머니 물고기와 새우들이 어찌 낚시꾼을 겁내랴	村遠魚鰕寧怕釣
산이 깊으니 고라니와 사슴들 나무꾼에 놀라지 않네	山深麋鹿不驚樵
해 주변 운무 끼어 일광은 일정치 않고	日邊雲靄光無定
경쇠 소리 속 은하수는 그림자와 함께 일렁이네	磬裏星河影共搖
온 길을 돌아보니 온통 구름 낀 나무들	來徑回看雲樹遍
황홀하게 이 몸이 무릉교[284]에 있는 것 같네	怳疑身在武陵橋

283 정양사(正陽寺) : 표훈사(表訓寺) 북쪽 산의 정맥(正脈) 고지대에 위치하여 시계(視界)가 확 트여서 금강산의 제봉(諸峯)을 모두 볼 수 있다고 한다.

284 무릉교(武陵橋) : 도잠(陶潛)의 〈도화원기(桃花源記)〉에 진(晉)나라 때 무릉(武陵)의 한 어부가 복사꽃이 떠내려오는 물길을 따라 거슬러 올라갔다가 복사꽃이 찬란한 선경(仙境)을 만났다는 내용을 연상하게 한다. 여기서는 무릉으로 이어지게 하는 길목 정도의 의미로 쓰인 듯하다.

헐성루[285]에 올라 삼연의 시운[286]을 써서 시를 짓고 또 계지[287]에게 편지 삼아 보내다

登歇惺樓 用三淵韻 又簡繼之

누각 머리에서 한번 읍하자 속세의 마음 사라지고	樓頭一揖俗心空
오늘 직접 석장[288]의 풍모에 감화를 받네	今日親熏石丈風
선적에 든 나는 오직 본바탕만을 보는데	眞格我惟觀素質
색진[289]에 사는 사람들은 절로 단풍에만 연연하는구나	色塵人自戀丹楓
외로운 구름은 비로봉 북쪽에서 쉬지 않고 오고	孤雲不歇毗盧北
물줄기들은 모두 은적봉 동쪽을 따라 흐르네	衆水皆從隱寂東
하계는 적막하여 인가의 연기 끊어졌으니	下界寥寥煙火隔
이때 이 마음 누구와 함께 할거나	此時此意與誰同

285 헐성루(歇惺樓) : 금강산 정양사(正陽寺) 경내에 있는 누각으로, 금강산 일만 이천 봉을 이곳에서 한눈에 볼 수 있다고 한다.

286 삼연의 시운 : 김창흡의 원시는 〈정양사(正陽寺)〉이다. 《三淵集 卷10》

287 계지(繼之) : 147쪽 주253 참조.

288 석장(石丈) : 기이한 바위를 말한다. 송나라 미불(米芾)이 기이한 바위를 좋아하여 절을 올리고 항상 석장(石丈)이라 불렀다고 하는 고사에서 나온 말이다. 《宋史 卷444 米芾傳》 여기서는 헐성루에서 보이는 일만 이천 봉을 가리킨다.

289 색진(色塵) : 불교에서 말하는 6진(六塵)의 하나이다. 눈에 보이는 물질 세계를 이른다. 진성(眞性)을 더럽히고 번뇌를 일으킴으로 진(塵)이라 한다.

표훈사로 돌아와 묵으며 백화암에서 쉬니 삼연이 독서하던 곳이다[290]

還宿表訓 憩白華菴 三淵讀書處也

옛 절의 문은 늘 닫혀 있고	古寺門常閉
빈 섬돌에는 푸른 덩굴만 자랐네	空階長碧蘿
강산에는 조각달이 떠 있는데	江山片月在
고금에 몇 명이나 지나며 보았을까	今古幾人過
일신의 계책은 차와 약으로 해결하고	身計茶兼藥
세상 근심은 휘파람 불며 노래하는 것으로 푸네	時憂嘯也歌
백화를 부여잡고 올라갈 수 없는데[291]	白華攀不得
가을 생각 누구 때문에 많아지는가	秋思爲誰多

290 표훈사로……곳이다 : 표훈사는 신라 문무왕(文武王) 때 승려 표훈(表訓)이 창건했다고 알려진 내금강의 사찰이고, 백화암(白華庵)은 그 근처의 절이다. 김창흡은 1713년(숙종39) 금강산 백화암(白華菴)에 머물러 있었고, 〈동유기(東游記)〉, 〈동정부(東征賦)〉 등에서 백화암을 언급하였다.

291 백화를……없는데 : 《시경》 〈백화(白華)〉에 "휘파람 불고 노래하며 서글퍼하면서 저 석인을 생각하노라.〔嘯歌傷懷, 念彼碩人.〕"라는 구절이 있다. 여기서는 백화암에서 지내던 삼연을 그리워한 것이다.

만폭동[292]에 들어가 구담[293]을 보고 "행도수궁처좌간운기시[294]"로 운을 삼아 장구 한 수를 짓다
入萬瀑洞觀九潭 以行到水窮處坐看雲起時爲韻 賦長句一首

산새는 일어나지 않고 시내의 물고기만 헤엄쳐 다니는데 山鳥未起澗魚行
나그네 숲에 드니 견여 소리 삐걱 나네 客子入林肩輿鳴
어린 중은 환하게 웃으며 구담으로 오고 小僧粲然九潭到
봉래산 바위 위를 솔바람이 쓸고 가는구나 蓬萊石上松風掃
물의 모습은 돌을 따르고 돌은 물을 이었는데 水形因石石戴水
낮고 높은 것이나 괴고 쏟아지는 것 누가 시키는 듯하고 卑高渟瀉如或使
이상한 모습 기이한 무늬 끝없이 나오는데 異形奇文出不窮

292 만폭동(萬瀑洞) : 금강산 내금강(內金剛)에 있는 골짜기이다. 이유원(李裕元)이 쓴 〈봉래비서(蓬萊秘書)〉에 의하면 만폭동은 "표훈사(表訓寺)에서 5리쯤 떨어진 지점에 있는데, 수미동(須彌洞)과 팔담동(八潭洞)의 물이 교류한다."라고 하였다.

293 구담(九潭) : 몇 가지 설이 있으나 폭포수가 떨어지는 곳에 있는 구룡연(九龍淵)과 폭포 위에 있는 여덟 개의 맑고 푸른 못인 상팔담(上八潭), 즉 흑룡담(黑龍潭), 비파담(琵琶潭), 벽하담(碧霞潭), 분설담(噴雪潭), 진주담(眞珠潭), 구담(龜潭), 선담(船潭), 화룡담(火龍潭) 등 팔담을 합하여 부르는 이름이다. 이 아홉 개의 못에 아홉 마리의 용(九龍)이 와서 있었다고 한다.

294 행도수궁처좌간운기시(行到水窮處 坐看雲起時) : "길을 가다가 물의 근원에 이르러, 앉아서 구름이 일어나는 것을 바라본다"라는 뜻으로 당(唐)나라 왕유(王維)의 〈종남별업(終南別業)〉이라는 시에 나오는 구절이다. 《王右丞集 卷3 終南別業》

우러러보니 해가 푸른 하늘에 떠 가네　　仰視白日行蒼穹
용이 끌어당기고 학이 둥지를 틀던 곳 모두 남아 있고[295]
龍拏鶴巢俱有處
가파른 절벽에선 마치 천상의 말이 들리는 듯　　峭壁如聞天上語
솔뿌리에 앉아서 불자의 정좌를 한번 해보니　　松根試作佛子坐
온 세상 적막으로 돌아가 나조차 잊네　　萬境歸寂還忘我
헐성루 앞 봉우리 같은 눈높이로 들어오니　　歇惺前峯入平看
비로소 믿겠네 유람하는 지팡이 구름 끝으로 나왔음을
始信遊笻出雲端
보덕굴 가파른 돌 비탈 우뚝 구름을 누르고　　普德危磴高壓雲
떠 있는 용마루와 날아갈 듯한 기둥은 인간 세상을 벗어났구나[296]
浮甍飛柱離人群

295 용이……있고 : 만폭동에 학소암(鶴巢巖)이라는 곳이 있다. 옛날에는 학이 여기에다 둥지를 틀고 살았으나 세월이 오래되어 바위가 이지러지자 둥지도 기울어져 학은 날아가 버리고 다시는 오지 않는다는 전설이 있는 곳이다. 윤휴(尹鑴)가 이곳에 와서 바위에다 용문석(龍門石)이라고 썼다고 한다. 그러고는 그 까닭을 "세상에서 말하기를 풍악에 와서 노는 자면 이름을 선적(仙籍)에 올린 것이라고 할 수 있다고 한다. 그런데 자고로 과연 상계(上界)로 뽑혀 올라간 자가 있었다고는 들은 바 없고, 다만 성명을 고기비늘 모양으로 그 밑에다 다닥다닥 써 놓은 것이 마치 용이 되기 위하여 용문(龍門)에 모여든 물고기들이 수도 없이 많지만, 이마에 점 찍고 꼬리 불태우고 용이 되어 올라가기란 그리 쉽지 않은 것과 똑같아서 내 그 뜻으로 쓴 것이라네."라고 하였다. 《白湖全書 권34 楓岳錄》

296 보덕굴……떠났구나 : 보덕굴(普德窟)은 금강산(金剛山) 만폭동(萬瀑洞) 안에 있는 사찰이다. 깎아지른 벼랑의 돌출 부분에 구리기둥을 박고 기둥 위에 판자를 얹어 쇠사슬로 엮어서 바위에 기대게 하는 방식으로 만들어, 본전인 관음전(觀音殿)에 들어서면 마루가 흔들리고 그 밑으로 천 길 낭떠러지가 내려다보인다고 한다.

흥취는 밝고 트인 곳에서 일으켜야 하고　趣事須從昭曠起
험한 곳은 결코 군자가 밟을 바가 아니네　險中殊非君子履
바다의 작은 배도 제때에 띄워야 하는 것이니　海上輕舠當及時
울리는 경쇠가 나를 꾸짖네 돌아오는 걸음 늦다고　擊磬嗔我歸來遲

마하연[297] 시냇가에서 계수를 만나 읊다[298]

摩訶衍溪上 遇桂樹有吟

진세에 거사가 있었고	塵中有居士
산속에 계수가 있었네	山裏有桂樹
낙양에서 얼마나 부질없이 서로 그리워하였던가	洛陽幾時空相憶
천 리 밖 봉호[299]에서 홀연 만나게 되었네	蓬壺千里忽相遇
지난번 산인은 나를 은거하라 불렀고	前者山人招我隱
편지에선 내 오는 것 왜 이리 늦느냐 꾸짖었지	書中嗔我來何暮
또 부자의 동심으로 기약하자 말하며[300]	且言夫子同心期

297 마하연(摩訶衍) : 유점사의 말사로, 신라 때 의상대사(義湘大師)가 지었다고 하는데, 만폭동(萬瀑洞)의 가장 깊은 곳에 있다.

298 계수를……읊다 : 한(漢)나라 회남왕(淮南王) 유안(劉安)에게 초빙된 인사들 가운데 소산(小山)이라 일컫던 이들이 초은사(招隱士)라는 시부를 지었다. 《楚辭 卷8 招隱士》 이 시는 원래 산속에서 나오라는 뜻을 담고 있었는데, 진(晉)나라 육기(陸機)와 좌사(左思)가 산중 생활의 한적한 홍취를 읊으며 은거를 지향하는 뜻의 초은사를 지었고, 이후로 계수는 흔히 은자와 연결되어 쓰였다. 여기서도 계수와 산인의 이미지를 섞어서 은거의 뜻을 표현하였다. 한편, 역대 시인들이 지은 마하연에 관한 시에 보면 어김없이 계수가 등장하는데, 김창협은《농암집(農巖集)》 권23 〈동유기(東游記)〉에서 마하연을 소개하면서 "뜰에는 삼나무와 전나무가 울창한데, 그중 한 그루는 줄기가 곧고 껍질이 붉으며 잎은 삼나무 잎을 닮았으니, 예로부터 계수나무라고 전해 온 말은 잘못일 것이다."라고 하기도 하였다.

299 봉호(蓬壺) : 금강산을 가리킨다.

300 부자의……말하며 : 《주역》의 64괘 가운데 동인괘(同人卦)에 대해 공자가 "두 사람이 마음을 함께 함에 그 예리함이 쇠붙이를 끊고, 마음을 같이 하는 말은 그 향기가

늙도록 서로 짝하며 지낼 수 있으리라 하였네　　白首可以相伴住

오늘 서로 만났으니 그 즐거움 오죽하랴만　　今日相逢奈樂何

도로 머리털과 수염 하얘진 것을 한탄하네　　還嗟鬚鬢已成素

가지를 부여잡고 슬피 바라보며 돌아간단 말 못 하는데
攀枝悵望未言歸

봄 이슬만 축축하게 옷과 신을 적시네　　春露溥溥盈衣屨

난향과 같다.〔二人同心, 其利斷金, 同心之言, 其臭如蘭.〕"라고 설명하였다. 《周易 繫辭傳上》

묘길상에서 나옹이 그린 여래의 석진을 보고[301]

妙吉祥 觀懶翁畫如來石眞

스스로 청산을 사랑하여 가부좌 틀고 앉으니	自愛青山坐結跏
알지 못하겠네 서리 이슬이 가사로 들어오지 않을지	不知霜露入袈裟
이끼 낀 옛길엔 인적이 없고	蒼苔古道無人跡
한 그루 단향목[302] 꽃만 피고 지는구나	開落栴檀一樹花

301 묘길상에서……보고 : 묘길상(妙吉祥)은 마하연에서 동쪽으로 계류를 따라 내무재령(內霧在嶺) 쪽으로 약 1㎞ 지점에 있는 금강산 내의 최대 석불이다. 거대한 암벽 마애불로 결가부좌한 미륵보살이 부조되어 있는데 고려 말기에 나옹(懶翁)이 직접 새겼다고 한다. 나옹이 묘길상(妙吉祥)을 새기자, 금동이라는 거사가 정으로 그것을 깨뜨리려고 하였는데, 하늘이 천둥소리를 내며 비를 내려 금동을 못에 빠뜨려 금동이 이무기로 변하였다는 전설도 있다.《林下筆記 卷37 蓬萊秘書》

302 단향목 : 전단(栴檀)은 향기가 많이 나는 나무로, 불상(佛像)을 새기거나 불단(佛壇)을 만드는 데 쓰인다.

유점사[303] 돌 위에 쓰다
榆岾石上題

일천 부처 동쪽으로 와 즐거워 돌아가지 않으니	千佛東徂樂未迴
느릅나무 숲속 방장이 한나라 시대에 열렸네[304]	榆林方丈漢時開
금 술잔은 왕실에서 나왔다 이르고[305]	金杯道是天家出

303 유점사(榆岾寺) : 금강산 동쪽에 있는 사찰이다. 통일신라 시대에 창건되었으며 금동석가여래입상이 있다.

304 일천……열렸네 : 고려 시대 민지(閔漬)의 〈유점사기(榆岾寺記)〉에 의하면, 서역(西域)의 월지국(月支國)에서 일찍이 53구(軀)의 부처가 무쇠 종(鐘)을 타고 서해(西海)에 떠와서 안창현(安昌縣)의 포구에 대었는데, 현재(縣宰) 노춘(盧偆)이 관속들을 거느리고 그곳에 가 보니 부처는 보이지 않고 부처가 나뭇가지에 종을 걸어 놓고 쉰 흔적만 있었다. 이리저리 부처를 찾던 중 종소리가 나는 곳으로 가 보니, 못이 하나 있고 못 위에는 느릅나무가 있는데, 종을 느릅나무 가지에 걸어 놓고 부처들이 못 언덕에 죽 벌여 앉아서 이상한 향기를 풍기고 있었다. 이에 노춘이 관속들과 함께 부처 앞에 나아가 예배하고, 돌아가서 왕께 아뢴 다음 이 자리에 절을 창건하여 그 부처들을 봉안(奉安)하고 이름을 유점사라고 했다고 한다. 또 고려 때 보덕암(普德菴)의 중이 찬했다는 〈금강산기(金剛山記)〉에 의하면, 한 평제(漢平帝) 원시(元始) 4년(4)에 서역으로부터 황금 불상 53구가 바다에 떠와서 이 산에 이르렀으므로 이곳에 절을 짓게 되었다고 했다. 그러나 정사(正史)에 의하면 후한 명제(後漢明帝) 영평(永平) 8년(65)에야 불법(佛法)이 처음 중국에 들어갔고, 우리나라에는 또 그로부터 4백여 년 뒤인 양 무제(梁武帝) 대통(大通) 1년(527)에야 불법이 행해지기 시작했으니, 〈금강산기〉의 말은 믿기 어렵다.

305 왕실에서……이르고 : 세조는 유점사를 왕실의 복을 비는 원당으로 지정하고 직접 금강산을 방문한 바 있고, 조선 후기까지도 유점사는 왕실 원당으로서의 역할을 맡아 왕실의 두터운 지원을 받았다. 〈금강산유점사속사적기(金剛山榆岾寺續事蹟記)〉

수놓은 병풍은 지주[306]가 보내 준 것이라지	繡障施從地主來
현재니 미래니 하는 말도 망령된 것이요	見在未來言亦妄
비금이니 자고니 하는 일은 몹시 애달픈 것	非今自古事堪哀
맑은 샘 흰 바위와는 원래 취향을 같이하니	清泉白石元同趣
가는 곳마다 지팡이 멈추고 흥 누르지 못하네	到處停藜興不裁

의 부기에 의하면 세조와 효령대군, 예종, 선조의 계비 인목왕후(仁穆王后), 영조와 정조, 철종, 순종의 정비 순원왕후(順元王后) 등이 시주를 하였다.

306 지주(地主) : 그 지방의 수령을 가리킨다.

새벽에 불정대[307]에 오르다

曉登佛頂臺

사람들은 불정에 기이한 경관 많다 하는데　人言佛頂奇觀多
내 불정에 오르고 보니 시름을 어이할꼬　我登佛頂愁奈何
천지는 원방을 잃고　天地失圓方
태양은 빛을 비추지 않네　白日不光華
다만 보이는 것은 안개 속에 뒤섞여 있는 것뿐　但見雲霧中盪磨
서린 용과 물 뿜는 고래가 서로 힘을 겨루나 보네　龍盤鯨噴相騰拏
지유[308]가 요동치는 것이 마치 바람에 흔들리는 배인 듯　地維騷動如風舸
푸르게 넘실대고 하얗게 부서지며 파도를 일으키네　浮靑流白生濤波
바다 위의 기이한 봉우리 숨어 나타나지 않으니　海上奇峯隱不出
나무귀신과 물귀신은 물속에서 서로 왕래하겠지　木魅水魑潛相過
눈앞의 경계 아득하고 지나온 길 헷갈리니　前境茫茫來徑迷
이 몸이 은하수에 뗏목 타고 떠 있는 것 같네　疑身泛銀漢槎
어찌하면 웅검[309]을 얻어 나쁜 기운을 도려내어　安得雄劍抉氛陰
가리는 것 하나 없이 만물을 시원하게 볼 수 있을까　快覩萬物無一遮

307 불정대(佛頂臺) : 금강산 동쪽에 있는 불정암(佛頂巖)을 가리킨 것으로 부처의 정수리를 닮은 바위라는 의미이다. 이곳에서 보는 해돋이가 장관이라고 알려져 있다.

308 지유(地維) : 대지(大地)를 버티어 받든다고 하는 상상의 밧줄이다.

309 웅검(雄劍) : 춘추 시대 오(吳)나라의 간장(干將)이 만든 두 개의 칼 가운데 하나의 이름인데, 전하여 보검을 뜻하는 말로 쓰인다.

불정대에서 내려오는데 안개 속이라 가기가 힘들었고 풍혈대와 학소대 오송대를 찾아가는 길은 험준하기가 촉도[310]와 같았다. 송림[311]에 이르러서야 비로소 지름길을 찾았기로 기뻐서 짓다

下佛頂 行苦霧中 探風穴鶴巢五松 其險如蜀道 至松林始得蹊徑 喜述

세 개의 대는 험준하다 이를 만한데 可說三臺險
송림에 이르니 들판 속에 있는 것 같네 松林似野中
고승의 이름이 묘탄이더니 高僧名竗坦
그윽한 오솔길은 원통[312]으로 드는구나 幽徑入圓通
야윈 바위는 신령스러운 우물을 간직하고 石瘦藏神井
곧은 소나무는 나옹이 서 있는 듯[313] 松貞立懶翁

310 촉도(蜀道) : 중국 섬서성(陝西省)에서 사천성(四川省)으로 통하는 지극히 험준한 길로, 당나라의 시인 이백(李白)이 지은 〈촉도난(蜀道難)〉시에 그 험준함이 잘 묘사되어 있다.

311 송림 : 송림굴(松林窟)로 금강산 유점사(楡岾寺)의 말사(末寺)인 송림사의 석굴(石窟)이다. 참선 기도를 하는 수행 도량으로 널리 알려졌다.

312 원통(圓通) : 불교 용어인데, 치우치지 않고 장애가 없음을 이르는 말로, 즉 법성(法性)을 깨달음을 의미한다. 여기서는 원통동(圓通洞)을 의미하는 듯하다. 만폭동(萬瀑洞)으로 들어서기 전 왼쪽으로 뚫린 계곡으로, 만천(萬川)에서 원통암(圓通菴)까지 약 3킬로미터에 해당하는 구간이다.

313 나옹이……듯 : 나옹이 금강산에서 살았기 때문에 이른 말이다. 앞의 시 〈명연(鳴淵)〉, 〈묘길상에서 나옹이 그린 여래의 석진을 보고〔竗吉祥 觀懶翁畫如來石眞〕〉 등의 시 참조.

선담은 글씨를 쓴 곳인데　　　　船潭題字處
바로 저무는 구름의 동쪽에 있네　　　　却在暮雲東

유점사(楡岾寺) 선담(船潭)[314]에 작은 소나무 한 그루를 이고 있는 푸른 돌이 있는데 매우 기이하다. 내가 그 위에 이름을 쓰고 옆에다 "돌은 야위고 소나무는 곧다.〔石瘦松貞〕"라고 썼기에 결구를 이렇게 맺은 것이다.

314 선담(船潭) : 만폭동 계곡에 있는 '팔담(八潭)' 가운데 하나이다. 못의 모양이 배와 같이 생겼다 하여 붙여진 이름이다.

백천교[315]에서 마부가 기다리고 있기에 견여 메는 중을 송림으로 돌려보내다

百川橋馬僕見待 送肩輿僧還松林

마부가 어렴풋이 갈림길에 서 있으니	馬僕依依立路歧
해산의 석양빛 수레에 가득 찼구나	海山斜日滿襜帷
채찍 멈추라 하고 다시 돌아가는 중에게 말을 하네	停鞭更向歸僧語
훗날 단풍 물들 때 또 오겠노라고	楓葉丹時是後期

315 백천교(百川橋) : 유점사로 가는 길목에 있는 다리이다.

구룡연[316] 동구에 이르러 동행하는 사람이 주역점을 쳐서 갈지 말지를 정하려고 하기에 내가 "의심할 것도 없는데 무엇 하러 점을 치는가? 군자는 평이함에 처하여 천명을 기다리고, 소인은 위험한 것을 행하고 요행을 바라는 법이다[317]"라고 말하고는 결국 들어가지 않았다

至九龍淵洞口 同行欲占易以決行止 余曰不疑何卜 君子居易以俟命 小人行險以徼幸 遂不果入

그대는 보지 못하였는가 구룡연 속에서 아홉 마리 용이 휘돌아 君不見九龍淵中九龍迴
바위를 깨고 구름을 토하며 푸른 하늘에 천둥 치게 하는 것을 抉石吐雲青天雷
또 보지 못했는가 아홉 마리 용이 사는 골 속에 호표가 지나다녀 又不見九龍洞中虎豹過
대낮에 스산하게 바람 모래를 날리는 것을 白日颯颯風飛沙
놀란 여울 성난 포말이 벼락 치듯 달려가니 驚湍怒沫走霹靂
벼랑에서 굴러떨어지는 돌이 삼천 척이라 砯崖落石三千尺
원숭이와 학은 숨죽이는데 도깨비들은 울고 猿鳥無聲魍魎啼
두려운 길 공중에 걸려 오를 수 없네 畏道懸空不可梯

316 구룡연(九龍淵) : 내금강 구룡폭포 아래에 있는 연못이다. 《신증동국여지승람(新增東國輿地勝覽)》에 의하면 옛날 아홉 마리의 용이 숨어 있던 연못을 메우고 유점사(楡岾寺)를 짓자, 용이 여기로 옮겨 왔기 때문에 그렇게 불렀다고 한다.

317 군자는……법이라 : 이 말은 《중용장구》 제14장에 나온다.

이따금 허풍쟁이 한량들은 보는 것만 중시하고 목숨을 가벼이 하여

往往夸夫浪子重目輕性命

철사줄로 서로 끌고 기어서 까마득한 곳까지 가지만

鐵索相牽扶服窮絶境

위로는 시름겨운 구름이 비를 품고 있는 아득한 하늘이 있고

上有愁雲伏雨之長天

아래로는 부딪히는 물결이 골짝으로 쏟아지는 내달리는 시내가 있네

下有衝波倒壑之奔川

마음이 섬뜩하고 넋이 떨려 감히 엿보지 못하고　心寒魄慄不敢窺

손으로 가슴 쓸어내리며 공연히 탄식만 하네　以手拊膺空嗟咨

그대는 듣지 못했는가 한공이 화산 꼭대기에서 통곡했던 일[318]

君不聞韓公痛哭華山嘌

또 듣지 못했는가 왕양이 태항산 길에서 수레를 돌렸던 일[319]

又不聞王陽回車太行道

전자가 어찌 겁쟁이였으며 후자가 어찌 허풍쟁이였으랴

318 한공이……일 : 한유(韓愈)가 일찍이 화산(華山) 정상에 올라갔다가 내려오지 못하고는 죽을 것이라고 생각하여 집안 식구들에게 유서를 남겨 절대 위험한 곳에 올라가지 말라고 경계하였다. 훗날 조카사위 장철(張徹)에게 준 시에서 이 일을 두고 "미치광이 짓 한 것을 손 깨물며 후회하고, 경계 삼아 가슴에 아로새겼네.〔悔狂已咋指, 垂誡仍鐫銘.〕"라고 하였다. 《東雅堂昌黎集註 卷2 答張徹》

319 왕양이……일 : 태항산은 중국 하남성(河南省)과 산서성(山西省) 경계에 있는 산으로, 길이 험준하기로 유명한 곳이다. 한(漢)나라 왕양(王陽)이 익주 자사(益州刺史)에 임명되어 태항산을 지나가면서 탄식하기를 "부모님께서 주신 몸으로 어찌 이 험한 곳을 자주 갈 수 있겠는가?"라고 하며 수레를 돌려 돌아왔다는 고사가 있다. 《漢書 卷76 王尊傳》

前者何怯後何夸

군자는 그런 곳을 밟을 때 마땅히 어떠해야 하는가 君子履之當如何

용맹을 좋아한다 해서 범의 수염을 뽑을 필요 없고[320]

好勇不必捋虎鬚

기이함을 좋아하다 해서 용의 구슬을 따올 필요 없네[321]

好奇不必摘龍珠

내 수레 이미 편안하고 내 말은 길들여졌으며 我車旣安我馬馴

발을 딛는 사방에 가시덤불 없네 擧足四隅無荊榛

내가 살아가는 평생 별다른 갈림길 없었느니 我行平生無別歧

아 내가 이를 버리고 장차 어디로 가랴 嗟吾舍此將何之

나그네에게 한마디 부치노니 속히 돌아가시게 寄語遊人早歸歟

후인들이 그대를 전철로 삼게 하지 말고 莫使後人以汝爲前車

320 용맹을……없고 : 삼국 시대 오(吳)나라 손권(孫權)의 장군 주환(朱桓)이 손권에게 말하기를 "신이 멀리 떠날 때를 당해서, 원컨대 폐하의 수염을 한번 뽑아 보았으면 다시 여한이 없겠습니다." 하므로, 손권이 안석에 기댄 채 얼굴을 내밀자, 주환이 마침내 앞으로 나아가서 수염을 뽑아 가지고는 말하기를 "신이 오늘에야 참으로 범의 수염을 뽑았다고 하겠습니다."라고 했던 데서 온 말이다. 강력한 자를 복종시키는 일이나, 또는 모험의 뜻으로도 쓰인다. 《太平御覽》

321 기이함을……없네 : 《장자(莊子)》 〈열어구(列御寇)〉에 용이 잠들어 있을 때에 위험을 무릅쓰고 깊은 바닷속으로 잠수하여 구슬을 훔쳐 온 사람의 이야기가 나오는데, 그 사람의 아버지가 "어서 돌을 가져다 깨버려라. 천금 구슬은 분명 구중 못 속의 용의 턱 아래 있었을 터, 네가 얻을 수 있었던 것은 마침 용이 자고 있었기 때문이다. 용이 깨어있었더라면 네가 어찌 살아나올 수 있었겠느냐."라고 말하였다.

비로소 삼일포[322]에 배를 띄우고 두보의 〈백사도〉 시운을 쓰다

始泛舟三日浦 用老杜白沙渡韻

마부는 나루를 잘 알아	僕夫自知津
말을 푸른 소나무 언덕에서 쉬게 하네	休馬青松岸
골짝을 나와 비로소 배에 오르니	出峽始登舟
마음은 은하수를 찌를 것 같구나	意欲衝河漢
우는 백구는 나그네의 옷을 스치며 날고	鳴鷗拂客衣
물줄기는 반씩 나누어 석양빛을 띠었네	分帶夕陽半
중이 노를 저을 줄 알 터이니	白衲解搖櫓
뱃사공 부를 필요 있으랴	何用黃帽喚
사선은 부질없이 정자만 남겼고	四仙空有亭
단서도 이미 흩어져 버렸건만[323]	丹書亦已漫
아리따운 서른여섯 봉우리[324]	嬋娟六六峯

322 삼일포(三日浦) : 관동 팔경의 하나로, 고성 온정리(溫井里)에 있는 석호(潟湖)이다. 신라 시대에 영랑(永郎)·술랑(述郎)·남석랑(南石郎)·안상랑(安祥郎) 등 네 명의 국선(國仙)이 뱃놀이를 하다가 절경에 매료되어 3일 동안 돌아가는 것을 잊었기 때문에 삼일포라는 이름을 얻었다고 한다.

323 사선은……버렸건만 : 사선은 삼일포에서 놀았다는 네 명의 선인(仙人)을 말하고, 정자는 사선정(四仙亭)으로 신선들을 추모하기 위해, 삼일포(三日浦) 앞의 소도(小島)에 세운 정자이다. 단서는 삼일포의 남쪽 산봉우리 절벽(絶壁)에 붉은 글씨로 새겼던 '영랑도남석행(永郎徒南石行)'이란 여섯 글자를 말한다. 세상에서는 네 신선이 쓴 것이라 전한다. 《新增東國輿地勝覽 卷45 高城》

배를 따라서 자꾸만 모였다 흩어지네　隨舟屢合散
맑은 노래에 맞추어 퉁소를 불고　洞簫倚淸歌
보허사[325]로 마무리 악곡[326]을 삼는데　步虛以爲亂
서글퍼라 끝내 무엇이 있는가　惆悵竟何有
바람 맞으며 긴 탄식을 할 뿐이네　臨風發長歎

324 서른여섯 봉우리 : 삼일포를 둘러싼 36개의 산을 말한다. 봉우리들이 수면에 비쳐 절경인데 도가에서 신선이 산다는 삼십육동천(三十六洞天)과 관련지어 지은 명칭이다.

325 보허사 : 보허(步虛)는 신선이 허공을 걸어 다닌다는 뜻으로, 보허사(步虛詞)는 도교(道敎)에서 도사(道士)가 경(經)을 외며 찬미하는 노래를 말한다.

326 마무리 악곡 : 원문의 '亂'은 음악의 마지막 장을 말한다. 《논어》〈태백〉에, "악사 지가 벼슬한 처음에 연주하던 관저편 말장의 악곡이 지금까지도 그 아름답고 성대함이 귀에 그득하구나.〔師摯之始, 關雎之亂, 洋洋乎盈耳哉.〕"라고 하였다.

고성 동암에서 일출을 보고 일어나 절을 하고는 이어 그 바위에 '배일암'이라고 쓰고 이백의 〈회선가〉에 차운하다
高城東巖觀日出 起而拜之 仍書其石曰拜日巖 次李白懷仙歌

계명성 하늘로 날아가고 해가 바다에서 떠오르니 啓明飛天日去海
뭇 음기들 물러나고 빛이 곳곳을 비추네 群陰辟易光在在
천하가 환히 밝아오며 사물이 비로소 보이니 天下文明物始覩
가까이 있는 것은 다가오고 멀리 있는 것은 기다리는구나 邇者就之遠者待
요순 때의 일은 진실로 경이로운 일인데 堯舜之事信可驚
이백의 술꾼들은 그저 가벼이 여겼네 李白酒徒徒自輕
탕반의 아홉 글자[327] 그대는 듣지 못하였는가 湯盤九言君不聞
해가 떠올라 하늘로 가는 것을 보시게 請看白日昇天行

"요순(堯舜)의 일도 경이로운 것이 못되니 나머지 왁자한 소리는 그저 가벼이 여겨질 뿐.〔堯舜之事不足驚, 自餘囂囂直可輕.〕"은 〈회선가(懷仙歌)〉에 나오는 말인데 그 뜻을 뒤집어 요순의 찬란한 성덕으로 떠오르는 해를 묘사한 것이다.

327 탕반의……글자 : 탕반은 은나라 탕왕(湯王)의 세숫대야란 말이고, 아홉 글자는 거기에 새겨 놓은 경계하는 글인, "진실로 날로 새로워졌거든 나날이 새로워지고 또 날로 새로워져라.〔苟日新, 日日新, 又日新.〕"를 말한다.《大學章句 傳2章》

이백의 〈백운가〉[328]를 읊조리고 이어 화답하다
誦李白白雲歌 仍和之

일변의 장안[329]에는 오색구름 나타나고	日邊長安見五雲
오색구름 많은 곳에 명군께 절하네	五雲多處拜明君
명군께 절하려니	拜明君
명군께서는 자궁[330] 속에 계신지라	君在紫宮裏
배 타고 한수를 건너가고 싶네	願言乘舟渡漢水
청낭간과 온갖 패물 찬 옷	靑琅玕雜珮衣
군왕께 바치지 않으면 나는 돌아가지 않으리[331]	未獻君王吾未歸

328 이백의 백운가 : 이백(李白)이 장안(長安)에 있을 때 은자인 친구 유십육(劉十六)을 송별하면서 지은 시이다. 원제는 〈백운가-벗을 보내며〔白雲歌送友人〕〉이다.

329 일변의 장안 : 64쪽 주97 참조.

330 자궁(紫宮) : 천제(天帝)가 거처하는 궁궐로 자궁원(紫宮垣), 자미궁(紫微宮)이라고도 한다. 후일에는 제왕을 가리키는 말로 쓰이게 되었다.

331 청낭간과……않으리 : '靑琅玕'은 청산호와 비슷한 푸른 빛의 보석이며, 낭간은 곤륜산에 있다고 하는 신선의 나무이다. 훌륭한 문사(文詞)나 또는 충직한 간언(諫言)을 뜻하기도 한다. 한유(韓愈)의 〈악착(齷齪)〉에 "구름을 헤치고 천문에 호소하여, 뱃속을 열어서 낭간을 바치려네.〔排雲叫閶闔, 披腹呈琅玕.〕"라는 표현이 있다. '雜佩'는 형(珩)·황(璜)·거(琚)·우(瑀) 등 몸에 차고 다니는 옥(玉)을 가리킨다. 《시경(詩經)》〈여왈계명(女曰雞鳴)〉에 "그대가 오게 한 분임을 알면 잡패를 선물할 것이며, 그대가 사랑하는 분임을 알면 잡패를 줄 것이며, 그대가 좋아하는 분임을 알면 잡패로써 보답하리라.〔知子之來之, 雜佩以贈之. 知子之順之, 雜佩以問之. 知子之好之, 雜佩以報之.〕"라고 하였다. 임금께 충성을 다하려는 마음을 나타낸 것이다.

해산정[332]

海山亭

성대한 명성은 저버릴 수 없는 것	盛名能不負
내 해산정을 보게 되었네	吾見海山亭
바다는 못인 양 곁에 붙어 있고	偪側如池沼
산은 문과 난간을 빙 두르고 있구나	周遭當戶欞
뗏목 띄운 가을날 귀밑머리 하얗고	乘桴秋鬢白
홀을 괸[333] 저녁엔 구름이 푸른데	拄笏暮雲青
오직 아양곡이 있어	惟有峩洋曲
혼자 타고 또 혼자 듣네[334]	自彈還自聽

332 해산정(海山亭) : 강원도 고성군(高城郡) 공아(公衙) 서쪽에 있는 정자로, 1567년(명종22)에 군수 차식(車軾)이 지은 것이다. 서쪽으로는 금강산과 마주하고 동쪽으로는 창해(滄海)가 보이고 남쪽으로는 장강(長江)이 빙 둘러 있다고 한다. 《林下筆記 卷13 文獻指掌編 海山亭》《新增東國輿地勝覽 卷45 江原道 高城郡》

333 홀을 괸 : 원문의 '拄笏'은 홀로 턱 괴고 산을 본다는 뜻으로, 관직에 있으면서 한아(閒雅)한 흥치를 누리거나 유연자득(悠然自得)한 모습을 형용한다. 진(晉)나라 왕휘지(王徽之)가 환충(桓沖)의 참군(參軍)으로 있을 적에, 환충의 물음에는 대답도 하지 않고서 홀을 가지고 턱을 괸 채 "서산의 아침 공기가 상쾌하기도 하다."라고 말했던 '주홀간산(拄笏看山)'의 고사가 전한다. 《世說新語 簡傲》 남유용이 당시 안변 부사로 있으면서 금강산을 유람하고 있었기 때문에 이른 말이다.

334 오직……듣네 : 아양곡(峨洋曲)은 춘추 시대 백아(伯牙)가 타고 그의 벗 종자기(鍾子期)가 들었다는 거문고 곡조이다. 299쪽 주198 참조. 알아주는 사람 없이 아름다운 물과 산을 혼자 유람하고 있음을 나타낸 말이다.

전에 기술한 꿈에 지은 시[335]에 화운하다

和前述夢作

내가 10년 전 꿈에 배를 타고 바다로 나가 금강산을 구경한 적이 있다. 산은 마치 아로새긴 옥 같아 곱고 오묘한 모습을 본래 가지고 있었지만, 가만히 '금강산의 웅장하고 수려함은 의당 여기에 그치지 않을 것이다.'라고 생각하였는데, 지금 고성(高城)에 이르러 바다 가운데 이른바 '소금강(小金剛)'이라는 것이 있다는 말을 듣고 작은 배를 타고 그 아래를 빙 돌아보니, 과연 꿈속에 본 것과 같았다.

작은 배 굽이굽이 봉우리 따라 도니	輕舟百轉逐峯迴
옥순 천 길 아래 거울면이 열렸네[336]	玉笋千尋鏡面開
백발에 거듭 유람하는 것 나도 믿을 수 없는데	白髮重遊吾未信
꿈속에서 다시 몇 번이나 올 수 있으려나	夢中能復幾回來

335 전에……시 : 《뇌연집》 권5에 있는 〈꿈에 배를 타고 바다로 나가 산의 왼편을 구경하는데 사람들이 여기가 금강산이라고 말하다〔夢浮海觀山左 人言是金剛〕〉라는 시이다.

336 옥순……열렸네 : 우뚝 솟은 봉우리 밑에 맑은 물이 흐르는 풍경을 묘사한 것이다.

총석[337]

叢石

이상한 모습 기이한 문양에 귀신도 두려워하는데　異態奇文鬼亦㥘
물결마저 높이 솟구치며 서로 양보하지 않네　浪頭高峙不相降
복희의 효에서 상을 취하니 모서리는 모두 여섯이고[338]
羲爻取象稜皆六
옹중의 정신이 깃들었는지 늘 쌍을 이루어 서있구나[339]
翁仲傳神立每雙
실어서 옥루[340]로 가져가면 옥대를 내려야 할 것이요 載向玉樓須賜帶
가려 뽑아 은하수로 돌려보내면 다리 만들기 딱 좋으리
揀歸銀漢合成矼
풍상 속에서도 만고토록 시드는 일 없으니　風霜萬古無凋歇
분명 인간 세상 지사의 가슴을 격발시키리라　定激人間志士腔

337 총석(叢石) : 강원도 통천군 북쪽 18리에 있는 총석정(叢石亭)을 말한다. 바다 위에 빽빽이 솟아 있는 돌기둥〔叢石〕 위에 세워 총석정이라는 이름을 붙였다.

338 복희의……여섯이고 : 총석정에 육각의 모난 돌들이 마치 석주(石柱)처럼 세워져 있기 때문에 6효에 비유한 것으로 보인다.

339 옹중의……서있구나 : 옹중은 진(秦)나라 완옹중(阮翁仲)으로 거인(巨人) 역사(力士)이다. 《진서》 권27 〈오행지 상〉에 "위 명제(魏明帝) 경초(景初) 1년(237)에 구리로 거인 2개를 주조하여 사마문(司馬門) 밖에 늘어세우고 '옹중'이라 불렀다."라는 내용이 보인다. 총석정을 거인의 형상으로 비유하여 이런 표현을 한 것으로 보인다.

340 옥루(玉樓) : 상제(上帝)나 혹은 신선들이 산다고 하는 곳인 백옥루(白玉樓)로, 당나라의 시인인 이하(李賀)가 죽어 하늘나라로 올라가 기문을 지었다는 전설이 있다.

학포 원수대[341]에 올라가 조망하다

鶴浦元帥臺登眺

돈대와 해자는 북방의 기운과 이어져 있어	臺隍連朔氣
원수는 그 옛날 창을 비껴들었네	元帥舊橫戈
범을 쏜 곳에는 의심스러운 돌이 남았고[342]	射虎餘疑石
용이 잠긴 곳에는 잔잔한 물결이 이네	沉龍有靜波
연기는 소금 굽는 집에 조금씩 피어오르고	烟生塩戶小
햇빛은 장삿배에 많이도 내리쬐네	日照賈帆多
늘그막의 흥이란 본래 무료한 것	晩興須無賴
때로 홍불[343]을 시켜 노래를 부르게 해야겠네	時敎紅拂歌

341 원수대(元帥臺) : 강원도 통천(通川) 지역인 학포(鶴浦)의 해안에 위치한 명승지이다. 고려 문숙공(文肅公) 윤관(尹瓘)이 장수가 되어 북방을 정벌할 때 이곳에 군사를 주둔시켰으므로 '원수대'라고 이름 붙였다고 한다. 《新增東國輿地勝覽 卷49 咸鏡道》

342 범을……남았고 : 범은 윤관이 소탕한 여진족을 비유한 것으로 보인다. 정두경(鄭斗卿)은 〈원수대(元帥臺)〉라는 시에서 윤관의 공적을 찬양하면서 "왕정을 다 청소하여 범의 굴을 없앴고 오랑캐 땅 개척하여 낭거서산 차지했네.〔掃盡王庭無虎穴, 闢來胡地有狼居〕"라고 하였다. 《東溟集 卷6》

343 홍불(紅拂) : 당나라 전기(傳記) 《규염객전(虯髥客傳)》에 등장하는 장출진(張出塵)을 지칭한다. 원래는 수(隋)나라 권신(權臣) 양소(楊素)의 시녀였는데, 책략을 진헌하는 이정(李靖)의 인물됨을 알아보고 밤에 찾아가서 그의 처가 되었다. 양소의 옆에서 항상 붉은 총채를 잡고 있었으므로 '홍불기(紅拂妓)', '홍불녀(紅拂女)'로 칭해지기도 하였다. 여기서는 기녀를 의미하는 듯한데, 윤관이 장군이었기 때문에 영웅을 알아보는 여인인 홍불을 끌어온 것으로 보인다.

사봉[344]

沙峯

하얀빛 쌓였기에 새로 눈이 내렸나 했는데 積素疑新雪
옅은 그늘을 먼 곳 소나무에서 빌렸구나 微陰借遠松
바람 따라 홀연 날아가 버리더니 隨風忽飛去
도착하는 곳에서 또 봉우리를 이루네 着處又成峯

344 사봉(沙峯) : 학포에 있는 하얀 모래로 이루어진 백사봉(白沙峰)을 가리킨다. 남구만(南九萬)은 백사봉에 대해 "포구의 동쪽에는 모래로 이루어진 봉우리가 높이 솟아 있어 멀리서 바라보면 눈이 쌓인 것 같고 때로 바람이 불면 모래가 날려 물이 흘러가는 듯한데, 봉우리의 높이가 줄지도 늘지도 않으니 신기한 일이다."라고 한 바 있다.《藥泉集 卷28 北關十景圖記 幷序》

대영대에서 바다를 바라보며 범희문의 〈관조십운〉[345]의 운을 쓰다

大瀛臺觀海 用范希文觀潮十韻

바닷가를 따라 사흘을 가다 서리 내린 숲에 이르러 위로 올라가 사방을 둘러보니 탁 트인 것이 넋을 잃을 지경인지라 그제야 지금까지 거쳐 간 웬만한 물들은 물 구실 하기가 어렵다[346]는 것을 알았다. 드디어 앉았던 돌에 '대영대(大瀛臺)'라고 쓰고는 돌아와서 새겼다.

곤삼절과 감중련이 변화하고[347] 坤三坎中變

천일에서 물이 먼저 생겨나는데[348] 天一水先生

345 범희문의 관조십운 : 범희문(范希文)은 송나라 인종(仁宗) 때의 재상 범중엄(范仲淹, 989~1052)을 가리킨다. 희문은 그의 자이다. 원시는 〈운사 사인의 관조시에 화운하다〔和運使舍人觀潮〕〉이다.

346 지금까지……어렵다 :《맹자》〈진심 상(盡心上)〉에 "바다를 본 사람 앞에선 웬만한 물은 물 구실 하기가 어렵다."라는 말이 나온다.

347 곤삼절과……변화하고 : 곤삼절(坤三絶)은 괘의 효 세 개가 모두 떨어졌다는 뜻으로, 팔괘의 여덟 번째 괘인 '곤괘(坤卦, ☷)를 달리 이르는 말이고, 감중련(坎中連)은 괘의 가운데 효만 연결되었다는 뜻으로, 팔괘의 세 번째 괘인 '감괘(坎卦, ☵)'를 달리 이르는 말이다. 곤삼절과 감중련이 변화하였다는 것은 땅 구덩이가 변화하였다는 것으로 곧 물이 모이는 바다가 된다는 뜻이다.

348 천일에서……생겨나는데 :《주역》의 수리(數理)에 의하면 천일(天一)에서 수(水)가 생기고, 지이(地二)에서 화(火)가 생기고, 천삼(天三)에서 목(木)이 생기고, 지사(地四)에서 금(金)이 생기고, 천오(天五)에서 토(土)가 생긴다.《近思錄集解 卷1 太極圖說註》

잘 쌓으니 재주를 넓게 쓸 수 있고　善畜才能濶
공평하게 베푸니 그릇이 넘치지 않는다네　平施器不盈
출렁거리며 땅의 형세를 띄우고　沖瀜浮地勢
토하고 삼키며 조수의 소리를 증험하며　吐納驗潮聲
물결을 치며 신붕이 변화하고　鼓浪神鵬化
바람을 점치며 거대한 익조가 다니네　占風巨鷁行
하늘이 기울어지면 침몰할까 두렵고　天垂將恐浸
물이 요동치면 건너가지 못하여도　河動不成横
교룡과 악어가 왕래하며 생활하고　蛟鱷通生活
까마귀와 두꺼비[349] 번갈아 보내고 맞이하네　烏蟾遞送迎
신선 찾는 계책도 허망하고　求仙計亦妄
병 치료한다는 말도 놀랍기 그지없어　瘳疾語堪驚
감히 멀리 공자의 뗏목을 좇아가 보고[350]　敢逐宣桴遠
길이 천하를 평치한 우임금의 자취[351]를 생각해보네　長懷禹跡平
나라를 굳건히 하는 공 누구와 겨루랴　固邦功孰競
보화를 일으키는 이로움은 아우르기 어렵다네　興寶利難幷

349 까마귀와 두꺼비 : 원문의 '烏蟾'은 해에 산다는 삼족오(三足烏)와 달에 산다는 두꺼비로, 해와 달을 가리킨다.

350 공자의……보고 : 공자가 일찍이 천하에 어진 임금이 없어 도(道)를 행할 수 없음을 탄식하여 이르기를 "도가 행해지지 않으니, 떼를 타고 바다에 뜨리라."라고 말한 바 있다. 《論語 公冶長》

351 우 임금의 자취 : 요(堯) 임금 때 9년 동안 장마가 계속되자 우(禹)에게 홍수를 다스리도록 명하였는데, 우가 자연적인 형세에 따라 치산치수(治山治水)하여 홍수를 막고 백성들이 정착할 수 있도록 만든 것을 말한다. 《書經 禹貢》《孟子 滕文公上》

장관을 보고 어찌 기록이 없을쏘냐　　觀止寧無記
벽랑에 새기어 좋은 이름을 주노라　　鐫崖錫雋名

설봉사[352]에서 한양으로 들어가는 졸옹을 전송하다
雪峯寺 送拙翁入洛

멀리 흘러가는 구름은 객의 회포를 풀어주고	遠雲疎客抱
가을 산사엔 마침 날이 개었네	秋寺屬新晴
한 시내는 푸른 솔을 뚫고 흘러가고	一澗穿松翠
일천 나무숲엔 경쇠 소리 떨어지는구나	千林落磬聲
살쩍은 관문 밖에서 흰빛을 더하는데	鬢添關外白
노래는 영[353] 땅에서 맑은 곡조를 뽑아내리	歌引郢中淸
먼 길 가며 모름지기 밥 잘 드시고	長道須加飯
편지로 자주 마음을 부치시게	音書數寄情

352 설봉사(雪峯寺) : 함경남도 함주군 저주동에 있던 절이다.

353 영(郢) : 땅 이름이다. 어떤 사람이 영에서 노래를 부르는데, 처음에는 평범한 유행곡을 불렀더니 같이 따라서 노래하는 사람이 수백 명이었으나, 양춘(陽春)과 백설(白雪)이라는 격조 높은 노래를 불렀더니 아무도 따라 부르지 못하였다 한다. 그래서 격조 높은 노래를 영중곡(郢中曲)이라 한다.

부제학 김치명[354]이 기생에게 준 시운에 장난삼아 차운하다

戲次金副學穉明贈妓韻

의 기생 금매(錦梅)가 곧 치명(穉明)이 사랑하는 여인이었다.

나부끼는 꽃잎도 떠도는 나비도 부침에 맡기니	飄花浪蝶任浮沉
둘 다 바람 앞에서 마음을 잡지 못하는데	共是風前不住心
노령 이남에서 철령 북쪽까지	蘆嶺以南鐵嶺北
꿈속에서 몇 번이나 찾아갈 수 있을까	夢魂能有幾回尋

치명(穉明)은 당시 장성(長城)으로 귀양 가 있는 상태였다.

354 김치명(金穉明) : 김시찬(金時粲, 1700~1767)으로, 본관은 안동, 자는 치명, 호는 초천(苕川), 시호는 충정(忠正)이며, 김상용(金尙容)의 현손이다. 규장각 대교로 있으면서 소론 일파의 처벌을 청했다가 탕평책에 반대한다고 하여 흑산도로 유배된 바 있고, 이후 부제학에 제수되어 차자를 올린 내용이 문제가 되어 다시 흑산도로 정배되었다가 장성(長城)으로 양이(量移)된 후 석방되었다. 저서에 《초천집(苕川集)》이 있다.

김유문[355]과 그의 아우 예중 화택 이 상산[356]에서 와서 모여 사제[357]를 데리고 누각에 올라갔으나 나만 홀로 바람을 두려워하여 문을 닫고 있으면서 처량하게 읊다 갑신년(1764, 영조40)[358]

金孺文與其弟禮仲 和澤 自象山來會 仍携舍弟登樓 而余獨畏風閉戶 悄有吟 甲申

전날 밤 비로 앞 강물은 푸르게 넘실대는데 前江綠漲前宵雨
몇 군데서 뜸을 걷고 몇 수 시를 지었는가 幾處褰篷幾首詩
병든 늙은이 문 굳게 닫았다고 비웃지 말게 莫笑病翁深閉戶
수레 타고 나갈지 말지 스스로 때를 아니 小車行止自知時

355 김유문(金孺文) : 김순택(金純澤, 1714~1787)으로, 본관은 광산, 자(字)는 유문(孺文)이고, 호는 설창(雪窓)・옥계(玉溪)・지소(志素)이다.

356 상산(象山) : 황해도 북동부에 있는 고을 곡산(谷山)의 옛 별호이다.

357 사제(舍弟) : 남유용의 동생 남유정(南有定)이다.

358 갑신년(1764) : 남유용의 나이 67세 되던 해이다.

앞의 시에 첩운하다

疊前韻

가소롭네 이 늙은이 몸시도 쇠하여	可笑此翁衰甚矣
세 번 선각에 오르고도 시를 읊지 못했지	三登仙閣不吟詩
오늘 아침엔 먼지 묻은 벼루를 털어봐야겠네	今朝試拂塵埃硯
바로 고명한 벗이 찾아와 준 때이니[359]	正是高朋命駕時

359 고명한……때이니 : 원문의 '命駕'는 천리명가(千里命駕)를 줄인 말로 멀리 벗을 찾아간다는 뜻이다. 삼국 시대 위(魏)나라 여안(呂安)과 혜강(嵇康)이 상대방이 그리워질 때마다 천리 길을 멀다 하지 않고 방문했다는 고사가 있다. 《晉書 卷49 嵇康列傳》

앞의 시에 첩운하여 선루에 있는 두 명의 사백[360]에게 삼가 보내어 화답을 구하다

疊前韻 奉寄仙樓二詞伯 求和

멀리서 온 길손은 놀기 좋아하여 날을 가리지 않는데	遠客耽遊不卜日
늙은이만 흥을 깨고 홀로 시를 짓네	老夫敗興獨題詩
배 타려던 곳엔 바람 소리에 파도 출렁이고	風聲波湧登舟處
낙화놀이 할 땐 빗기운에 구름 짙구나	雨色雲靄落火時

이날 밤에 낙화(落火) 놀이[361]를 구경하려고 하였는데 비바람이 쳐서 하지 못하였다.

360 사백(詞伯) : 시문에 능한 사람이나 문사(文士)를 높여 이르는 말인데 여기서는 김유문과 그의 아우 예중을 가리킨다.

361 낙화(落火) 놀이 : 불꽃놀이의 일종이다. 《계산기정(薊山紀程)》 권3에서 낙화놀이에 대해 "마치 전통(箭筒) 모양처럼 생긴 붉은 지통(紙筒)을 뜰에 벌여 세운 다음 화승을 지통 입에다 태우니, 불은 지통 속으로부터 훨훨 일어났으며, 우당탕하는 소리는 마치 우레 치는 소리와 같았다. 그리고 그 불꽃이 이리저리 날아 흩어지고, 흩어졌다간 다시 뜰에 떨어졌다. 그 광경은 마치 풍로(風爐)가 공중으로부터 엎어져서 흩어져 내리는 것과 같았다."라고 하였다. 지금의 폭죽놀이와 비슷한 풍속인 듯하다.

강선루[362]에 올라 당인의 시운을 뽑다

登降仙樓 拈唐人韻

누각은 예나 지금이나 여전한데	樓閣自今古
신선의 머리는 이미 하얘졌네	神仙髮已華
뭇 산봉우리들은 초망으로 이어지고	群峯連楚望
한줄기 강은 파수 가를 감돌아 흐르는구나[363]	一水轉巴涯
다리 그림자는 교룡의 굴을 삼키고	橋影呑蛟窟
마을 울타리는 기러기 노는 모래섬으로 들어와 있네	村圍入鴈沙
작은 배 멀리 띄우고 싶은데	輕舟欲遠放
어디쯤인가 갈홍[364]의 집은	何許葛洪家

362 강선루(降仙樓) : 평안남도 성천군 성천읍에 있는 정자로, 관서 팔경의 하나이다. 고려 충혜왕(忠惠王) 때 부사(府使) 오장송(吳長松)이 건립하였고, 1613년(광해군5)에 중건하였다.

363 뭇……흐르는구나 : 원문의 '楚望'은 초나라 산천이라는 뜻이고, '巴水' 또한 장강의 지류이다. 주변 경관을 중국의 경치로 미화한 것 같다.

364 갈홍(葛洪) : 129쪽 주207 참조.

날이 개자 누사에 오르다

新晴登樓

열흘 내내 비가 내려 인가의 연기 끊기었더니 連旬積雨斷人烟
날이 개자 누사가 궤안 앞에 서 있네 樓榭新晴隱几前
하늘은 밝고 환한 빛을 뿜어 일월을 돌리고 天放光華還日月
땅은 짙푸르고 수려한 경치를 나누어 산천에 주네 地分濃秀與山川
고향 그리워하는 단풍든 난간엔 첫 기러기 소리 들려오고 鄕愁楓檻聞初鴈
돌아갈 생각하는 마름 핀 물가엔 작은 배가 놓여 있네 歸思蘋洲閣小船
오직 거문고 타는 여인만이 내 뜻을 이해하곤 獨有琴姬能解意
문득 초은사[365]를 번곡하여 거문고로 타네 却翻招隱入朱絃

365 초은사 : 124쪽 주191 참조.

유생과 무사의 재예를 시험하는 날[366] 강선루에서 잔치를 베풀면서 시를 읊어 함께 자리한 제군들에게 올리고 화답을 구하다

儒武試藝日 設宴于降仙樓 吟奉席上諸君 要和

무봉[367]의 신비하고 수려한 기운 하늘로부터 열리니 巫峯神秀自天開

낳은 영웅호걸 몇 사람이나 왔는가 産得英豪幾箇來

다만 걱정스러운 것은 이들을 육성할 옛 법이 없다는 것 但恐栽培無古法

먼 지방이라 하여 좋은 재목 없다 말하지 마라 莫言遐土乏良材

366 유생과……날 : 당시 남유용이 성천 부사(成川府使)로 있었기 때문에 치른 행사이다.

367 무봉(巫峯) : 평안도 성천에 강선루와 함께 십이무봉(十二巫峯)이 있다.

밤에 앉아서 신생 성옥 성[368]의 시운에 화답하다

夜坐 和申生成玉 珹 韻

나무 그림자 어른어른 달 떠오르는 누각에	樹影離離月上樓
등불 앞 흰 머리들 모두 나의 벗들이네	燈前華髮盡吾儔
시 지으며 모두 타향에 있는 한을 말하고	題詩共說他鄕恨
좋은 경지 만나 공연히 소싯적 노닐던 일 생각하네	遇境空懷少日遊
대와 돌처럼 굳은 우정 진정 담박하나	竹石交情眞澹泊
오리 갈매기와 지내려는 계책은 본래 부침하는 것	鳧鷗身計本沉浮
한 관직에 세 번 쫓겨난 것이 복인 줄 어찌 알리	一官三黜焉知福
날 밝으면 그대 따라 낚싯배나 손질해야겠네	明發從君理釣舟

내가 10년 중에 세 번 성도(成都)에 배수되고 또 세 번 파직되었는데, 원시(原詩)에서 기이한 일이라고 하였기에 말한 것이다.[369]

368 신생 성옥 : 신성(申珹)으로 신익황(申益愰, 1672~1722)의 아들이다.

369 내가……것이다 : 남유용의 나이 56세 때인 계유년(癸酉年, 1753, 영조29) 성천부사에 배수되었다가 미처 부임하기 전에 파직된 이후, 다시 부임하게 되는 66세 계미년(癸未年, 1763, 영조39)까지의 기간이다.

황주 죽루[370]에 올라

登黃州竹樓

부평초로 지낸 7년 진실로 뜨내기 인연인데	萍蹤七載信浮緣
감히 행장[371]이 옛 선현들 같다 하랴	敢道行藏似昔賢
이름난 누대에 한번 올라 멀리 바라보니	試上名樓聊騁目
연기구름 속 대나무는 또 여전하구나	烟雲竹樹更依然

내가 무인년(戊寅年)부터 지금까지 7년 동안 남쪽으로는 울주(蔚州)로 폄출되고 동쪽으로는 철원(鐵原)으로 귀양을 갔으며, 북쪽으로는 안변(安邊)으로 출보되고 서쪽으로 성도(成都)를 지키게 되었으니 거의 하루도 조정에 편히 있지 못한 셈이었다. 지금 황강(黃岡)을 지나면서 죽루(竹樓)에 올라 벽 위에 써 있는 왕원지(王元之)의 기문(記文)[372]을 읽으니 글의 끝에 있는 말[373]에 느낌이 이는지라, 장난삼아 시 한 수를 짓고 태수(太守)

370 죽루(竹樓) : 황주 관아의 동헌(東軒) 뒤에 있던 건물이다. 황해도 '황주'가 송나라 왕우칭(王禹偁)의 〈황주죽루기(黃州竹樓記)〉에 나오는 지명과 같으므로, 동일하게 대나무로 건물을 만들고 '죽루'라고 이름 붙였다 한다.

371 행장(行藏) : 세상에 나아가는 것과 초야에 은둔함을 가리킨다. 《논어》 〈술이(述而)〉에 "세상에 쓰이면 도를 행하고, 버려지면 은둔한다.〔用之則行, 舍之則藏.〕"라는 말에서 나왔다.

372 왕원지(王元之)의 기문(記文) : 원지(元之)는 송(宋)나라 왕우칭(王禹偁)의 자(字)이다. 왕우칭(王禹偁)이 일찍이 황주 태수로 좌천되었을 때 황주의 특산물인 큰 대나무를 베어다가 기와 대신에 지붕을 덮어 누각을 짓고 직접 〈황주죽루기(黃州竹樓記)〉를 지어 그 사실을 자세히 설명한 바 있다. 《古文眞寶 後集 卷6 黃州竹樓記》《新增東國輿地勝覽 卷41 黃海道 黃州牧》

373 글의……말 : 〈황주죽루기(黃州竹樓記)〉의 마지막 부분에 "내년이면 또 어디로 갈지 알지 못하니 어찌 죽루의 지붕이 쉬이 썩을 것을 염려하랴? 뒤에 오는 사람이

민홍지(閔興之)[374]에게 보여주었다.

나와 같은 뜻을 가져, 계속하여 지붕을 이어준다면 아마도 이 죽루는 썩지 않으리."라는 말이 있다.

374 민홍지(閔興之) : 민백분(閔百奮, 1723~1793)으로, 자는 홍지(興之)이다. 민유중의 증손이자 민진후의 손자이며 민익수(閔翼洙)의 아들이다. 음서로 벼슬에 나아가 목사(牧使)에 이르렀으며, 문과 급제 후 많은 관직을 거쳐 대사성(大司成)을 역임하고 사후에는 좌찬성(左贊成)에 추증되었다.

김 지사 진동[375] 에 대한 만사 을유년(1765, 영조41)[376]

金知事 鎭東 輓 乙酉

순일한 덕 겸허하여 오복을 다 누렸고	一德冲謙五福全
진즉 시례[377]를 알았으니 가학이 전해져서라	久知詩禮是家傳
웅번[378]으로 몇 번이나 전성의 봉양[379]을 하였나	熊幡幾就專城養
흰머리가 중근의 잔치[380]에서 함께 빛났네	鶴髮相輝重巹筵
기작은 절로 밭 갈고 우물 파는 곳으로 오고[381]	耆爵自來耕鑿地

375 김 지사 : 김진동(金鎭東, 1727~1800)으로, 본관은 의성(義城), 자는 정지(定之), 호는 소암(素巖)이다. 스승인 이수연(李守淵, 1693~1748)에게서 '소학동자(小學童子)'라는 칭송을 받았으나, 사마시에 한 번 응시한 후 더는 과거를 보지 않고 학문에만 전념하고 후학을 양성하는 일로 여생을 보냈다. 앞서 나온 김순택(金純澤)과 김화택(金和澤)의 아버지이다.

376 을유년(1765) : 남유용의 나이 68세 되던 해이다.

377 시례(詩禮) : 가정교육 또는 가학(家學)을 뜻한다. 공자의 아들 이(鯉)가 뜰에서 공자 앞을 빠른 걸음으로 지나다가 공자로부터 시(詩)와 예(禮)를 배웠느냐는 질문을 받고, 또 그것을 왜 배워야 하는지에 대해 듣고서 물러나와 시와 예를 배웠던 일에서 유래한 말이다. 《論語 季氏》

378 웅번(熊幡) : 웅식주번(熊軾朱幡)의 준말로 곰 모양의 수레 앞턱 가로나무와 붉은 깃발을 가리키는데, 한나라 이후에는 지방 장관인 자사(刺史)의 행차, 또는 지방관을 지칭하는 말로 쓰였다.

379 전성의 봉양 : '專城'은 한 고을을 전담하여 다스린다는 뜻으로, 수령이 되어 나가는 것을 말한다. 부모를 봉양하기 위해 내직에 있다가 일부러 외직으로 가는 경우를 '전성지양(專城之養)'이라 하였다.

380 중근(重巹) : 부부가 혼인하여 함께 맞는 예순 돌 되는 날, 또는 그해를 이른다. 회혼(回婚)이라고도 한다.

순풍은 마치 태평성대[382]에 사는 듯하였는데 淳風如坐皞熙年
갑자기 한 번 누워 저 세상으로 가시니[383] 儵然一枕聊觀化
구름 걷힌 먼 하늘에 달만 내를 비추는구려 雲盡遙空月印川

381 기작은……오고 : 기작(耆爵)은 기로(耆老)를 이유로 주는 관작을 말한다. 김진동은 노직(老職: 조선 시대에 노인에게 내리는 특별히 직무가 없는 벼슬)으로 정3품 문관 품계인 통정대부에 올라 중추부첨사에 제수되었다.

382 태평성대 : 원문의 '皞熙'는 '熙熙皞皞'의 준말로, 백성들의 즐겁고 태평스러운 모양을 말한다. '皞皞'는 《맹자》〈진심 상(盡心上)〉에 "덕으로 왕업을 이룬 임금의 백성은 태평하다.〔王者之民, 皞皞如也.〕"라는 말에서, '熙熙'는 《노자(老子)》 제20장에 "사람들이 즐거워하여 마치 푸짐한 잔칫상을 받은 듯하고 따스한 봄날 높은 누대에 오른 듯 여긴다.〔衆人熙熙, 如享太牢, 如登春臺.〕"라는 말에서 유래하였다.

383 저 세상으로 가시니 : '觀化'는 만물의 변화를 관찰한다는 뜻으로, 죽음을 완곡하게 표현하는 말이다. 《장자》〈지락(至樂)〉에 "사람의 생명은 빌린 것이다. 빌려서 살고 있으니 생명은 먼지나 때와 같은 것이다. 사생은 주야의 교대와 같은 것이다. 게다가 나는 자네와 함께 만물의 변화를 관찰하고 있는데, 마침 변화가 나에게 미쳤으니 내가 또 어찌 싫어할 것인가?"라고 한 데서 유래하였다.

곽 원외 자시 성제[384] 가 보내온 시에 차운하다
次郭員外子施 聖濟 見寄韻

바다 밖에서 누군가 파로가 죽었다고 전하는데　海外或傳坡老死
인간 세상에서 내가 계천의 시를 보는구나[385]　人間吾見桂泉詩
아침에 울다 저녁에 웃는 뜬구름 같은 인생사　朝咷暮笑浮生事
서호의 흰 새에게는 알리지 말지어다[386]　莫遣西湖白鳥知

언젠가 경연 자리에서 임금이 자시(子施)의 나이를 물었더니 경연에 참석했던 신하가 이미 작고했다고 아뢴 일이 있기에 맨 위의 구에서 장난을 좀 친 것이다. 대개 무술년(戊戌年) 월파(月波)에서 유람한 뒤로[387] 47년

384 곽 원외 자시 : 곽성제(郭聖濟, 1694～?)로, 자시(子施)는 그의 자(字)이다. '원외(員外)'는 원외랑(員外郎)으로, 6품 낭관(郎官)을 이르는데 곽성제가 병조 낭관(兵曹郎官)을 역임했기 때문에 이른 말이다.

385 바다……보는구나 : 원문의 '坡老', '桂泉'은 호(號) 등 곽성제를 가리키는 말로 추정되는데, 자세한 내용은 미상이다.

386 서호의……말지어다 : 서호는 송(宋)나라 때의 은자(隱子) 임포(林逋)가 은거했던 곳이다. 임포는 언제나 작은 배를 타고 서호(西湖)에서 노닐었는데, 혹 손이 임포를 찾아오면 동자(童子)가 학을 날려 임포에게 보내 임포가 그것을 보고서 손님이 온 것을 알고 집으로 돌아오곤 했다고 한다.《宋史 卷457 隱逸列傳 林逋》곽성제를 임포에 비유한 것이다.

387 무술년……뒤로 : 남유용은 나이 21세인 무술년(1718, 숙종44)에 노량진(露梁津)의 서편에 있던 정자, 월파정(月波亭)을 유람한 적 있는데 이때 곽성제가 동행했던 것으로 보인다. 이때 지은 시가 뇌연집 권1에 〈월파정 아래에서 노닐다가 배 속에서 마주 보고 졸고 있는 두 노인을 만났는데 말을 나누어 보니 강서에 사는 어부였고 달 뜨기를 기다려 고기를 잡으러 간다고 하는지라 그 배를 타고 가서 학정에 이르렀다〔遊月波亭下 遇二老父對睡舟中 與之語 江西漁者 將待月而漁也 遂入其舟 進至鶴汀〕〉라는

사이에 생사가 분명치 않아[388] 실로 꿈인지 참인지 의심스러운 점이 있었기 때문이었다. 자시(子施)도 이것을 보면 필시 근심스레 회포가 일 것이다.

제목으로 수록되어 있다.

388 47년……않아 : 47년은 남유용이 유람했던 무술년(1718, 숙종44)으로부터 이 시를 지은 을유년(1765년, 영조41)까지의 기간이다.

김 도정 강백의 수연 자리[389]에서 지은 시에 차운하다
次金都正剛伯壽席韻

강백은 이때 안산의 장사[390]에 있으면서 잔치를 베풀었다.

성상께서 자주 시골 노인의 나이를 물으시더니	玉音頻叩野翁年
아드님이 윤음 받들어 대궐에서 내려왔네	令子承綸下九天
공식 연회에서 먼저 만수무강의 잔을 들고	公讌初擎萬壽爵
임금의 국은 야외 연회에서 두루 맛보는구려	君羹已遍一重筵
태평한 시절이라 청산 속에서 나무하고 목축하고	時平樵牧青山裏
해 저물면 백발노인 앞에서 생황 불고 노래하네	歲暮笙歌白髮前
흙덩이 두들기며 응당 임금의 힘 알지 못할 것이나[391]	擊壤未應知帝力
계당에는 꼭 복영편[392]을 걸어야 하리	溪堂須揭福榮篇

야외 연회를 '일중(一重)'이라고 한다.

389 강백의 수연 자리 : 강백(剛伯)은 김이건(金履健)이다. 32쪽 주6 참조. 당시 그의 나이로 보았을 때 칠순잔치였던 것으로 보인다.

390 장사(庄舍) : '莊舍'로도 쓴다. 본디 농장 안에 지은 집을 말하는데, '장주(庄主)' 혹은 '장두(莊頭)'라는 관리인이 거주하며 주인을 대신하여 농장을 관리하였다.

391 흙덩이……못하나 : 태평성세를 구가(謳歌)하는 것이다. 요(堯) 임금 때에 90세의 노인이 흙덩이를 두드리며〈격양가(擊壤歌)〉를 부르기를 "해가 뜨면 나가서 일하고 해가 지면 들어와 쉰다. 우물을 파서 물을 마시고 밭을 갈아 곡식을 먹으니 제왕의 힘이 나에게 무슨 상관있겠는가." 하였다.

392 복영편(福榮篇) : 복을 받고 영화를 누리라는 뜻으로 임금이 내려준 글인 듯하다. 참고로 세조(世祖)는 손수 '영복(榮福)' 두 글자를 써서 현판으로 삼게 하고 "한 세상에 영화롭고 백 년토록 복 받으라.〔榮一世福百年〕" 하는 말로 그 뜻을 풀이하여 하사한 바 있다.

상원일에 홀로 읊조리다 병술년(1766, 영조42)[393]

上元日獨吟 丙戌

야윈 지팡이 학 한 마리 앞에 꼿꼿한데	瘦策亭亭一鶴前
바람에 기우뚱한 백첩건[394] 속 머리는 온통 백발이네	風欹白氎雪渾顚
노니는 사람들이 다리 머리의 달을 다 밟아도	遊人踏盡橋頭月
달은 난간 위에 있어 다시금 밝구나	月在欄干更皎然

393 병술년(1766) : 남유용의 나이 69세 되던 해이다.

394 백첩건(白氎巾) : 면포(棉布)로 만든 두건으로, 야인(野人)들이 많이 썼다고 한다.

김생 하수에게 주다

贈金生河壽

내가 도호(陶湖) 김공(金公 정형(鼎亨))의 유사(遺事)를 보니 그가 눈 속에서 싱싱한 오이를 얻어 병든 노모를 봉양한 것이 왕상(王祥)과 맹종(孟宗)의 고사[395]와 매우 유사하였다. 진실로 집에서 지극한 행실을 보여 평소 신명을 감동시킨 바 있는 자가 아니라면 그 감응이 어찌 이와 같이 빠를 수 있겠는가? 경탄하는 것으로는 부족하여 시권 속의 운을 써서 하수(河壽)에게 준다. 하수는 공의 손자이다.

효성이 신명이 강림하는 정도가 되어야	孝到神明格
비로소 어버이를 잘 섬겼다 할 수 있지	方爲能事親
겨울의 오이와 죽순 잉어를 얻은 이는	冬苽與笋鯉
천년 동안 단 세 명뿐이리	千載只三人

395 왕상(王祥)과……고사 : 진(晉)나라 왕상(王祥)의 '와빙구리(臥冰求鯉)' 고사와, 삼국 시대 오(吳)나라 맹종(孟宗)의 '곡죽생순(哭竹生筍)' 고사를 가리켜서 한 말이다. 진나라 왕상의 계모가 한겨울에 생선을 먹고 싶다고 하였다. 왕상이 얼어붙은 강가에 나가 옷을 벗고 얼음을 깨고 들어가 고기를 잡으려고 하자 갑자기 얼음이 저절로 깨지면서 잉어 두 마리가 튀어나왔다고 한다. 또 삼국 시대 오나라 맹종은 어머니가 늙고 병들어 위독하였는데, 겨울철에 죽순을 먹기를 원하였으나 땅이 얼어서 죽순을 구할 수 없었다. 맹종이 대숲에 들어가서 탄식하며 슬피 울자 갑자기 땅 위로 죽순 두어 줄기가 솟아나와, 이것을 캐어 죽을 끓여 드리자 노모의 병이 나았다고 한다. 《晉書 卷33 王祥列傳》《三國志 卷48 孫晧傳》

권 처사 규[396] 에 대한 만사

權處士 揆 輓

높은 언덕 계수나무 떨기[397] 구름 연기 속에서 늙었고 崇阿叢桂老雲烟
태현경 초하며[398] 적적하게 칠십 년을 보냈네 玄草寥寥七十年
어이 견디랴 차가운 명정에 처사라 쓰는 것을 可耐寒旌書處士
문생들이 만장 지어 백구 앞에서 전송하는구나 門生挽送白鷗前

묘가 삼일포(三日浦)의 서쪽에 있기 때문에 그렇게 말한 것이다.

396 권 처사(權處士) : 권규(權揆, 1706~?)로, 자(字)는 일지(一之)이다. 1756년(영조32) 병자(丙子) 식년시(式年試)에 생원 3등(三等)으로 합격한 바 있다.

397 계수나무 떨기 : 124쪽 주191 참조.

398 태현경 초하며 : 원문의 '玄草'는 한(漢)나라 학자 양웅(揚雄)이 은거하면서 《태현경(太玄經)》을 적은 것을 말하는데, 일반적으로 시문 창작, 또는 저술 활동을 가리킨다.

유형[399]이 학을 읊은 시에 차운하다
次有衡詠鶴

참새와 꿩이 앞뒤를 다투는데　野雀山鷄競後前
서풍이 하늘에 불어 곡식을 익히네　西風吹熟稻粱天
가련타 저만이 홀로 창주[400]의 꿈을 꾸니　憐渠獨作滄洲夢
솔바람 소리 스산하고 달빛은 내에 가득하구나　松籟颼颼月滿川

창주(滄洲)는 어떤 곳에는 고산(孤山)[401]으로 되어 있기도 하다.

399 유형(有衡) : 남유형(南有衡)으로, 남유용의 서재종제(庶再從弟)이다.

400 창주(滄洲) : 인적이 드물고 경치가 좋은 물가 지역으로, 흔히 은사(隱士)가 속세를 떠나 은거하는 곳을 뜻한다.

401 고산(孤山) : 서호처사(西湖處士)로 불린 북송의 임포(林逋)가 은거한 곳이다. 그는 서호의 고산(孤山)에 은거하여 20년 동안 성시(城市)에 발을 들여놓지 않았으며 처자 없이 매화를 심고 학을 길러 '매처학자(梅妻鶴子)'라고 불렸다.《宋史 卷457 林逋列傳》

이 시랑 원명[402]이 시를 지어 학을 구하기로 학 한 마리를 주고 그 시에 화운하여 아울러 부치다

李侍郎原明以詩求鶴 以一鶴撤贈 和其韻並寄

거사가 학 구경하길 좋아하는 것이	居士好觀鶴
마치 왕유가 대 좋아하는 것과 같네[403]	有似王猷竹
학은 정원 안에서 거드름을 피우고	偃蹇庭園內
쌍쌍이라 외짝으로 세지 않지	雙雙不數隻
어떤 객이 산악에서 와서는	有客嶽下來
한 번 돌아보고는 벌써 반색을 하네	一顧已動色
그대는 검은 것을 지키는 사람인데	君是守玄翁
어찌하여 나의 흰 것을 아는가[404]	胡乃知吾白

402 이 시랑 원명 : 이의철(李宜哲, 1703~1778)로, 원명은 그의 자(字)이고, 호는 문암(文庵)이며, 이재(李縡)의 문인이다. 1752년에 정언(正言)의 신분으로 왕이 언로(言路)를 막는다고 상소하여 영조(英祖)의 노여움을 사서 제주도 대정(大靜)으로 유배되었다가 이듬해에 풀려나 승지(承旨)와 예조 판서(禮曹判書) 등을 거쳐 홍문관 대제학(弘文館大提學)에 이르렀다. 《문암집(文庵集)》을 비롯하여 많은 저서를 남겼다.

403 왕유가……같네 : 왕유(王猷)는 왕자유(王子猷)의 생칭(省稱)으로, 자유(子猷)는 진(晉)나라 왕휘지(王徽之)의 자이다. 그는 평소 대나무를 좋아한 나머지 남의 빈 집에 잠시 거처할 동안에도 사람들에게 대나무를 빨리 심도록 다그쳤는데, 그 이유를 묻자 "하루라도 어떻게 이 멋진 나의 님을 대하지 않을 수가 있겠는가?"라고 대답했다 한다. 《晉書 卷80 王徽之列傳》

404 그대는……아는가 : 한나라 때 양웅이《태현경(太玄經)》을 저술하고 있으면서 이들에게 빌붙지 않자 사람들이 그를 조롱하여 "검은 것을 만들지만 아직도 희다.〔玄之

거위는 황정경과 바꾸고[405]	鵝以黃庭換
백한은 흰 벽옥과 바꾸었다지[406]	鷴用白璧易
고인도 이렇게 하였거니	古人亦聊爾

尙白〕" 하였다. 이는 양웅이 아직도 벼슬하지 못한 것을 조롱한 것이다. 즉 《태현경》은 '현(玄)'한 이치를 담은 것인데 이것을 완성하지 못해 아직도 그 빛이 희므로 작위(爵位)가 없다는 뜻이다. 이에 대해 양웅이 〈해조(解嘲)〉, 즉 조롱을 해명한다는 뜻의 글을 지었는데 그 글의 말미에서 "차라리 침묵하면서 홀로 나의 태현을 지키겠다.〔默然獨守吾太玄〕" 하였다. 《漢書 卷87 揚雄傳》《文選 卷45 解嘲 竝序》 학의 색이 희고 검기 때문에 말의 유희를 부린 것으로 보인다.

405 거위는……바꾸고 : 진(晉)나라 때의 명필(名筆) 왕희지(王羲之)의 고사이다. 왕희지는 본래 거위를 매우 좋아했는데, 산음현(山陰縣)의 한 도사(道士)가 거위를 많이 기르고 있었다. 왕희지가 한 번 가서 구경하고는 매우 좋아하여 거위를 사려고 하자, 도사가 말하기를 "《도덕경(道德經)》을 써주면 거위를 많이 주겠다." 하니, 왕희지가 흔연히 써주고 그 거위를 가지고 왔다고 한다. 이백(李白)이 명필 하지장(賀知章)을 보내며 쓴 〈하빈객이 월땅으로 돌아가는 것을 전송하며〔送賀賓客歸越〕〉 시에 왕희지의 고사를 인용하여 "산음의 도사를 만일 만난다면, 응당 황정경을 써주고 흰 거위와 바꾸겠지.〔山陰道士如相見, 應寫黃庭換白鵝.〕"라고 하였다.

406 백한은……바꾸었지 : 이백의 고사이다. 이백의 〈황산의 호공에게 시를 지어주고 백한을 구하다〔贈黃山胡公求白鷴〕〉의 서문에 "황산(黃山)의 호공(胡公)이 백한 한 쌍을 키우는데, 집의 닭이 부화(孵化)한 것이라 새끼 때부터 길이 들어 사람을 보고도 전혀 놀라지 않으며 이름을 부르면 모두 손바닥 위에 와서 먹이를 먹는다. 그러나 이 새는 성품이 경개(耿介)하여 기르기가 무척이나 어려운 탓에 내가 평소 혹호(酷好)하였으나 끝내 얻지 못하였다. 그런데 호공이 선뜻 나에게 주며 오직 시 한 수만 지어 달라고 하기에 내가 그 말을 듣고 숙원이 풀린 것을 기뻐하였다." 하였다. 그 시에 "청컨대 한 쌍의 흰 벽옥으로 군의 백한 한 쌍을 사고저.……내 이 새를 얻어서 푸른 산에 앉아 구경하려 했더니 호공이 선뜻 이 새를 주어 조롱에 넣어 야인 편에 부쳐 보냈네.〔請以雙白璧, 買君雙白鷴.……我願得此鳥, 翫之坐碧山. 胡公能輟贈, 籠寄野人還.〕"라는 구절이 있다.

그 마음은 드넓은 곳에 있었네　　乃心在空廓
하물며 이 경구[407]가　　矧茲瓊玖贈
맑고 참되어 본디 적수가 없음에랴　　淸眞故無敵
조롱에 넣어 곤륜산으로 부쳐 보내면　　籠寄崑崙去
세모에 이 마음은 외로워지겠지　　歲暮意幽獨

407 경구(瓊玖) : 남의 아름다운 시문을 비유한 말이다. 《시경》 〈모과(木瓜)〉에 "나에게 오얏을 던져주기에, 그에게 경구로 보답하였네.〔投我以木李, 報之以瓊玖.〕"라는 구절이 있다.

내가 원명에게 학을 주었는데 심부름꾼이 학을 걸려서 백악산까지 십 리를 가면서 조금이라도 늦게 가면 그 정강이에 채찍질을 해대니 얼마 가지 않아 중도에 폐사를 하였다. 원명이 노하여 그 사람을 매질하고 또 시를 지어 소식을 전해왔기에 우선 이렇게 화답하여 보내다

余以鶴贈原明 來使步鶴至白岳十里 少縱則鞭其脛 幾至中斃 原明怒撻人 又有詩報信 聊爾和寄

반가운 그대 산악 아래 거처는	喜君嶽下居
집을 두른 것이 소나무와 대나무뿐이라지	繞戶惟松竹
사람됨이 둘도 없고	爲人自無雙
기르는 학도 한 마리였네	養鶴亦一隻
사람들은 간혹 춤을 잘 추어	人或愛能舞
그림자 마주하고 맵시와 얼굴 뽐내는 학을 사랑하지만	對影呈態色
그대는 응당 홀로 우뚝 서서	君應愛獨立
새하얀 털이 밝은 달빛에 반사되는 학을 사랑했으리	霜毛暎月白
늙고 여윈 세 척 정강이일지언정	蒼癯脛三尺
각옥[408]과도 바꾸지 않겠다 맹세했는데	矢不瑴玉易
미친 종을 매질하는 것도 괜찮네	狂奴撻亦可
너를 위하여 하늘에 사죄함이니	爲爾謝寥廓
슬픈 것은 하늘의 물건이	所悲雲霄物

408 각옥(瑴玉) : 두 개의 옥을 합쳐 만든 옥구슬이다.

인간 세상과 원수를 맺은 것 人間結怨敵
기이한 일이 세속을 격동시킬 수 있으니 奇事可激俗
어찌 순우만 홀로 그렇게 하게 두리오[409] 肯使淳于獨

409 어찌……두리오 : 전국(戰國) 시대 제왕(齊王)이 변사(辯士) 순우곤(淳于髡)을 시켜 초왕(楚王)에게 학(鶴)을 바치게 하였는데, 순우곤은 도중에서 학은 놓아주고 초나라에 이르러 빈 새장만을 바치면서 "신(臣)이 제왕의 사신이 되어 학을 가져왔는데 도중에 학에게 물을 먹이다가 그만 놓쳐버렸습니다. 신은 즉시 죽어 사람들의 시비를 끊고 싶었습니다만 신이 만일 죽는다면 우리 임금에게 선비를 죽게 했다는 누명을 끼쳐 드릴까 염려되옵고, 딴 학을 사서 대신 바치려 하였으나 이것은 신(信)이 아니므로 왕을 속이는 것이며, 딴 나라로 가버리려고 하였으나 이렇게 되면 우리 제초(齊楚)의 두 왕의 사신이 불통할까 두려워하여 이대로 와서 죄를 청합니다." 하였더니, 초왕은 도리어 기뻐하며 훌륭하다고 칭찬하였다는 고사가 있다. 《事文類聚 後集 卷42 羽虫部》

아이들의 시운에 차운하여 장난삼아 짓다

戱題次兒輩韻

작은 창에 아침 비 내리다가 황매우[410] 개니	小窓朝雨霽黃梅
늙은이의 수척한 얼굴에 환한 미소 열리네	老子癯顔帶笑開
주먹밥은 본래 학을 부르기 위한 계획이었는데	團飯本爲招鶴計
흰 거위와 검둥개가 한꺼번에 왔구나	白鵝蒼狗一時來

410 황매우 : 매실이 익을 무렵에 내리는 비를 말한다.

김생 하수의 시축에 있는 시운을 써서 어버이를 찾아뵈러 떠나는 그를 전송하다

用金生河壽軸中韻 送其省親之行

가벼운 마음으로 서재와 이별하니	容易書齋別
알겠네 그대에게 노친이 계시다는 것을	知君有老親
앞으로 답청일 저녁에 만나기로 기약하세	前期踏青夕
기장밥 지어서 돌아오는 이 기다리고 있겠네	炊黍待歸人

김생(金生)이 금년 답청일(踏青日)에 와서 서당에서 지냈기 때문에 내년 이날 돌아오라고 권한 것이다.

김 동추 강백이 부쳐 보낸 시에 화답하다
和金同樞剛伯寄示韻

너른 밥상의 진수성찬 젓가락 대자 없어지니　方丈珍羞落箸空
부럽구려 그대의 아치 나의 어릴 적과 비슷한 것이　羨君兒齒似吾童

나는 아홉 살 병술년(丙戌年)에 비로소 이를 갈기 시작했는데 옹은 금년 병술년에 이를 갈았으니 앞서 '소아노옹(小兒老翁)'이라고 칭한 것 또한 마땅하지 않겠는가.

나물 뿌리 씹는 것도 자못 괴로우니　菜根咬得頗辛苦
이제야 느끼겠소 참으로 칠십 노인 되었음을　始覺眞成七十翁

두 번째 其二

산발한 채 서풍 맞으며 휘파람을 부는데　散髮西風放嘯歌
마른 잇몸에 뾰족이 새 어금니가 보이네　枯齦兀兀見新牙
정녕코 혀 밑의 침[411]을 가져다 자라나게 했을 터　丁寧養取華池水
아리따운 아가씨가 괜히 북 던지게 하지 마오[412]　莫遣嬌娥枉擲梭

411 혀 밑의 침 : 원문의 '華池'는 도교의 용어다. 대체로 입을 가리켜 '화지'라 한다. 구체적으로 입속의 혀 아랫부분을 일컫는 말이다.

412 아리따운……마오 : 원문의 '擲梭'는 베를 짤 때 북을 이쪽저쪽으로 던지는 것을 이른다. 죽림 칠현(竹林七賢)의 한 사람인 진(晉)나라 사곤(謝鯤)이 이웃집 여인을 유혹하려고 하다가, 그녀가 길쌈을 하면서 던진 베틀의 북을 얻어맞고 치아 두 개가 부러졌다. 사람들이 "제멋대로 계속 경솔하게 굴더니 유여가 끝내 이를 부러뜨렸다."라고 놀리자, 사곤이 이 말을 듣고는 오연(傲然)히 휘파람을 길게 불면서 "나는 그래도 나의 휘파람 부는 일을 계속해야겠다."라고 응수했던 고사가 있다. 《晉書 卷49 謝鯤列傳》《世說新語 賞譽》

어떤 이가 치사를 축하하며 부쳐 보낸 시에 차운하다

정해년(1767년, 영조43)[413]

次人寄詩賀致政 丁亥

늙고 게으른 몸이 분수대로 물러나 쉬는 신하 되었으니
衰慵分作退休臣

나가고 물러나는 것이 감히 고인 같다 말할 수 있으랴
敢道行藏似古人

임명장에 이름자 쓰게 할 일 없어졌고 除紙免教題姓字

주신 시 남겨서 벗에게 자랑하리 賜詩留取詑朋賓

불문에는 막 사(社)를 연 친구가 있는데[414] 空門有友初開社

거룻배에는 다시 나루터 물을 사람 없네[415] 野艇無人更問津

오늘 비로소 봄기운이 움직이는 것을 알았으니 今日始知春意動

413 정해년 : 남유용의 나이 70세 되던 해이다. 이해 기영사(耆英社)에 들었고 상소하여 치사를 허락받았다.

414 불문에는……있는데 : 유자로서 승려와의 교유를 보여주는 대목이다. 동진(東晉)의 고승 혜원이 여산(廬山)의 동림사(東林寺)에서 유유민(劉遺民)과 뇌차종(雷次宗) 등 명유(名儒)를 비롯하여 승속(僧俗)의 18현(賢)과 함께 서방 정토(西方淨土)에 태어나기를 기원하는 백련사(白蓮社)라는 염불 결사(念佛結社)를 맺은 고사가 있다. 《蓮社高賢傳 慧遠法師》

415 거룻배에는……없네 : 장저(長沮)와 걸닉(桀溺)이 밭을 갈고 있을 때 공자 일행이 그 곁을 지나가다가 공자가 제자 자로(子路)를 시켜 나루를 물은 일이 있다. 《論語 微子》 전하여 나루터를 묻는다는 것은 학문의 문로(門路)를 가르쳐 주기를 청하는 것, 또는 자신의 미혹을 깨우쳐 달라는 것을 말한다.

시내의 물고기 숲속의 새와 절로 친해지겠네　　　　澗魚林鳥自相親

이날이 입춘(立春)이었다.

김사서 상국[416]께서 시로 치사를 축하해주셨기에 삼가 수답하다
金士舒相國詩賀致仕 奉酬

조정에 홀을 바치고 노년에 이르러	公朝獻笏及殘齡
성곽 밖에 새로 띠풀 정자 하나 지었네	郭外新謀一草亭
문객은 전문(箋文)을 봉함하여 예원으로 보내고[417]	門客緘箋投藝苑
이웃 문도는 글자 묻느라 이끼 낀 뜨락에 이른다오	隣生問字到苔庭
요금[418]은 세 곡 연주함에 고상한 격조 남았는데	瑤琴三弄餘高調
쇠벼루는 천 번을 갈아 그저 옛 형태만 있구려	鐵硯千磨只舊形
내 알겠네 상군께선 생각하시는 것 있어	吾識相君其有思
서호 어부들의 노랫소리 그윽하게 듣고 계실 것을	西湖漁唱入幽聽

416 김사서 상국 : 김양택(金陽澤, 1712~1777)으로, 본관은 광산, 자는 사서(士舒), 호는 건암(健庵), 시호는 문간(文簡)이다. 김장생(金長生)의 5세손이고 숙종의 장인인 김만기(金萬基)의 손자이다. 헌납(獻納)·부제학(副提學)을 거쳐 원손사부(元孫師傅)·대사성·우빈객(右賓客)·대제학을 역임하고, 우의정, 영의정에 올랐다.

417 문객은……보내고 : 영조 43년 1월 13일에 임금이 경현당에 나아가 치사한 봉조하(奉朝賀) 남유용(南有容) 등에게 선마(宣麻 임금이 궤장(几杖)을 하사할 때 함께 글을 내리는 것)를 하면서 전문(箋文)을 올리게 하였다. 그리고 어시(御詩)와 교서(敎書), 전문(箋文)을 한 권으로 만들어 남유용에게 발문을 쓰고 운각(芸閣)에서 인쇄하여 대전(大殿)과 동궁(東宮)에 들이고, 세 신하에게 나누어 주라 하였으며 또 이를 5군데의 사고(史庫)에 보관하라고 하였다. 《뇌연집 부록 연보》

418 요금(瑤琴) : 구슬로 장식한 좋은 거문고 또는 음색이 구슬처럼 아름다운 거문고를 의미한다.

김상(金相)은 당시 빙호(氷湖)[419]에 있었다.

419 빙호 : 지금의 용산강 일대를 가리킨다.

유 사재 양보 최기[420]가 치사를 축하한 시에 차운하다
次兪四宰良甫 㝡基 賀致仕韻

풍진에 거울 속 머리털 온통 세어 버리고 風埃渾變鏡中毛
밤이 다하도록 도성 거리에서 잠들지 못하네 漏盡天衢睡未牢
칠십에 경전을 끌어 치사하는 것은[421] 미천한 본분에 마땅한데 七十引經宜賤分
구중궁궐에서 고명 내리시니 은혜로운 포창 부끄럽구려[422] 九重頒誥愧恩褒
쓸모없는 나무는 재목감이 아니라 명대로 늙을 수 있고[423]

420 유 사재 양보 : 유최기(兪㝡基, 1689～1768)로, 본관은 기계(杞溪), 자는 양보(良甫), 호는 자락헌(自樂軒)·무수옹(無愁翁), 시호는 정간(貞簡)이다. 신임사화의 전말을 상소하고 소론의 거두인 이광좌의 관작을 추탈할 것을 강력히 주장하다가, 탕평책에 역행하는 자라고 지목되어 웅천 현감으로 좌천되었으나 다시 기용되어 대사성·대사헌·지의금부사 등을 역임하였다. 노인직으로 정헌대부(正憲大夫)에 오르고 기로소(耆老所)에 들어갔으며 뒤에 판의금부사를 거쳐 우참찬에 이르렀다.

421 칠십에……것은 : 《예기》 〈곡례 상(曲禮上)〉에 "대부는 나이가 칠십이 되면 일을 그만둔다.〔大夫七十而致事.〕"라는 말이 있다. 또 백거이(白居易)의 〈불치사(不致仕)〉라는 시 첫머리에도 "칠십에 벼슬을 그만둔다고, 예법에도 분명히 기록되었네.〔七十而致仕, 禮法有明文.〕"라는 말이 나온다. 《白樂天詩集 卷2》

422 구중궁궐에서……부끄럽구려 : 남유용(南有容)이 상소하여 휴퇴(休退)하기를 청하니 영조는 이를 허락하면서 "집안이 가난하고 월름(月廩)이 적은 것"을 안타까워하며 원래의 세찬(歲饌) 이외에 더 주라고 명하였고, 또 선마(宣麻)하고 품계를 올리는 등 은혜를 베풀었다. 《英祖實錄 43年 1月 5日·13日, 12月 18日》

423 쓸모없는……있고 : 원문의 '散樗'는 산목(散木)과 저력(樗櫟)을 통칭한 것으로

散樗應以非材老

졸렬한 바둑에선 놓지 않는 법을 알아야 고수라네 拙局惟知不着高

예부터 금마문에서도 대은을 용납하였거늘[424] 自古金門容大隱

강호에서 하필 우리들을 부러워하시는가 江湖何必羨吾曹

보내온 시에 "수레 매달아 건[425] 노년이 참으로 부럽구려.〔懸車暮境眞堪羡〕"라는 말이 있었기로 결구에서 그 뜻에 답한 것이다.

보잘것없는 인재를 비유한 말이다. 《장자》 〈소요유(逍遙游)〉에 "내가 큰 나무가 있으니 사람들이 가죽나무라 한다. 큰 줄기는 옹이가 져서 줄자에 맞지 않고 작은 가지는 말려서 규구에 맞지 않으니 큰길에 서 있으나 장인들이 돌아보지 않는다."라고 하여 가죽나무를 쓸모없는 나무로 설명하였고, 《장자》 〈인간세(人間世)〉에 "공장이가 제나라 곡원에 이르러 사당 나무인 상수리나무를 보고……'산목이라……재목이 될 나무가 아니니 쓸모가 없다."라고 하여 상수리나무를 산목(散木)이라고 하였다.

424 금마문에서……용납하였거늘 : 금마문(金馬門)은 한대(漢代)의 궁문으로 학사(學士)들이 대조(待詔)하던 곳인데 궁문 옆에 동마(銅馬)가 있었기 때문에 이렇게 불렀다고 한다. 한 무제(漢武帝) 때 낭관(郎官)으로 있던 동방삭(東方朔)이 술이 거나할 때면 "속세에 숨어도 지내고, 금마문에서 세상을 피하기도 하네. 궁전 안에서도 세상 피하고 몸을 온전히 할 수 있는데, 왜 굳이 깊은 산속의 띳집 아래에 숨어 살겠는가?"라고 노래한 바 있다. 《史記 卷126 滑稽列傳》 또 진(晉)나라 왕강거(王康琚)의 〈반초은(反招隱)〉에 "작은 은자는 산림 속에 숨고 큰 은자는 조시(朝市)에 숨는다."라고 하였다.

425 수레 매달아 건 : 원문의 '懸車'는 수레를 타고 다닐 필요가 없어서 집안에 걸어놓는다는 뜻으로, 벼슬을 그만두고 집에서 쉬는 것을 말한다. 한나라 때 설광덕(薛廣德)이 연로하여 벼슬을 내놓고 고향으로 돌아갈 적에 황제가 그에게 안거(安車)를 하사하였는데, 고향으로 돌아와 이를 매달아 두고 자손 후대에 전한 데에서 유래하였다. 《漢書 卷71 薛廣德傳》

초여름 을미일에 지추 윤계장,[426] 사재 유양보,[427] 이부 윤경유[428]와 함께 판돈녕 정양래[429] 집에 모였다.[430] 계장이 술과 안주를 마련하니 주인옹이 이어서 대접을 하였고 저녁 내내 실컷 놀다 헤어졌다. 다섯 노인이 모두 기사에 든 사람이라 마침 수양의 고사[431]와도 부합하기에 계장이 두기공이 당일 썼던 운[432]을 가지고 제공들에게 화답하라고 하였다

初夏乙未 同尹知樞季章兪四宰良甫尹吏部景孺 集鄭判敦寧陽來宅 季具酒饌 主人翁繼之 竟夕極歡而罷 五老皆耆社中人 而適符雎陽故事 季章用杜祁公當日韻 屬諸公和之

시절이 태평하여 기덕[433]이 한가로움을 얻었으니　　時平耆德得優閒

426 윤계장 : 윤봉오(尹鳳五, 1688～1769)로, 본관은 파평(坡平), 자는 계장(季章), 호는 석문(石門), 시호는 숙간(肅簡)이다. 일찍이 왕세제(王世弟), 곧 영조를 측근에서 보필하였고, 1746년(영조22) 정시(庭試)에 병과로 급제한 뒤 필선을 거쳐 부수찬, 교리, 동지의금부사, 대사헌 등을 역임하였다. 1763년 특진관(特進官)으로 판돈녕부사를 겸하고 1768년 기로소(耆老所)에 들어갔다. 저서로는 《석문집(石門集)》이 있다.

427 유양보 : 유최기(兪最基, 1689～1768)이다. 221쪽 주420 참조.

428 윤경유 : 윤급(尹汲, 1697～1770)으로, 본관은 해평(海平), 자는 경유(景孺), 호는 근암(近庵), 시호는 문정(文貞)이다. 대사간・대사성・부제학・대사헌 등을 역임하였다. 영조의 탕평책을 반대하다 여러 번 파직 또는 좌천되었으나 계속 재기용되어 이후에도 이조 판서・한성 판윤・좌참찬 등을 지내고 기로소(耆老所)에 들어갔다. 저서에 《근암집(近庵集)》 등이 있다.

429 정양래 : 정형복(鄭亨復, ?～1769)으로, 본관은 동래(東萊), 자는 양래(陽來)이다. 세자시강원 설서・홍문관 응교・사헌부 지평・대사간・대사성・호조 판서・형조 판서 등과 강원도・전라도・황해도 관찰사 등 수령과 방백을 여러 차례 역임하였다.

남은 인생 벼슬 그만둔 것[434] 스스로 기뻐하네　自喜殘年已掛冠
하늘이 규성의 정기를 내보내주니 궤석으로 돌아오고　天放奎精還几席
구름이 산의 풍경을 여니 함께 소요를 하는구나　雲開峯色與盤桓
백발이 봄놀이에 맞지 않음을 잘 알겠거니[435]　劇知鬢髮非春事
다만 깊은 우정 세한에 두어야 하리[436]　秖爲心期在歲寒

430 초여름……모였다 : 윤봉오(尹鳳五), 정형복(鄭亨復), 유최기(兪㝡基), 윤급(尹汲), 남유용(南有容)이 '오로회(五老會)'를 결성한 일을 적은 시이다. 관련하여 《뇌연집(雷淵集)》 권13에 〈윤계장의 오로회도에 쓰다〔尹季章五老會圖題〕〉라는 작품이 있고, 윤봉오의 《석문집(石門集)》 권3에 〈오로회에서 두기공의 시운에 차운하여 제공들에게 속히 화답하기를 구하다-소서를 아우르다〔五老會 次杜祈公韻 求諸公續和 幷小序〕〉도 있다.

431 수양의 고사 : 수양(睢陽)은 남경(南京)으로 지금의 하남성(河南省) 상구현(商丘縣) 남쪽의 지명이다. 북송(北宋)의 두연(杜衍)이 재상에서 물러난 때인 송 인종(宋仁宗) 가우(嘉祐) 1년(1056) 가을에 수양에서 왕환(王渙), 필세장(畢世長), 주관(朱貫), 풍평(馮平)과 함께 오로회(五老會)를 결성하여 시주(詩酒)를 즐겼다. 당시 그의 나이 80세였고 나머지 사람들의 나이도 80세부터 94세까지였는데 모두 고령인데도 강녕(康寧)하여 세인의 부러움을 샀다고 한다. 《澠水燕談錄 高逸》

432 두기공이……썼던 운 : 오로회를 결성하면서 당시 두연(杜衍)이 썼던 원시는 〈수양 오로도(睢陽五老圖)〉이다.

433 기덕(耆德) : 연치가 높고 덕망이 있어 사람들에게 신망을 받는 사람을 이른다.

434 벼슬……것 : 후한의 방맹(逄萌)이, 왕망(王莽)이 충간(忠諫)하는 아들을 죽이는 것을 보고 "지금은 삼강(三綱)이 끊어졌으니, 벼슬을 버리고 떠나지 않으면 화환(禍患)이 닥칠 것이다."라고 하면서, 갓을 벗어 동문(東門)에 걸어 두고 요동(遼東)으로 떠났다는 고사가 있다. 《後漢書 卷113 逄萌列傳》

435 백발이……하리 : 두보의 시에 "백발이 봄놀이에 안 맞는 걸 스스로 알건만, 좋은 술 다 마시며 좋은 경치를 생각하노라.〔自知白髮非春事, 且盡芳樽戀物華.〕"라는 표현이 있다. 《杜少陵詩集 卷6 曲江陪鄭八丈南史飮》

436 다만……뿐이리 : 원문의 '歲寒'은 군자의 굳은 절조를 시사하는 말이다. 공자는

꼭 수양에서만 멋진 모임 독차지할 것 있나　　未必睢陽專勝會
새 시 남겨 후인들에게 보게 하여야겠네　　新詩留遺後人看

"해가 추워진 뒤에야 소나무와 잣나무가 뒤에 마르는 것을 알게 된다.〔歲寒然後 知松柏之後凋也〕"라고 하였다.《論語 子罕》

감호와 향산을 생각하며 시 한 수를 짓다

有懷鑑湖香山 吟成一詩

하계진(賀季眞)은 태자빈객(太子賓客)으로 치사(致仕)하고[437] 백락천(白樂天)은 형부 상서(刑部尙書)로 치사하였다.[438] 지금 내가 벼슬을 그만둘 때, 그 관직명이 우연히 두 노인의 관직과 서로 부합하는지라[439] 어떤 이가 기이한 일이라 말하였다. 그러나 감호와 향산에서 여유롭게 만년을 누리는 즐거움은 내가 부럽게 여기지만 얻을 수 없는 것이라 애오라지 시 한 수를 읊어 스스로 비웃고 이어서 스스로 해명한다.

태자부의 하 빈객	太子賀賓客
형부의 백 상서는	刑部白尙書
벼슬이 높아지자 그칠 바를 알았으니	宦成知所止
맑은 풍도는 이소[440]를 앞질렀네	淸風邁二疏

437 하계진은……치사하고 : 감호는 경호(鏡湖)이고, 계진은 하지장(賀知章)의 자이다. 하지장이 중년에 벼슬길에 올라 태자빈객(太子賓客), 비서감(祕書監) 등을 제수받았으나, 다 버리고 고향으로 돌아가려 하자, 현종이 그에게 경호의 섬계(剡溪) 일곡(一曲)을 하사한 바 있다. 《新唐書 卷196 賀知章列傳》

438 백락천은……치사하였다 : 당 무종(唐武宗) 때에 백거이(白居易)는 형부 상서(刑部尙書)로 있다가 치사(致仕)한 뒤에 향산으로 들어가서 향산거사(香山居士)라고 자호하고는 승려 여만(如滿) 등과 함께 향화사(香火社)를 결성하고 만년을 보냈다. 《舊唐書 卷166 白居易列傳》

439 지금……부합하는지라 : 치사 직전에 남유용이 세손의 보양관(輔養官)과 형조 판서의 직함을 띠고 있었기 때문에 이른 말이다.

지금 나는 벼슬을 그만두고 가는데	今我謝事去
벼슬 이름이 우연히 서로 같은지라	官名偶相如
은거하시던 곳을 아득히 그리워하며	緬懷高隱處
천년 뒤에 슬프게 바라보네	悵望千載餘
경호는 굶주림을 즐길 만하였으니[441]	鏡湖可樂飢
황관 쓰고 어부들과 함께 지냈고[442]	黃冠混釣漁
향산은 참으로 복된 땅이었으니	香山眞福地
아홉 노인이 의관을 나란히 하였네[443]	九老聯簪裾
사람과 경지가 서로 조우하였으니	人境得相遭

440 이소(二疏) : 한(漢)나라 선제(宣帝) 때 소광(疏廣)과 그 조카 소수(疏受)의 병칭(幷稱)이다. 소광은 태자 태부(太子太傅)이고 소수는 태자 소부(太子少傅)였는데, 소광이 소수와 함께 벼슬을 그만두고 고향으로 돌아올 때 천자와 태자는 황금을 하사하고, 공경대부들은 동도문(東都門) 밖에서 성대하게 전별한 일이 있다. 《古文眞寶後集 送楊巨源少尹序》

441 경호는……만하였으니 : '鏡湖'는 하지장이 은퇴해 살던 감호(鑑湖)이다. 《시경(詩經)》 〈형문(衡門)〉에 "누추한 집 아래서도 편안히 노닐 수 있고, 졸졸 흐르는 냇물가에서 굶주림 잊고 즐길 수 있도다.〔衡門之下, 可以棲遲, 泌之洋洋, 可以樂飢.〕"라는 말이 있다.

442 황관……지냈고 : '黃冠'은 황관 초복(黃冠草服)의 준말로, 보통은 농부나 촌로(村老) 등 평민의 복장을 뜻한다. 두보(杜甫)는 〈견흥(遣興)〉 시에서 하지장을 두고 "하공은 고상하게 사투리를 쓰고, 벼슬할 땐 늘 거리낌 없이 방종했는데, 상소하여 벼슬을 사퇴하고는, 황관 쓰고 고향으로 돌아갔네.〔賀公雅吳語, 在位常淸狂. 上疏乞骸骨, 黃冠歸故鄕.〕"라고 하였다.

443 향산은……하였네 : 백거이(白居易)가 만년에 형부 상서(刑部尙書)로 치사하고 나서는 향산거사(香山居士)라 자칭하고, 여덟 원로들과 함께 구로회(九老會)를 결성하고는 서로 왕래하면서 풍류를 즐겼던 사실을 가리킨다. 《舊唐書 卷166 白居易傳》

돌아가는 일 정녕 허망하지 않았는데　　歸事亮不虛
돌아가게 되었으나 돌아갈 곳 없으니　　得歸無歸處
선현들께서 응당 나를 비웃으리　　前修應笑余
뜻이 맞고 만사가 족하면　　意適萬事足
어느 곳엔들 즐겁지 않으랴　　何所非樂且
그리워라 촉 땅 저자의 은거[444]　　懷哉蜀肆隱
하필 바위 숲에 살아야만 맛인가　　何必巖林居
스스로 비웃다가 또 스스로 해명하니　　自嘲還自解
심하도다 우활하고 엉성함이　　甚矣迂且疎

444 그리워라……은거 : 전한(前漢) 때 촉(蜀) 땅의 은사(隱士) 엄준(嚴遵)의 풍모를 동경한 것이다. 엄준의 자는 군평(君平)이며, 양웅(揚雄)의 스승이기도 하다. 평생 벼슬을 사양하고 촉 땅 성도 시내에서 점을 쳐주며 살았는데, 하루에 몇 사람만 점을 쳐주고, 100전을 벌어서 먹고 사는 데 충분하면, 가게 문을 닫아 발을 내리고 《노자》를 강의하면서 저술에 몰두하였다. 《漢書 卷72 嚴遵傳》

정 상서 양래가 치사를 축하하며 지은 시에 삼가 수답하다
奉詶鄭尙書陽來賀致政韻

강해가 어찌 일찍이 오리 한 마리를 하찮게 여겼으랴	江海何曾少隻鳧
간담 피력한 한 통의 상소 윤허를 받았네	披肝一奏玉音兪
출처에 의혹 없었으니 어찌 점칠 필요 있었으랴	行藏弗惑寧須卜
진퇴가 모두 근심이었으니 원래 다른 것이 아니었네	進退皆憂未始殊
야복 치수 잴 때는 넉넉히 만들고	野服商量閒制作
전원 살림 꾸릴 때는 작은 규모로 하네	園居料理小規模
조정 동료들이 많이도 하례를 하니	朝中僚友繽相賀
시구들이 참으로 만년의 즐거움을 주는구려	詩句眞供晩境娯

영로당[445]의 여덟 가지 경치 -아이들의 시에 차운하다

榮老堂八景 次兒輩韻

구름은 나오는데 나는 아직 누웠으니	雲出吾猶臥
나는 분명 구름보다 게으르리	吾應懶於雲
산을 벗어나 가지 말지어다	莫放出山去
산 밖은 속진이니	山外是塵氛

이상은 남악(南嶽)의 아침 구름이다.

북산이 높이 솟아 북두로 들어가니	北山高入斗
저물녘에 먼저 눈을 덮어썼네	向暮先被雪
밤 깊어 모든 그림자가 쉬는데	夜久萬影息
밝은 은하수와 어우러져 맑고 깨끗하구나	明河通皎潔

이상은 북산(北山)의 저녁 눈이다.

맑은 바람 일어나는 곳에서 일어나[446]	淸風起處起

445 영로당(榮老堂) : 조경(趙璥)이 지은 〈영로당시서(榮老堂詩序)〉에 의하면 "영로당은 뇌연옹이 치사하여 살던 곳〔榮老堂者, 雷淵翁致仕之居也.〕"이다. 심정진(沈定鎭)과 김익(金熤)은 〈영로당기(榮老堂記)〉를 썼고, 아들 남공철(南公轍)이 등제(登第)한 뒤 정조가 남유용에게 내린 치제문에서도 영로당이 언급되고 있다. 《荷棲集 卷6》《弘齋全書 卷22》

446 맑은……일어나 : 송(宋)나라 소옹(邵雍)이 정이(程頤)와 천하(天下)의 일에 대해 이야기하고 있는데 마침 우레가 일어나자, 소옹이 정이의 총명함을 엿보고자 "그대

솨솨 서액의 소나무로 불어오네　颼颼西掖松
안석에 기대어 소리 듣는 것만으로는 부족하여　隱几聽未足
유연히 지팡이 하나 짚고 나서네　悠然拄一筇

이상은 서쪽 동산의 바람 맞는 소나무이다.

새로 내린 이슬이 그윽한 정원을 씻어주니　新露灑幽圃
찬란하게 겨울 국화가 피었네　粲粲開寒菊
그 꽃을 따다가 누구에게 줄까　采之欲誰贈
알아주는 이 응당 나 하나뿐이네　知音應我獨

이상은 동쪽 정원의 이슬 맞은 국화이다.

옛 단에서 절로 천뢰[447]소리 일어나니　古壇自天籟
알겠네 오동나무에 비 떨어지고 있음을　知是梧桐雨
누가 능히 거문고 곡조를 쏟아낼 수 있으랴　誰能瀉琴操
희끗희끗 머리만 세어 가는구나　蕭踈秋鬢暮

이상은 오동나무 단에서 듣는 빗소리이다.

작은 창에 홀연 가지 비끼더니　小窓忽橫枝

는 우레가 어느 곳에서 일어난다고 생각하는가?"라고 물었다. 그러자 정이가 "일어나는 데서 일어납니다.〔起於起處.〕"라고 말한 고사가 있다. 《二程遺書 卷21上》

447 천뢰(天籟) : 남곽자기(南郭子綦)가 안성자유(顔成子游)에게 "너는 인뢰는 들었어도 지뢰는 듣지 못했고 지뢰는 들었어도 천뢰는 듣지 못했을 것이다." 하였다. 인뢰는 사람이 울리는 소리로 악기의 소리이고, 지뢰는 대지가 일으키는 소리로 바람 소리이고, 천뢰는 인뢰와 지뢰의 근본이 되는 대자연의 소리이다. 《莊子 齊物論》

난간 모서리로 새 달이 떠오르네　　欄角來新月
맑고 화창한 하룻밤의 기운[448]이　　淸和一夜氣
몇 송이 꽃을 피워냈는가　　養得幾花發
이상은 매화 핀 창에서 맞이하는 달이다.

작은 연못에서 살아가는 이치를 보노라니　　小池觀生理
연도 있고 물고기도 있네　　有荷復有魚
물은 더 주고 낚싯대 던지지 않으니　　添水不投釣
주인의 은혜 성글지 않구나　　主人恩不踈
이상은 연못에서 기르는 물고기이다.

거사가 산으로 돌아가려 하면서　　居士欲歸山
금거북[449]으로 학 두 마리를 샀네　　金龜買二鶴
불러오면 대나무 사이에서 춤을 추니　　呼來竹間舞
눈 같은 깃털 우리 앞에 떨어지는구나　　雪羽檻前落
이상은 대나무 우리에서 길들이는 학이다.

448 하룻밤의 기운 : 원문의 '夜氣'는 한밤에 사물의 생장(生長)을 돕는 맑은 기운으로, 인의(仁義)의 마음을 자라도록 돕는다고 한다. 《孟子 告子上》

449 금거북 : 벼슬아치가 차는 거북 모양으로 된 인장이다. 당(唐)나라 하지장(賀知章)이 이백(李白)을 만나 금귀를 잡혀서 술을 마셨다 한다. 이백이 고인이 된 벗 하지장을 생각하며 지은 시 〈술을 대하고 하감을 생각하다〔對酒憶賀監〕〉에 "금거북으로 술을 바꾸어 먹던 곳에서, 벗을 생각하며 눈물로 수건을 적시네.〔金龜換酒處, 却憶淚沾巾.〕" 하였다. 《李太白集 卷22》

뇌연집

제8권

시 詩

잡시 雜詩

시 詩

부학 김치명[1]에 대한 만사

金副學稚明輓

관을 덮기 전까지 시국에 대한 걱정 그치기 어려워	時憂難了盖棺前
온통 백발 되었어도 스스로 연민하지 않았네	白髮渾頭未自憐
비바람 속 새벽닭은 우는 소리 홀로 고달픈데	風雨曉鷄鳴獨苦
동정호의 차가운 잎은[2] 누구 옆에 떨어지려나	洞庭寒葉落誰邊
청아한 명성의 절반은 장사[3]에 있던 날 얻었고	淸名半是長沙日

1 김치명 : 김시찬(金時粲, 1700~1766)으로, 본관은 안동, 자는 치명(穉明), 호는 초천(苕川)이다. 탕평책에 반대하여 흑산도로 유배되었다가 수찬(修撰)으로 복관되었다. 1759년(영조35) 부제학(副提學)을 제수받고 이를 사양하는 글을 바쳤으나, 그 글 속에 불경스러운 구절이 있다고 하여 다시 흑산도에 유배되어 1764년(영조40)에 풀려나왔다. 저서로는 《초천집(苕川集)》이 있으며, 시호는 충정(忠正)이다.

2 동정호의……잎은 : 굴원(屈原)의 초사(楚辭) 작품 중 하나인 〈구가(九歌) 상부인(湘夫人)〉에 "가을바람 솔솔 부니, 동정호 물결 위에 낙엽이 지네.〔嫋嫋兮秋風 洞庭波兮木葉下〕"라는 구절이 나오는데, 이는 상군(湘君)이 상부인을 기다려도 오지 않자 수심에 가득 차서 눈앞의 정경을 묘사한 말이다.

3 장사 : 굴원이 회왕(懷王)의 아들 양왕(襄王) 때 참소를 받고 유배된 곳이 바로 장사였다. 한 문제(漢文帝) 때 뛰어난 재능과 웅략(雄略)을 지녔던 가의(賈誼)도 임금

부끄러운 일은 정녕 강절의 나이 되도록 없었네	愧事眞無康節年
요금을 끌어안아도 사람은 보지 않고[4]	抱得瑤琴人不見
삼청[5]에 물 흐르고 달만 홀로 걸려있네	三淸流水月孤懸

소강절(邵康節)이 병중에 지은 시에[6] "손님이 나이 묻기에, 예순일곱이라 대답하였네. 천지 사이에서 한평생 부앙하며, 호연하니 부끄러울 것 없도다.〔客問年幾何, 六十有七歲. 俯仰天地間, 浩肰獨無愧〕"라는 구절이 있다. 공의 나이가 마침 소강절과 같았기에 여섯 번째 구에서 언급한 것이다.

의 신임을 얻지 못한 채 장사왕(長沙王)의 태부(太傅)로 좌천되어 간 바 있어서 일반적으로 귀양살이를 비유할 때 언급되는 장소이다.

4 요금을……않고 : 요금(瑤琴)은 구슬로 장식한 거문고, 또는 음색이 구슬처럼 아름다운 거문고를 말한다. 자신이 금을 타도 이를 알아듣는 지음(知音), 즉 김치명이 죽어 이 세상에 없음을 뜻하는 말이다.

5 삼청 : 서울 인왕산 아래에서 삼청동으로 이어지는 서촌 일대에 안동 김씨(장동 김씨)의 집성촌이 있었다고 하는데, 김시찬이 김상용의 후손인 것으로 보아 살던 집이 삼청동 부근이었음을 짐작할 수 있다.

6 소강절(邵康節)이……시에 : 소강절은 송나라의 학자 소옹(邵雍)으로, 자는 요부(堯夫), 호는 안락와(安樂窩)・백원(百源)이다. 강절은 그의 시호이다. 여기서 인용한 시의 제목은 〈병극음(病亟吟)〉으로, 《격양집(擊壤集)》 권19에 실려 있다.

박 지사 치화[7] 에 대한 만사

朴知事 致和 輓

한 절개로 세 왕[8] 모시느라 머리엔 눈이 내렸어도 一節三朝雪滿顚
방촌(方寸)엔 오로지 성군 향한 사랑뿐이었네 寸心惟有聖君憐
곧은 모범은 천 번 마모되었어도 바뀌지 않았고 貞標不改千磨後
예스러운 모습은 백 겁 이전의 사람을 보는 것만 같았네 古貌如看百刦前
높은 품계에도 서로 잊는 경지[9]에 절로 이르렀고 崇秩自來相忘地
아득한 나이[10]는 마침 기대치 않던 수명 넘어섰네 遐籌恰過不期年
성명한 시대의 덕 있는 기로가 지금 몇이나 남았는가

7 박 지사 : 박치화(朴致和, 1680～1767)로, 본관은 밀양, 자는 사이(士邇), 호는 읍건재(泣愆齋)・손재(巽齋)이다. 신임사화가 일어나 노론이 실각했을 때 고성으로 유배되었다. 영조가 즉위하자 유배에서 돌아와 세자시강원 보덕(世子侍講院輔德), 사간을 역임하였다. 여기서 지사(知事)라고 부른 것은 정2품 관직인데, 돈녕부 지사 말고는 모두 겸직이었다.

8 세 왕 : 숙종・경종・영조를 가리킨다.

9 서로……경지 : 세상 사람들이 일반적으로 추구하는 명리(名利)가 아닌 도(道) 속에서 서로 피아(彼我)의 구분 없이 깊이 사귄다는 뜻이다. 《장자》 〈대종사(大宗師)〉에 "물고기는 강이나 호수 속에서 서로를 잊고 사람은 도의 세계에서 서로를 잊는다.〔魚相忘乎江湖, 人相忘乎道術〕"라고 한 데서 온 말이다.

10 까마득한 나이 : '하주(遐籌)'는 장수를 뜻하는 말인 '해옥첨주(海屋添籌)'에서 온 말이다. 옛날 어떤 노인이 자신의 나이를 "바다가 변하여 뽕나무밭이 될 때마다 산가지〔籌〕를 하나씩 놓았는데, 그렇게 놓은 산가지가 지금은 열 칸짜리 집에 가득하다."라고 묘사했다는 데서 온 말이다. 《東坡志林 卷2》

明時耆德今餘幾

우장[11]을 지어 보내노라니 다시금 서글퍼지네　　題送虞章更悵然

공께서 일찍이 말씀하시길, "젊었을 적에는 팔순까지 살 것이라 기대하지 못했는데, 지금은 아흔 살이 가까워져 옵니다."라고 하였기에 여섯 번째 구에서 언급한 것이다.

11 우장(虞章) : 대부에게 지내는 제사에 올리는 제문을 말한다.

정 부학 대수 존겸[12] 가 나의 치사[13]를 축하해온 시에 차운하다

次鄭副學大受 存謙 賀致仕韻

누런 홰나무 잎 다 지고 눈발이 문에 휘날리는데 黃槐落盡雪飄扃
홀로 선 겨울 소나무는 여전히 푸르르네 獨也寒松不已青
물러난 천리마에겐 콩깍지에 대한 미련일랑 없나니 退驥應無殘豆戀
날다 지친 새가 어찌 무성한 숲을 골라 머물까 倦禽何擇茂林停
노쇠한 몸이지만 향의 삼로[14]될 자격은 갖추었고 衰軀尙備鄕三老
졸렬한 학업이지만 자식에게 전할 경서 하나는 남아있네[15] 拙業猶存子一經

12 정……대수 : 정존겸(鄭存謙, 1722~1794)으로, 본관은 동래(東萊), 자는 대수(大受), 호는 양암(陽菴)·양재(陽齋)·원촌(源村)이다. 좌의정, 우의정, 영의정 등을 지냈다. 그가 일찍이 부제학을 역임한 바 있어 부학이라고 부른 것이다. 시호는 문안(文安)이다.

13 치사 : 벼슬에서 물러난 것을 가리키는 용어이다. 치정(致政)이라고도 한다. 남유용은 1767년, 70세 되던 해에 치사를 허락받았다.

14 향의 삼로 : 한나라 때 지방에서 덕행이 있는 장로(長老)를 삼로(三老)로 천거하여, 향(鄕)에는 향삼로, 현(縣)에는 현삼로, 군(郡)에는 군삼로를 두고, 지방관들을 도와 교화(教化)에 힘쓰게 했다. 후대에는 한 마을의 장로로서 그 마을의 교화를 맡은 사람을 가리키는 말로 쓰였다.

15 노쇠한……남아있네 : 《한서》 권73 〈위현전(韋賢傳)〉에 "자식에게 한 상자 가득 황금을 물려주는 것이 책 한 권을 가르치는 것만 못하다.〔遺子黃金滿籯, 不如教子一經〕"라는 구절이 보인다. 경련(頸聯) 전체는 남송(南宋)의 시인 육유(陸游)의 시 〈스스로 기뻐하다〔自喜〕〉 중 "몸으로는 향삼로를 갖추고 있고, 집에는 자식에게 전할 경전 하나 있네.〔身備鄕三老, 家傳子一經〕"를 인용한 듯하다.

북극성 향한 이 마음에[16] 기쁨과 두려움 함께 있어 拱北此心兼喜懼
한가한 틈에도 감히 교외 정자를 찾지 못하겠네 偸閒未敢問郊亭

16 북극성……마음에 : 뭇별이 북두성을 옹위하는 것처럼 신하가 임금을 모시는 것을 말하는데, 임금을 가리키는 말로 쓰이기도 한다.

공좌[17]가 시를 바쳐 치사를 축하하기에 그중 첫 번째 수에 화답하다

公佐獻詩賀致仕 和其一首

속세에서도 상로[18]를 좇아 나아가고 머물렀으니 塵累追商出處間
전대 성현의 아득한 행적을 어찌 감히 따라잡으랴 前脩遐躅詎敢攀
벼슬할 때 추호의 보탬 됨 없이 그저 늙은 것이 부끄럽더니
進慚毫補空成老
물러나서도 일신의 도모라곤 한가함 좋아하는 것뿐이로구나
退涉身謀只愛閒
석윤은 공로 없어도 낙사에 그려지고[19] 席尹無功圖洛社
구양공은 호사가라 여산을 읊었네[20] 歐公好事賦廬山

17 공좌 : 남공좌(南公佐, 1740~1781)로, 자는 광지(匡之), 호는 상령(象靈)이다. 남유용의 아우인 남유정(南有定)의 아들이다.

18 상로 : 진나라 말에 세상을 피하여 상산(商山)에 숨어 살던 네 노인, 즉 이른바 상산사호(商山四皓)로 불리는 동원공(東園公)·기리계(綺里季)·하황공(夏黃公)·녹리선생(甪里先生)을 이르는 말이다.

19 석윤은……그려지고 : 석윤(席尹)은 석여언(席汝言, 1006~?)으로, 자는 군종(君從)이다. 그에 관한 행적은 많이 알려진 바가 없고, 오직 북송 신종(神宗) 원풍(元豊) 5년(1082)에 77세의 나이로 문언박(文彦博)·부필(富弼) 등과 함께 낙양 기영회(洛陽耆英會)를 만들었고, 또 문언박·정향(程珦)·사마단(司馬旦) 등과 동갑회(同甲會)를 만들었으며, 사마광(司馬光) 형제·초건중(楚建中)·왕신(王慎) 등과도 진솔회(眞率會)를 만들었다는 기록만 전해진다.

20 구양공은……읊었네 : 구양수(歐陽修)는 〈여산은 높고〔廬山高〕〉라는 시를 지어,

운라[21]는 임금님 향한 꿈을 방해하지 못하여　　雲蘿不礙朝天夢
때때로 종소리 따라 새벽 조회 반열에 이르네　　時逐鐘聲到曉班

내가 막 관직에서 물러나자 조정의 제공(諸公) 중에서 시를 지어 축하해주는 사람이 많았다. 이듬해 주상의 명령으로 기로첩(耆老帖)에 내 모습을 그렸기에 5, 6구에서 언급한 것이다.

동년(同年) 진사(進士)인 유환(劉渙)이 벼슬을 버리고 여산 남쪽으로 옮겨가서 사는 절개를 높이 여기며 찬미한 바 있다.

21 운라(雲蘿) : 무성하게 엉킨 넝쿨로, 은사가 사는 곳을 상징하는 용어로 사용된다.

창록 김 노인[22]을 위해 곡하다

哭蒼麓金老

달빛 아래 이슬 같은 생애 늙어 더욱 기이해짐에	月露生涯老更奇
저자의 먼지일랑 수염에 닿은 적조차 없었네	市塵曾不着鬚眉
가련하다, 죽을 때까지 시에 미쳐서	可憐到死猶詩癖
스스로 뇌옹의 시를 구해 만사[23]로 쓰려 하였구나	自乞雷翁相紼詞

김 노인 시모(時模)는 여항 사람인데, 시를 잘 지었고 산수를 사랑했으며, 늘 나의 문하를 드나들었다. 죽기 전에 그의 자식에게 말하기를, "너는 나를 위해 후하게 장사지내주려 하느냐? 그저 뇌연공의 시 한 수만 얻어 상여 앞에 놓을 수 있으면 족하다."라고 하였다. 그 말이 몹시도 기이하고 슬프나니, 맨 마지막 구절은 대개 사실을 기록한 것이다.

22 창록……노인 : 범경문(范慶文)의 《검암산인시집(儉巖山人詩集)》 권2에 〈창록 김 동지 시모에 대한 만사〔蒼麓金同知 時模 挽〕〉가 남아있어 창록 김 노인은 여항 시인으로 알려진 김시모(金時模)임을 알 수 있다.

23 만사 : 원문의 '불사(紼詞)'는 '불구(紼謳)'를 뜻한다. 장례에 참석한 사람이 상여 끈을 당기며 부르는 노래이다.

생일 아침에 느낀 바가 있어 읊다

生朝感吟

외로운 인생 생일 아침에 오직 슬픔만 이는데	孤露生朝只作悲
마누라가 권하기에 문득 술잔을 기울였네	老婆相勸輒傾巵
없어도 나누고 싶지만[24] 지금은 그마저도 불가하니	分甘絶少今無地
영당 휘장에 가져다줄 것이나 있으려나 없으려나	齎餉靈幃知不知

24 없어도……싶지만 : 자기가 가진 것을 버려 남을 후하게 대접하는 것을 말한다. 《한서》 〈사마천전(司馬遷傳)〉에 "이릉(李陵)은 맛있는 것을 버리고 적은 것이라도 나누어 주었기에〔絶甘分少〕 사람들에게 죽을힘을 다하도록 할 수 있었으니, 옛적의 명장이라도 이보다 나을 수는 없다." 하였다. 《漢書 卷62 司馬遷傳》

이백눌 민보[25] 이 기쁨을 적은 시에 차운하다
次李伯訥 敏輔 志喜詩

인조(仁祖) 무자년(1648)에 정관(靜觀) 이 문정공(李文貞公)[26]이 〈백설루시(白雪樓詩)〉로 진사시에서 일등을 하였다. 지금 세 번째 무자년이 찾아왔는데, 공의 사손(嗣孫)인 태원(太源)이 〈하출도부(河出圖賦)〉로 장원이 되었다.[27] 태원은 백눌의 아들이다. 무자년(1768)[28]

유자[29]의 첫 출발이 상사[30]로 드높더니　　章甫初程上舍尊

25 이백눌 : 이민보(李敏輔, 1720~1799)로, 본관은 연안(延安), 자는 백눌(伯訥), 호는 상와(常窩)·풍서(豐墅), 시호(諡號)는 정효(貞孝)이다. 부제학 이단상(李端相)의 증손이며, 할아버지는 이조 참판 이희조(李喜朝)이다. 〈충역변(忠逆辯)〉·〈상와고(常窩稿)〉 등을 지었다. 1747년(영조23) 진사시에 합격하여 음보(蔭補)로 시강원의 동궁요속(東宮僚屬)에 임명되었고, 장악원 정을 거쳐 1788년 동부승지에 특배되었으며, 1790년 호조 참판에 제수되었다.

26 정관(靜觀)……문정공(李文貞公) : 이단상(李端相, 1628~1669)으로, 자는 유능(幼能), 호는 정관재(靜觀齋)·서호(西湖)이다. 정시 문과에 병과로 급제하여 설서·대교·봉교·부수찬·교리 등을 역임하고 여러 차례 이조·병조의 정랑을 지냈으며, 의정부 사인으로 지제교(知製敎)를 겸하였다.

27 공의……되었다 : 《영조실록》 44년 무자(1768) 2월 11일 기사에 "생원·진사의 복시를 실시하여 생원 이노술(李魯述) 등 1백 명과 진사 이태원(李太源) 등 1백 명을 뽑았다."라는 내용이 보인다.

28 무자년(1768) : 영조 44년으로, 남유용이 71세 되던 해이다.

29 유자 : 원문의 '장보(章甫)'는 유학자들이 머리에 쓰는 관(冠)의 이름이다. 따라서 유자를 대신 받는 말로 보아도 무방할 듯하다.

설루의 기고[31]가 사원[32]을 뒤흔들었네 雪樓旗鼓動詞垣

숭정 연간 이후로 무자년 세 번 돌았을 때 崇禎餘歲三回戊

태극의 현손[33]이 다시 장원급제를 하였네 太極玄孫又擧元

시(詩)가 사라지고 소(騷)가 일어남에 쇠세를 탄식하지만 詩廢騷興衰世歎

괴시에서 평하고 행단에서 읍하는[34] 고풍이 남아있네 槐評杏揖古風存

30 상사(上舍) : 조선 시대 성균관 유생으로서 진사시(進士試)에 합격한 사람을 가리키는 말이다.

31 설루의 기고 : 설루는 이단상이 지어 장원급제한 시가 〈백설루시(白雪樓詩)〉이기에 인용한 것이다. 전장(戰場)에서는 기(旗)와 고(鼓)로 지휘하는데, 과장(科場)도 문예(文藝)로써 싸우는 곳이므로 고시(考試)를 맡는 것을 기고(旗鼓)를 맡는다고 한다.

32 사원(詞垣) : 홍문관이나 예문관 등 문학 신하가 봉직하는 부서를 말하기도 하고 일반적으로 문단(文壇)과 같은 의미로 사용되기도 한다. 여기서는 후자의 뜻으로 보는 편이 타당한 듯하다.

33 태극의 현손 : 경기도 남양주 진접면 내곡리 영지동에 태극정(太極亭)이 있는데, 이민보의 증조부인 이단상이 1665년에 후학 교육을 위해 거주했던 곳이므로 이단상을 태극(太極)이라고 지칭한 것이다. 현손은 4대손을 가리키는데, 이단상·이희조(李喜朝)·이양신(李亮臣)·이민보·이태원으로 이어지므로 이 해에 장원급제한 이태원(李太源)이 이단상의 현손이 된다.

34 괴시에서……읍하는 : 홰나무와 살구나무 모두 학문을 토론하고 강학하는 곳의 상징으로 사용되었다. 괴시(槐市)는 한나라 때 장안의 지식인들이 회화나무가 많은 저잣거리에 모여 물자와 서책, 악기 등을 교역하고 학문을 토론한 데서 유래한 말로, 후에 학궁(學宮)과 학사(學舍)를 가리키는 말로 쓰였다. 한편 성균관의 대성전 남문 밖에 회화나무가 있었다는 기록이 전한다. 행단(杏壇)은 학문을 가르치는 곳으로, 공자가 행단 위에 앉고 제자가 그 곁에서 강학한 고사에서 나온 말이다.

작은 성취로 그대의 가업을 어찌 다 이룰 수 있으랴

小成詎了君家事

모름지기 남겨진 경서를 손에 쥐고 옛 가문 지켜야 하리

須把遺經葆故門

근년의 과거는 오로지 부(賦)만 가지고 선비를 뽑기 때문에 시로 이름난 가문의 자손들도 대부분 옛것을 버리고 시세를 따르게 되어 시도(詩道)가 거의 사라지고 말았다. 이 또한 쇠락한 세상의 일이라 속으로 늘 개탄하였기에 다섯 번째 구에서 언급한 것이다. ○ "행단(杏壇)에서의 읍(揖)이 겨우 돌아오자 괴시(槐市)의 평(評)이 이내 일어났다." 이는 〈사마방회서(司馬榜會序)〉[35]에 나오는 내용이다.

35 〈사마방회서(司馬榜會序)〉: 사마방은 소과에 합격한 생원과 진사의 명단을 공개하던 방(榜)을 말하는데, 같은 해에 사마방에 오른 사람들끼리 모임을 결성하고, '사마방회' 앞에 자신들이 급제한 간지를 붙이곤 하였다. 이 모임을 그림으로 남긴 것도 종종 찾아볼 수 있으나, 여기서 말한 사마방회가 어느 해 모임인지는 자세히 알 길이 없다.

판서 이사겸 익보[36] 의《사기》권말에 적다

題李判書士謙 益輔 史記卷尾

사겸(士謙)이 일찍이 새로 장정한《사기(史記)》를 가져와 내게 제(題)해달라고 청한 적이 있다. 늙고 병든 몸이 몇 년을 끌어오다가 오늘에야 비로소 약속을 실천에 옮기게 되었으나, 사겸은 어느덧 저세상 사람이 되어버렸다. 삶과 죽음에 대한 감회가 깊어져 눈물이 붓을 따라 흘러내리기에, 마침내 권말에 적어 그의 고아[37]에게 주어 보낸다.

다 적고 나서 누구에게 주려는가	題罷欲詒誰
적막한 대나무 안석에 던져버렸네	寂寞投筵几
아득하구나, 늙은이의 마음은	遼哉老夫心
돌아가 연릉계자[38]에게 물어보리라	歸問延陵季

36 이사겸 : 이익보(李益輔, 1708~1767)로, 자는 사겸이다. 참판 이우신(李雨臣)의 아들로 경상도 관찰사・대사헌・병조 판서・이조 판서・좌참찬 등을 역임하였다. 이천보의 종제(從弟)이기도 하다.

37 고아 : 아비가 죽은 자식을 고아라고 부른다.

38 연릉계자 : 춘추시대 오(吳)나라 계찰(季札)을 가리킨다. 그는 제(齊)나라에 다녀오는 길에 자식을 잃어 제나라 영현(嬴縣)과 박현(博縣) 사이에서 장례를 지낸 일이 있는데, 아들의 죽음을 담담히 받아들이고, 머나먼 타향 땅에다 묻고도 아픔을 극복하고 돌아왔기 때문에 연릉자를 언급한 것이다.

상주 이백눌[39]이 관직에서 물러난 것을 축하한 시운에 화답하다

和李尙州伯訥賀致政韻

우습구나, 본성이 우활하여 세정과 거리 멀었으니 自笑踈迂遠世情
관직 마다한 것은 허명을 얻기 위함이 아니었네 謝官非是要虛名
천기는 습관처럼 한가한 곳에서 드러나고 天機慣向閒中見
일신의 계책은 대부분 담담한 곳에서 완성되네 身計多從澹處成
대낮에 흥 일면 할 일 없이 술로 소일하고 日興只消無事飮
가을에 회포 있으면 불평의 울음[40] 쏟아내네 秋懷聊寫不平鳴
고금이 서로 바라보는 중 마음 맞는 사람 있기에 古今相照心期在
이리저리 동쪽 울타리를 맴돌며 저녁 꽃향기 맡아보네[41] 漫繞東籬嗅晩英

39 상주 이백눌 : 이민보(李敏輔)가 외직으로 상주 목사(尙州牧師)를 지냈기에 상주라고 부른 것이다. 이민보에 대해서는 245쪽 주25 참조.

40 불평의 울음 : 당나라 한유(韓愈)의 〈맹동야를 보내며〔送孟東野序〕〉에 "만물은 평정을 잃으면 운다〔大凡物不得其平則鳴〕"라고 하였다. 불평의 울음은 곧 불우한 처지에 있는 사람이 어쩔 수 없이 터트리는 울분을 가리킨다.

41 고금이……맡아보네 : 여기서 고금에 서로 마음 맞는 사람이라고 한 사람은 바로 도연명(陶淵明)이다. 동쪽 울타리〔東籬〕라는 단어는 도연명의 시 〈음주(飮酒)〉 중 다섯 번째 수 "동쪽 울타리 아래서 국화를 꺾다가, 유연히 남산을 바라본다.〔采菊東籬下, 悠然見南山〕"에서 온 것이다.

승지 홍양지[42]가 옥 술잔을 읊은 시에 화운하다

和洪承旨養之賦玉斝

옥 술잔은 문헌공[43]이 쓰시던 오래된 술잔인데, 중양절에 여러 벗들이 술 마시러 왔기에 이 술잔에 대해 시를 지었다.

옥 술잔이 집안에 전해온 지 이백 년이니　玉斝傳家二百年
선배들의 국화 피는 계절 몇 번이나 맞이했을까　幾回先輩菊花天
지금까지도 기쁜 일 슬픈 일마다 술 따라 마시고　秪今斟酌悲歡事
한 점 종남산[44]을 마주하고 술 취해 잠드네　一點終南對醉眠

42 홍양지 : 홍자(洪梓, 1701~1781)로, 본관은 남양, 자는 양지(養之)이다. 대사간·한성부 좌윤·대사헌 등을 지냈다.

43 문헌공 : 문헌은 남유용의 증조부인 남용익(南龍翼, 1628~1692)의 시호이다.

44 종남산 : 서울의 남산을 가리킨다.

홍양지[45]가 내가 치사(致仕)한 것을 축하해온 시운에 화답하다

和洪養之賀致政韻

옛날에는 임금 섬기기를 삼십 년간 하였으니[46]	古者事君三十年
나아가기 전에 가고 멈출 때를 정했던 것이네	行休筭定出身前
좋은 시절 만난 신령한 봉황은 오는가 오지 않는가	逢時神鳳其來否
해 떠난 높이 나는 기러기[47] 마침내 아득해졌구나	去日冥鴻遂杳然
명철한 선현을 참으로 아침저녁으로 만나는 듯한데[48]	明哲眞如朝暮遇
어질고 우매함이 끝내 고금에 현격히 다르구나	賢愚終覺古今懸
늙어빠진 몸뚱이 스스로 상구의 나무[49]에 견주건만	龍鍾自比商丘木
다행히도 낳아주고 길러주는 우로의 시절 만났도다	好得生成雨露天

45 홍양지 : 홍자(洪梓)로, 250쪽 주42 참조.

46 옛날에는……하였으니 : 《예기》 〈내칙(內則)〉에 "40세가 되면 관직에 나아가고, 70세가 되면 관직에서 물러난다.〔四十始仕 七十致仕〕"라고 하였다. 따라서 관직에 머무는 시간이 대략 30년인 셈이다.

47 높이……기러기 : 원문의 '명홍(冥鴻)'은 사람의 눈에 보이지 않을 만큼 하늘 높이 나는 기러기를 말한 것으로, 흔히 은사(隱士)를 비유한다.

48 명철한……듯한데 : 《장자》 〈제물론(齊物論)〉의 "만세의 뒤에라도 이 해답을 아는 대성인을 만나게 된다면, 이것도 아침저녁 사이에 만나는 것이라고 할 것이다.〔萬世之後, 而一遇大聖人知其解者, 是朝暮遇之也〕"라는 말에서 나왔다. 시간을 초월하여 책을 통해 지기(知己)를 만나는 기쁨을 비유하는 말이다.

49 상구의 나무 : 쓸모없는 나무가 그 쓸모없음으로 인해 도리어 천수를 누린다는 고사를 인용한 것으로, 《장자》 〈인간세(人間世)〉에 보인다.

송경 유수 원자정 인손[50] 이 나의 치사를 축하한 시를 치운하다 기축년(1769)[51]

次松京留守元子靜 仁孫 賀致政韻 己丑

추우면 갖옷 입고 목마르면 물 마시며 내 삶을 즐기나니 寒裘渴飮樂吾天
무거운 짐도 남에게 미루는 게으른 신선일세 百擔擠人一懶仙
옛날부터 높고 화려한 것은 원래 분수 아니었으니 自昔崇華元不分
노쇠하여 물러났다고 어찌 현자가 되리오 到衰休退豈爲賢
시정도 뉘엿뉘엿 저물어가는 늘그막의 하루하루[52] 詩情晼晩桑榆日
술도 조절해 마시고 약 달고 사는 한 해 한 해 酒力調停藥餌年
가끔씩 옛 벗들이 찾아와주면 자못 기뻐서 頗喜舊游時枉駕
부들자리를 거둬들이고 화려한 자리를 깐다네 却回蒲薦作文筵

설문청(薛文淸)[53]이 벼슬에서 물러나 집에 거할 때 늘 부들로 짠 자리를 깔았다. 모두 그가 너무 검소하다며 비웃자 설문청이 말했다. "늙은이가

50 송경……원자정 : 자정은 원인손(元仁孫, 1721~1774)의 자이다. 원인손이 영조 44년(1768)에 개성 유수가 되었기에 송경 유수라고 부른 것이다. 이조 참판·이조 판서 등을 거쳐 1772년에 우의정에 이르렀다.

51 기축년 : 영조 45년으로, 남유용이 72세 되던 해이다.

52 늘그막의……하루 : 원문의 '상유(桑榆)'는 해가 질 때 햇빛이 뽕나무와 느릅나무의 꼭대기에 비치는 것으로, 인생의 말년을 비유하는 말로 쓰인다.

53 설문청(薛文淸) : 명나라 사람 설선(薛瑄, 1389~1464)이다. 문청(文淸)은 그의 시호로, 자는 덕온(德溫), 호는 경헌(敬軒)이다. 관직은 이부 우시랑(右侍郎) 겸 한림학사(翰林學士)까지 지냈다.

앉을 때는 부들자리를 깔고, 귀빈(貴賓)이 앉을 때는 비단 자리를 까니, 사치스러움과 검소함이 어찌 족히 따질 만한 것이겠소?"

아우 이여익 보천[54] 이 도정절[55]의 〈사천을 노닐며〔遊斜川〕〉 시운을 써서 부쳐온 시운에 화답하다

和李弟汝翼 輔天 用靖節遊斜川詩見寄之韻

홀을 바친 지 벌써 삼 년이니[56]	獻笏旣三載
나의 말도 응당 돌아가 쉬어야 하겠으나	我馬當歸休
용안도 예전의 모습 아니기에	天顔非宿昔
감히 멀리 유람할 뜻 품지 못했네	未敢懷遠遊
어제는 공연(公讌)[57]에 배석하여	昨也陪公讌
아홉 번 잔 올리고[58] 누런 술[59]을 높이 들었는데	九爵擎黃流

54 이여익 : 이보천(李輔天, 1714~1777)으로, 농암(農巖) 김창협(金昌協)의 제자인 종숙부 이명화(李命華)의 문하에서 수학하고, 같은 농암의 제자인 어유봉(魚有鳳)의 사위가 되어 그에게서도 사사받았다. 이로써 우암(尤庵)에서 농암으로 이어지는 노론의 학통을 계승한 산림처사로서 명망이 높았다. 그는 사위인 연암 박지원에게 《맹자》를 가르쳤으며, 정신적으로 큰 감화를 주었다고 한다.

55 도정절 : 도연명을 가리킨다. 정절(靖節)은 도연명의 시호이다.

56 홀을……삼년이니 : 홀을 바쳤다는 것은 관직에서 물러남을 의미한다. 남유용이 치사(致仕)를 허락받은 것이 1767년이니, 이 시를 쓰는 1769년은 그가 관직에서 물러난 지 3년째 되는 해이다.

57 공연(公讌) : 나라에서 베풀어준 잔치 자리를 말한다.

58 아홉……올리고 : 예연(禮宴) 때에 임금에게 술잔을 아홉 번 올리던 예를 의미한다. 첫 번째 술잔과 두 번째 술잔은 왕세자와 반수(班首)가 차례로 올렸으며, 세 번째부터 아홉 번째까지는 사옹원 제조(司饔院提調)가 올렸으나, 뒤에는 종친(宗親)·재신(宰臣) 가운데서 낙점하여 올리기도 하였다.

59 누런 술 : 원문의 황류(黃流)는 제사 지낼 때 강신주로 쓰는 울창주(鬱鬯酒)를

저녁에 돌아올 때 술기운이 남아　　暮歸有餘醺
호탕하게 강가 갈매기 꿈을 꾸었네　　浩蕩夢江鷗
돌아보면 율리자[60]의　　瞻言栗里子
그윽한 안식처도 아무 언덕[61]과 같나니　　幽棲同某丘
수계(脩禊)[62]의 일 전현의 뒤를 좇아서　　禊事追前修
날을 골라 벗들을 부르고　　選日命朋儔
탁주로 진솔함을 내보이면서　　濁醪示眞率
청아한 시를 마음껏 주고받으리　　淸詩恣獻酬
편지를 날려 성안으로 들여보내는 것을 보니　　飛翰入城裏
이 늙은이를 자못 그리워하고 있는 것은 아닌지　　頗憶此翁不
한 번 읊고 한 번 서글퍼하자니　　一詠一惆悵
벗 떠나 홀로 사는 근심만 깊어만 지네　　重我離居憂

말한다. 《시경》〈한록(旱麓)〉에 "아름답고 깔끔한 저기 옥 술잔, 누른 빛깔 좋은 술 담겼구나.〔瑟彼玉瓚, 黃流在中〕"라고 한 데서 나온 것으로, 찰기장으로 빚은 술에 강황 끓인 물을 타서 향기가 나고 누런 빛깔을 띤다.

60 율리자 : '율리(栗里)'는 도연명이 은거하였던 곳이므로 율리자는 곧 도연명을 가리킨다.

61 아무 언덕 : '아무 물과 아무 언덕〔某水某丘〕'의 줄임말로, 자신이 살던 옛고향의 물과 언덕을 가리킨다. 한유(韓愈)의 〈양소윤을 보내며〔送楊少尹序〕〉에 "지금 그대가 고향에 돌아가면 그곳의 나무를 가리키며 '아무 나무는 나의 선인께서 심은 것이고, 아무 물과 아무 언덕은 내가 어린 시절에 낚시하며 놀던 곳이다.'라고 할 것이다."라고 한 데서 온 말이다.

62 수계(脩禊) : 고대 중국에서 음력 3월 상순(上旬)의 사일(巳日)에 물가에 모여 부정한 것을 털어내고 복을 빌면서 봄을 즐기던 풍습이다. 후에는 3월 3일로 고정되었다.

새해에 만약 이곳에서 노닐 수 있다면 開歲倘玆遊
수레에 기름칠하고 말에게 꼴 먹여[63] 찾아주길 바라네 膏秣願相求

63 수레에……먹여 : 한유(韓愈)의 〈반곡으로 돌아가는 이원을 보내며〔送李愿歸盤谷〕〉에 "내 수레에 기름 치고 나의 말에 꼴을 먹여.〔膏吾車兮, 秣吾馬〕"라는 구절이 있다. 이후 '고말(膏秣)'은 길을 떠날 차비하는 것을 비유하는 말로 쓰였다.

오로가 쓴 〈염락〉 다섯 편 시[64]의 운을 써서 제공에게 편지 삼아 부치면서 창화를 구하다

用五老書濂洛五詩韻 簡諸公求和

편안히 지내자니 대낮의 해도 더디 가는데 燕處安閒白日遲

소나무 자태와 허연 수염이 그림 속에 희미하네 松姿雪鬢畫中稀

다만 나라 근심하는 마음만은 그치기 어려워 秖應憂國心難了

때때로 가을 하늘에 물수리 날아가는 것 바라보네[65] 時見秋天一鶚飛

64 오로가……시 : 《뇌연집》 권13에 〈오로가 쓴 염락시 작은 병풍의 발문〔五老書濂洛詩小屛跋〕〉이 수록되어 있는데, 발문은 "기축년(1769) 무진월 경술일에, 다섯 노인이 수양의 고사처럼 정 상서 댁에 모였다. 술자리가 무르익었을 때 화전 몇 폭을 꺼내 다섯이 각각 〈염락시〉를 썼으니, 대개 촛불을 잡고 밤에 노니는 뜻이었다. 앞으로 몇 년 동안이나 이 모임을 이어갈 수 있을지 모를 일이지만, 매번 모일 때마다 이 화전을 꺼내서 한 번씩 읊조리다가 다시 각각 한 편씩을 지음으로써 부가를 대신한다면, 비록 앞으로 백 장까지 쌓인다 해도 그 많음을 싫어하지 않으리라. 삼가 쓰다.〔歲己丑月戊辰日庚戌, 五老用睢陽故事, 會鄭尙書第, 酒半出花牋數幅, 五老各書濂洛詩, 盖夜遊秉燭意也. 未知繼此幾年, 能作此會, 而每會出此牋一諷, 又各書一詩, 以代缶歌. 則雖至累百牋, 不厭其多也, 第識之〕"이다. 발문 앞에 열거한 시는 차례대로 "양래가 쓴 소옹의 시, 계장이 쓴 주희의 시, 성지가 쓴 주희의 시, 경유가 쓴 정이의 시, 덕재가 쓴 주희의 시〔陽來書邵子詩, 季章書朱子詩, 性之書朱子詩, 景孺書程子詩, 德哉書朱子詩〕"이다. 즉 먼저 다섯 명이 모여 소옹, 정이, 주희의 시운을 써서 〈염락시〉를 지었는데, 남유용이 이 시운을 써 각각 한 편씩을 지은 다음 다시금 당사자에게 창화를 구한 것이다.

65 때때로……바라보네 : 두보의 시 〈엄팔 각로에게 삼가 바치다〔奉贈嚴八閣老〕〉 중에 나오는 "교룡이 비구름을 얻고, 물수리가 가을 하늘에 있네.〔蛟龍得雲雨, 雕鶚在秋天〕"를 인용한 것이다. 즉 시국에 대한 근심에 훌륭한 인재가 때를 만나 등용되기를 기다린다는 뜻이다.

이상은 소강절(邵康節 소옹)의 시운[66]이다. 판돈녕(判敦寧) 정양래(鄭陽來)[67]에게 창화를 구하다.

뽕나무 산뽕나무[68] 그늘이 푸른 시내를 덮었는데　桑柘陰陰覆綠溪
문에 도착하니 산골 술동이엔 마침 술이 익었구나　山罇酒熟到門時
돌아갈 보따리 속에 넣은 것 중에 천서[69]가 있나니　歸裝貯得天書在
쑥대 우거진 문에 비추는 상서로운 빛을 시골 노인은 알리라　蓬戶祥光野老知

이상은 자양(紫陽 주희)의 시운이다. 삼재(三宰)[70] 윤계장(尹季章)[71]에게 창화를 구하다.

기러기 보내고[72] 대문에 올랐더니 이제 회근연[73] 열려

66 소강절(邵康節)의 시운 : 여기서 차운한 시는 소옹의 〈안락와에서 읊다〔安樂窩中吟〕〉이다.

67 정양래(鄭陽來) : 정형복(鄭亨復, 1686～1769)으로, 본관은 동래(東萊), 자는 양래(陽來), 호는 정헌(靖軒)이다. 1725년 과거 급제 후 여러 관직을 거쳐 강원도·전라도·황해도 감사를 지내면서 선정을 폈고 판서까지 지냈다.

68 뽕나무 산뽕나무 : 시절이 여름임을 나타낸다.

69 천서 : 제왕의 조칙(詔勅) 등을 높여 부르는 말이다.

70 삼재(三宰) : 좌참찬의 이칭이다. 윤봉오는 1768년(영조44)에 좌참찬이 되었다.

71 윤계장(尹季章) : 윤봉오(尹鳳五, 1688～1769)로, 자는 계장(季章), 호는 석문(石門)이다. 1759년에 동지의금부사·대사헌을 역임하였다. 1763년 특진관(特進官)으로 판돈녕부사를 겸하고 1768년 기로소에 들어갔다. 저서로는 《석문집》이 있다. 시호는 숙간(肅簡)이다.

72 기러기 보내고 : 원문의 '사안(賜鴈)'은 전안(奠雁)을 가리킨다. 혼례 때, 신랑이 기러기를 가지고 신부의 집으로 가서 상 위에 올려놓고 절하던 예이다.

賜鳫登門巹宴開

자손들 색동옷 입고 춤추며 거듭 왔다 갔다 하네 兒孫彩舞屢徘徊

삼성도[74] 안으로 향을 올리러 떠나고 三星圖裏行香去

오로봉 앞으로 지팡이 놓고 찾아왔네 五老峯前放杖來

이상은 자양의 시운[75]이다. 경윤(京尹) 안성지(安性之) 윤행(允行)[76]에게 창화를 구하다.

고운 얼굴 흰 머리엔 아직도 정신이 정정하니 韶顔皓髮尙精神

편안케 하고 구제함이 한 몸에 그친 적 있었던가 康濟何曾止一身

늘그막에 강호에서 자주 서글피 바라보았으니 垂老江湖頻悵望

부자[77]에게 임금과 백성의 뜻 있었음을 진작에 알았네

早知夫子志君民

이상은 이천(伊川 정이(程頤))의 시운[78]이다. 상서(尙書) 윤경유(尹景孺)[79]

73 회근연 : 회근(回巹)은 회혼(回婚)과 같은 뜻으로 혼인한 지 61년이 되는 해를 말한다.

74 삼성도 : 삼성은 복성(福星), 녹성(祿星), 수성(壽星)을 뜻하는데 이것을 사람으로 형상화하여 그림으로 그린 것이 삼성도이다.

75 자양의 시운 : 여기서 차운한 시는 주희(朱熹)의 〈책을 읽다 느낀 바가 있어서〔觀書有感〕〉이다.

76 안성지(安性之) 윤행(允行) : 안윤행(安允行, 1692~?)으로, 본관은 죽산(竹山), 자는 성지(性之)이다. 교리, 승지 등을 역임하고 1760년에 울산 부사로 나갔다. 이듬해에 대사간이 되었고, 후에 형조 참판과 판서를 거쳐 판돈녕부사에 이르렀다. 시호는 충헌(忠憲)이다.

77 부자 : 여기서 부자라고 지칭한 사람은 바로 정이(程頤)이다.

78 이천(伊川)의 시운 : 여기서 차운한 시는 〈왕전기가 약을 부쳐준 것에 사례하다〔謝王佺期寄藥〕〉이다.

에게 창화를 구하다.

강촌으로 가서 낚시 도롱이 한번 빌려 보시게　　試向江村借釣蓑
갈매기 해오라기에게 누가 누군지 구분하게 할 필요 없을 테니　　免教鷗鷺更誰何
청운을 다 밟고 나니 돌아옴이 이미 늦어서　　青雲踏罷歸來晚
옷깃 앞에 백발이 많은 것 보고 혼자서 웃네　　自笑襟前白髮多

이상은 자양의 시운이다. 내가 직접 읊었다.

79 상서(尚書) 윤경유(尹景孺) : 윤급(尹汲, 1697~1770)으로, 본관은 해평(海平), 자는 경유(景孺), 호는 근암(近庵), 시호는 문정(文貞)이다. 영조의 탕평책을 반대하다 여러 번 파직 또는 좌천되었으나 재기용된 이후에 이조 판서·한성 판윤·좌참찬 등을 지내고 기로소에 들어갔다. 저서에 《근암집(近庵集)》 등이 있다.

시골 막걸리 몇 잔을 사와 기로의 잔치를 대신하고 설핏 취하였기에 시를 지어 읊다

沽得村醪數杯 以替耆筵 微醺有吟

듣자니 여러 기로(耆老)들이 조정의 명령으로 집집마다 잔치를 열어 술잔을 받았다는데, 나는 가난해서 갖추어 차리지 못하고 시골 막걸리 몇 잔을 사 와서 자식, 손자, 딸, 며느리에게 명해 각각 한 잔씩 따라 올리도록 하였다.

청운의 갈림길에서 노닐다 막 지쳤더니　　青雲歧路遊初倦
백발의 세월을 더 많이 얻었구나　　白髮光陰得更多
어린아이들도 응당 제왕의 힘[80]을 알아서인지　　稚子也應知帝力
직접 봄 술을 따르며 늙은이에게 노래를 권하네　　自斟春酒勸翁歌

80 제왕의 힘 : 요 임금 때에 어떤 노인이 배를 두드리며 노래하기를 "해가 뜨면 일하고, 해가 지면 쉬며, 우물 파서 물 마시고, 밭 갈아서 밥 먹으니, 임금의 힘이 나에게 무슨 상관이 있으리오.〔日出而作 日入而息 鑿井而飮 耕田而食 帝力何有於我哉〕"라고 한 데서 온 말인데, 백성들이 태평 시대를 만나 풍족한 생활을 누리며 노래하는 것을 말한다.

시랑 이심원 유수[81] 의 못가 정자에서 상서 조광서 돈,[82] 지주 이백눌,[83] 시독 송자중 재경[84] 과 작은 모임을 마련했는데, 주인이 시를 지었기에 받들어 창화하다

李侍郎深遠 惟秀 池榭 同趙尙書光瑞 暾 李知州伯訥 宋侍讀子中 載經 小集 主人有詩 奉酬

요요 우는 사슴[85] 소리가 또한 듣기 좋다면서	鳴鹿呦呦亦好音
오랜 벗이 나를 낙산 북쪽으로 오라 하였지	故人呼我駱山陰
온 집안의 닭과 개들에겐 단사의 기운 서려 있고[86]	全家鷄犬丹砂氣

81 이심원 : 이유수(李惟秀, 1721~1771)로, 본관은 전주(全州)이며, 자는 심원(深遠), 호는 완이(莞爾), 시호는 정익(貞翼)이다. 정시 문과(庭試文科)에서 장원하여, 정언·응교·관찰사·대사헌·형조 판서를 지냈다.

82 조광서 : 조돈(趙暾, 1716~1790)으로, 본관은 풍양(豐壤)이며, 자는 광서(光瑞), 호는 죽석(竹石)이다. 함경감사, 대사헌, 이조 판서 등을 역임하였다.

83 이백눌 : 이민보(李敏輔)로, 245쪽 주25 참조.

84 송자중 : 송재경(宋載經, 1718~1793)으로, 본관은 은진(恩津)이며, 경기 출신으로 자는 자중(子中), 호는 기기와(棄棄窩)이다. 1764년(영조40)에 갑신 정시에 급제하였다. 김종수(金鍾秀)와 함께 벽파의 영수이며 송시열의 후손이고, 정후겸의 심복인 심상운(沈翔雲)의 장인이기도 하다.

85 우는 사슴 : '녹명(鹿鳴)'은 《시경》의 편명으로 고대에 임금이 신하나 귀빈을 위하여 연회를 열 때 사용하는 악가이다. "우우 우는 사슴이 들 부들을 뜯어먹도다. 나에게 귀빈이 있어서 비파를 타고 생황을 불었도다.〔呦呦鹿鳴 食野之苹 我有嘉賓 鼓瑟吹笙〕"라고 하였다.

86 닭과……있고 : 한나라 고조(高祖)의 손자인 회남왕(淮南王) 유안(劉安)은 신선과 황로(黃老)의 방술(方術)을 좋아하여 방술사들을 모아놓고 단약 만드는 일에 몰두하였는데, 우연히 두부처럼 생긴 단약을 달여 먹고서 신선이 되어 하늘로 올라갔다고

벽 반을 차지한 시서에는 햇빛이 내리비추네 半壁詩書白日臨
술 마시면 그 어딘들 근심과 즐거움의 경지 아니랴 飮酒孰非憂樂地
구름 볼 때면 모름지기 말렸다 펼쳐지는 마음 알아야 하리
看雲須識卷舒心
다만 찬란함이 쉬이 쇠하고 끝나는 것 근심스러우니
直愁爛漫易衰歇
웃으며 벼랑 끝 단풍 가리키면서 남아 한 잔 술 마시네
笑指崖楓留一斟

한다. 이때 유안이 먹다 남긴 단약을 닭과 개가 먹고 모두 신선이 되어 하늘에 올라가, 닭은 천상에서 울고 개는 구름 속에서 짖었다는 전설이 전해온다.

백눌[87]이 율시 두 수로 노닐었던 일을 기록하였는데, 너무 늙어 음영하기조차 게으르기에 그 중 첫 번째 수의 운을 받들어 창화하다
伯訥用二律記遊事 老倦吟詠 奉和其首韻一首

골짜기의 새는 어두운 길에 내려앉는데 谷鳥下幽徑
견여로 높은 곳을 찾아왔노라 肩輿來處高
못은 맑아서 흰 머리를 그려내고 池淸寫素髮
개인 빛은 푸른 언덕에 흩어졌네 霽色散靑皐
술 마시기에 나는 참으로 늙었으니 酒事吾眞老
시정이라면 그대가 절로 호방하구려 詩情子自豪
손님과 주인 동남에서 빼어난 인물이니[88] 東南賓主席
고생을 만난다 하더라도 해될 것이 없겠네 未害顧生遭

고개지(顧愷之)[89]는 젊었을 적에 왕씨(王氏)와 사씨(謝씨)[90] 집안에서 연회를 연다는 소리만 들으면 바로 붓을 싸서 들고 그들을 따라가서는 옆에서

87 백눌 : 이민보(李敏輔)로, 245쪽 주25 참조.

88 손님과……인물이니 : 당나라 왕발(王勃)의 〈등왕각서(滕王閣序)〉에 나오는 "손님과 주인은 동남의 미(美)를 다하였도다.〔賓主盡東南之美〕"라는 구절을 인용한 것으로, 주인과 객이 모두 빼어난 인물임을 뜻한다.

89 고개지(顧愷之, 348~409) : 중국 동진(東晉)의 문인 화가로, 자는 장강(長康), 아명은 호두(虎頭)라 했다. 현재 전하는 작품으로는 〈여사잠도(女史箴圖)〉, 〈낙신부도(洛神賦圖)〉, 〈열녀도(烈女圖)〉가 있다.

90 왕씨(王氏)와 사씨(謝氏) : 진(晉)나라 때의 명문 귀족 가문으로, 지금의 남경(南京) 오의항(烏衣巷)에 살면서 풍류와 사치로 명성을 크게 드날렸다.

술 마시고 노래하는 모습을 매우 핍진하게 그렸다. 좌중에서는 이를 매우 힘들어했으나 고개지는 피곤한 줄도 모르고 좋아하더니, 마침내 이것으로 큰 명성을 얻었다.

이 시랑 심원[91]의 〈동산〉 시축[92]에 쓰다
題李侍郎深遠東山詩軸

장안 길 위에서 어찌 수건에 눈물 적시나　長安道上何沾巾
그 옛날 다니던 길에 지금 사람들 다니네　古時道行今時人
아침인지 저녁인지 모르게 거마는 시끄럽고　不知早暮車馬喧
비 내리면 진흙탕이 되고 바람 불면 먼지 이네　雨作泥兮風爲塵
거사의 작은 수레는 오랫동안 벽에 기대어 있고　居士小車長倚壁
문 앞으로 난 길 하나에는 풀이 자리 깐 듯 자라있네　門前一道草如茵
오늘 아침 동산의 글을 손에 쥐고 있노라니　今辰手把東山書

91 심원 : 이유수(李惟秀)로, 262쪽 주81 참조.

92 동산 시축 : 《몽오집(夢梧集)》 〈몽오 김공 연보(夢梧金公年譜)〉에 김종수(金鍾秀, 1728~1799)가 이유수를 위해 지은 제문이 실려 있는데, 그 내용을 보면 동산 시축에 관한 대략의 정보를 얻을 수 있다. “이공의 집은 동성 낙산 아래 있었는데, 나무와 돌과 동산과 못의 승경이 있었고 그 안에 고서화와 이기(彝器)를 소장하고 있었다. 매일 윤급(尹伋)·남유용·이득배(李得培)·조돈(趙暾)·송재경(宋載經)·심이지(沈履之)·김상묵(金尙默)·윤시동(尹蓍東)·유언호(兪彦鎬)·김욱(金煜)·김광묵(金光默) 공과 더불어 이공의 집에서 모임을 가졌는데, 당시 사람들이 13학사라고 불렀다. 수청(水靑)의 나무꾼 정씨(鄭姓)는 방외인이었으나 가끔 이 모임에 참여하곤 하였다. 그들은 서로 술 마시고 지를 짓고 글씨 쓰고 바둑 두며 즐거움을 삼았다. 이공이 화공에게 명하여 이 일을 그리게 하였는데, 아직까지도 전해지고 있다. 제공들은 청의를 드넓혀 사풍을 보이지 않는 데서 유지하였다. 글과 술에 숨어지냄으로써 그물에 걸려드는 것을 피하였기에, 당시 사람들은 이 모임을 일러 ‘동산지회(東山之會)’라고 하였다.”

이경[93]의 못가 동산으로 흥이 향했네 興在李卿池園中
동산 청송 아래에 있던 흰 사슴 園有青松下白鹿
무늬 찬연한 우리들도 이런 모습이었지[94] 斐然吾黨亦斯容
내리는 비는 술 깬 하늘가에 문득 멈추고[95] 行雨頓晴消酒天
높이 비추는 노을은 시 적은 돌에 떨어지네 高霞欲滴題詩石
더없이 아름다운 군자가 아니라면 不爲君子美無度
이 머리 허연 늙은이를 누가 반겨줄까 皓首誰與一嘉客

93 이경 : 이유수를 가리킨다.

94 무늬……모습이었지 : 《논어》 〈공야장(公冶長)〉에 "공자께서 진에 있으면서 말씀하시되, '돌아가자, 돌아가자. 우리 고을의 젊은이들이 광간하여 찬연히 문장만 이루었을 뿐 그것을 마름질할 줄을 모르는구나.'라고 하셨다.〔子在陳曰, 歸與歸與! 吾黨之小子狂簡, 斐然成章, 不知的以裁之〕"라는 구절에서 온 말이다.

95 내리는……멈추고 : 송나라 소옹(邵雍)의 시 〈늙어감에 봄을 만나〔年老逢春〕 13수〉 중 두 번째 수를 인용하였는데, 소옹의 시에는 "추위 막 지났는데 도리어 따스해져 꽃 피우기 좋은 시절, 비 지나자 이내 날 개니 술이 깨는구나.〔纔寒却暖養花日, 行雨便晴消酒天〕"로 되어 있다.

유문[96]의 초당에서 작은 술 모임이 있었는데, 김예중 원박 무택,[97] 이최지 계량[98]도 이르렀다. 유문이 나중에 두번천의 시운[99]을 창화하여 시를 보내왔기에 받들어 화답하다

孺文草堂小飮 金禮仲元博 茂澤 李最之季良亦至 孺文追和杜樊川韻見寄 奉酬

기러기는 한 점 한 점 서리를 등지고 나는데	賓鴻片片負霜飛
물러난 선비의 사립문엔 세상일 드물구나	退士柴荊世事微
흰 머리로 바라보니 후진들이 대부분이고	白髮相看多後進
청산 몇 군데로 먼저 간 이들 보내드렸네	靑山幾處送先歸
국화는 날 추워도 가을 기운과 싸우려 하는 듯하고	菊寒似欲爭秋氣
해바라기는 시들어도 저녁 빛 사랑할 줄 안다네	葵老猶知愛晩暉

96 유문 : 김순택(金純澤, 1714~1787)으로, 본관은 광산, 자(字)는 유문(孺文)이고, 호는 설창(雪窓)·옥계(玉溪)·지소(志素)이다.

97 김예중 원박 : 김무택(金茂澤, 1715~1778)으로, 자는 원박, 호는 동강거사(桐岡居士)이다. 장원서 별제, 한성부 판관을 역임하였다. 황경원·윤현동(尹顯東)·이인상(李麟祥) 등 조선 후기의 문인 및 화가, 특히 노론 계열의 인사와 편지를 주고받으며 가깝게 지낸 것으로 보인다.

98 이최지 계량 : 이최지(李最之, 1696~1774). 본관은 전주, 자는 계량, 호는 연심재(淵心齋)이다. 정산 현감(定山縣監)을 지냈다는 기록을 찾아볼 수 있다. 이인상(李麟祥)의 숙부로, 전각에 뛰어났다 한다.

99 두번천의 시운 : 번천(樊川)은 당나라 시인 두목(杜牧)의 자호이다. 만년에 장안 남쪽 번천 별장에 기거하며 스스로를 이렇게 불렀다. 여기서 차운한 시는 〈중양절에 제산에 올라〔九日齊山登高〕〉이다.

예로부터 남촌은 세월 보낼 만하기에 自昔南村可晨夕
그동안 나는 이미 조의를 벗어버렸네 向來吾已解朝衣

지금 막 윤삼재(尹三宰) 계장(季章)[100]의 ▦문[101]을 들었기 네 번째 구에서 언급한 것이다.

100 윤삼재(尹三宰) 계장(季章) : 윤봉오(尹鳳五)로, 258쪽 주71 참조.

101 ▦문 : 글자의 식별이 어려우나, 내용으로 미루어보아서는 부고를 들은 듯하다. 윤봉오가 사망한 해도 바로 이 해(1769)이다.

9월 13일 성절[102]에 덕유당[103]에 입시하여 응제시 10운 배율을 짓다

九月十三日聖節 入侍德游堂 應製十韻排律

백복[104]이 성대하게 대동으로 모이고 百茀穰穰湊大東

삼궁[105]의 아름다운 기운이 흐르는 무지개[106]에 모였네 三宮佳氣屬流虹

노인성은 이미 추분 이후에 나타나고[107] 老人已見秋分後

상서로운 명협[108]은 바야흐로 구월에 삐죽 나왔네 瑞莢方抽九月中

102 성절 : 임금의 생일을 높여 부르는 말이다.

103 덕유당 : 경희궁 회상전(會祥殿) 옆에 있던 건물이다. 서쪽에는 사물헌(四勿)이 있고 북쪽에 서암(瑞巖)이 있다.

104 백복 : 원문 '백불(百茀)'의 '불(茀)'은 곧 복(福)과 같은 뜻이다. 《시경》 〈권아(卷阿)〉에 "그대가 천명을 받음이 장구하니, 복록으로 그대가 편안하도다.〔爾受命長矣 茀祿爾康〕"라는 말이 나온다.

105 삼궁 : 왕대비전・대전・중궁전을 말한다.

106 흐르는 무지개 : 소호씨(少昊氏)의 어머니인 여절(女節)이, 별이 무지개처럼 화저(華渚)로 흘러 떨어지는 것을 보고서 꿈에 감응을 받아 소호를 낳았다는 고사에서 온 말로, 임금의 생일을 뜻한다.

107 노인성은……나타나고 : 추분 절기에 항상 남쪽 하늘에 나타나는 남극노인성(南極老人星)을 가리킨다. 고어(古語)에 의하면, 이 별이 나타나면 천하가 태평하고, 나타나지 않으면 병란이 일어난다고 하며, 또 옛사람들이 이 별을 장수의 상징으로 삼아서 수성(壽星)이라 이름하기도 했다.

108 명협(蓂莢) : 요임금 때 조정의 뜰에 났다는 서초(瑞草)의 이름인데, 초하루부터 매일 한 잎씩 나서 자라다가 보름이 지난 16일부터는 매일 한 잎씩 져서 그믐에는 다

보의[109]가 산처럼 솟으니 오색구름 일렁이고　黼扆如山雲彩動
의관이 해를 향해 나아가니[110] 패옥소리 어우러지네　衣冠就日珮聲同
임금의 마음에는 절로 신명을 강림케 함이 있고　王心自有明神格
교화의 도는 본디 수역[111]과 통한다네　化道元從壽域通
하늘이 내린 긴 수염[112]이 팔채[113]에 더해졌으며　天放秀毫添八彩
사람들이 부르는 지극한 덕이 삼숭[114]을 기대하네　人歌至德待三嵩
외람되이 해와 달 찬란한 곳에서 함께 모시면서　叨陪日月光華地
묵묵히 종사를 열어 주고 도와주는 공을 기억하네　默識宗祊啓佑功
주나라 문왕이 기년제를 올릴 적엔 〈역박〉의 노래 들렸고[115]

떨어지기 때문에 이것으로 날을 계산하여 달력을 삼았다는 고사가 전한다.

109 보의 : 고대에 제왕이 앉는 자리의 뒤쪽에 설치했던 병풍이다. 윗부분에 도끼 모양의 문양이 그려져 있었으므로 보의라고 하였다.

110 의관이……나아가니 : 의관은 벼슬아치들을 상징하는 말이고, 해는 임금을 상징하는 말이다. 따라서 관리들이 임금을 향해 나아간다는 뜻이다.

111 수역(壽域) : 사람마다 천명대로 장수를 누리는 태평성대를 말한다.

112 긴 수염 : 《시경》 〈칠월(七月)〉에 "이 봄 술을 담가, 장수를 돕고자 하네.〔爲此春酒, 以介眉壽〕"라는 구절이 있는데, 모전(毛傳)에서 이르기를 "미수는 호미이다.〔眉壽, 毫眉也〕"라고 하였고, 공영달(孔穎達)의 소(疏)에 이르기를, "장수하는 사람은 반드시 눈썹이 길게 자라있기에 눈썹을 호미라고 한 것임을 알 수 있다.〔人年老者, 必有毫毛秀出者, 故知眉謂毫眉也〕"라고 하였다.

113 팔채(八彩) : '팔채미(八彩眉)'의 줄임말로 원래 임금의 눈썹을 가리킨다. 옛날 요 임금의 눈썹에 여덟 가지 색채가 있었다는 데서 나온 말로, 이후 '팔채(八彩)'는 임금의 얼굴, 혹은 훌륭한 군주를 가리키는 말로 사용되었다.

114 삼숭(三嵩) : 임금을 위해 만세를 부르는 것을 말한다. 한 무제가 숭산(嵩山)에 올라갔을 때, 어디선가 만세 소리가 세 번 들려왔다는 고사에서 비롯된 것이다. 《漢書 卷6 武帝紀》 산호만세(山呼萬歲) 혹은 숭호만세(嵩呼萬歲)라고도 한다.

周辟祈年聞棫樸

헌황이 도를 물었을 때에는 공동 선인이 웃었네[116] 軒皇問道笑崆峒

의장 깃발 우러르던 어제 무병하신 것 기뻐하고 瞻旄昨日欣無疾

서직 받은 오늘 풍년 든 것 즐거워하네 受稼今朝樂有豐

12일에 주상께서 경복궁에 납시어 시사(試士)하시고, 이튿날 친히 숭정전(崇政殿)에서 서직(黍稷)을 받으셨다.

동산의 국화도 또한 성절에 꽃피울 줄을 알고 苑菊亦知華聖節

화로의 향불도 훈훈한 바람을 보내오려 하네 鑪香翻欲送熏風

하찮은 행적으로 요행히 기로신의 반열에 끼었기에 微蹤幸廁耆臣列

공경히 선제[117]에 화답하노라니 마음이 격동하네 恭和璇題激寸衷

115 주나라……들렸고 : 〈역박(棫樸)〉은 《시경》 대아(大雅)의 편명으로, 문왕(文王)의 덕으로 천하에 인재가 많이 배출되고 또 문왕이 이들을 적소에 잘 등용한 것을 찬양하는 내용이다. '주벽(周辟)'은 주나라 문왕을 가리키며, 이 시의 두 번째 구절인 "의용이 엄숙한 임금이시여, 신하들이 장찬을 받들고 있네.〔濟濟辟王, 左右奉璋〕"에서 인용했다. 네 번째 구절은 "크나큰 저 은하수여, 하늘의 문장이 되었도다. 주왕이 장수를 누리시거니, 어찌 인재를 성취시키지 않으리오.〔倬彼雲漢, 爲章于天. 周王壽考, 遐不作人〕"인데, 이날이 임금의 생일이었고, 또 간주에서 밝혔듯 이날 임금이 경복궁에서 직접 시사(試士)하였기에 이 시를 인용한 것이다.

116 헌황이……웃었네 : 헌황은 황제(黃帝) 헌원씨(軒轅氏)로, 그는 재위한 지 19년 만에 공동산(崆峒山)의 석실에 거처하고 있는 선인(仙人) 광성자(廣成子)를 찾아 도를 묻고 수도하여 지도(至道)의 정수를 얻었다 한다. 《莊子 在宥》

117 선제 : 임금이 낸 글제이기 때문에 미화하여 '璿' 자를 쓴 것이다.

심원[118]의 못가 정자에서 단풍을 감상하였다. 삼재[119] 윤경유,[120] 승지 이중고 득배,[121] 상서 조광서,[122] 교리 송자중,[123] 응교 김백우 상묵,[124] 부학 윤백상 시동[125]과 함께 밤이 될 때까지 잔치하며 술을 마셨는데, 자리가 파한 후에 시를 지은 것이 있어 심원에게 보이다

深遠池亭賞楓 同尹三宰景孺 李承旨仲固 得培 趙尙書光瑞 宋校理子中 金應敎伯愚 尙默 尹副學伯常 蓍東 燕飮至夜 旣罷 有吟 示深遠

객은 서리 맞은 단풍에 기대고 사슴은 이끼 밟는데	客倚霜楓鹿踏苔
맑은 가을빛 넘실대는 중에 술잔을 돌리네	晴暉灩灩送行盃
고생[126]이 반드시 가을 흥취 알지는 못하리니	顧生未必知秋興

118 심원 : 이유수(李惟秀)로, 262쪽 주81 참조.

119 삼재 : 재상의 차례에서 세 번째가 된다는 뜻으로 '좌참찬(左參贊)'을 달리 이르는 말이다.

120 윤경유 : 윤급(尹汲)으로, 260쪽 주79 참조.

121 이중고 : 이득배(李得培, 1715~1774)로, 본관은 전의(全義), 자는 중고(仲固)이며, 경기 출신이다. 김창흡(金昌翕)의 외손자이기도 하다. 대사간을 역임하였다.

122 조광서 : 조돈(趙暾)으로, 262쪽 주82 참조. 이 시를 짓던 당시 조돈이 이조 판서로 있었기에 상서(尙書)라고 불렀다.

123 송자중 : 송재경(宋載經)으로, 262쪽 주84 참조. 이때 송재경이 교리 겸 학교수(校理兼學敎授)로 있었기에 교리라고 불렀다.

124 김백우 : 김상묵(金尙默, 1726~?)으로, 본관은 청풍, 자는 백우(伯愚)이다. 교리(校理), 겸문학(兼文學), 수찬(修撰) 등을 지냈다.

125 윤백상 : 윤시동(尹蓍東, 1729~1797)으로, 본관은 해평, 자는 백상(伯常), 호는 방한(方閒)이다. 제주 목사, 승지, 대사성, 부제학 등을 역임했다.

옥 상자를 정리해보면 시 여덟 수가 나올 걸세　　收拾瓊函八首來

심원이 화공에게 명해 노니는 모습을 그리게 하였기에 언급한 것이다.[127]

126　고생 : 고개지(顧愷之)로, 264쪽 주89 참조.

127　옥……걸세 : 이 모임에 참여한 사람이 총 여덟 명이므로 한 사람당 한 수씩 지으면 여덟 수가 될 것이라는 뜻이다.

연경에 부사로 가는 홍양지[128]를 송별하며

送別燕京副使洪養之

희끗희끗한 머리로 가만히 술잔을 들지만 踈踈霜鬢澹澹巵
늘그막의 우리는 둘 다 멀리 이별할 나이 아니라네 衰暮俱非遠別時
한나라의 해가 옛날엔 기자의 나라에 걸렸건만[129] 漢日舊懸箕子國
오랑캐의 산이 지금은 백이의 사당[130]을 둘러쌌네 胡山今繞伯夷祠
가을 소리 싸늘한 것이야 오히려 기뻐할 만하지만 秋聲淅瀝猶堪喜
하늘의 뜻은 창망하여 감히 엿볼 수가 없다네 天意蒼茫未敢窺
이별 자리에서 크게 슬퍼한다고 이상히 여기지 마시게나 莫怪離筵太惆悵
이 늙은이의 슬픔은 결코 아녀자의 것 아닐지니 老夫端不女兒悲

128 홍양지 : 홍자(洪梓)로, 250쪽 주42 참조. 그는 1769년 동지부사(冬至副使)로 청나라에 다녀왔다.

129 한나라의……걸렸건만 : 여기서 한나라는 명나라를, 기자의 나라는 조선을 각각 상징한다.

130 백이의 사당 : 백이의 고향인 고죽국(孤竹國)은 지금의 하북성(河北省) 노룡현(盧龍縣)에 위치해 있는데, 아직도 그 산상에는 이제묘(夷齊廟)가 있고, 이제묘 앞에는 청풍대(淸風臺)가 있다고 한다. 예전 한족(漢族)의 땅이 지금 만주족에 의해 점령되었음을 한탄하는 말이다.

베갯머리 매화가 꽃을 피웠는데, 몹시도 아름답기에 중고[131] · 광서[132] · 심원[133]을 초대해 술을 마셨다. 심원에게 주다

枕梅發花甚善 邀仲光瑞深遠飮酒 屬深遠

한나라 고조는 진평을 얻고도	漢祖得陳平
먼저 위무지에게 상을 주었네[134]	先賞魏無知
꽃 아래 놓인 한 잔의 술	花底一杯酒
그대에게 권하노니 그대여 사양하지 마시게	勸君君莫辭

화분의 매화는 본디 심원의 집에서 옮겨온 것이다.

131 중고 : 이득배(李得培)로, 273쪽 주121 참조.

132 광서 : 조돈(趙暾)으로, 262쪽 주82 참조.

133 심원 : 이유수(李惟秀)로, 262쪽 주81 참조.

134 한나라……주었네 : 한나라 고조의 공신으로 곡역후(曲逆侯)에 봉해진 진평(陳平)은 소싯적에 집이 매우 가난하여 어렵게 지내다가 뒤에 위무지(魏無知)의 천거로 고조를 한번 만난 결과 특별한 총애를 받게 되었다. 한나라가 천하를 통일하고 공신에게 포상할 때, 고조는 진평을 포상하기에 앞서 위무지에게 상을 주었다. 원래 상을 받아야 할 주인공인 진평은 받지 못하고 그를 추천한 위무지가 받은 것이, 매화를 자신에게 선물한 이심원은 막상 꽃 감상을 못 하고 자기가 도리어 하게 된 상황과 비슷하기에 위무지 고사를 인용한 것이다.

상서 조광서[135]가 강가에서 지은 시를 듣고 기뻐하며 화답하다

聞趙尙書光瑞江上詩 喜而和之

거대한 배가 강 언덕에 의지해 있는데	巨艦倚江岸
풍랑 많이 일어도 근심하지 않네	不愁風浪多
가소롭구나, 저 뱁새의 계략[136]이여	可笑鷦鷯計
편히 머물 곳이 오직 나뭇가지 하나뿐이라니	所安惟一柯

135 조광서 : 조돈(趙暾)으로, 262쪽 주82 참조.

136 뱁새의 계략 : 원문의 '초료(鷦鷯)'는 뱁새 종류의 작은 새 이름이다. 《장자》 〈소요유(逍遙遊)〉에 "뱁새는 깊은 숲에 둥지를 틀어도, 의지한 것은 나뭇가지 하나에 지나지 않는다.〔鷦鷯巢於深林, 不過一枝〕"라고 하였다.

용문의 나무꾼[137]이 시 한 수를 바쳤는데, 그 내용인즉 "오늘 처음 바다를 보니, 십 년 동안 헛되이 산에 있었구나. 내일 아침 두메산골로 올라갈 생각일랑, 장차 외로운 새에게 실려 보내리라."였다. 자못 운치가 있기에 그 시를 차운하고 또 그에게 화답하게 하다

龍門樵夫來獻一詩曰 今日始觀海 十年空在山 明朝上峽意 且輸孤鳥還 頗有思致 遂次其韻 又令和之

낙엽 진 곳에 가느다란 길 있어　　落葉有微徑
나무꾼이 때때로 산을 내려오네　　樵夫時下山
우연히 뇌연의 집에 들렀다가　　偶過雷淵室
등불을 걸어 놓은 채[138] 밤새 돌아가지 않네　　懸燈宿不還

두 번째 수 其二

시도 잘 짓고 술도 잘 마시는 사람이　　能詩又能酒
어찌하여 텅 빈 산에서 늙어가는가　　何以老空山

137 용문의 나무꾼 : 정초부(鄭樵夫, 1714～1789)는 조선의 노비 출신의 시인이다. 《초부유고(樵夫遺稿)》에는 이름이 이재(彛載)라고 나온다. 원래 여춘영(呂春永, 1734～1813)의 노비였다. 조선 후기 최고 시인들의 작품을 실은 《병세집(並世集)》에는 정초부의 시가 11수나 실려 있다. 기록에 따르면 정초부는 동원아집(東園雅集)과 같은 양반들의 시회에 초대받아 그들과 함께 시를 지었다. 용문은 경기도 양평군에 있는 지명이다.

138 등불……채 : 등불을 밝혀놓고 밤새워 이야기하는 것을 말한다.

옷자락 붙잡아 술자리에 앉히고 挽衣上酒席
고개 돌려 보니 조각구름 하나 돌아가네 回首孤雲還

세 번째 수 其三

달 비치는 시내엔 나무꾼의 거룻배 하나 月溪一樵艇
용문산엔 잎 다 진 나무만 가득하네 龍門落木山
도롱이 가득 내린 눈을 그 누가 슬퍼해줄까 誰憐滿蓑雪
평평한 들판에서 돌아오는 연기를 바라보네 平野望煙還

네 번째 수 其四

술자리에서 나무꾼의 노래가 울리니 酒席樵歌動
나의 집은 본디 산에 있다네 儂家本在山
그 어느 때라야 초가집에 눈이 쌓이고 何時茅屋雪
그대가 나무 베어 돌아오는 것을 볼 수 있으려나 見汝伐木還

다섯 번째 수 其五

나는 나무꾼을 본래 사랑하였으니 我自愛樵夫
나무꾼은 좋은 산을 알고 있음이라 樵夫知好山
어느 산이건 가히 모임을 맺을 수 있다면 何山可結社
세모에도 마땅히 내 그곳으로 돌아가리 歲暮吾當還

여섯 번째 수 其六

시랑께서 청아하신 편지를 급히 보내 侍郎飛淸翰
말씀하시기를, 자네가 동산에 있을 때 言汝在東山

이날 매화가 움텄으니　是日梅花動
마치 시인이 돌아오길 기다린 것만 같구나　如待詩人還

일곱 번째 수 其七

이 늙은이 관직 관두고 떠나와　老夫休官去
동림에 푸른 산을 샀네　東林買碧山
남쪽 북쪽으로 밭두둑이 있어　有能南北陌
돈 한 푼 돌려주지 않아도 되었네　不用一錢還

여덟 번째 수 其八

탄식하노니, 베옷 입은 이가　歎息褐衣子
무엇 하러 부질없이 산에서 나왔는가　胡爲浪出山
세상에선 왕도를 이야기하지 않으니　世不談王道
그저 한바탕 웃고 돌아가야 할 뿐이요　惟應一笑還

양자운(揚子雲 양웅(揚雄))이 말하기를, 옛날 선비가 왕도(王道)를 이야기하지 않자 나무꾼이 그를 비웃었다고 하였다.[139]

139 양자운(揚子雲)이……하였다 : 양웅(揚雄)이 지은 〈장양부(長楊賦)〉에 "선비 중에 왕도를 이야기하지 않는 사람이 있자, 나무꾼이 그를 비웃었으니, 그 뜻인즉 일이란 최고에 이르지 않으면 줄어들지 않고, 물이란 성함이 없으면 이지러짐이 없다는 것이다."라는 내용이 보인다.

정 시랑 대수[140]가 찾아왔다가 자양의 운[141]을 써서 내게 창화를 구하기에 이에 화운하였다 경인년(1770)[142]

鄭侍郎大受來過 用紫陽韻見屬 和之 庚寅

붉은 도포[143]가 푸른 도롱이[144] 사이에 빛나기에 설핏 반가우니 乍喜緋袍暎綠蓑
도성의 일이 어찌 되어 가는지는 말하지 마시오 莫言京洛事如何
오늘 아침 지팡이 짚고 남쪽 언덕 아래를 다녀보니 今朝植杖南皐下
방초는 자라지 않았으나 꽃은 만발하려 하였소 芳草未長花欲多

140 정시랑 대수 : 정존겸으로, 239쪽 주12 참조.

141 자양의 운 : 여기서 차운한 시는 주희(朱熹)의 〈물 어귀에서 배를 타다〔水口行舟〕〉 두 수 중 첫 번째 수이다.

142 경인년(1770) : 영조 46년으로, 남유용이 73세 되던 해이다.

143 붉은 도포 : 원문의 '비포(緋袍)'는 붉은색 비단 도포로, 조정의 고위 관원이 입던 관복을 말한다. 여기서는 정대수를 가리킨다.

144 푸른 도롱이 : 원문의 '녹사의(綠蓑衣)'는 은사를 상징하는데, 여기서는 남유용 자신을 가리킨다.

남촌으로 이사 가서 살다. 유 상사 여성 한경[145] 이 부탁한 시를 차운하다

移居南村 次兪上舍汝成 漢炅 見屬韻

술 있으면 아침저녁으로 서로 불렀다던	有酒相晨夕
남촌의 옛이야기 아직도 남아있네[146]	南村古事存
몸뚱이를 잊었으니 누가 주인이고 누가 객인가	忘形誰主客
나의 뜻이 즐거워하는 곳은 바로 전원에서라네	樂志是田園
〈백설〉은 따라 부르기 어렵고[147]	白雪難爲曲

145 유……여성 : 유한준(兪漢雋, 1732~1811)으로, 본관은 기계(杞溪), 자는 만청(曼倩) 또는 여성(汝成), 호는 저암(著菴) 또는 창애(蒼厓)이다. 한경(漢炅)은 그의 초명이다. 당대에 뛰어난 문장가로 손꼽혔으며 저서로 《저암집》이 전해온다. 화우(畫友)들이 많아서 당시 화가들의 그림에서 제발문(題跋文)을 심심하지 않게 찾아볼 수 있다. 상사(上舍)는 생원이나 진사를 지칭하는 말이다.

146 남촌의……남아있네 : 남촌은 도연명이 살던 곳인 율리(栗里)를 가리킨다. 도연명의 시 〈이거(移居)〉 중에서 "예전부터 남촌에 살고 싶었으니, 좋은 집터 정해서가 아니고, 들으니 깨끗한 마음을 간직한 사람 많아, 즐거이 아침저녁으로 자주 만나려고 해서라네.〔昔欲居南村, 非爲卜其宅. 聞多素心人, 樂與數晨夕〕"라는 구절을 응용한 표현이다.

147 〈백설〉은……어렵고 : 〈백설〉은 〈백설가(白雪歌)〉를 가리킨다. 격이 높은 곡조로서 훌륭한 재능을 지녔으나 세상이 제대로 알지 못하는 것을 말한다. 옛날에 어떤 사람이 영중(郢中)에서 처음 〈하리파인(下里巴人)〉이란 노래를 부르자 이에 화답하는 사람이 수천 명이었는데, 〈양아해로(陽阿薤露)〉를 부르자 수백 명으로 줄었고, 양춘백설가(陽春白雪歌)를 부르자 수십 명으로 줄어 곡조가 높을수록 그에 화답하는 사람이 더욱 적었다고 한다.

현오(玄奧)한 마음은 말에 있지 않다네	玄心不在言
그대로부터 남은 빛을 얻을 수만 있다면	從君丐餘照
어두운 창 반쯤은 환히 밝아질 수 있으리	輝得半窓昏

간옹[148]이 연성[149]으로부터 찾아와주셨는데, 장차 네 고을[150]을 유람하리라고 말하기에 함께 삼연의 시[151]를 차운하여 이별하다

磵翁自蓮城見過 言將遊四郡 共次三淵韻爲別

늘그막에 무리 떠나 사느라 모두 상심하는데 垂老離群各損神
바람과 꽃은 해마다 철 따라 찾아오네 風花歲歲自爲辰
누가 알았으리, 남곽에서 술병 들고 찾아온 객이 誰知南郭提壺客
지난밤 꿈속에 찾아왔던 그 사람이었음을 却是前宵入夢人
비쩍 마른 몰골로 팔 부여잡는 모습 슬프고 瘦骨相憐仍把臂
벗겨진 대머리[152]에 두건 삐딱하게 쓴 꼴 우습구나 童顚可笑更俄巾

148 간옹 : 김이건(金履健, 1697~1771)으로, 본관은 안동, 초명은 제악(齊岳), 자는 강백, 호는 간옹(澗翁)이다. 1721년(경종1) 사마시에 합격하여 생원이 되고, 이어 참봉에 기용된 뒤 여러 고을의 수령을 역임하였다. 청주 목사로 재직하면서 환곡의 관리를 잘하여 선치수령(善治守令)으로 뽑혔다.

149 연성 : 경기도 안산의 옛 이름이다.

150 네 고을 : '네 고을'은 청풍·단양·영춘·제천이다. 태백과 소백 두 산맥에서 갈라져 나온 산들이 많고 남한강의 상류 지역으로 도성에서 영남으로 내려가는 도중에 자리하고 있는 고을들인데, 우리나라에서 산수가 좋은 곳으로 반드시 이곳을 꼽아 문인들이 흔히 '사군계산(四郡溪山)', '사군산수(四郡山水)'라고 불렀다.

151 삼연의 시 : 삼연은 김창흡(金昌翕, 1653~1722)이다. 여기서 차운한 시는 〈칠석날 풍계를 찾아갔는데, 사경은 출타 중이었다가 한참 앉아 있노라니 그제야 도착했다〔七夕過楓溪, 士敬出去坐久乃至〕〉이다.

152 벗겨진 대머리 : '동전(童顚)'은 대머리를 말한다. 당나라 작가 미상의 〈관휴가어서(灌畦暇語序)〉에 "혹 머리 벗겨진 늙은이와 혹 지식이라고 거칠기 짝이 없는 소년이

그대 편에 저 구담봉 돌의 소식 묻노니　　　　憑君問訊龜峯石
연못 속 달에 새긴 기약은 만고토록 새로울까　　　淵月心期萬古新

기억하건대 갑인년(1734)에 월곡(月谷)[153]과 함께 구담(龜潭)을 유람하다가[154] 돌을 깨끗이 닦아내고서 '연월(淵月)' 두 글자를 새겨넣었는데, 이끼 가운데 묵흔을 지금도 찾을 수 있을지 모르겠다.

때로 서로 바라보며 배를 움켜잡고 한바탕 웃었다.〔或童顚之叟, 或粗有知識之少年, 時相顧捧腹一笑〕"라는 내용이 보인다.

153 월곡(月谷) : 오원(吳瑗, 1700~1740)으로, 호는 월곡(月谷), 시호는 문목(文穆)이다. 생부는 공조 정랑 오진주(吳晉周)이고, 생모는 김창협(金昌協)의 딸이다. 숙부인 해창위(海昌尉) 오태주(吳泰周)와 현종의 딸인 명안공주(明安公主)에게 입양되었다. 1728년(영조4) 정시 문과에 장원급제했다. 1732년 동지사의 서장관으로 청나라에 다녀왔으며 부제학·공조 참판 등을 역임하였고, 좌찬성에 추증되었다. 문집에 《월곡집》이 있다.

154 구담(龜潭)을 유람하다가 : 1734년에 남유용이 단양을 함께 유람한 사람은 오원과 황경원이었다. 《뇌연집》 권17에 실린 〈구담신에 대한 제문〔祭龜潭神文〕〉에 보면, "갑인년 춘삼월 신축일에, 의령 남유용, 수양 오원, 장주 황경원이 감히 밝은 술로 구담신에게 제사 지냅니다.〔維年甲寅春三月辛丑, 宜寧南有容, 首陽吳瑗, 長洲黃景源, 敢以潔觶, 酹于龜潭之神〕"라고 하였다.

유군[155]이 술을 가지고 와서 함께 마시는데, 김생 이중[156] 도 이르렀다. 삼연의 운[157]을 뽑다

兪君携酒來飮 金生 履中 亦至 拈三淵韻

임시 거처지만 세 개 시렁에 책은 높이 쌓였고　僑居亦峙書三架
폐병 들었어도 한 순배 술 정도는 감당할 만하네　病肺猶堪酒一巡
어찌하여 남촌에서 보낸 세월 이처럼 많은데　何事南村多日月
백발 되도록 깨끗한 마음 지닌 사람[158] 얻기 어려운가　白頭難得素心人

155 유군 : 유여성, 즉 유한준(兪漢雋)으로, 282쪽 주145 참조.

156 김생 : 김이중(金履中 : 1736~1793)으로, 본관은 안동(安東)이다. 김조순(金祖純)의 부친으로, 용인 현령, 고양 군수, 평양 서윤, 과천 현감, 서흥 부사를 지냈다.

157 삼연의 운 : 여기서 시운을 뽑은 시는 김창흡의 〈풍계로 매화를 찾아갔다가 사경에게 주다〔楓溪訪梅贈士敬〕〉이다.

158 깨끗한……사람 : 도연명의 시 〈이거(移居)〉 중 "예전부터 남촌에 살고 싶었으니, 좋은 집터 정해서가 아니고, 들으니 깨끗한 마음을 간직한 사람 많아, 즐거이 아침저녁으로 자주 만나려고 해서라네.〔昔欲居南村, 非爲卜其宅. 聞多素心人, 樂與數晨夕〕"라는 구절을 응용한 표현이다.

간옹[159]이 자신의 초상화에 글을 써넣어달라고 하기에 열네 글자를 쓰고서 다시 쓰기를, '그대의 평생은 여기에 있으니, 한 글자만 더 보태도 사족이 될 것이다.'라고 하였다

礀翁乞題其畫像 余爲寫十四字 復書曰 公之平生在此 添一字則蛇足矣

가지[160]는 눈썹이 우뚝 튀어나왔기에 시를 잘 지었고 可之穹眉故能詩

곡은 아래턱이 두툼했기에[161] 자식이 있었네 穀也豐下宜有子

159 간옹 : 김이건(金履健)으로, 284쪽 주148 참조.

160 가지 : 인명인 듯하나, 누구를 지칭하는지 알 수 없다.

161 곡은……두툼했기에 : 《춘추좌씨전》 문공(文公) 원년에 "곡(穀: 공손오(公孫敖)의 아들)은 아래턱이 풍만하니 반드시 노나라에 후사가 있을 것이다.〔穀也豐下, 必有後於魯國〕"라고 하였는데, 두예(杜預)의 주(注)에서 "아래가 풍만하다는 것은 얼굴이 네모지다는 뜻이다.〔豐下, 蓋面方〕"라고 하였다.

간옹[162]이 너무 간략하다고 불평하면서 내용을 더 보태달라고 청하기에 장난삼아 열네 글자를 덧붙이다

碉翁嫌其已簡 又書請益 戲添十四字

뱀 그리고 다리 덧붙인다면 또한 하나의 바보일 테고 畫蛇添足亦一癡

말의 관상 볼 때 털을 잊어야 천리마를 얻는다네[163] 相馬遺毛乃千里

162 간옹 : 김이건(金履健)으로, 284쪽 주148 참조.

163 말의……얻는다네 : '이모상마(以毛相馬)'라는 말이 있는데, 털 색깔만 가지고 말의 우열을 점친다는 뜻으로, 겉모습에 집착하다 실제를 파악하지 못하는 것을 비유한 말이다. 한나라 환관(桓寬)이 지은 《염철론(鹽鐵論)》 〈이의(利議)〉에 "따라서 말로 사람을 뽑는다면 털로 말의 관상을 보는 것과 마찬가지인지라 대부분 제대로 된 사람을 뽑지 못하는 것이다.〔故以言擧人, 若以毛相馬. 此其所以多不稱擧〕"라는 내용이 보인다.

유군 여성[164]과 저녁 내내 정겹게 이야기를 나누었는데, 이튿날 다시 시 두 수를 주기에 기뻐하며 이에 화답하다

兪君汝成晤言永夕 明日又以二詩見贈 喜而和之

변변치 않은 술로 어찌 가려는 객을 잡았으리 小酒何能挽客歸
그윽한 이가 본디 맑은 빛을 사랑해서이지 幽人元自愛淸暉
구름이 흰 학을 거두니 졸 때는 서로 끌어안고 雲羞鶴白睡相引
버드나무가 노란 꾀꼬리 감추니 울음 멈추지 않네 柳隱鸝黃啼不稀
세 걸음 걸었으면[165] 응당 그림자 감추어야 함을 알아야 하니 三步故應知絶影
가지 하나에 차지했다고[166] 어찌 다시 날아오르랴 一枝那復有雄飛
탁 트인 흉금을 부화한 명성으로 가로막지 마시오 踈襟莫以浮名隔
오늘 나는 베옷 입은 늙은이로 돌아가리니 今日吾還老褐衣

164 유군 여성 : 유한준(兪漢雋)으로, 282쪽 주145 참조.

165 세……걸었으면 : 여기서 세 걸음〔三步〕이라고 표현한 것은 관직에 나아가는 것을 뜻한 듯하다. '삼읍일사(三揖一辭)'라 말이 있는데, 벼슬길에 나아갈 적에는 세 번 읍을 하고 나아가고 물러날 때는 한 번 물러난다는 뜻이다. 《예기》〈표기(表記)〉에 "군자는 세 번 읍하고 나아가며, 한번 사양하고 물러남으로써 어지러움을 멀리하는 것이다.〔故君子三揖而進, 一辭而退, 以遠亂也〕" 하였다.

166 가지……차지했다고 : 《장자》〈소요유(逍遙遊)〉에 "넓은 숲속에서 뱁새가 차지하는 보금자리는 나뭇가지 하나에 불과하다.〔鷦鷯巢於深林, 不過一枝〕"라는 말이 보인다.

두 번째 수 其二

나귀 타고 온 객이 푸른 들을 지나니 有客騎驢過綠野
은자의 옷엔 넘실넘실 푸르른 놀이 지네 山衣灩灩落靑霞
선배처럼 대하는 예를 내 어찌 감당하랴마는 何堪禮數如前輩
문유가 오랜 가문에서 나온 것 자못 기쁘구나 頗喜文儒出故家
백발이라 능히 《태현(太玄)》을 초할 수 있겠지만[167] 髮白可能玄入草
꿈꾸고 난 뒤 붓끝에서 더는 꽃 피지[168] 않으리라 夢闌無復筆生花
문장이란 것이 말 많이 하는 데 있지 않으니 文章不在多言語
지척의 휘장이 바로 강사장(絳紗帳)[169]이라네 咫尺經帷是絳紗

167 백발이라……있겠지만 : '초현(草玄)'이라는 말이 있는데, 한나라 학자 양웅(揚雄)이 벼슬에 나가지 않고 조용히 들어앉아 《태현경(太玄經)》을 초했다는 말로, 조용히 앉아 문필(文筆)에나 종사하는 일을 비유한 말이다. 후에 문인 학자들은 자신의 시문이나 저술 창작 행위를 겸손하게 가리킬 때 관용적으로 '《태현경》을 베낀다.'는 의미로 '초태현(抄太玄)' 또는 '초현(草玄)' 등의 표현을 썼다.

168 꿈꾸고……피지 : 붓끝에서 꽃이 핀다는 것은 걸출한 문재(文才)를 지녔음을 상징하는 말이다. 이백(李白)이 소싯적에 꿈을 꾸니 붓끝에서 꽃이 피어나고 있었는데, 그 뒤로 천재성이 유감없이 발휘되어 천하에 이름을 떨치게 되었다는 '몽필생화(夢筆生花)'의 고사가 있다.

169 강사장(絳紗帳) : 스승의 강석(講席)을 높여 이르는 말이다.

김유문[170]과 유여성[171]이 찾아주었기에 운자를 뽑다
金孺文 兪汝成見枉 拈韻

산에는 푸르름 자욱하고 대나무 소리 가는데 山翠濛濛竹語纖
사립문에 객이 이르자 직접 주렴을 거두었네 柴門客至自鉤簾
비바람이 아이들처럼 날 괴롭혀[172] 오로지 베개에 기대있고
群童風雨惟欹枕
갰다 흐렸다 하는 뜬구름 세상에 그저 책갈피만 흩어놓았네
浮世陰晴秖散籤
어린 학은 벌써 높이 날아오를 줄을 알고 稚鶴已能高步武
야윈 소나무는 그 수염이 더욱 멋드러지네 癯松更覺好鬚髯
낡은 서적에 언제나 유유자적 노닐 곳 있는데 殘經每有優游地
어찌하여 서로 손 잡고 푸른 주렴에서 취하는가 何獨相携醉碧帘

170 김유문 : 김순택(金純澤)으로, 268쪽 주96 참조.

171 유여성 : 유한준(兪漢雋)으로, 282쪽 주145 참조.

172 비바람이……괴롭혀 : 두보의 시 〈초가집이 비바람이 몰아쳐 부서진 것을 노래하다〔茅屋爲風雨所破歌〕〉에 "남촌의 뭇 아이들 내가 늙고 힘없다고 무시하네.〔南村群童欺我老無力〕"라는 표현이 보인다. 즉 비바람이 지붕을 무너뜨린 것을 아이가 늙은이를 괴롭힌 것에 비유하였다.

유문[173] · 여성[174] · 이회지 규량[175] · 공좌[176]와 조촐한 술자리를 마련하고 운을 뽑다
與孺文汝成李晦之 奎亮 公佐小飮 拈韻

사립문에는 매어놓은 말 있고	柴荊有繫馬
수양버들 너머로 해가 뉘엿뉘엿 지네	垂柳日亭亭
검에는 묵은 이끼가 끼고	古色苔生劍
길에는 그윽한 난초가 자랐네	幽襟蘭在經
인간 세상에서 나는 비가 되지 못했는데	人間吾未雨
천계에서 객은 별이 되었구나	天上客爲星
나아가고 숨음에 관한 수많은 말들 속에	多少行藏話
가을바람이 저녁 빗장을 흔드네	秋風動夕扃

객 중에 〈이소(離騷)〉를 읊은 자가 있었기에 네 번째 구에서 이렇게 말한 것이다.

173 유문 : 김순택(金純澤)으로, 268쪽 주96 참조.

174 여성 : 유한준(兪漢雋)으로, 282쪽 주145 참조.

175 이회지 : 이규량(李奎亮, 1723～1792)으로, 본관은 한산(韓山), 자는 회지(晦之)이며, 감역관, 장악원 주부, 동복 현감(同福縣監) 등을 지냈다. 남유용과 어울렸던 참봉 이사중(李思重)의 아들이다. 또 이민보가 지은 〈현감 이공 묘지명(縣監李公墓誌銘)〉에 따르면 남유용의 여동생과 혼인하였다고 한다.

176 공좌 : 남공좌(南公佐)로, 241쪽 주17 참조.

여러 현자들이 중추절 약속을 지켜주셨는데, 늙은이가 하필 몸이 안 좋아[177] 달도 같이 감상하지 못하고 술도 마주 앉아 마시지 못하였으니, 객들이 슬퍼했음을 주인이 가히 알 듯하다. 이튿날 아침 각자 시 한 수씩을 내왔기에 베개에 엎드린 채 이에 화답하여 회포를 풀다

諸賢不枉中秋之期 老夫適有採薪之憂 月不同賞 酒不對飮 客猶悵然 主人可知 明朝各出一詩 伏枕和之以遣懷

깊숙이 병풍 치고서 흰 머리칼 늘어트리니	深屛垂素髮
늙었도다, 이 가을을 이기지 못하겠네	老矣不勝秋
좋은 객들 유유자적 모였으니	好客逌然集
좋은 시절 가히 즐겨볼 만하도다	良辰尙可酬
그림자는 달 보는 섬돌에 어지러이 비추고	影分瞻月砌
소리는 시 읊는 누각에서 가까이 들려오네	聲近詠詩樓
웃으며 동쪽 울타리 아래[178]를 가리키나니	笑指東籬下
전에 했던 기약 나를 위해 남겨두시게	前期爲我留

177 몸이……좋아 : 원문의 '채신지우(採薪之憂)'는 몸이 아픈 것을 겸손하게 일컫는 말이다.

178 동쪽……아래 : 이날이 중추절이기에 도연명의 〈음주(飮酒)〉 중 다섯 번째 수에 나오는 "동쪽 울타리 밑에서 국화를 따고, 유연히 남산을 바라보네.〔採菊東籬下, 悠然見南山〕"를 언급한 것이다.

유 상사 여성[179]이 큰 보물 하나를 보내왔는데, 몸통에 적혀있기를 "몸은 파초 같고 마음은 연꽃 같구나. 백 개의 마디가 서로 통하고, 만 개의 구멍에서 영롱한 소리가 나온다."[180]라고 하였으니 대개 내가 늙고 어두운 것을 불쌍히 여겨 장차 이것으로써 깨우치려 하는 뜻인 듯하였다. 게다가 전서 서법이 기이하고 예스러워 족히 보배로 간직할 만하기에 시 두 수를 지어 감사의 뜻을 올리다

兪上舍汝成見貺一大寶 文曰 身如芭蕉 心似蓮華 百節疏通 萬竅玲瓏 盖憐我耄昏 將以是覺之也 且其篆法奇古 有足珍者 用二詩拜嘉

연꽃 무리 파초 꽃[181]이 철석간장에 스며드니　　蓮暈蕉榮透石腸
찬란한 시상(詩想)이 화려하게 조탁되누나　　斐然文思入雕章
명주란 언제나 욕심이 없어야 얻을 수 있는 법　　明珠終是無心得

179 여성 : 유한준(兪漢雋)으로, 282쪽 주145 참조.

180 몸은……나온다 : 소식(蘇軾)이 지은 〈소도사에게 써서 주다〔書贈邵道士〕〉에 보이는 내용이다. "몸은 파초 같고, 마음은 연꽃 같구나. 백 개의 마디가 서로 통하고, 만 개의 구멍에서 영롱한 소리가 나오네. 올 때는 하나였지만 갈 때는 8만 4천이라. 이 뜻은 《능엄경》에 나오지만 세상에 이를 아는 자가 없네. 원부 3년(1100) 9월 20일, 도교산의 소도사에게 써주다.〔身如芭蕉, 心如蓮花, 百節疏通, 萬竅玲瓏. 來時一, 去時八萬四千, 此意出楞嚴, 世未有知之者也. 元符三年九月二十日, 書贈都嶠邵道士〕"

181 연꽃……꽃 : 모두 불가에서 사용하는 비유이다. 파초는 잎이 무성하지만 잎을 떼어내고 보면 가운데가 텅 비어 아무것도 없어서 공(空) 혹은 무상(無常)을 비유하고, 연꽃은 더러움을 입지 않는 고결함을 비유한다.

초가집에서 밤중에 빛을 발하는가 한번 보아야겠네 試看蓬廬夜放光

두 번째 수 其二

현오한 천기가 울창하게 글 짓는 창자로 모이더니 玄機慈郁湊文腸

무지개가 관통하고 별이 흩어져 찬란히 문장을 이루었네 虹貫星離爛作章

정화수(井花水)[182]에 담겨있는 깨우침의 뜻 짐작하였지만 料得井花含覺意

늙은이에게서 어찌 다시 원광[183]이 생겨날까 老耄那復有圓光

182 정화수(井花水) : '정화수(井華水)'라고도 쓴다. 새벽에 처음으로 길어온 물로, 약을 달여 질병을 고치거나 제사에 술 대신 바치는 용도로 사용한다.

183 원광 : 부처나 보살의 머리 위에는 항상 빛이 나는데, 그 빛이 원형이라고 하여 원광으로 통칭한다. 또 윤후광(輪後光)이라 이름하기도 한다.

초도일[184]에 여성[185] 등 제군이 모두 시를 지었기에 화답하다
初度日 汝成諸君皆有詩 和之

남들은 모두 늙음을 한탄하지만 나는 한가로움을 알아서 人皆嗟老我知閒
꿈속에서도 기산과 영수[186] 사이를 그리워한다네 夢想箕山潁水間
구기자와 국화[187]면 그저 늘그막을 버텨줄 만하니 杞菊秪堪支晩景
단사가 어찌 늙어가는 얼굴을 붙잡을 수 있으랴 丹砂那得住頹顔
흐르는 세월 속에 다시 상호의 저녁[188] 만나고 보니 流年又値桑弧夕

184 초도일 : 생일을 뜻한다.

185 여성 : 유한준(兪漢雋)으로, 282쪽 주145 참조.

186 기산과 영수 : 은자가 사는 곳을 상징한다. 요 임금이 천하를 허유(許由)에게 맡기려 하니, 허유는 받지 않고 영수(潁水)의 양지쪽 기산(箕山) 아래에 숨었다. 또 불러 구주장(九州長)을 삼으려 하니 허유가 듣지 않고 귀를 더럽혔다 하여 영수에서 씻었다고 한다.

187 구기자와 국화 : 당나라 말기의 시인 육귀몽(陸龜蒙)이 일찍이 집의 앞뒤에 구기자와 국화를 심어 놓고 봄과 여름으로 그 지엽(枝葉)을 채취해 먹으면서 〈기국부(杞菊賦)〉를 지었다. 소식(蘇軾) 또한 육귀몽의 〈기국부〉를 모방하여 〈후기국부(後杞菊賦)〉를 지었는데, 그 대략에 "나는 바야흐로 구기자를 양식으로 삼고, 국화를 마른 양식으로 삼아서, 봄에는 싹을 먹고, 여름에는 잎을 먹으며, 가을에는 꽃과 열매를 먹고, 겨울에는 뿌리를 먹으련다.〔吾方以杞爲糧, 以菊爲糗, 春食苗, 夏食葉, 秋食花實, 冬食根〕"라고 하였다.

188 상호의 저녁 : 사내아이가 태어나면 뽕나무로 만든 활〔桑弧〕에 쑥대로 만든 화살〔蓬矢〕을 메워서 천지 사방에 쏘아, 장차 천하에 원대한 일을 할 것임을 기대하였다 하는데, 여기서는 태어난 날, 즉 생일 저녁을 가리키는 말로 사용되었다.

늙은이의 눈물이 거듭 목가산[189]을 적시네 老淚重沾木假山

어쩌다 작은 술동이 있어 객을 취하게 할 수 있기에 偶有小罇能醉客

붓 들고 촛불 옆에서 돌아감을 말하지 못하네 揮毫燭畔未言還

189 목가산 : 기괴하게 생긴 돌이나 나무에 인공을 가하여 만든 작은 산을 말하는데, 고인들은 이것을 만들어 정원 같은 데에 두고 관상용으로 삼았다. 나무로 만든 것을 목가산(木假山), 돌로 만든 것을 석가산(石假山)이라 한다.

대보름 밤에 김유문[190] · 이회지[191] · 오문경[192] · 유여성[193]이 걸어서 찾아왔기에 술상을 차리게 하여 운자를 뽑으며 새벽닭 울음소리를 듣고서 헤어졌다.
공좌[194] · 인구[195] · 유형[196]도 함께 자리하였다 신묘년(1771)[197]
上元之夜 金孺文李晦之吳文卿兪汝成步屧來訪 命酒占韻 聞鷄而散 公佐麟耈有衡亦在 辛卯

명절날 함께 노닐 벗들을 성대히 초대하니	名辰游侶盛招邀
걸어서 산 남쪽 다섯 번째 다리[198]에 이르렀네	躡到山南第五橋

190 김유문 : 김순택(金純澤)으로, 268쪽 주96 참조.

191 이회지 : 이규량(李奎亮)으로, 292쪽 주175 참조.

192 오문경 : 오재순(吳載純, 1727~1792)으로, 자는 문경(文卿), 호는 순암(醇庵) 또는 우불급재(愚不及齋)이며, 오원(吳瑗)의 아들이다. 음보로 관직에 나아가 세자익위사 세마를 지냈으며 1772년 정시 문과에 병과로 급제하였다. 홍문관·예문관의 대제학 및 이조 판서 등을 역임하였다.

193 유여성 : 유한준(兪漢雋)으로, 282쪽 주145 참조.

194 공좌 : 남공좌(南公佐)로, 241쪽 주17 참조.

195 인구 : 남인구(南麟耈)로, 자는 인서(仁瑞)이다. 남유용의 손자이며, 남공보(南公輔)의 아들이다. 1779년(정조3) 남유용에게 시호를 내릴 즈음에 그 집이 청한하여 음식 거리가 없고 그 손자가 이미 벼슬할 나이가 되었다는 소문을 들은 정조가 음관의 벼슬을 내려 출사하였다.

196 유형 : 남유형(南有衡, 1715~1778)으로, 자는 군산(君山)이다. 남유용의 증조부 남용익의 서자인 남성중(南聖重)이 할아버지이고, 남한종(南漢宗)이 아버지이므로 남유용과 한 집안 친족 아우뻘 되는 사이라 할 수 있다.

197 신묘년(1771) : 영조 47년으로, 남유용이 74세 되던 해이다.

학창의가 바람 뚫으니 어두운 빛 나뉘고 鶴氅冲風分暝色

오사모가 달을 따르니 갠 하늘이 드높네 烏紗隨月岸晴霄

눈 맞은 소나무 계수나무는 두루 그늘을 드리우고 雪邊松桂成陰遍

거문고로 타는 〈아양곡〉은 세상과 아득하네[199] 琴裏峩洋與世遙

좋은 손님 없다면 누구와 이 긴 밤을 보낼까 不有嘉賓誰永夕

은하수 다 지고 기러기 한 마리 날아가네 銀河落盡一鴻飄

198 다섯……다리 : 두보(杜甫)의 시 〈정십팔 저작랑의 고거에 쓰다〔題鄭十八著作丈故居〕〉에 "제오교 동쪽 물에 한을 흘려보내고, 황자파 북쪽 정자 시름이 서렸어라.〔第五橋東流恨水, 皇陂岸北結愁亭〕"라는 구절이 있다. 남유용의 증조부인 남용익(南龍翼)의 시 〈팔애사회시 병서(八哀四懷詩 幷序)〉 중 〈대사마 서공 필원(大司馬徐公必遠)〉에도 "집은 다섯 번째 다리에 있어 대문과 골목이 더욱 가까이 붙어있네. 봄이면 한가롭게 도화꽃을 읊고, 겨울밤이면 취해서 다투기도 했지.〔家在第五橋, 門巷更偪側, 春天閑詠桃, 冬夜醉爭博〕"라는 구절이 있는 것으로 보아 실제로 거주하고 있는 곳을 가리키는 듯도 하다.

199 거문고로……아득하네 : 〈아양곡(峨洋曲)〉은 춘추시대 백아(伯牙)가 타고 그의 벗 종자기(鍾子期)가 들었다는 금(琴)의 곡조이다.

김광중 익[200] 이 시 두 수를 보내와 내가 치사한 것을 뒤늦게 축하하기에 그 첫 번째 수에 화답하여 사례하다
金光仲 熤 以二詩 追賀余致政 和其一爲謝

몇 가닥 희끗한 머리칼이 가을과 겨뤄볼 만하니　數莖霜髮可爭秋
매미 울음소리와 홰나무의 시원함이 오랜 누대에 가득하네　蟬語槐凉滿古樓
학을 풀어놓은 산 남쪽은 아득히 세상과 멀고[201]　放鶴山南聊遠世
사람 기다리는 강 언덕엔 또한 배만 매어있네　待人江岸且維舟
까먹은 것 많지만 다행히 조신들 앞에 서 칭하하지 않고　多忘幸不先朝賀

대중연간(大中年間 847～860) 원회(元會)에서 유공권(柳公權)은 나이도 많고 기억력도 나빠진 차에 조신(朝臣)들 앞에 서서 칭하를 올리게 되었는데, 어사(御史)는 그를 탄핵하였고, 논자들은 그가 치사하지 않은 것을 한스러워했다.[202]

200 김광중 : 김익(金熤, 1723～1790)으로, 본관은 연안, 자는 광중(光仲), 호는 죽하(竹下)·약현(藥峴)이다. 영조가 인원왕후의 기일에 불공 올리는 것을 반대하다 유배 간 적이 있으며, 응교를 거쳐 대사헌·예조 판서·우의정·영의정을 지냈다.

201 학을……멀고 : 북송의 처사 임포(林逋)는 서호(西湖)의 고산(孤山)에 은거하면서 처자도 없이 매화와 학을 대단히 사랑하여 매화를 심고 학을 길렀으므로, 당시 사람들이 그를 매처학자(梅妻鶴子)라 일컬었다. 임포가 거룻배를 타고 서호에서 노닐 때 혹 처소로 손님이 찾아오면 동자가 손님을 맞아들인 다음 우리를 열어서 학을 내놓았는데, 그러면 한참 뒤에 임포가 반드시 거룻배를 저어 돌아오곤 했으니, 그것은 곧 학이 나는 것을 보고 자기 집에 손님이 온 것을 알았기 때문이라 한다.

202 대중연간(大中年間)……한스러워했다 : 원회(元會)는 정월 초하룻날 백관들을

보탬 되는 바 없이 헛되이 재야에서 근심하네	無補虛爲在野憂
누추한 방에 그래도 영로기[203]가 필요했는데	陋室尙須榮老記
그대의 필치가 절로 맑고 빼어나구려[204]	知君筆意自淸遒

모아놓고 조회하는 것을 말한다. 여기서 인용한 것은 대중 13년(859), 유공권의 나이 82세 때의 일이다. "천자가 원회를 열 적에 유공권이 연로하고 기억력이 떨어지는 바람에 군신들 앞에 서서 칭하를 올렸는데, 입으로 주대(奏對)하다가 홀연 실수를 저질렀다. 이에 어사가 탄핵하여 석 달 치 봉록을 삭탈하니, 논자들은 그가 치사하지 않은 것을 한스러워했다." 여기서 유공권이 저지른 실수란 뭇 관료들을 인솔하고 당 선종(宣宗)에게 존호를 올렸는데, '聖敬文思和武光孝皇帝'를 그만 '光武和孝'라고 읽어버린 것이다. 《新唐書 卷163 柳公權傳》

203 영로기 : 영화로운 노년의 기록이라는 뜻인데, 김익이 보내온 시가 그 역할을 해주었다는 뜻인 듯하다.

204 누추한……빼어나구려 : 당나라 유우석(劉禹錫)이 자신이 거하는 방에 〈누실명(陋室銘)〉을 지어서 걸어놓았듯이, 김광중이 남유용에게 보내온 시 두 편을 방에 걸어놓겠다는 뜻이다.

장악원 첨정 이중옥 규보[205] 이 보내온 시에 차운하다
次樂僉李仲玉 珪輔 見寄韻

흩날리는 허연 살쩍에 옛 뜻 남아있으니 雪鬢相飄古意存
동산에 커다란 나무 자란 곳이 나의 마을이라네 東山喬木是吾村
누가 말했나, 지위 낮은 관리는 고사 되기 어렵다고 誰言薄宦難高士
사람들은 명암[206]에게 좋은 자손 있다고들 말하네 人道鳴巖有好孫
날마다 이아[207]로 나아가 아악을 다듬고 日赴梨衙調雅樂
가끔 누추한 내 집을 찾아와 향긋한 술에 취하네 時過蓬戶醉芳樽
경거(瓊琚) 받고 목과로 보답한다[208] 그대 웃지 말지니

205 이중옥 : 이규보(李珪輔, 1708~1783)로, 본관은 연안, 자는 중옥(仲玉), 호는 은재(隱齋)이다. 월사(月沙) 이정구(李廷龜)의 5세손으로 아버지는 의금부 도사를 지낸 이징신(李徵臣)이다. 그의 생애에 대한 구체적인 기록은 같은 집안 사람 이민보(李敏輔)가 지은 묘표에 자세히 기록되어 있는데, 의금부 도사와 형조 좌랑・청송 부사・황주 목사 등 여러 관직을 거쳤다.

206 명암(鳴巖) : 이해조(李海朝, 1660~1711)로, 본관은 연안, 자는 자동(子東)이며, 명암은 그의 호이다. 증조부 이정귀(李廷龜), 조부 이명한(李明漢), 부친 이일상(李一相) 3대가 대제학을 지냈다. 이해조 때 연안 이씨 가문의 관동파(館洞派: 대종(大宗))와 청호공파(靑湖公派: 소종(小宗))로부터 나와 명암 가문이 독자적인 가계를 형성하였다. 이규보의 부친인 이징신은 이해조의 장자이고, 이규보는 그의 둘째 아들이다.

207 이아(梨衙) : 이원(梨園)을 말한다. 본래 당나라 현종(玄宗)이 궁중에서 설치하고 직접 가무를 교습했던 곳인데, 조선 시대에는 장악원(掌樂院)의 별칭으로 쓰였다.

208 경거(瓊琚)……보답한다 : 경거는 보배로운 구슬로 상대방의 시문을 뜻하고 목과는 모과로 자신의 시문을 뜻한다. 《시경》 〈목과(木瓜)〉에 "나에게 목과를 주거늘

瓊投瓜報君休笑

늙은이는 근년 들어 이미 말을 잊었다오　老子年來已忘言

경거로써 갚는다.〔投我以木瓜, 報之以瓊琚〕"라고 한 것에서 유래하였다.

가을에 아우 정군범[209]의 동산에 있는 거처를 찾아갔다가 그의 시를 차운하다

秋日訪鄭弟君範園居 次其韻

시내 길에 서리 맑아 기러기 처음 날아갈 제	澗道霜淸鴻鴈初
작은 수레로 인가 드문 마을 몇 곳을 지나갔네	小車穿到數村疎
청산은 나를 닮아 담장 너머만 바라보고	靑山似我墻頭見
누런 잎은 사람 없어 계곡 입구를 차지했네	黃葉無人谷口居
뜻을 즐기는 것이 진정 노년의 계책 되었으니	樂志眞成垂老計
말을 잊었건대 절교의 편지가 무슨 소용 있으랴	忘言何用絶交書
그대에게 절로 어부와 나무꾼의 기질 있는 것 보니	看君自有漁樵氣
비로소 간밤 꿈이 헛되지 않음을 깨닫는구나	始覺前宵夢不虛

결구(結句)에서 어부와 나무꾼을 꿈에 만난 고사를 인용했는데, 다만 정군범 군이 능히 해낼 수 있을지 모르겠다.

209 정군범 : 《뇌연집》 권5에 〈정군범 주 아우가 한천 선생의 병침이라는 절구 하나를 읊기에 애오라지 화답하다〔鄭弟君範 籌 誦寒泉先生病枕一絶 聊爾賡和〕〉라는 시가 보이므로 정군범이 곧 정주(鄭籌)임을 알 수 있다. 그에 관한 행적은 자세히 알 수 없는데, 용인에 거주하였고, 아버지는 정찬지(鄭纘志), 아들은 정만제(鄭萬濟), 손자는 정도채(鄭度采)라는 정도만 알려져 있다.

시를 지어 조 상서 광서[210]가 치사한 것을 축하하다

詩賀趙尚書光瑞致政

고요히 핀 가을꽃에 술잔 출렁이는데　寂歷秋華瀲灩杯
사람 만나는 강 언덕에서 늘 배회하였네　逢人江岸一徘徊
거친 풍랑에 노 돌리기 어려울까 늘 근심하였건만　常憂急浪難回棹
도리어 바람 불어 여기까지 보내주었구나　却被天風吹送來

두 번째 수 其二

중병[211]과 급사[212]로서 묘당에서의 자태　中兵給事廟堂姿
사람들은 삼량[213]이 모두 백미[214]라고 말하였네　人道三良盡白眉
마침 가을바람에 곡식이 익어갈 때를 만났으니　正值秋風粱稻熟

210 조……광서 : 조돈(趙暾)으로, 262쪽 주82 참조.

211 중병 : 위(魏)나라 때의 오병상서(五兵尚書) 가운데 하나로서, 즉 기내(畿內)의 군대를 관장하는 관원을 이르는데, 여기서는 바로 병조 판서를 가리킨 말이다. 조돈의 아우인 조엄(趙曮)은 병조 판서를 지낸 바 있다.

212 급사 : 승정원 승지에 해당한다. 성종 때 김흔(金訢)이 아뢴 내용에 보면, "'당나라의 급사중(給事中)은 곧 우(虞)나라의 납언(納言)이고 주(周)나라의 내사(內史)이고 한나라의 상서(尚書)이고 위(魏)나라 · 진(晉)나라의 중서문하(中書門下)인데, 지금의 승정원(承政院)이 또한 그 직책입니다."라고 하였다. 조돈의 아우인 조정(趙晸)은 1769년에 승지를 거쳐 대사성에 이르렀다.

213 삼량 : 세 명의 훌륭한 신하라는 뜻이다. 조돈의 두 동생 조엄(趙曮)과 조정(趙晸)도 모두 현달하였으므로 삼량은 이 세 형제를 가리킨다.

214 백미 : 뛰어난 인재를 가리키는 말이다.

어둠 속에 날아가는 외기러기가 또 어찌 기이하리 冥飛一鴈又何奇

세 번째 수 其三

늙기 전에 한가로움 얻어[215] 바야흐로 돌아갔으니 未老得閒方是歸
산에 오르고 물가에 임함에 뜻에 어긋나는 일 없으리 登山臨水意無違
이 늙은이 사리 보는 데 더딘 것 비웃을 만하나니 堪笑此翁遲見事
백발이 되어서야 고향 산 사립문 찾아와 누웠다오 白頭來臥故山扉

215 늙기……얻어 : 조돈은 판윤을 거쳐 1771년에 나이가 차지 않았음에도 불구하고 여러 차례 벼슬길에서 물러날 것을 청하였다. 이에 영조가 비로소 봉조하(奉朝賀)를 제수하고 '경심금수여의창연(卿心今遂予意悵然)' 여덟 자를 친히 적어 하사하고 은퇴를 허락하자, 그는 곧바로 양주 천죽리(川竹里)에서 은거하였다. '卿心今遂予意悵然'은 '경의 마음은 지금 흡가분할 지는 모르나 짐의 뜻은 실망스럽구나.'라는 뜻이다.

한천 이공[216]의 시에 화운하여 영귀정 시를 부쳐 보내다
和寒泉李公韻 寄題詠歸亭

안성군(安城郡)은 사계 선생(沙溪先生)[217]께서 현가(絃歌)[218]하시던 고을이므로 제사를 올리고 있다. 영귀정(詠歸亭)은 또 선생께서 짚신 신고 지팡이 짚고 소요하시던 곳인데, 우옹(尤翁)께서 그 일을 기(記)로 적으셨다.[219] 지금 100여 년의 세월이 흘러 정자는 허물어진 지 오래

216 한천 이공 : 이재(李縡, 1680～1746)로, 본관은 우봉(牛峰), 자는 희경(熙卿), 호는 도암(陶菴)·한천, 시호는 문정(文正)이다. 김창협(金昌協)의 문인으로 동부승지, 부제학 등을 지내며 노론의 중심인물로 활약하다가 소론의 집권으로 삭직되었다. 영조 즉위 후 복직하여 대제학를 지냈으나 1727년 정미환국(丁未換局)으로 소론 중심의 정국이 성립되자 문외출송(門外黜送)된 바 있으며, 이후 용인의 한천에 거주하면서 많은 학자를 길러냈다. 남유용도 한천 밑에서 수학한 바 있어 스승으로 섬겼다.

217 사계 선생(沙溪先生) : 김장생(金長生, 1548～1631)으로, 송익필(宋翼弼)에게 사서(四書)와 《근사록(近思錄)》 등을 배웠고, 20세 무렵에 이이(李珥)의 문하에 들어갔다. 예학을 깊이 연구하여 아들 김집(金集)에게 계승시켜 조선 예학의 태두로 예학파의 한 주류를 형성하였다. 그의 문하에서 송시열(宋時烈)·송준길(宋浚吉)·장유(張維)·조익(趙翼)·윤순거(尹舜擧)·윤원거(尹元擧)·최명길(崔鳴吉) 등 명사가 배출되었다.

218 현가(絃歌) : 금슬을 타고 시가를 노래하는 것을 말하는데, 공자의 제자 자유(子游)가 일찍이 무성(武城)의 재(宰)로 있을 적에 그곳 백성들이 모두 거문고를 타고 시가를 노래했다는 데서 온 말로, 전하여 예악으로써 백성들을 잘 교화시키는 것을 의미한다. 《論語 陽貨》

219 영귀정(詠歸亭)은……적으셨다 : 《송자대전(宋子大全)》 권144에 〈안성군 도기서원 영귀정기(安城郡道基書院詠歸亭記)〉가 실려 있어서 이 정자가 지어진 유래를 파악할 수 있다. 이 정자가 세워진 도기서원은 1668년(현종9)에 창건되었으며, 김장생의 위패를 모셨다. 1669년에 사액을 받아 사액서원으로 승격했으며, 1712년(숙종38)에

고 고적(古跡)도 날로 사라져갔다. 이에 서원 유생 유낙주(兪洛柱) 등이 상의하여 정자를 중수하자 권 시랑(權侍郞 도(噵)), 조 상사(趙上舍 진관(鎭寬))가 힘을 보태고 재물을 모아 공사를 도왔으니, 때는 성상 43년(1767) 정해년이었다. 공사가 끝나자 한천(寒泉) 이공의 시를 벽 사이에 다시 걸어놓고, 못난 나에게 이어 화운하도록 부탁하였다. 시는 다음과 같다.

거문고와 노랫소리가 서원[220]과 이웃하는 곳에　　絃誦隣書院
중수된 이 누정이 있네　　重修有此樓
이 몸 잠시 유학한 것이 며칠이나 될까마는　　薄遊曾幾日
남겨주신 사랑은 절로 천추에 이르네　　遺愛自千秋
무성한 감당나무[221]는 그늘을 이루고　　蔽芾成陰木
맑고 차가운 물은 끊이지 않고 흐르네　　淸泠不廢流
노래하며 돌아오는 흥취를 응당 알겠거니　　應知詠歸興
어른 아이 함께 모시고 돌아오는 것만 같구나[222]　　如侍冠童遊

다시 사액을 받았다. 그러나 1871년(고종8) 흥선대원군의 서원 철폐령으로 인해 없어졌다.

220 서원 : 안성에 있는 도기서원(道基書院)을 가리킨다.

221 무성한 감당나무 : 원문의 '폐불(蔽芾)'은 지방관의 선정을 뜻하는 말로, 《시경》 〈감당(甘棠)〉에 "무성한 저 감당나무 가지를 자르지 말고 휘지도 말라. 소백이 머무셨던 곳이니라.〔蔽芾甘棠, 勿翦勿拜, 召伯所說〕"라고 한 데서 나온 말이다.

222 노래하며……같구나 : '영귀정(詠歸亭)'의 '영귀' 두 글자는 《논어》 〈선진(先進)〉에서 따온 것이다. "늦은 봄날 봄옷이 새로 지어지면 어른 대여섯, 아이들 예닐곱과 함께 기수에서 목욕하고 무우에서 바람 쐰 뒤 노래를 부르며 돌아오겠다.〔暮春者, 春服旣成, 冠者五六人, 童子六七人, 浴於沂, 風于舞雩, 詠而歸〕"

감회를 읊조리다

感吟

의젓한 얼굴에 허연 머리칼로 서로 마음 잘 맞아 魁顔雪鬢好心期
팔십 년 세월 동안 만 수의 시를 지었네 八十光陰萬首詩
나에게 옥 가지[223] 있다 한들 누구에게 드릴까 我有瓊枝欲誰贈
〈수화가〉 곡조만 아직까지 서글프구나 水花歌曲秪今悲

간옹(磵翁)[224]은 이미 늙었으나 하루도 시를 짓지 않는 날이 없으며, 지은 시가 거의 열 편에 이르면 사람을 도성으로 보내 나에게 화답을 요구하곤 하였다. 혹여 병이 났다고 답장을 보내면 매번 독촉받았다. 이에 내가 편지를 써서 그를 놀리며 말했다. "그대의 시는 물과 같고, 나의 시는 꽃과 같소. 물이야 마를 날 없이 흘러가지만, 꽃은 때가 되어야 피는 것이라오. 그러나 뿌리에 물을 대지 않으면 꽃은 피어날 때가 없을 것이오. 그대가 만약 꽃을 사랑한다면, 때때로 대나무 이슬을 대줘야지 절대 나쁜 물을 들이부어서는 안 될 것이오." 간옹은 크게 웃으며 다시 〈수화가(水花歌)〉 한 편을 부쳐왔다. 간옹의 장례일에 이 시를 꺼내 한 번 읊조리다가 감회를 적었다.

223 옥 가지 : 아름다운 시문을 비유적으로 표현한 말이다.

224 간옹(磵翁) : 김이건(金履健)으로, 284쪽 주148 참조.

경성[225]으로 돌아가는 이생 휘삼을 보내며

送李生彙杉歸鏡城

나는 일찍이 송암(松巖) 이공(李公)의 묘표(墓表)[226]를 지은 적이 있는데, 안찰사(按察使)가 그를 위해 아름다운 돌을 마련해 새기게 해주었다. 이생 휘삼(彙杉)은 송암의 손자인데, 대인(大人) 침랑공(寢郎公)[227]의 명으로 행장을 꾸려 2천 리 길을 찾아와서는 직접 묘표의 묵본(墨本)을 받아가지고 돌아간다. 또 아비의 나이가 여든이라 전례를 인용하여 임금께 아뢰니, 성은을 입어 〈통정명고(通政命誥)〉[228] 한 통을 받았다. 이에 도성의 사대부 중에 이 일을 안 사람들은 하나같이 부러워하고 찬탄에 마지않으면서 이씨 부자는 효에 있어 각기 그 본분을 다하였고 말하였고, 그가 떠날 즈음에는 모두 노자를 보태주었다. 그러나 나는 가난하여 재물이 없기에, 두 편의 시를 써서 준다.

225 경성(鏡城) : 함경북도에 있는 지명이다.

226 송암(松巖)……묘표(墓表) : 송암은 이재형(李載亨, 1665~1741)으로, 본관은 전주, 자는 가회(嘉會), 호는 송암(松巖)이다. 함경도 경성에서 태어나, 1685년(숙종 11) 북평사(北評事)로 부임한 농암(農巖) 김창협(金昌協)을 찾아가 수학하였다. 북관(北關)을 대표하는 성리학자로, 저서에 《송암집》이 전하며, 《미호집》 권19에 행장이 실려 있다. 여기서 말하는 묘표는 《뇌연집》 권24에 실려 있는 〈사헌부 지평 송암 이공 묘표(司憲府持平松巖李公墓表)〉를 가리킨다.

227 대인(大人) 침랑공(寢郎公) : 대인은 남의 아버지를 높여 부르는 말이다. 이휘삼의 아버지는 창릉 참봉(昌陵參奉)을 지낸 이함(李涵)으로, 이재형의 맏아들이다.

228 〈통정명고(通政命誥)〉 : 통정대부(通政大夫)의 품위를 하사한 조서인 듯하다.

선조의 행적 깎은 옥과 같아 사람들 우러르더니 先軌人瞻貞玉劖

그 효성 하늘이 주신 것과 부합했고 수성[229]도 타고 나셨네 孝符天賚壽星銜

돌아가는 행장에 따스한 봄날 기운을[230] 담았으니 歸裝貯得陽春氣

살갗에는 찬 바람이 얇은 적삼 파고들어도 두렵지 않겠네 不怕風氷透薄衫

두 번째 수 其二

마복이 쓸쓸하고 눈발은 거센데 馬僕蕭蕭雪嶠巉

일정 계산해봄에 그 어느 날이나 송암에 도착할까 計程何日到松巖

성 남쪽 늙은이가 오래도록 고개를 돌려보나니 城南老子長回首

이별한 곳에 우뚝이 푸른 삼나무 하나 서 있네 別處亭亭一翠杉

229 수성 : 장수를 상징하는 별로 노인성(老人星) 또는 남극노인성이라고도 한다.

230 봄날 기운을 : 임금이 하사한 〈통정명고〉를 지니고 가는 것을 이렇게 표현한 것이다. '필저양춘(筆底陽春)'이라는 말이 있는데 '필저춘풍(筆底春風)'과 같은 말로, 마치 봄바람이 붓끝 아래 일어나듯 그림이나 글에 생동감이 넘치는 것을 형용하는 말이다.

관성의 이생 덕부[231]가 시축을 보이며 화답을 구하였는데, 대개 조회헌 관빈[232] · 김퇴어 진상[233] 가 여기에 창화하였고, 김백춘 원행[234] · 송회가 명흠[235] · 이자삼[236] 제군자가 이어 지은 것이 또 수십 편이었다. 나 역시 붓을 휘둘러 그의 부탁을 들어주었다

觀城李生德符 以其詩軸求余屬和 盖趙悔軒 觀彬, 金退漁 鎭商 唱之 而金伯春 元行, 宋晦可 明欽, 李子三諸君子續題者又數十篇 余亦走毫以塞請

이생은 일찍이 한천(寒泉)[237]과 송암(松巖)[238]의 문하에서 공부한 바 있다.

어여뻐라, 그대는 일찍이 학문에 뜻을 두었기에 憐君早志學

231 관성……덕부 : 관성은 함경남도 이원군의 옛 이름으로, 이덕부가 관성 사람인 듯하다. 이덕부에 관한 자세한 행적은 알 수 없다.

232 조회헌 : 조관빈(趙觀彬, 1691~1757)으로, 본관은 양주, 자는 국보(國甫), 호는 회헌(悔軒)이다. 아버지는 노론 4대신인 조태채(趙泰采)이다. 형조 판서, 강화 유수, 대제학 등을 역임하였으며, 《회헌집》 20권이 세상에 전한다.

233 김퇴어 : 김진상(金鎭商, 1684~1755)으로, 본관은 광산, 자는 여익(汝翼), 호는 퇴어(退漁)이다. 대사성, 대사헌, 좌참찬 등을 역임하였으며, 《퇴어당유고(退漁堂遺稿)》가 세상에 전한다.

234 김백춘 : 김원행(金元行, 1702~1772)으로, 본관은 안동, 자는 백춘(伯春), 호는 미호(渼湖) · 운루(雲樓)이다. 신임사화 때 조부 김창집(金昌集)이 노론 4대신으로 사사되고, 생부 김제겸과 친형인 김성행(金省行) · 김탄행(金坦行) 등이 유배되어 죽임을 당하자, 벼슬할 뜻을 버리고 학문에 전념하였다.

235 송회가 : 송명흠(宋明欽, 1705~1768)으로, 본관은 은진, 자는 회가(晦可), 호는 역천(櫟泉), 시호는 문원(文元)이다. 이재(李縡)의 문인이다. 집의 · 승지 · 참의 등의 벼슬이 주어졌으나 모두 글을 올려 거절하였다. 만년에 정국이 다소 안정되면서 1764년 부호군에 임명되고 찬선(贊善)으로 경연관이 되어 정치문제를 논의하는 가운데 영조의 비위에 거슬리는 발언을 하여 파직되었다.

236 이자삼 : 이여(李畬, 1645~1718)로, 본관은 한산, 자는 자삼(子三), 치보(治甫)

그로 인해 친하게 지냄 잃지 않았다네[239]	因不失其親
내일부터 한천의 무덤에는	來日寒泉墓
몇 번이고 꽃 피는 봄이 찾아오겠네	幾番芳草春

두 번째 수 其二

흰 머리에도 마음은 아직 남아있어	白頭心尙在
꿈속에 송암을 배알하였네	夢裏拜松巖
대설에 북관[240]으로 떠나가는	大雪北關去
표연히 베옷 입은 사람 하나로구나	飄然一布衫

이고, 호는 포음(浦陰), 수곡(睡谷)이다. 1680년(숙종6) 정시에 병과로 급제하였다. 《승정원일기》 숙종 23년 2월 21일 기사에 경기 감사에 제수된 일이 보인다.

237 한천(寒泉) : 이재(李縡)로, 307쪽 주216 참조. 이재는 1720년에 함경도 관찰사로 나간 적이 있는데, 이덕부는 이때 한천과 만난 듯하다.

238 송암(松巖) : 이재형(李載亨)으로, 310쪽 주226 참조.

239 친하게……않았다네 : 《논어》 〈학이(學而)〉에 "내가 의지하는 그 대상이 친하게 지낼 만한 사람이라야 또한 그 사람을 존경하는 마음으로 모실 수 있다.〔因不失其親, 亦可宗也〕"라는 말이 나온다.

240 북관 : 함경도를 가리킨다. 이덕부가 함경도에서 찾아왔기에 이렇게 말한 것이다.

손자 인구[241]가 내 생일에 조출한 술상을 마련해주었기에, 김제대 용겸[242] · 조광서[243] · 이중고[244] · 김광중[245] · 원자정[246] · 이회지[247] · 유여성[248]과 함께 밤이 되도록 이야기를 나누었다. 술자리가 파한 후 유형[249]이 시를 바치기에 아우 및 조카들과 이에 화답하다

麟孫爲我辰具小酌 與金濟大 用謙，趙光瑞，李仲固，金光仲，元子靜，李晦之，兪汝成 晤言至夜 酒罷有衡獻詩 與弟侄輩和之

자각봉[250] 남쪽의 한 초당에서 紫閣峯南一草堂

문 걸어 잠근 것은 미양을 기르기 위함[251]이 아니라네 閉關非爲養微陽

241 인구 : 남인구(南麟耇)로, 298쪽 주195 참조.

242 김제대 : 김용겸(金用謙, 1702～1789)으로, 본관은 안동(安東), 자는 제대(濟大), 호는 효효재(嘐嘐齋)이다. 서울 출신으로, 아버지는 주부(主簿) 김창즙(金昌緝)이고, 할아버지는 영의정 김수항(金壽恒)이다. 족형(族兄) 김시보(金時保)에게서 수학하였다.

243 조광서 : 조돈(趙暾)으로, 262쪽 주82 참조.

244 이중고 : 이득배(李得培)로, 273쪽 주121 참조.

245 김광중 : 김익(金熤)으로, 300쪽 주200 참조.

246 원자정 : 원인손(元仁孫)으로, 252쪽 주50 참조.

247 이회지 : 이규량(李奎亮)으로, 292쪽 주175 참조.

248 유여성 : 유한준(兪漢雋)으로, 282쪽 주145 참조.

249 유형 : 남유형(南有衡)으로, 298쪽 주196 참조.

250 자각봉 : 서울의 남산을 가리킨다.

251 미양을……위함 : 미양(微陽)은 곧 동지에 일양(一陽)이 처음 생기는 아주 미약한 양을 가리키는데, 그것을 안정시켜 기르기 위한다는 뜻이다. 《주역》 〈복괘(復卦)

산 추워 한가로운 날짐승 길짐승 움직이지 않고	山寒不放閒飛走
동산 싸늘해 온갖 빛깔과 향이 온통 담겨 있네	園凈渾含雜色香
하늘이 나의 생일과 함께 하니 고요함을 얻었고	天與我辰爰得靜
마음이 태곳적을 노니니 능히 길이 갈 수 있다네	心游太古故能長
고마우신 우리 벗님께서 초도[252]를 빛내주시느라	惠然吾黨光初度
웃으며 매화 옆에서 백 잔 술을 올리네	笑傍梅花進百觴

상사(象辭)〉에, "우뢰가 땅속에 잠재한 것이 복이니, 선왕이 그것을 인하여 동지일에 관문을 닫는다.〔雷在地中復, 先王以, 至日閉關〕" 하였다.

252 초도 : 생일의 별칭이다.

이중고[253]가 김광중[254]의 운을 써서 나의 치사를 축하한 시에 화답하다

和李仲固用金光仲韻賀余致政

늙은이 슬픈 가을에 대해 시 지을 흥이 없지만	老夫無興賦悲秋
매화 등자[255] 책 상자 가지고 함께 누대에 올랐네	梅凳經函共一樓
남곽자기는 궤안에 기대 천뢰를 홀로 들었고[256]	天籟獨聞南郭几
오호의 배에는 풍파가 미치지 않는다네[257]	風濤不及五湖舟
대 상자 속 구름은 이미 행장의 일을 다 터득했고	籠雲已了行藏事
정원의 학은 오로지 마시고 쪼는 근심만 안다네	園鶴惟知飮啄憂
그대들과 같은 지음만 있다면	但有賞音如數子
허연 귀밑머리에 쏜살같은 세월을 어찌 근심하랴	肯愁霜鬢歲華遒

253 이중고 : 이규량(李奎亮)으로, 292쪽 주175 참조.

254 김익(金熤) : 300쪽 주200 참조.

255 매화 등자 : 등자는 발을 올려놓거나 앉을 수 있게 만든 나지막한 탁자를 말하는데, 상판을 매화 꽃잎 모양으로 만들었다고 하여 매등(梅凳)이라 불렀다.

256 남곽자기는……들었고 : 《장자》 〈제물론(齊物論)〉 첫머리에, 자신의 집착을 떨쳐 버린〔喪我〕 남곽자기(南郭子綦)가 궤안에 기대어 앉아 있었는데〔隱几而坐〕, 그 모습은 고목 같고 그 마음은 꺼진 재와 같다고 하였으며, 이어서 하늘 피리 소리〔天籟〕에 관해 설명하는 내용이 나온다. 천뢰(天籟)는 대자연의 음향을 말한다.

257 오호의……않는다네 : 춘추시대 월나라의 대부 범려(范蠡)는 월왕(越王) 구천(句踐)을 보좌하여 오(吳)나라를 멸망시키고 나서는 곧바로 은퇴하여 일엽편주를 타고 오호(五湖)에 떠서 종적을 감춰버렸다. 《史記 卷129 貨殖列傳》 여기서는 은퇴하여 드넓은 강호에서 조용히 노니는 것을 나타내는 뜻으로 인용되었다.

소동파(蘇東坡)가 화산(華山)을 노닐 적에 흰 구름을 대나무 상자에 담아 가지고 왔는데, 집에 도착해서 열어보니 대나무 상자 안이 이미 텅 비어있었다. 그는 크게 웃으며 말하기를, "세상 부귀를 족히 믿지 못할 것이 바로 이와 같도다."라고 하였다.[258]

258 소동파(蘇東坡)가……하였다 : 이 내용은 소동파의 시 〈건운편(攓雲篇)〉 머리에 붙은 소인(小引)에서 인용한 듯한데, 원문의 전후 맥락에 차이가 난다. 원문은 이러하다. "내가 성에서 돌아올 때, 구름이 산으로부터 몰려오는 것이 마치 말 무리가 갑자기 치달려오는 것 같았다. 이에 손으로 구름을 헤치고 죽롱 안에 담아 집으로 돌아왔는데, 죽롱에 가득 담았던 구름이 열자마자 달아나버렸다. 이에 〈건운편〉을 짓는다.〔余自城中還道中, 雲氣自山中來, 如群馬奔突. 以手攓開, 籠收其中, 歸家, 雲盈籠, 開而放之, 作〈攓雲篇〉〕"

정월 대보름날 달밤에 집 앞의 다리를 걷다가 유형[259]의 시를 차운하다 임신년(1772)[260]

元宵步月前橋次有衡韻 壬辰

묵은 안개가 모두 걷혀 달빛 아래 걷고 난 뒤 宿靄渾收踏月天
청려장[261]이 나를 부축해 등불 하나 앞에 이르렀네 青藜扶我一燈前
반병밖에 안 되는 봄 술로는 취하지 않으니 半壺春酒不成醉
다리 위에서 만난 사람들 모두 소년이로세 橋上相逢皆少年

259 유형 : 남유형(南有衡)으로, 298쪽 주196 참조.

260 임신년(1772) : 영조 48년으로, 남유용의 나이 75세 되던 해이다.

261 청려장 : 명아주 줄기로 만든 지팡이를 말하는데, 흔히 은자(隱者)가 짚고 다니는 지팡이를 말한다.

다시 지난해 정월 대보름 운을 쓰다

又用去年元宵韻

늙은이에게 짝할 이 없으나 부르기도 게을러서　老人無伴倦招邀
밝은 달을 따라오다가 이 다리에 이르렀네　明月相隨到此橋
청녕이 복된 곳임을 이미 깨달았더니　已覺淸寧爲福地
　청녕(淸寧)은 다리 이름이다.
잠시 사이에 먹구름이 찬 하늘에서 걷혔구나　稍看氛翳霽寒霄
바람 앞에선 패옥 소리 울리며 헤엄치는 용이 지나가고[262]　風前珂珮游龍過
하늘 밖에선 생황의 노래에 날개 치는 봉황이 멀어지네[263]　空外笙歌翽鳳遙
내가 사는 곳은 도성의 거리 아니라　可是儂居非九陌
매화 꽃술[264]이 곡조 속에서 나부끼지 않게 하네　免敎梅蘂曲中飄

262 바람……지나가고 : 패옥 소리는 관리나 귀인들이 몸에 찬 장식물이다. 헤엄치는 용〔游龍〕은 말의 행렬이 이어지는 것을 형용한 말이다. 《후한서》 권10 〈명덕마황후기(明德馬皇后紀)〉에 "수레는 흐르는 물과 같고, 말은 헤엄치는 용과 같다.〔車如流水, 馬如游龍〕"라고 한 데서 온 말로, 전하여 거마(車馬)의 왕래가 빈번한 것을 형용한다.

263 하늘……멀어지네 : 주 영왕(周靈王)의 태자 진(晉)이 일찍이 생(笙)을 불어 봉황의 울음소리를 내면서 이락(伊洛) 사이에 노닐다가 뒤에 신선이 되어 흰 학을 타고 승천했다는 고사가 있는데, 이를 인용한 것이다.

264 매화 꽃술 : 원문의 매예(梅蘂)는 머리에 꽂는 장식물로, 섣달그믐이나 정초에 비단이나 은박으로 만든 인조 매화꽃이다. 여기서는 술자리에 기녀들이 함께하지 않았다는 뜻으로 사용된 듯하다.

등석[265]에 여러 소년들이 채등을 노래한 시에 화답하다
燈夕和諸少年詠彩燈

비단을 오려 갖은 기교를 다 부리고 綵窮機巧
천금을 들여서 등 하나를 꾸몄어라 千金賁一燈
등불이 에워싼 모습은 어지러이 사냥하는 기세요 火圍紛射獵
구름 같은 소매는 완연히 날아오를 형상일세 雲袂宛飛昇
빛이 하늘에 닿으니 별들이 움직이고 光逼星辰動
그림자가 나뉘니 은하수 맑구나 影分河漢澄
오산에 대한 간초가 남아있는데[266] 鰲山留諫草

265 등석(燈夕) : 정월 대보름의 다른 이름이다.

266 오산에……남아있는데 : 중국 송나라와 원나라 풍습에, 정월 대보름 때 채등(彩燈)을 겹겹이 쌓아 올려 산을 만드는데 그 모양이 전설에 나오는 거오(巨鰲), 즉 바다에서 삼신산을 떠받치고 있는 큰 자라와 비슷하므로 '오산(鰲山)'이라고 하였다. 여기서 간언을 초했다고 한 사람은 장양호(張養浩)이다. 《원사(元史)》 〈장양호전〉에 다음과 같은 기록이 보인다. "영종(英宗)이 즉위하여 그를 참의 중서성사(參議中書省事)에 임명했다. 마침 정월 초하루가 되어 황제가 내정에 등을 늘어놓고 오산(鰲山)을 만들려고 하자 즉시 좌승상 배주(拜住)에게 상주하였다. 배주는 그의 상소를 소매에 넣고 와 간언하였는데, 그 대략의 뜻은 이러했다. '세조(世祖)께서 임어하시던 30여 년 동안 정월 초하루를 맞이할 때면 여염에도 등화를 금하였으니, 하물며 궁궐처럼 지엄한 곳은 마땅히 더욱 조심하였습니다. 지금 등산을 쌓으라고 하시는데, 신이 생각하기에 재미는 적고 관계되는 바는 크며, 즐거움은 얕고 근심은 큽니다. 엎드려 비옵건대 근검을 숭상하고 멀리 생각하는 것을 법으로 삼으시고, 즐거움과 사치와 노는 것을 경계하옵소서.' 황제는 화를 냈지만 다 읽고 난 후 기뻐하며 말하기를, '장희맹(張希孟)이 아니면 감히 말하지 못했을 것이다.' 하고는 마침내 그만두었다. 《승정원일기》 영조 2년(1726) 12월

오늘날 과연 누가 능히 그 일을 해낼까 　　今日果誰能

24일에도 다음과 같은 기록이 보인다. "영종(英宗)이 비록 인종만은 못했지만, 또한 그런대로 괜찮은 군주였습니다. 선제(先帝)의 상중에 있을 때 정월 대보름날 저녁에 등불을 밝히고 연회를 베풀려고 하다가 장양호(張養浩)의 상소를 보고 처음에는 크게 성을 내었으나 즉시 깨닫고서 '희맹(希孟)이 아니면 감히 말하지 못했을 것이다.'라고 하고는 즉시 명하여 그만두게 하였습니다. 이러한 점들은 오랑캐의 군주이기는 하지만 취할 만한 것이 있습니다."

창곡 임시 거처에서 여성[267]이 가져온 술을 마시고 또 그의 시에 화운하다
蒼谷僑居 飮汝成酒 仍和其詩

폐병이 있어 비록 술 마시는 데 방해되지만	病肺雖妨酒
향당의 술잔을 감히 저버릴 수 있으랴	敢孤鄕黨杯
어찌 푸른 산빛이 없을까마는	豈無靑嶂色
자줏빛 지초가 찾아오는 일은 드물구나	難得紫芝來
우도(友道)는 나이조차 잊는 데 있고	道在忘年處
술자리는 날을 골라 여는 것 아니네	筵非選日開
오호[268]에는 백발도 많은데	五湖多白髮
서로 바라봄에 생각만 아득하구나	相望意遼哉

267 여성 : 유한준(兪漢雋)으로, 282쪽 주145 참조.

268 오호 : 범려(范蠡)가 월나라 구천(句踐)을 도와 오나라를 멸망시킨 뒤에 물러나 조각배를 타고 오호 지역을 떠다녔다고 하여 은거지를 뜻하는 말로 사용된다. 《史記 卷129 貨食列傳》

이중고[269]가 임시 머무는 곳으로 술을 가지고 찾아주신 것에 감사하다
謝李仲固携酒枉僑止

고아한 벗이 있어 주연을 압도한다면	使有高朋壓酒筵
이 늙은이 어디에선들 유유자적하지 않으리	老夫何處不悠然
남산의 안개 속 표범[270]은 스스로 물러날 날을 알고	南山霧豹自知日
동쪽 들판의 구름과 용[271]은 온통 나이조차 잊었네	東野雲龍渾忘年

269 이중고 : 이득배(李得培)로, 273쪽 주121 참조.

270 남산의……표범 : '남산무표(南山霧豹)' 고사를 인용하였다. 서주(西周) 때 도(陶) 땅의 대부 답자(答子)가 3년 동안 그곳을 다스렸으나 명예는 드러나지 아니하고 집안만 세 배로 부유하게 되었다. 그러자 답자의 아내가 아이를 안고 울면서 말하기를 "첩이 들으니 남산에 검은 표범이 있는데 안개비 속에서 이레 동안이나 가만히 있으면서 산을 내려와 먹을 것을 구하지 않는다고 합니다. 이는 무엇 때문이겠습니까? 그 털을 윤택하게 하여 문채를 이루기 위해서입니다. 그러므로 드러나지 않아야 해를 멀리할 수 있는 법이니, 개나 돼지도 먹을 것을 가리지 않고 제 살만 찌우면 앉은 자리에서 잡아먹힐 뿐입니다.〔妾聞南山有玄豹, 霧雨七日而不下食者, 何也? 欲以澤其毛而成文章也. 故藏而遠害, 犬彘不擇食以肥其身, 坐而須死耳〕"라고 하였다. 후에 '남산무표' 또는 '표은(豹隱)'은 세상에 나가 벼슬하지 않고 산림에 은거하여 몸을 깨끗이 닦는 것을 비유하는 말로 사용되었다. 《列女傳 卷2 陶答子妻》

271 동쪽……용 : 매우 절친한 친구 사이를 의미한다. 한유(韓愈)의 〈술에 취하여 동야를 만류하다〔醉留東野〕〉에 "나는 내 몸은 구름이 되고 동야는 변하여 용이 되어 사방으로 오르내리며 어울려 다녀 동야가 비록 이별한다 해도 까닭 없이 만나게 되길 바란다.〔吾願身爲雲, 東野變爲龍, 四方上下逐, 東野雖有別離, 無由逢〕"라는 말에서 나온 표현이다. 동야는 맹교(孟郊, 751~814)의 자이다.

향사[272]에서 이름 숨긴 내가 어찌 은자일까　香社藏名吾豈隱
격구장에서 걸음을 멈춘 그대가 바로 현자일세　毬場駐足子方賢
술동이 앞이 또한 넓고 한가로운 곳이니　樽前也是寬閒地
세월이 늦봄으로 향해간들 무슨 대수리오　遮莫風光近暮天

272 향사(香社) : 당나라 사람 백거이(白居易)가 향산(香山)의 승려인 여만(如滿)과 함께 결성한 모임인 향화사(香火社)를 가리킨다. 대개 뜻과 도를 함께 하는 사람들과 결성한 모임을 뜻한다.

가뭄에 속이 답답하여 아이들이 지은 시를 차운하다
悶旱次兒輩韻

어진 기운 올라가고 의로움 피어오르면 절로 하늘과 통하리니 蒸仁熏義自通天
우맥이 응당 기도 올리기 전에 존재하리라 雨脉應存未禱前
시내와 산악에선 매일 희생과 폐물 올리는 소리 들리지만 川嶽日聞牲幣擧
농부는 여전히 호미 베고 잠자네 農夫依舊枕鋤眠

비를 기뻐하며 앞의 운을 쓰다

喜雨用前韻

지극 정성 다했는데 어찌 하늘의 미쁨 얻지 못하리 至誠寧有未孚天
어제저녁부터 흠뻑 내려 새벽 전까지 내렸네 向夕淋浪到曉前
기쁜 안색이 팔채[273]에 더해졌음을 정녕 알기에 喜色定知添八彩
늙은 신하는 오늘 밤 또한 편히 잠든다네 老臣今夜亦安眠

273 팔채(八彩) : '팔채미(八彩眉)'의 줄임말로 원래 임금의 눈썹을 가리킨다. 옛날 요 임금의 눈썹에 여덟 가지 색채가 있었다는 데서 나온 말로, 이후 임금의 얼굴, 혹은 훌륭한 군주를 가리키는 말로 사용되었다.

방아[274]가 유형[275]과 달빛 아래 걸으며 시를 읊었기에 이에 화답하다

厖兒與有衡步月吟詩 和之

어두운 길 하나로 먼 길 가는 기러기 전송하니 一道靑冥送遠鴻
고향 산 소나무 계수나무엔 다시 가을바람 불어오네 故山松桂又秋風
요금은 무심히 한 말 아니니 瑤琴不是無心語
허연 귀밑머리 빛나는데 달은 하늘 한가운데 떴구나[276] 霜鬢輝輝月正中

274 방아 : 남공철(南公轍, 1760~1840)로, 남유용의 아들이다. 자는 원평(元平). 호는 금릉(金陵), 시호는 문헌(文獻)이다. 순조 때 영의정을 지냈다.

275 유형 : 남유형(南有衡)으로, 298쪽 주196 참조.

276 요금은……떴구나 : '요금(瑤琴)'은 구슬로 장식한 거문고 또는 음색이 구슬처럼 아름다운 거문고로, 누군가 알아주기를 바라는 마음을 비유한다. 주희(朱熹)가 〈이빈로의 옥간시를 읽고 우연히 읊다〔讀李賓老玉澗詩偶吟〕〉에서 "홀로 요금을 안고 옥계를 지나니, 환하게 맑은 밤 달 밝은 때라네. 지금은 이미 무심해진 지 오래건만, 산 앞의 삼태기 멘 이가 알까 두렵구나.〔獨抱瑤琴過玉溪, 朗然淸夜月明時. 秪今已是無心久, 卻怕山前荷蕢知〕"라고 하여 세상에 뜻을 펼칠 마음을 접고 세상을 떠나 은거하려는 마음을 부쳤는데, 남유용은 이 구절에 깊이 느낀 바가 있어 이렇게 말한 것이다.

건암 김 영부의 회갑연 시운에 뒤미처 창화하다

追和健菴金領府回甲壽筵韻

건암(健菴)은 재상 김사서[277]의 호이다.

붉은 신발[278] 편안한 회갑의 봄　赤舃安安花甲春
백발이라 오직 그대 몸을 바칠 수밖에 없겠구려　白頭惟有獻君身

이업후(李鄴侯)[279]의 생일날 임금이 상준(上尊)[280]을 하사하며 묻기를, "경은 무엇으로써 보답하시겠소?"라고 하자 대답하기를, "신에게 대단한 물건은 없고, 그거 늙은 몸뚱이만 있어 임금께 바칠 뿐이옵니다."라고 하니 임금이 기뻐하였다.

가문의 명성 높이며 휘황찬란하게 제형[281]이 되던 날　家聲輝爀提衡日
조정의 계책 세우며 차분하게 대루[282]하던 새벽　廟筭雍容待漏晨

277 재상 김사서 : 김양택(金陽澤, 1712～1777)으로, 자는 사서(士舒), 호는 건암(健庵)이며, 김장생(金長生)의 5세손이다. 1767년(영조43)에 우의정이 된 뒤, 1776년(정조 즉위년)에는 영의정에 올랐다. 할아버지와 아버지에 이어 3대가 대제학을 역임하여 당대에 이름을 떨쳤다. 이 시를 짓던 당시에 김양택이 우의정으로 있었기에 김상(金相)이라고 지칭한 것이다.

278 붉은 신발 : 고대에 재상이 신던 붉은 신발로, 재상의 신분을 뜻한다. 여기서는 김양택을 가리킨다.

279 이업후(李鄴侯) : 당나라 때의 명신으로 업현후(鄴縣侯)에 봉해진 이필(李泌, 722～789)을 가리킨다.

280 상준(上尊) : 고대 연음 때 제일 높은 자리에 놓았던 술잔이다.

281 제형(提衡) : 홍문관과 예문관의 제학과 대제학을 말한다.

282 대루(待漏) : 백관이 아침 일찍 출근하여 대루원(待漏院)에서 조참(朝參)하는 시각까지 기다리는 것을 말한다.

집 안에 있을 때는 금과 슬이 본디 고요하고도 좋았고[283] 在御瑟琴元靜好

고을 수령 노릇 할 적엔 고기와 술이 향기롭고 신선했네 專城牢斝揚芳新

날 추워져도 소나무 측백나무는 능히 그릴 수 있나니 歲寒松栢猶堪畫

어찌 치이처럼 산발한 사람[284]만 그러하리 何獨鴟夷散髮人

283 자리에……좋았고 : 《시경》 〈여왈계명(女曰鷄鳴)〉에 부부의 화락한 모습을 형용하여 "자리에 있는 금슬도 고요하고 좋지 않음이 없도다.〔琴瑟在御, 莫不靜好〕"라고 하였는데, 이 구절을 인용한 것이다.

284 치이처럼……사람 : 강호에 은둔하여 유유자적하는 사람을 말한다. '치이'는 춘추시대 월(越)나라의 범려(范蠡)이다. 범려가 일찍이 월왕 구천(句踐)을 보좌하여 오(吳)나라를 쳐서 멸망시키고 나서는 월나라를 떠나 일엽편주로 강호(江湖)에 떠서 제(齊)나라에 들어가 치이자피(鴟夷子皮)로 성명(姓名)을 바꿨다.《史記 卷41 越王句踐世家》 이백(李白)의 〈고풍(古風)〉 59수 가운데 18번째 수에 "어찌 치이자가 머리 풀어 헤친 채 조각배 저어감만 하리.〔何如鴟夷子, 散髮棹扁舟?〕" 하였다.《李太白文集 卷1 古風》

구산[285]의 이 사군 정모[286]가 술을 가지고 와서 이별을 고하기에 취한 후에 시를 지어 그에게 주다

龜山李使君正模携酒來別 醉後有贈

노인은 늘 젊은 시절 어울리던 일을 기억하지만	老人長憶少時游
청산으로 다 떠나보내고 남은 것은 흰 머리뿐이라네	送盡青山餘白頭
이 이별에 가히 한 번 취함이 없을 수 있을손가	此別可能無一醉
용문의 수려한 경색은 꿈속에도 유유해라	龍門秀色夢中悠

285 구산 : 경상남도 창원시 마산합포구 구산면 일대에 있었던 행정 구역이다.

286 이……정모 : 《뇌연집》 권22 〈질녀 유인 이씨의 묘지명 병서〔姪女孺人李氏婦墓誌銘 幷序〕〉에 보면, 이정모(李正模)는 남유용의 형인 남유상의 딸의 맏아들이다.

이 수령[287]이 군을 다스리는 방도를 묻기에 다시 써서 주다
李倅問治郡之道 又書以贈

백성을 기르는 데 어찌 별반 기이함이 있으리 牧民寧有別般奇
두 조상께서 남겨주신 맑은 규범을 너는 스스로 잘 지키라 二祖淸規爾自持
세속에서는 청정한 법[288]을 알지 못하여 世俗不知淸靜法
공사를 모두 유위(有爲)에 들이려 한다네 都將公事入營爲

287 이 수령 : 앞 시에서 이 사군이라 표현한 이정모(李正模)를 가리킨다.

288 청정한 법 : 무위(無爲)의 다스림을 가리킨다. 한나라 조참(曹參)이 제국(齊國)의 상(相)이 되어 가서 여러 학자를 모아 놓고 정치하는 방법을 물은즉, 노자(老子)의 학(學)을 하는 개공(蓋公)이란 노인이, "정치는 청정함을 위주하여야 하오."라고 하였다. 조참은 곧 그를 정당(正堂)에 모시고 스승으로 섬기었다. 또 급암(汲黯)이 동해 태수로 있을 때 병이 많아 관아에 나오지 않고 청정하게 규합에 누워만 있었는데, 한 해 뒤에 동해가 잘 다스려졌다. 《史記 卷120 汲黯列傳》

동지 하루 뒤에 방아[289]가 처음으로 원복을 쓰게 되었기에[290] 기쁜 마음에 유여성[291]의 축하시에 차운하다

南至後一日 厖兒始加元服 喜次兪汝成賀詩

어린 아들이 나를 부축하니 노쇠한 것조차 잊고	稚子扶吾未覺衰
손님들과 잔치 자리에서 술 세 잔 넘게 마시었네	賓筵把酒過三巵
눈동자와 눈썹이 이리 맑은 것만 사랑하였지	瞳眉只愛淸如許
두건과 의복[292]이 이처럼 의젓할 줄 누가 기대했을까	巾服誰期儼若斯
미양의 바야흐로 자라나는 기운[293] 잘 기르면	善養微陽方長氣
측백나무 나중에 시드는 자태를 진정 이루리라	眞成老栢後凋姿
남아의 인생에 무궁한 일들 있겠지만	男兒生有無窮事
대학이란 본디 무작[294] 때부터 시작된다네[295]	大學元從舞勺時

289 방아 : 남유용의 아들 남공철이다.

290 원복을……되었기에 : 원복은 성년의 의례를 가리킨다. 《의례(儀禮)》 〈사관례(士冠禮)〉에 "좋은 달 좋은 날에 비로소 원복을 씌우나니, 너의 동심(童心)을 버리고 성인(成人)의 덕을 따르라.〔令月吉日, 始加元服, 棄爾幼志, 順爾成德〕"라는 말이 나온다. 보통 스무 살에 행하나 이보다 앞서 행하는 경우도 있다.

291 유여성 : 유한준(兪漢雋)으로, 282쪽 주145 참조.

292 두건과 의복 : 선비의 의관을 말한다.

293 미양의……기운 : 미양(微陽)은 곧 동지에 일양(一陽)이 처음 생기는 아주 미약한 양을 가리킨다.

294 무작 : 13살을 가리킨다. 《예기》 〈내칙(內則)〉의 "13세가 되면 음악을 배우고 시가(詩歌)를 읊으며 작무(勺舞)를 배운다. 15세 이상이 되면 상무(象舞)를 배우고 활쏘기 및 말 다루는 법을 배운다. 20세가 되면 관례(冠禮)를 행하고 비로소 예를 배운

다.〔十有三年, 學樂誦詩舞勺. 成童舞象, 學射御. 二十而冠, 始學禮〕"라는 말에서 왔다. 남공철은 1760년에 태어났으므로 이 해에 열세 살이 되었다.

295 대학이란……시작된다네 : 《예기》 〈학기(學記)〉에 "태학에서 처음 가르칠 때 피변복으로 석채(釋菜)를 올림은 공경하는 도를 보이는 것이다.〔大學始敎, 皮弁祭菜, 示敬道也〕"라고 하였다. 피변은 춤출 때 입는 복식 이름이다.

은암 이 상서 광적[296]의 회방연[297] 시를 추후에 차운하다
追次隱巖李尙書 光廸 回榜宴韻

은암(隱巖) 이 상서가 병신년(1716, 숙종 42년)에 회방연을 열었는데, 숙종 대왕께서 시를 하사하시어 자리를 빛나게 해주니, 일시에 제공(諸公)들이 따라 창화한 시가 수백 편에 이르렀다. 그 후 57년이 흐른 지금, 공의 증손인 택진(澤鎭)이 시첩(詩帖)을 내게 내보이며 말 한마디를 부탁했다. 아아! 이는 성세에도 보기 드문 일인데, 기록이 없을 수 있겠는가?

강녕과 장수와 번영을 세상 사람들 감히 바라지만　康壽繁榮世敢希
덕성이 빛나는 곳이라야 복성도 모인다네[298]　德星輝處福星歸

296 이 상서 : 이광적(李光迪, 1628~1717)으로, 본관은 성주(星州), 자는 휘고(輝古), 호는 은암(隱巖)이다.

297 회방연(回榜宴) : 과거에 급제한 지 60주년이 된 것을 축하하는 잔치이다. 이광적은 1716년(숙종42)에 회방연을 열었는데, 낙양기영회(洛陽耆英會)보다도 성대하였으며, 숙종이 연회에 필요한 물품을 내려줬다고 한다.

298 덕성이……모인다네 : 덕성은 경성(景星)이라고도 하며, 덕 있는 사람을 상징한다. 후한 때 덕행으로 유명한 진식(陳寔)이 아들과 손자들을 데리고 순숙(荀淑)을 방문하자 순숙 역시 아들들과 함께 진식 일행을 맞이하였는데, 그때 하늘에 덕성(德星)이 모여들어 천문을 관장하는 태사(太史)가 임금에게 "500리 안에 현인이 모여들었다.〔五百里賢人聚〕"라고 아뢰었다는 일화가 있다.《世說新語 德行 劉孝標注》 세성(歲星)은 목성(木星)으로 복성(福星)이라고도 하는데, 역시 나라에 도가 있거나 현인(賢人)이 출현하면 나타난다고 한다.

꽃을 나눠주고 작록을 내리는 일은 옛날과 같지만 頒花錫爵猶前事
권 머리의 규장을 보고 비로소 희귀한 일임을 깨닫네
弁卷奎章始覺稀

이날 송순(宋純)의 고사[299]를 인용하여 꽃을 하사하고 술을 내리라고 명했기에[300] 이렇게 말한 것이다.

299 송순(宋純)의 고사 : 면앙정(俛仰亭) 송순(宋純, 1493~1583)이 1519년(중종14)에 문과에 급제하였는데, 60년 뒤인 1579년(선조12)에 이를 기념하기 위한 연회를 베풀자 선조가 어사화를 하사하였다.《頤齋遺藁 卷19 資憲大夫議政府右參贊兼知春秋舘事企郁先生宋公行狀》

300 꽃을……명했기에 :《숙종실록》42년(1716) 9월 16일에 "하교하기를, '급제한 지 회갑이 되는 것은 참으로 드물게 있는 것이므로 참으로 귀하게 여길 만하다. 옛일을 본떠 우대하는 특전을 보여야 하니, 지사(知事) 이광적(李光迪)에게 꽃을 만들어 내리라.' 하였다. 이광적이 드디어 꽃을 머리에 얹고 전문(箋文)을 받들고서 대궐에 나아가 배사(拜謝)하니, 임금이 선온(宣醞)하여 위로하라고 명하였는데, 한때 전하여 성대한 일이라 하였다."라는 기록이 나온다.

응제 기사[301] 자술시 서문을 아우르다○계사년(1773)[302]

應製耆社自述詩 幷序○癸巳

신 남유용은 의령(宜寧) 남씨 출신으로, 영고(寧考)[303] 24년 무인년(1698)에 태어났습니다. 경묘(景廟 경종) 원년(1721) 신축년에 진사에 뽑혔으며, 금상 16년(1740) 경신년에 문묘(文廟)에 직접 제사 올리며 시사(試士)하실 적에 신은 현감으로서 병과에 외람되이 이름을 올렸습니다. 무진년(1748) 선왕의 영정(影幀)이 완성되었을 때 도감도청(都監都廳)으로서 통정(通政)으로 승진하였습니다. 임신년(1752)에는 〈의소세손 애책(懿昭世孫哀冊)〉[304]을 써서 올려 가선(嘉善)으로 승진하고, 을유년(1753)에는 문형(文衡)에 오래 머물러있었다는 이유로 자헌(資憲)에 발탁되었습니다. 병술년(1754)에는 세손의 덕의 그릇이 완성됨에 그 공을 보양신(輔養臣)[305]에게 돌리신 덕에 특별히 정헌(正憲)에 가자되었습니다. 정해년(1755)에 일흔의 나이로 기사

301 기사(耆社) : 나이 칠십이 넘은 정2품 이상의 문신들을 경로 및 예우하기 위해 설치한 기구이다. 임금의 생일 · 정조(正朝) · 동지 · 국가의 경사 · 임금의 행차 등에 모여서 하례를 행하거나 나라에 중요한 일이 있을 때 임금의 자문에 응하기도 하였다.

302 계사년(1773) : 영조 49년으로, 남유용의 나이 76세 되던 해이다.

303 영고(寧考) : 영왕(寧王)과 같은 말로, 여기서는 선왕인 숙종을 지칭한다.

304 〈의소세손 애책(懿昭世孫哀冊)〉 : 《뇌연집》에 실린 연보를 보면 임신년 3월에 〈의소세손 애책〉을 지었다고 나오지만, 실제 문집에는 보이지 않고 다만 권6에 〈의소세손 만사(懿昭世孫輓詞)〉가 실려 있다.

305 보양신(輔養臣) : 남유용은 정조가 3세 때인 1754년(영조30)에 원손 보양관(元孫輔養官)이 되어 세손을 무릎에 앉혀놓고 글을 가르쳤다.

(耆社)에 들어가게 되자 이어 관직에서 물러날 것을 청하여 허여해주시는 은혜를 입었습니다. 올겨울 주상께서 기사에 행차하시어 입시했던 옛 신하에게 은혜를 미루어주심에 숭정(崇政)에 또 가자되었고, 계사년(1773) 성상께서 팔순이 되시어 왕위에 오른 지 50년이 되는 해라 은혜를 널리 국로(國老)에게 베풀어 신은 또 숭록(崇祿)에 가자되었습니다. 삼가 생각해보니 입조했던 30여 년 동안 품질(品秩)은 높고 화려한 데 올랐건만 털끝만큼의 보답도 하지 못한 채 외람되이 길러주신 교화를 입어 한가로이 지내고자 하는 소원을 이루었습니다. 길러주신 은혜 넘쳐나 칭송하는 말 다 드러내기 어렵기에, 이에 감히 어명을 받들어 지우를 입은 시말을 간략히 서술하고 〈수역시(壽域詩)〉 한 장(章)을 이음으로 시인의 뜻을 삼가 덧붙이는 바입니다. 시는 이러합니다.

옛날 성인께서 수역[306]을 경영하실 때	古聖營壽域
판축하여도 흙이나 나무 쓰지 않았으니	版築非土木
인(仁)을 쌓아 터전을 닦고	積仁爲基址
의(義)를 모아 성곽을 세웠네	集義爲城郭
풍속은 청정을 귀히 여기고	其俗貴淸靜
정사는 죽이고 벌하는 것 없애니	其政去殺伐
비바람도 허물어뜨리지 못하고	風雨不能毁

306 수역 : 인수(仁壽)의 지역으로, 사람마다 천명대로 장수를 누리는 태평성대를 말한다. 《한서》 권24 〈예악지(禮樂志)〉에 "장차 모두 백성을 수역으로 인도한다."라고 하였다.

재앙도 습격하지 못했네	災沴不能襲
신 또한 교화된 나라의 일개 백성으로	臣亦化國中一民
외람되이 성주 모시고 이 수역에 올랐는데	叨陪聖主登玆域
일월의 찬란한 빛이 사방 문을 열고	日月光華四門闢
북두와 나란히 만수무강 비는 잔을 바치네[307]	北斗齊擎萬壽爵
임금은 태평세월 만나도 지나친 평안함 경계하여	宸心遇泰戒太康
무엇을 생각하건 근심하는 기색 지었으니	其何思乎色惕若
주린 자 먹이고 추운 자 입힐 것을 생각하고	飢者思哺寒者衣
아픈 자 낫게 하고 고된 자 쉬게 할 생각하였네	病者思醫勞者息
술동이에 신선의 술 있고 쟁반에 복숭아 있거늘	樽有仙漿盤有桃
어찌하여 돌아와 나와 함께 즐거워하지 않는가	盍歸來兮同予樂
비로소 알겠거니 이런 마음이 하늘에 닿아	乃知是心格皇穹
화기(和氣)를 펼쳐 백성에게 복을 내렸구나	導揚和氣錫民福
신 비록 물러났으나 옛날엔 태사[308]였으니	臣雖告老舊太史
성덕을 노래하는 것이 그 직책이라네	歌詠聖德乃其職
다만 원하는 것은 대대로 이 수역을 잘 닦으시어	但願世世修此域
만년이 하루인 양 무너지지 않기를[309]	萬年不騫如一日

307 북두와……바치네 : 북두성은 군주의 장수를 축원할 때 쓰는 말이다. 《진서(晉書)》〈천문지(天文志)〉에 "북두칠성은 태미성의 북쪽에 있는데 칠정의 추기이고 음양의 근원이다.……북두는 인군의 상이요, 호령의 주체자이다.〔北斗七星在太微北, 七政之樞機, 陰陽之元本也.……斗爲人君之象, 號令之主也〕"라고 하였는데, 뒤에 인신하여 제왕을 비유하므로 장수를 축원함에 함께 사용한 것이다.

308 태사 : 사관(史官)을 가리킨다. 남유용이 1772년에 《명사정강(明史正綱)》을 편찬한 바 있어 스스로를 태사라고 칭한 듯하다.

309 만년이……않기를 : 장수를 축원한다는 뜻이다. 《시경》 〈천보(天保)〉에 "변함없는 달과 같고, 떠오르는 해와 같으며, 언제나 버티고 있는 남산과 같아, 무너지지 않고 이지러지지 않는다.〔如月之恒, 如日之升, 如南山之壽, 不騫不崩〕" 하였다.

방아가 영상[310]하는 날, 유형[311]의 시를 차운하여 기쁨을 적다

厖兒迎相之日 次有衡韻寫喜

쟁반 위의 폐백 향기가 당실에 가득 퍼지는데　盤幣芬芬肆一堂
좋은 바람이 그림 휘장을 길게 스쳐 지나가네　好風披拂畫帷長
마음이 옥 받든 것 같으니 훌륭한 며느리일 테고　心如捧玉知佳婦
기운이 산을 꺾을 듯하니 호쾌한 사내도 비웃겠네　氣欲摧山笑快郎
다 늙은 내가 몇 번이나 동이의 술 마셔볼까마는　老我幾時樽有酒
훌륭한 손님들은 하루 종일 자리에 향기 남겨 놓았네　嘉賓終日席留香
동산의 푸른 풀에 봄 그늘 옮겨가는 것 한번 보시오　請看園綠春陰轉
지는 해도 저물녘의 빛을 만들어낼 수 있다오　返照能生薄暮光

310 방아가 영상 : 방아는 남유용의 아들 남공철이다. '영상(迎相)'은 《의례(儀禮)》〈사혼례(士婚禮)〉에 아버지가 친영(親迎)하러 가는 아들에게 술을 따라 주는 초례(醮禮)를 행하면서 "어서 가서 네 짝을 맞이하여 우리 집안 제사를 이어받도록 하라.〔往迎爾相, 承我宗事〕"라고 명한 말에서 나온 것이다.

311 유형 : 남유형(南有衡)으로, 298쪽 주196 참조.

문헌공의 구산[312] 선승정 현판에 적은 시[313]를 삼가 차운하여 이 사군에게 부치다

敬次文憲公龜山選勝亭板上韻 寄李使君

산과 물이 절로 빼어나지는 것 아니요	山水不自勝
사람이 빼어나야 명성이 뒤따른다더니	人勝名隨之
이 정자 주인을 잘 만나	斯亭得主人
선승이라는 이름 또한 어울리는구나	選勝名亦宜
산이 고요하니 성정이 절로 가까워지고	山靜性自近
물이 맑으니 정사가 본받을 만하네	水淸政可儀
사람과 땅이 제대로 만났으니	人地旣相遭
구양수와 저주[314]처럼 이름을 함께 드리우리라	歐除名共垂
경치 빼어난 곳은 마음으로 느끼는 데 있나니	勝處在會心
한 척의 비는 세워 무엇 하리	何用一尺碑

312 구산 : 지금의 경상남도 창원시에 있다.

313 문헌공의……시 : 문헌공은 남유용의 증조부인 남용익이고, 여기서 차운한 시는 〈선승정에서 옛 사군 천득을 그리며〔選勝亭 有懷天得舊使君〕〉이다. 이 시의 제목 옆에 "정자는 장흥에 있다. 천득은 이공 상진의 자이다.〔亭在藏興. 天得, 李公商眞字〕"라는 주석이 달려 있다. 이상진은 효종 때 경상 관찰사(慶尙觀察使)를 역임한 바 있어 옛 사군이라고 불렀다.

314 구양수와 저주 : 구양수가 저주 지사(滁州知事)로 있을 때, 저주가 강호를 끼고 있는 절경인 데다가 정사(政事)가 한가로웠으므로 취옹정(醉翁亭)이라는 정자를 지어 놓고 백성과 함께 즐기며 〈취옹정기(醉翁亭記)〉를 지었던 것을 의미한다. 시에서 제(除)라고 한 것은 '저(滁)'의 오기로 보인다.

아이들의 운을 써서 고향으로 돌아가는 상원[315]의 남생 성로[316]를 전송하다

用兒輩韻 送祥原南生星老還故林

유학하는 몸 바야흐로 건장하건만	游學身方健
흩날리는 쑥대풀처럼 가는 대로 몸 맡기네	飄蓬信所之
천 개의 가지지만 근본은 하나인지라[317]	千支同一本
초면임에도 마치 전부터 알던 사이 같았네	初面似前知
식욕이 담담하니 어찌 칼을 두드릴까마는[318]	食淡寧彈鋏
주머니는 텅 비고 오직 시만 담겼구나	囊空獨貯詩
꾀꼬리 울어 이별할 날을 근심했더니	鶯啼愁別日
매미가 찾아와서 돌아갈 때를 알리누나	蟬到識歸時

315 상원 : 평안남도 중화 지역의 옛 지명이다.

316 남생 성로 : 《뇌연집》 권2에 〈우리 집안에 전염병이 돌아 감히 빈객을 접견하지 못하는 관계로 족제 성로 유극와 스무날 동안 떨어져 지냈는데, 우연히 동쪽 언덕에 올라 성로의 초당을 바라보며 시를 지어 나무꾼에게 주며 전달해달라고 하였다〔余家有忌疾 不敢見賓客 與族弟星老 有極 隔二旬矣 偶陟東岡 望星老草堂 賦詩與樵夫以達〕〉라는 시가 있어서 남성로가 남유용의 족제(族弟)인 남유극(南有極)임을 알 수 있다.

317 천……하나인지라 : 남성로와 남유용은 같은 남씨이기에 이렇게 표현하였다.

318 식욕이……두드릴까마는 : 원문의 '탄협(彈鋏)'은 긴 칼의 콧등을 손으로 튕긴다는 뜻으로, 전국시대 제(齊)나라 풍환(馮驩)의 고사에서 온 말이다. 풍환이 일찍이 제나라 맹상군(孟嘗君)의 문객이 되었는데, 맹상군이 후하게 대우하지 않고 좌우로부터 천시를 받자, 풍환이 불만을 품고 손으로 칼을 두드리며〔彈鋏〕 노래하기를, "긴 칼아, 돌아가야겠다. 먹자 해도 생선이 없구나. 긴 칼아, 돌아가야겠다. 밖엘 나가려도 수레가 없구나."라고 하니, 맹상군이 좌우에게 명하여 풍환의 요구를 들어주게 하였다는 고사가 있다. 《史記 卷75 孟嘗君列傳》

안사정 표[319]에 대한 만사
安士定 杓 輓

경서 연구하느라 대낮을 다 보내고	硏經供白日
안석에 기대어 청운을 보냈네	隱几送靑雲
고아한 지조는 배움으로 인한 것 많고	雅操多因學
여사의 화려함은 문장이라 치지 않았네	餘華不數文
탱자나무 숲[320]에서 달게 날개를 꺾었고	枳林甘側翅
구유의 콩[321] 받아먹으며 무리 짓는 것 부끄러워했네	棧豆恥成群
애달프게 막다른 길에서 울었으나	惻惻窮途泣
광막한 이 세상에서 나만은 그대를 안다오	寥寥我識君

319 안사정 : 안표(安杓, 1710~1773)를 가리킨다. 조선 후기의 문신으로, 본관은 죽산(竹山), 자는 정숙(定叔)이며, 한원진(韓元震)의 문인이다. 1765년 제주도에 기근이 들자 대신들의 추천을 받아 양리(良吏)로 뽑혀 어명을 받고 폐단을 구제하였으나 옥사(獄事)에 위반된 점이 있어 파직당하고 중앙으로 돌아왔다. 이후 형조 참의・대사간을 역임하였으며, 왕이 숭정문(崇政門)에서 조참(朝參)을 행할 때 불참하여 해남현에 유배되었다가 1개월 뒤 다시 복직되어 대사간・병조 참의・여주 목사 등을 역임하였다.

320 탱자나무 숲 : 훌륭한 인재를 작은 고을에 제수하는 것을 말한다. 후한의 고성령(考城令) 왕환(王渙)이 "탱자와 가시나무는 난새나 봉황이 깃들 곳이 아니니, 백 리쯤 되는 작은 고을이 어찌 큰 현인이 있을 고을이겠는가.〔枳棘非鸞鳳所棲, 百里豈大賢之路〕"라고 한 데서 유래하였다. 《後漢書 卷76 循吏列傳 仇覽》

321 구유의 콩 : 마방(馬房)의 두료(豆料), 즉 사료이다. 송나라 황정견(黃庭堅)의 시구에 "노둔한 말은 구유의 콩 그리워하니 어찌 굴레를 면할 수 있으랴?〔駑馬戀棧豆, 豈能辭縶縲〕"라는 구절이 있다. 〈次韻寄李六弟濟南郡城橋亭之詩〉

두 번째 수 其二

간의[322]로 있을 때 그 명성 우뚝했건만	諫議聲標峻
고난과 근심 속에 머리칼만 희끗해졌네	艱虞鬢髮皤
빈 배[323]가 무슨 의미 있으랴	虛舟何意思
뜬 세상엔 절로 풍파 이는 것을	浮世自風波
어쩌다 장빈의 병[324]을 얻어	偶抱漳濱病
잠시 골목의 노래를 멈추게 했는가	俄停里巷歌
조도제(祖道祭)도 베개에 누워 나아가지 못했으니	祖筵違伏枕
늙은이의 하염없는 눈물 금할 길 없구나	老淚不禁多

322 간의 : 황경원(黃景源)의 《강한집(江漢集)》 권16에 〈통정대부 사간원 대사간 안공의 묘지명〔通政大夫司諫院大司諫安公墓誌銘〕〉이 있어 그가 대사간을 역임했음을 알 수 있다.

323 빈 배 : 무심하고 담박한 마음을 비유하는 말로, 《장자》 〈산목(山木)〉의 "배를 나란히 하여 하수를 건널 적에, 빈 배가 와서 나의 배와 부딪친다면 아무리 속 좁은 사람이라도 성을 내지는 않는다."라는 구절에서 유래한 것이다. 여기서는 아무리 빈 배처럼 욕심 없는 사람이라 할지라도 부화한 세상에 절로 풍파가 일어 홀로 고요히 지낼 수 없음을 말하고 있다.

324 장빈의 병 : 삼국 시대 위나라 건안 칠자(建安七子)의 한 사람인 유정(劉楨)이 조비(曹丕)와 절친하였는데, 그가 조비에게 빨리 찾아와 달라고 간청하면서 보낸 시의 내용 중에 "내가 고질병에 심하게 걸려서, 맑은 장수(漳水) 가에 몸져누워 있다.〔余嬰沈痼疾, 竄身淸漳濱〕"라는 말이 〈오관 중랑장에게 주다〔(贈五官中郎將〕〉 4수 중 둘째 시의 첫 구절에 나온다.

절필

絶筆

임종하기[325] 이틀 전이었다.

오늘이 있을 줄 진작 알았지만	早知有今日
그날이 오자 마음 고요하지 않구나	日至心不平
벼슬한 것도 아니요 은거한 것도 아니었으니	非仕亦非隱
반평생에 정해진 이름 없었도다	半生無定名

다시 짓다 又

태어남이 있음에 그 누구인들 돌아감이 없으리오	有生孰無還
군자는 이에 부끄러움 없도다	君子乃不愧
청컨대 편안할 '안' 자 하나를 가지고	請將一箇安
내 오늘의 일을 마무리할까 하노라	了我今日事

다시 짓다 又

날이 되었으니 내 마땅히 가야겠지	日至吾當去
일 마치고 나니 마음 다시 한가해지는구나	事了心更閒
붉은 놀과 밝은 달이	丹霞與明月
적막히 인간 세상에 의지해 있네	寂寞寄人間

325 임종하기 : 원문의 '역책(易簀)'은 대자리를 바꾼다는 뜻으로 사람의 죽음을 이르는 말이다.

잡시雜詩

가을 달은 어찌 이리 밝은지 을미년(1715)[326]

秋月何皎皎 乙未

이하 21수는 악부시에 속한다.

가을 달은 어찌 이리 밝은지　秋月何皎皎
그림자가 가을 강물 속으로 들어가네　影入秋江裏
기쁜 마음은 저 달과 같아　歡心有如月
사람 감싸기를 물 감싸듯 하네　着人如着水

두 번째 수 其二

가을 달은 어찌 이리 밝은지　秋月何皎皎
그림자가 가을 강물 드넓은 데로 들어가네　影入秋江濶
내 마음은 저 물과 같아　儂心有如水
사람 받아들이기를 달 받아들이듯 하네　受人如受月

326 을미년(1715) : 숙종 41년으로, 남유용이 18살 되던 해이다.

세 번째 수 其三

가을 달은 어찌 이리 밝은지	秋月何皎皎
그림자가 가을 강 그윽한 곳으로 들어가네	影入秋江幽
기쁜 마음은 저 물과 같아	歡心有如水
달과 함께 흘러가 버리지 않네	不與月俱流

네 번째 수 其四

가을 달은 어찌 이리 밝은지	秋月何皎皎
그림자가 가을 강 물가로 들어가네	影入秋江湄
내 마음은 저 달과 같아	儂心有如月
물이 흘러도 달은 움직이지 않네	水流月不移

궁원
宮怨

소양궁[327]의 밤은 바다와 같으니 昭陽夜如海
궐에서 베푸는 잔치가 미앙궁[328]과 다르구나 公讌殊未央
배회하며 긴 옷소매로 얼굴 가리고 徘徊翳長袖
흘리는 눈물로 원앙 베개 다 적시는데 零淚濕鴛鴦
퉁소 소리 북소리 귓가에 들려오자 簫鼓耳邊歸
첩의 마음 부질없이 슬퍼지네 妾心徒悲傷
새로 복숭아나무와 오얏나무를 심어 新種桃李樹
결명초[329]는 빛을 잃었으니 決明無輝光
궁중으로 나는 제비[330]가 들어옴에 宮中飛燕入

327 소양궁 : 한나라의 궁전인데, 후대에는 주로 후비(后妃)가 거처하는 궁을 뜻하는 말로 사용되었다. 특히 성제(成帝)의 후비인 조비연(趙飛燕)이 거처했던 곳으로 유명하다.

328 미앙궁 : 한 고조(漢高祖) 때 장안에 지은 궁전이다.

329 결명초 : 두보의 〈추우탄(秋雨歎)〉 시에 "가을비에 온갖 풀들이 다 시들어 죽었는데, 뜰 아래 결명초는 빛깔이 산뜻하구나. 가지 가득 붙은 잎새는 푸른 깃 일산 같고, 무수히 핀 꽃들은 황금 돈과 흡사한데, 서늘한 바람 쌀쌀히도 너에게 급히 부니, 늦은 철에 너 홀로 서있기 어려울까 두렵구나. 당상의 서생은 부질없는 백발의 몰골로, 바람 앞에서 향내 거듭 맡으며 눈물짓노라.〔雨中百草秋爛死 階下決明顔色新 著葉滿枝翠羽蓋 開花無數黃金錢 涼風蕭蕭吹汝急 恐汝後時難獨立 堂上書生空白頭 臨風三嗅馨香泣〕"라고 하였다.

330 나는 제비 : 조비연을 가리킨다.

신첩의 총애가 어찌 길어질 수 있으랴 妾寵那得長

두 번째 수 其二

군왕께서 장락궁[331]에서 연회하실 때 君王宴長樂
나를 부용 화장으로 곱게 꾸며주시고 豔我芙蓉粧
촉 땅 비단을 하사하라 명하시어 詔賜蜀錦段
내게 춤출 때 입을 옷을 지어주셨네 製我舞衣裳
치마와 소매에 먼지 하나 닿지 않은 채 裙袂不及垢
잘 개어 옷상자에 넣어두었건만 卷之在篋箱
군왕께 끝내 저버림을 받았으니 君王終見棄
너와 함께 산과 언덕에 버려지겠구나 及汝委山岡
해와 달이 만약 다시 돌아 비춰준다면 日月若回照
너를 가지고 소양궁에 들어가련만 以汝入昭陽

331 장락궁 : 한나라 때 왕후가 거처하던 곳이다. 혜제(惠帝) 이후로 황제는 모두 미앙궁에 거처하고 장락궁에는 늘 모후를 모셨기 때문에, 후에 태후나 대비를 가리키는 말로 쓰이게 되었다.

상봉행

相逢行

소년은 사냥하며 늘 산에서 지내는데 少年射獵恒在山
손으로 맹수 때려잡아 가죽으로 관을 만들어 쓰면서 手搏猛獸皮作冠
고개 숙여 공후를 모시고자 하지 않아 不肯俛首事公侯
서른 마흔이 되도록 관직 하나 얻지 못했네 三十四十不得官
아침이면 협객을 찾아가 좋은 술을 마시고 朝過俠客飮美酒
밤이면 호희[332]의 집에서 묵고 말 달려 돌아왔는데 夜宿胡姬走馬還
길에서 미복 차림으로 노닐던 규염객[333]을 만나게 되니 道逢虯髥微服遊
말 세워 놓고 유곽[334] 사이에서 관상을 보았네 立馬相看狹斜間

332 호희 : 술집에서 술을 파는 오랑캐 여자를 말하는데, 전하여 술집 여자를 뜻한다. 이백(李白)의 시 〈소년행(少年行)〉 두 번째 수에 "떨어진 꽃 죄다 밟으며 어디로 놀러 가는가? 웃으며 오랑캐 여인이 연 술집으로 들어간다네.〔落花踏盡游何處, 笑入胡姬酒肆中〕"라는 구절이 보인다.

333 규염객 : 당나라 장열(張說)이 쓴 전기소설 《규염객전(虯髥客傳)》에 나오는 협객이다. 수나라 말 때 사람으로, 세상을 구할 뜻을 품고 중원에서 기의하려던 중, 여관에서 위국공 이정(李靖) 및 기녀 홍불(紅拂)을 만나 훗날 당 태종이 된 이세민(李世民)을 알현한다. 그가 참 군주임을 알게 된 규염객은 가산을 모두 이세민에게 바치고 떠나가면서, "10년 후 동남쪽 수천 리 밖에서 무슨 사건이 일어날 텐데, 그때가 곧 내 일이 성사되는 때이다."라고 말했다. 그로부터 10년 후 남만(南蠻)에서 보고가 들어왔는데, "어떤 사람이 천 척의 배와 10만의 병사를 거느리고 부여국으로 들어와 그 나라의 군주를 죽이고 스스로 왕위에 올랐습니다. 그런데 그 나라는 이미 안정되었습니다."라고 하였다. 이정은 속으로 규염객이 성공했음을 알고, 홍불과 함께 예복을 갈아입고 동남쪽을 향해 술을 뿌리며 축하하였다.

타고난 범 머리[335]가 어찌 오래 곤궁할까	天生虎頭豈長困
말하지 않아도 검의 빛 서늘함을 깊이 알겠으니	深知不言劍光寒
몰래 한 가지 기예 가지고 사람들의 환심을 사지만	暗將一技買人笑
고개 들면 한 쌍의 기러기가 쇠 탄궁에 떨어지겠구나	仰面雙鴈落金丸
검은 구름 북쪽에서 밀려와 하늘 누레질 제	黑雲北來日色黃
몸 일으켜 서쪽 바라보니 누란국[336]이 보이는데	起身西望見樓蘭
정서(征西) 막부에서 막 장수를 선발한다기에	征西幕府初選將
채찍 옆에 차고 길게 읍하며 장안으로 들어갔네	橫鞭長揖入長安
궁궐에선 봄 추위 걱정해 비단 도포를 하사하니	九重春寒賜錦袍
짧은 소매 단후의[337] 위로 매들이 빙빙 도네	禿袖短後鵰鶻盤
비단 도포에 따스해진 몸, 임금의 은혜라	錦袍身煖知君恩
머나먼 변방의 험난한 길도 마다하지 않으리	不辭關河行路難

334 유곽 : 원문의 '狹斜'는 시가지의 작은 골목길을 뜻하는데, 기원(妓院)을 가리키는 경우가 많다.

335 범 머리 : 범의 머리에 제비턱과 같은 모양으로 귀인의 골상을 말한다. 후한의 반초(班超)가 서생(書生)으로 있을 적에 관상쟁이에게 가서 물었더니, 관상쟁이가 "생(生)은 제비턱에 범의 머리와 같은 모양으로 날아서 고기를 먹으니, 이는 먼 나라에 봉후(封侯)가 될 상이다." 하였다. 《後漢書 卷47 班超列傳》

336 누란국 : 누란은 서역의 나라 이름인데, 한나라 무제 때 사자가 그곳에 갈 적마다 공격하여 죽이곤 하였으므로 소제(昭帝) 때에 이르러서는 준마감(駿馬監) 부개자(傅介子)를 보내서 누란의 국왕을 베어 죽임으로써 비로소 그곳을 평정하였다. 이백(李白)은 〈새하곡(塞下曲)〉에서 "원컨대 허리에 찬 칼로 곧장 누란의 목을 베었으면.〔願將腰下劍, 直爲斬樓蘭〕"이라고 노래했다.

337 단후의 : 옷의 뒤쪽 옷깃을 짧게 누빈 옷이다. 즉 노동하는 데 편리하게 만든 옷으로, 무부(武夫)들이 많이 입는다.

까마귀는 밤에 울고

烏夜啼

날아가는 저 까마귀 즐거운 곳을 향해 깃들지 않고	烏飛不向樂處棲
매번 외로운 첩을 향해 시름 중에 울음 우네	每向孤妾愁中啼
소금장[338] 밑에선 신혼의 꿈만 맴돌고	銷金帳底回新夢
비단 창 아래에선 밤마다 앵무새와 속삭이네	繡窓夜和鸚鵡語
손으로 깊은 방 병풍을 밀치고 옥계단을 내려가니	手排深屛下玉階
뜰 가운데 피어난 배꽃이 붉은 비[339]에 젖는구나	半庭梨花濕紅雨

338 소금장(銷金帳) : 금박으로 장식한 아름다운 휘장을 가리킨다. 송나라 때 한림학사 도곡(陶谷)이 일찍이 당 태위(黨太尉) 집의 기녀를 샀다. 정도(定陶)에 들러 눈 녹인 물을 가져다 차를 끓이면서 그 기녀에게 말하기를, "당 태위의 집에서는 응당 이런 풍류를 몰랐을 것이다."라고 하였다. 그러자 그 기녀가 "저 당 태위는 무뚝뚝하고 거친 사람이니 어찌 이런 풍류가 있었겠습니까. 그저 소금장 아래 앉아 조용히 조금씩 술을 음미하면서 미인의 고운 노랫소리를 들으며 맛 좋은 양고주나 마실 뿐이었답니다.〔彼粗人也, 安有此景? 但能銷金暖帳下, 淺斟低唱, 飮羊羔美酒耳〕"라고 대답하였다. 이에 도곡이 그 말에 부끄러움을 느꼈다고 하는 고사가 전한다. 여기서는 남편의 풍류를 그리워하는 말로 사용되었다.

339 붉은 비 : 원문의 '홍우(紅雨)'는 보통 비처럼 흩날리며 떨어지는 복사꽃을 상징하는 말로 사용되지만 여기서는 '연지루(胭脂淚)', 즉 곱게 화장한 얼굴에 흐르는 눈물을 가리킨다. 즉 여인이 흘리는 눈물이 배꽃을 적신다는 뜻이다.

북풍행
北風行

변새 땅엔 늘 바람이 많고	塞地恒多風
변새 하늘엔 갠 날 적다네	塞天晴日少
추위의 소리는 모두 발해와 갈석산을 휩쓸고	寒聲盡渤碣
삭방의 기운은 연나라와 조나라[340]를 가로지르네	朔氣橫燕趙
요하 이북은 먼지 휘날려 시커먼데	遼河以北飛塵黑
장성 한 편에만 외로운 불빛 남아있네	長城一邊遺孤照
성난 폭풍이 대군의 말[341] 돌격하듯 굉음을 내더니	怒飆轟如代馬突
회오리바람이 오랑캐 녀석 휘파람처럼 긴박히 들려오네	回飇蹙若胡兒嘯
관서[342]의 노장 기립하는 소리 들리더니	關西老將聞起立
제군에게 야간 경비 잘 서라고 호령하네	號令諸軍戒夜哨

340 연나라와 조나라 : 조나라는 중원의 북쪽에 위치해 있었고, 연나라는 거기에서 더 동북쪽인 지금의 요녕성 일대에 있었다.

341 대군의 말 : 원문의 대마(代馬)는 중국 대군(代郡)에서 나는 명마이다.

342 관서 : 함곡관 서쪽을 가리키는 말이다.

백마편

白馬篇

낭군께서 키 큰 말을 타고 오시는데 郎騎高馬來
말의 키가 칠 척도 넘는구나 馬高七尺强
황금으로 말 안장 장식하고 黃金飾馬鞍
청사로 말고삐를 짰네 青絲織馬韁
누가 기둥에 말 매어놓고 말에게 꼴을 주더니 繫馬樓柱與馬芻
그런 연후에 채찍 들고 중당에 들어가네 然後執鞭入中堂
묻노니, 낭군께선 어찌 이 말을 사랑하시오 借問郎何愛此馬
답하기를, 서북쪽에 적의 보루가 길게 늘어섰는데 答言西北賊壘長
나와 한마음인 것은 오직 이 말뿐이라 與我一心獨此馬
장차 적을 무찌르고 군왕께 보답하리라 맹서하였소 誓將破賊酬君王

성 남쪽에서 싸우다

戰城南

성 남쪽에서 싸우고 성곽 서쪽에서 죽으니[343]	戰城南死郭西
검은 구름이 성을 짓누르고 올빼미가 밤에 우네	黑雲壓城梟夜啼
암여우가 따라 울고 올빼미가 궁으로 들어가더니	雌狐和鳴梟入宮
사람 뇌를 쪼고 사람 간을 삼키네	啄人腦呑人肝
휘장 아래 남자[344]는	帳下男子
임금과 운명을 같이하네	與君同命
대숲 어둡고 혈흔으로 얼룩덜룩	竹林幽幽血斑斑
혼은 조정으로 날아가고 황제는 슬피 상심하네[345]	魂飛上朝帝悲傷

노장이 개를 욕하며 말하네, 개 같은 놈아 속히 날 죽여라[346]

343 성……죽으니 : 한나라 악부시 〈전성남(戰城南)〉에 "성 남쪽에서 싸우고, 성곽 북쪽에서 죽으니, 들에서 죽으면 묻히지도 못해 까마귀가 뜯어먹으리.〔戰城南. 死郭北. 野死不葬烏可食〕"라고 하였다.

344 휘장……남자 : '장하아(帳下兒)'라는 말이 있는데, 병졸을 가리킨다.

345 혼은……상심하네 : 죽림칠현(竹林七賢)의 하나인 혜강(嵇康) 아들 혜소(嵇紹)와 관련된 고사이다. 진(晉)나라 혜제(惠帝) 영안(永安) 원년(304)에 동해왕(東海王) 월(越)이 혜제를 받들고 성도왕(成都王) 영(穎)과 싸우다가 탕음(蕩陰)에서 패하였다. 이때 혜소가 시중(侍中)의 신분으로 쏟아지는 화살 속에서 엄호하다가 황제 옆에서 쓰러져 죽었는데 그 피가 어의(御衣)를 적셨다. 사태가 안정된 뒤에 좌우의 측근이 그 옷을 세탁하려 하자, 혜제가 "이것은 혜 시중의 피이니, 없애지 말라.〔此嵇侍中血, 勿去〕"라고 하며 그 충성심을 잊지 않는 뜻을 보였다는 고사가 전한다.《晉書 卷89 嵇紹傳》

346 노장이……죽여라 : 당나라 안녹산의 난 때 안고경(顔杲卿)이 상산 태수(常山太

老將罵狗狗速殺

태어난 이상 죽음이 있고 신하에게는 임금이 있으니 我生有死臣有君

또한 너를 좇아 개가 되지는 않으리라 且不從汝爲狗

혼이 조정으로 날아가니 황제가 슬퍼 상심하는구나 魂飛上朝帝悲傷

하늘에 세 개 별이 있는데 天上有三星

그 빛이 달빛과 같아 光芒如月

도깨비들도 그 모습 숨기지 못하고 魑魅魍魎莫逃形

들판을 달리다 죽었네 走野死

까마귀와 솔개가 내려와 먹어도 다 먹지 못하고 烏鳶來食不盡啣

날다가 나뭇가지에 걸렸으니 飛罥木杪

나를 위해 까마귀에게 말해주시오, 저 시체 다 먹으라고[347]

謂我謂烏且食盡

피가 초목을 물들이면 血染草木

초목 또한 요괴가 될 것이니 草木且爲妖

守)로 있으면서 안녹산과 혈전을 벌이다 성이 함락되자 "조갈구(臊羯狗)야 어찌 나를 빨리 죽이지 않느냐.〔臊羯狗, 何不速殺我〕"라고 꾸짖으며 끝내 굴복하지 않고 죽었다고 한다. 조갈구는 비린내 나는 오랑캐의 개라는 말로 주로 안녹산을 욕할 때 쓴다. 이 말을 듣고 화가 난 안녹산은 결국 그의 혀를 자르고 잔인하게 죽여버렸다.

347 나를……먹으라고 : 한나라 악부시 〈성 남쪽에서 싸우다〔戰城南〕〉에서 인용했다. "나를 위해 까마귀에게 말 전해주시오. 객사한 전사를 위해 한번 울어나 달라고. 들판의 시체를 묻어주지 않으니, 썩은 고기가 어찌 너희들로부터 도망칠 수 있겠느냐고.〔爲我謂烏, 且爲客豪! 野死諒不葬, 腐肉安能去子逃?〕" 그러므로 원문의 '謂我謂烏'는 '爲我謂烏'의 오자임을 알 수 있다. 그러나 이 시에서는 전사한 자들이 도깨비와 같은 못된 무리이므로 저들의 살을 다 쪼아먹어 피로 풀을 물들이지 못하게 하라면서 원래 시〈성 남쪽에서 싸우다〉의 뜻을 바꾸었다.

백마 타고 출발하다

發白馬

새벽에 백마 타고 출발해　平明發白馬
저물녘에 용정[348]을 건너네　薄暮度龍庭
목숨 가볍게 여기고 깊이 들어감을 중요시하니　輕生貴深入
후정[349]을 늘어놓을 필요 있을까　何用列堠亭
병사를 숨겨놓은 것은 구진[350]의 형상이요　藏兵象勾陳
화살을 쏘는 것은 마치 날아가는 별과 같구나　發矢如飛星
공을 이루고 군대를 진작시켜 돌아올 제　功成振旅還
연연산에 명문[351]도 새기지 않으리　不勒燕然銘

348 용정 : 흉노 선우(單于)가 천지와 귀신에게 제사를 지내는 곳으로, 5월에 용정에다 큰 집회를 열어 그의 조상과 천지 귀신에게 제사를 지냈다.

349 후정 : 이정을 표시해놓은 대(臺)를 말한다. 후(堠)는 이수(里數)를 기록한 토대로, 1후는 5리를 말한다. 《정자통(正字通)》에 "10리는 쌍후(雙堠), 5리는 척후(隻堠)이다." 하였다.

350 구진(勾陳) : 북극성 주위의 별자리 이름이다.

351 연연산에 명문 : 후한 때 두헌(竇憲)이 흉노를 정벌하고 개선하여 연경(燕京)의 연연산(燕然山)에 이르러 비석을 세워서 그의 공업을 기술한 〈봉연연산명(封燕然山銘)〉을 가리킨다.

수양버들을 꺾다

折楊柳

버들 솜은 어찌하여 바람에 날리고	柳絮何飄飄
버들가지는 어찌하여 그리워하는지	柳枝何依依
낭군의 몸은 버들 솜 같고	君身似柳絮
첩의 몸은 버들가지 같아요	妾身如柳枝
버들 솜은 바람 따라서 가고 나면 돌아오지 않고	柳絮隨風去不返
버들가지는 언제나 비단 창 향해 늘어져 있으니까요	柳枝長向紗窓垂
봄바람 남쪽 두렁에 불어오니	春風吹南陌
수양버들이 실처럼 푸르네요	楊柳碧如絲
은근히 한 가지 꺾어	慇懃折一枝
멀리 황하 물가로 부쳐보지만	遠寄黃河湄
오랑캐가 아직도 평정되지 않아서	胡虜尙未平
나의 님은 아직 돌아오지 않네요	良人未可歸

임강 절사의 노래[352]

臨江節士歌

물가 평지[353]에 낙엽이 지니[354]	亭皐木葉下
절사는 맑은 가을을 슬퍼하네	節士悲清秋
눈을 들어 보니 강가 단풍나무 어둡고	擧目江楓暗
고개를 숙이니 강물만 흘러가네	低頭江水流
저 강물 속에 커다란 자라가 사는데	江中有巨鰲
그 크기가 천 마리 소를 가릴 수 있다네	其大蔽千牛
이 자라를 베려면 응당 검을 써야만 하고	斬之當用劒
이 자라를 쏘려면 응당 쇠뇌를 써야만 하건만	射之當用弩
커다란 자라 베기도 전에 이 몸이 이미 늙었기에	巨鰲未斬身已老
슬프고 슬프게 비처럼 눈물만 흘리는구나	哀哀淚如雨

352 임강……노래 : 〈임강절사가(臨江節士歌)〉는 악부잡시 중 하나로, 일반적인 명칭은 〈임강왕절사가(臨江王節士歌)〉이다. 남제(南齊)의 육궐(陸厥)과 이백(李白)의 작품이 대표적이다.

353 물가 평지 : 원문의 '정고(亭皐)'는 물가에 있는 평지를 가리키는 말이다. 주로 중국의 강남 일대에서 지어진 시에 많이 보이는 용어이다.

354 물가……지니 : 이와 비슷한 표현으로 남북조 시대 양(梁)나라의 시인인 유운(柳惲)의 〈다듬이질하며 지은 시〔搗衣詩〕〉에 "물가 평지엔 낙엽이 지고, 농두(隴頭)엔 가을 구름 날아가네.〔亭皐木葉下, 隴首秋雲飛〕"라는 구절이 보이고, 송나라 채신(蔡伸)의 사(詞) 〈수조가두(水調歌頭)・정고목엽하(亭皐木葉下)〉에도 "물가 평지엔 낙엽이 지고, 언덕 위엔 국화가 노랗게 피었네.〔亭皐木葉下, 原隰菊花黃〕"라는 구절이 보인다.

꿩이 아침에 나네[355]

雉朝飛

꿩이 아침에 날아오르니	雉朝飛
그 빛깔 눈부셔라	光陸離
시내 언덕 위에는	川原上
풀이 무성하네	草萋萋
쌍쌍이 날다가 또 어우러져 노래하는데	雙飛又和鳴
수컷 한 마리가 암컷 한 마리 거느렸구나	一雄將一雌
옛날에 독목자라는 사람 있었는데	古有牧犢子
나이 쉰에 장가들지 못하고	五十未娶妻
이 모습에 느낀 바 있어 스스로 노래 지었다 하는데	感此自作歌
노랫소리가 어쩌면 그리도 처량한가	歌聲一何悽

355 꿩이……나네 : '치조비(雉朝飛)'는 고악부(古樂府)의 금조(琴操) 가운데 하나로, 제 선왕(齊宣王) 때의 처사(處士)인 독목자(犢牧子)가 나이 50이 되도록 아내가 없는 것을 슬퍼하여 부른 노래이다. 독목자가 한번은 산에 땔나무를 하러 갔다가 암꿩과 수꿩이 서로 따르며 날아다니는 것을 보고는, 하늘을 우러러 탄식하기를 "대성(大聖)이 위에 계시어 은택이 초목과 금수에까지 미치고 있는데 나만 유독 은택을 입지 못했다." 하고, 인하여 거문고를 타서 〈치조비조(雉朝飛操)〉를 지어 불렀다고 한다.

무산은 높기도 하지[356]

巫山高

무산은 높기도 하지	巫山高
어쩌면 이리도 까마득한지	何崔崔
회수는 깊기도 하지	淮水深
어쩌면 이리도 출렁이는지	何湯湯
나도 당신 따라서 동쪽으로 돌아가고 싶지만	我欲從君東歸
산에 계단 없고 시내에 다리가 없어요	山無梯川無梁
내게 옥 한 쌍이 있으니	我有瓊瑤一雙
그대에게 주고서 우두커니 서서 그대 기다렸으면	願以遺君竚立望君
눈물이 흘러 치마를 적시네요	泣下沾裳
무산이 높아	巫山高
내 마음 아프게 해요	使我心傷

356 무산은……하지 : '무산고(巫山高)'는 한나라 고취곡사(鼓吹曲辭) 요가(鐃歌) 18곡 중 하나이다. 이 제목이 붙은 시는 주로 송옥(宋玉)의 〈고당부(高唐賦)〉나 〈신녀부(神女賦)〉에 나오는 무산 신녀의 애닯은 사랑의 감정을 읊고 있다.

임금의 말은 누렇고[357]

君馬黃

임금의 말은 누렇고 君馬黃
신의 말은 희네 臣馬蒼
금으로 만든 재갈 물리고 啣金羈
옥으로 만든 채찍 늘어뜨려 嚲玉鞭
아침에 부상을 출발하여 朝發扶桑
저녁에 현포에서 꼴 먹이니[358] 夕秣玄圃
이제야 신의 말이 훌륭함을 알겠네 乃知臣馬良
신의 말 훌륭하니 臣馬良
원컨대 임금께 바쳐 별 수레 몰고 구름 깃발 싣고서
願以獻君駕星輅載雲旂
팔황을 누비며 驅馳八荒
온 나라를 화목하게 하고 천하를 강녕케 하였으면 和洽諸夏天下康

357 임금의……누렇고 : '군마황(君馬黃)'은 악부 고취곡사(鼓吹曲辭) 중의 하나이다. 도입부에 '군마황(君馬黃)'이라는 구가 있는 것이 특징이다. 이백(李白)의 〈군마황(君馬黃)〉 시에서는 "그대 말은 누렇고 내 말은 희니, 말 색은 비록 다르지만 우리 마음은 본래 간격이 없네.〔君馬黃 我馬白 馬色雖不同 人心本無隔〕"라고 하여 두 사람의 마음이 일치함을 읊었다.

358 아침에……먹이니 : '부상(扶桑)'은 동쪽 바다의 해 돋는 곳에 있다는 부상수(扶桑樹)로 곧 동쪽 끝을 가리키고, '현포(玄圃)'는 중국의 북서쪽 끝에 있다고 전해지는 곤륜산 꼭대기에 있는 곳으로 신선이 산다고 전해진다. 즉 해가 지는 서쪽 끝을 상징한다.

종군행[359]

從軍行

조정에서 거듭 변방을 개척함에	朝廷重開邊
막부에서 날랜 영웅을 뽑았네	幕府簡驍雄
이 몸 서역 정벌 떠나는 군영에 속하게 되어	身隷征西營
손엔 검 쥐고 허리엔 활 두 개를 찼네	手劒腰兩弓
기이한 재주 품고 한 번의 기회 엿보다가	懷奇伺一便
싸우고 싸워가며 기련산[360] 동쪽에 이르렀네	轉戰祈連東
저 멀리 있는 융왕의 깃발 알아보고서	遙識戎王旗
일만 군사를 쏘아 죽이니	射殺萬軍中
오랑캐의 말이 썰물 빠지듯 물러나	胡馬退如潮
삭방 사막이 갑자기 텅 비었네	朔漠居然空
황화영[361]에 병사를 주둔하고	屯師黃花營
명광궁[362]으로 나는 듯 개선하였네	飛凱明光宮

359 종군행 : 악부 상화가사(相和歌辭)의 곡 이름이다. 대부분 변방의 정황과 군사들의 생활을 읊었다.

360 기련산 : 감숙성(甘肅省) 청해(靑海)에 있는 천산(天山)을 가리킨다. 한나라 무제 때 곽거병(霍去病)이 기련산 주위의 흉노족을 정벌하기 위하여 여섯 차례나 출정하여 큰 공을 세웠는데, 그가 죽은 뒤에 그의 무덤 위 봉분을 기련산 모양으로 만들어 그의 공적을 기렸다.

361 황화영 : 중국 감숙성, 장성 아래 옥문관 근처에 있는 지명이다.

362 명광궁 : 한 무제가 건립한 궁전 이름이다. 후대에는 임금이 있는 대궐을 뜻하는

주장은 유가의 제자로 主將儒家子
자못 극곡[363]의 유풍을 지니고 있었는데 頗有郤縠風
기록이 군부에 올라 記籍上軍府
모두 말하기를 휘하의 공이라 하니 皆言麾下功
서역으로 따라갔던 삼백 명이 從戎三百人
하루아침에 같은 작위에 배수되었네 一朝拜爵同
남쪽으로 갔던 군사들 이 소식 듣고 흐느끼며 南軍聞之泣
누선공을 몹시도 원망하였다네[364] 恨殺樓船公

말로 쓰였다.

363 극곡 : 춘추시대 진(晉)나라 사람으로 예악을 좋아하고 시서에 조예가 깊어 진문공(晉文公)에게 발탁되어 대장이 되었다.

364 누선공을……원망하였다네 : 누선공은 한 무제 때 누선장군(樓船將軍)에 임명되어 남월(南越)을 평정한 양복(楊僕)을 가리킨다. 그 공으로 장량후(將梁侯)에 봉해졌으나, 무제는 그의 다섯 가지 과실을 질책하며 공을 세웠다고 스스로 자만하지 말라고 하였다. 후에 고조선 평정에 나섰다가 전쟁에 실패한 죄로 서인으로 강등되었다. 그의 일대기가 《한서》 권90 〈혹리전(酷吏傳)〉에 전하는 것으로 보아 가혹한 정치를 폈음을 알 수 있다.

신선 되기를 구하는 노래
求仙謠

푸른 하늘에서 붉은 띠 두르고 영웅 검 날아다니더니 青霄赤條飛雄劒
삼주[365]에 태양 떠올라 신령한 빛 곱구나 三洲出日神光豔
고야산[366] 깊숙한 병풍에 미인의 눈썹 갇히니 姑射深屏雙黛斂
복희씨의 문자도 헌원씨의 수레[367]도 알지 못하네 羲文軒軌尙不知
바다 멀리 진나라 사람은 부질없이 배만 띄웠으나[368] 海外秦人空汎汎
교산에는 아마도 금오리 묻혀 있으리[369] 喬山盖有金鳧藏
광성자는 헌원씨가 죽은 것을 구해주지 않았고[370] 廣成不救軒轅亡

365 삼주 : 전설 속 봉래, 방장, 영주 세 개의 선산(仙山)을 말한다.

366 고야산 : 《장자》에 나오는 산 이름인데, 후대에는 신선을 가리키는 말로 쓰였다. 《장자》 〈소요유(逍遙遊)〉에, "먼 곳에 있는 고야산에 선인이 살고 있는데, 살갗은 얼음이나 눈과 같고 나긋나긋하기는 어린 여자와 같다." 하였다.

367 복희씨의……수레도 : 원문의 '희문(羲文)'은 복희씨가 그린 팔괘 문양을 말한다. 헌원씨는 또 배와 수레를 만들었다고 전한다. 모두 문명을 상징한다.

368 바다……띄웠으나 : 진 시황이 서불(徐市)과 수천 명의 남녀를 보내 삼신산 불로초를 구하게 했다는 전설을 말한다.

369 교산에는……있으리 : 교산(喬山)은 옛날 황제(黃帝)를 장사 지냈던 산 이름인데, 전하여 왕릉을 가리킨다. 여기서는 진시황릉을 가리키는 것으로 보인다. 금오리가 곧 진 시황의 묘에 부장품(副葬品)으로 쓴 황금으로 만든 오리 모양의 향로(香爐)이기 때문이다.

370 광성자는……않았고 : 《장자》 〈재유(在宥)〉에 황제(黃帝) 헌원이 즉위한 지 19년 만에 공동산(空同山)에 있다는 광성자(廣成子)를 찾아가 지도(至道)에 대해 물었다는 내용이 보인다. 황제가 비록 광성자에게 지도를 물었으나 결국 불사(不死)를 얻지는

옛날 요 임금과 순 임금은 백 년을 살았다네	古有堯舜壽百年
신선 되기를 구해야만 긴 수명 얻는 것 아닐지니	未必求仙獲命長
신선 되기 구하는 일은 천고토록 사람을 해쳤다네	求仙千古令人傷

못하였다는 뜻이다.

옷을 부치며 부르는 노래

寄衣曲

병풍 친 적막한 방에서 반딧불이를 잡다가	深屛寥寥撲流螢
드러누워서 견우와 직녀성을 바라보네	臥看牽牛織女星
바람에 이는 낙엽 소리에도 마치 누가 온 것만 같고	落葉翻風似人來
양쪽 계단의 귀뚜라미 소리 차마 듣지 못하겠네	兩階蟋蟀不堪聽
비췻빛 소매에 한기 스며 원앙 이불 서걱거리니	翠袖寒入鴛鴦澁
용정[371]에 수자리 살러 가신 임 그리워지네	遠憶良人戍龍庭
지난해 임께서 보내신 편지가 도착했는데	去歲良人寄書到
변방 성엔 추위가 일찍 찾아오고	爲說邊城寒氣早
남쪽에 서리 내릴 제 북쪽엔 눈이 온다 하였거늘	南方霜降北方雪
임 몸에 겹 솜옷이 없구나	良人身上無重襖
관가에서도 물론 옷을 보내주었겠지만	官家亦自寄衣去
소첩의 손으로 지은 것처럼 좋지는 않으리라	不如妾手裁縫好
짧은 소매[372] 봉황실로 촘촘히 바느질하고	禿袖密針鳳凰絲
가운데 편지를 넣었으니 그 누가 알리오	中有寄書誰得知
윗글에선 그대에게 오랑캐 놈들 평정하라 북돋웠고	上章勖君平胡虜

371 용정 : 원래는 흉노의 왕 선우(單于)가 천지와 귀신에게 제사를 지내는 곳인데, 여기서는 오랑캐 땅을 가리키는 말로 사용되었다.

372 짧은 소매 : 원문의 '독수(禿袖)'는 가장 바깥에 입는 반소매 배자 같은 것을 뜻하는 듯하다.

아랫글에선 소첩의 항상 그리워하는 마음 적었어요 下章道妾長相思
임에게 임금은 소첩에게 지아비와 같으니 良人有君亦如妾有夫
임이여, 규중의 사사로운 일일랑 너무 염려치 마세요
願君勿念閨中私

궁중행락사

宮中行樂詞

봄 햇살이 일렁여 봄의 만물이 살아나	春暉灎灎生春物
상양궁[373]의 꽃가지가 햇볕 속에 돋아났는데	上陽花枝日中出
옥 수레를 이리저리 몰면서 태액지[374]를 지나니	玉輦縱橫過太液
중서성 백관이 청필[375]하는 소리 들리누나	中書百官聞淸蹕
화려한 당개[376]는 붉은 구름처럼 이어지고	幢盖靡靡襲彤雲
갖은 보화 달린 유소[377]에는 용의 광채 넘쳐나며	流蘇百寶龍光溢
회랑 그윽한 곳에선 월나라 비단 향기롭고	迴廊窈窕越羅香
서른여섯 궁[378]에선 생황의 노래 흘러나오네	三十六宮笙歌發
초미금[379]과 유하[380]에 붉은 낙타 요리[381]	蕉尾流霞紫駝羞

373 상양궁 : 당나라 고종 때 처음 지어진 궁으로, 낙양 서북쪽 낙수 가에 있었다고 한다. 당나라 현종도 이곳에서 관등 행사를 자주 열었다.

374 태액지 : 당나라 궁궐에 있던 연못으로 장안 대명궁(大明宮) 북쪽에 있었다.

375 청필 : 임금이 행차할 때 길을 깨끗이 쓸고 통행하는 사람을 비키게 하는 일을 말한다.

376 당개 : 깃발과 일산 따위의 의장(儀仗)이다.

377 유소 : 기(旗)나 가마에 드리우는 술을 말한다.

378 서른여섯 궁 : 궁녀들이 머무는 궁전이 매우 많은 것을 뜻한다. 당나라 시인 서응(徐凝)의 〈한궁곡(漢宮曲)〉에 "손바닥 위에서 추던 춤 끝나고 퉁소 소리도 끊어지니, 서른여섯 궁에 가을밤도 길구나.〔掌中舞罷簫聲絶, 三十六宮秋夜長〕"라는 구절이 보인다.

379 초미금 : 《후한서》 권90 〈채옹열전(蔡邕列傳)〉에 "오나라 사람 중에 오동나무

화려하게 치장한 빰 붉은 여인들이 청아한 비파를 둘러섰네　雕紅繡頰圍淸瑟

타마계(墮馬髻)[382]도 아황[383]도 임금 위해 버렸건만　墮髻鵝黃爲君掃

운모 깊은 병풍[384]엔 초승달만 걸려있고　雲母深屛貼新月

외정에선 관원들이[385] 앉아서 잠을 자는데　外庭冠珮且坐睡

내방에선 악곡과 연회가 멈출 줄을 모르네　內房曲讌殊未歇

원앙 베개 따스하고 앵무새 서로 말하건만　鴛鴦枕暖鸚鵡語

총애가 포사와 달기[386]에게로 갈 줄 어찌 알았으리　寧知嬌愛生褒妲

로 불을 피워서 밥을 짓는 이가 있었다. 채옹이 불타는 소리를 듣고 좋은 재목인 것을 알게 되었다. 채옹이 그것을 달라고 해서 거문고를 만들었는데, 과연 소리가 아름다웠다. 그 나무 끝에 불탄 흔적이 있어 초미금이라 하였다.〔吳人有燒桐以爨者, 邕聞火烈之聲, 知其良木. 因請而裁爲琴, 果有美音, 而其尾猶焦, 故時人名曰焦尾琴焉〕"라고 하였다.

380 유하 : 신선이 마시는 음료 혹은 미주(美酒)를 말하는데, 여기서는 후자에 해당한다.

381 붉은……요리 : 두보(杜甫)의 〈여인행(麗人行)〉이라는 시에 현종과 양귀비 일가들의 연회 장면을 묘사한 구절이 나오는데, "붉은 낙타의 혹살은 푸른 솥에서 내오고, 수정 쟁반에 흰 생선 담아내네.〔紫駝之峰出翠釜, 水精之盤行素鱗〕"라고 하여 그 사치스러움을 풍자하였다.

382 타마계(墮馬髻) : 틀어 올린 머리 길이가 타고 앉은 말 등까지 드리워진다는 뜻에서 나온 말로, 여인의 머리 장식을 뜻한다.

383 아황 : 액황(額黃)과 서로 통한다. 얼굴 화장의 일종으로, 여자들이 이마 위에 노란색의 분을 칠하는 것을 말한다.

384 운모……병풍 : 운모로 장식한 화려한 병풍을 말한다.

385 관원들이 : 원문의 '관패(冠佩)'는 벼슬아치들이 착용하는 의관과 몸에 차는 장신구로, 벼슬아치를 비유한다.

386 포사와 달기 : 포사(褒姒)는 서주(西周)의 마지막 왕인 유왕(幽王)의 폐첩(嬖

만약 행락을 만방이 동일하게 한다면　　若教行樂萬方同
백 년 세월이 하루가 되기를 바라노라　　願將百年爲一日

妾)이고, 달기(妲己)는 은나라 마지막 왕인 주왕(紂王)의 총비(寵妃)이다. 모두 나라를 망하게 하거나 황폐하게 한 여인들이다.

백씨[387]와 함께 백옥의 정자에 모여 매화 소령을 짓다
정미년(1727)[388]

同伯氏會伯玉亭 賦梅花小令 丁未

이하 18수는 사령에 속한다.

매화가 벌써 피어	梅已發
주렴 걷으니 푸른 가지 옆으로 뻗어있네	簾卷翠梢斜
만 리 춘풍이 오직 이 나무에만 불어왔는지	萬里春風惟此樹
눈과 얼음뿐인 세상에서 홀로 핀 꽃을 보게 되니	一天氷雪看孤花
한 동이 술 놓고 그대 집에 앉아서	樽酒坐君家
꽃 아래서 술을 마시는데	花下飮
꽃잎이 떨어질 때마다 사람 한숨짓게 하네	花落使人嗟
봄 지난다고 자욱이 핀 꽃이 어찌 없으랴	春後豈無花似霧
흥이 일면 되려 술을 차처럼 마실 것이리니	興來還有酒如茶
오직 이 꽃 핀 시절을 아껴야 할 뿐이라네	獨惜此芳華

위의 곡조는 〈망강남(望江南)〉이다.

387 백씨 : 남유용의 형인 남유상을 말한다.

388 정미년(1727) : 영조 3년으로, 남유용이 30세 되던 해이다.

술이 얼큰해지자 다시 소령을 내 함께 짓다
酒闌 又出小令 同賦

들녘 다리 수북한 눈에 나귀 발자국 여기저기 찍혔으니
野橋深雪散驢蹄
물가 정자 서쪽이 水亭西
그대 머무는 곳이로구나 是君棲
자욱이 연기 피어오르는 마을 곳곳에선 돼지며 닭을 기르고
漠漠煙村處處養豚鷄
손님 만나면 기뻐하는 모습, 얼굴빛도 좋구나 見客敷腴顔色好
관은 백첩[389]이요 지팡이는 청려[390]라 冠白氎杖青藜
서쪽 누각 잔치 자리에 앉아 긴 제방을 굽어보니 西樓宴坐俯長堤
묵은 구름 낮게 깔리고 宿雲低
저녁 새 지저귀네 暝禽啼
나에게 새로 지은 사(詞) 있어 촛불 켜고 그대 위해 썼으니
我有新詞秉燭爲君題
봄날 만날 약속 어디가 좋을까 春日相期何處好
못가엔 푸른 풀이 우거졌구나 池水綠草萋萋

위의 곡조는 〈강성자(江城子)〉이다.

389 백첩 : 백첩건(白氎巾)을 말한다. 면포로 만든 두건으로, 야인(野人)들이 많이 썼다고 한다.

390 청려 : 명아주 줄기로 만든 지팡이인 청려장을 말한다. 흔히 은자가 짚고 다닌다.

'백설루'를 분운하여 나는 '루' 자를 얻었다

用白雪樓分韻 余得樓字

그대는 유하술[391]을 마시고 飮子流霞酌
나는 수조 노래를 부르네 唱我水調謳
옛날 나 여기 왔을 때 昔余來此
높은 누각 옆에 연꽃봉오리 피어있었지 菡萏花發倚高樓
아직도 기억나네, 맑고 시원한 바위에서 발 씻던 일 尙憶淸泠石上濯足
성근 바람과 따스한 비에 踈風暖雨
둥근 연잎은 초가을로 접어들었지 圓葉轉新秋
그러나 지금 수염 허연 객이 되어 今日蒼髯客
푸른 난간머리에서 슬퍼하는구나 惆悵碧欄頭
곡은 장차 끝나가려 하고 曲將竟
하늘소리는 고요하며 天籟靜
고개 위엔 달빛이 흐르는데 嶺月流
여음이 홀연 크게 울려 餘音忽厲
잠든 까치 놀라 날아 주렴 고리를 덮치네 棲鵲驚飛撲簾鉤
어디서 왔는지 속세의 경박한 남자가 何處風塵儇子
도성 거리 밤빛 속에서 코 골며 자면서 鼾睡九街夜色
너울너울 나비처럼 날며 왕후를 꿈꾸는구나 栩栩夢王侯

391 유하술 : 신선이 마신다는 술 이름이다.

오도는 실로 이와 같을 뿐이라　吾道苟如此
숲과 골짜기라도 또한 유유자적 살아가리　林壑且優游

위의 곡조는 〈수조가두(水調歌頭)〉이다.

십탄 어르신[392]의 작은 병풍에 도연명의 〈귀거래사〉가 그려져 있는데, 정원백[393]의 그림이다. 〈완계사〉[394] 조를 써서 그중 두 첩에 대해 짓다

十灘丈小屛 畫淵明歸去來辭 鄭元伯所作也 以浣溪沙調 爲賦其二疊

묵은 안개 푸르고 풀과 나무는 평평한데	宿霧蒼蒼草樹平
시내 남쪽으로 난 오솔길은 분명치 않네	溪南細路未分明
어느 마을 노인인지 홀로 길을 나서는데	何村老子亦孤征
시상[395]으로 가고자 하나 어디가 그곳일까	欲往柴桑何處是
다리 옆에 말 세워 놓고 가는 곳을 물으니	橋邊立馬問前程
고개 돌려 아득히 골짜기 구름 피어오르는 곳을 가리키네	

392 십탄 어르신 : 이우신(李雨臣, 1670~1744)으로, 자는 백열(伯說), 호는 십탄(十灘)이다. 이인좌의 난 이후에 벼슬에 뜻을 버리고 가평으로 내려갔다. 다시 출사하여 한성부 우윤을 지내고 호조 참판에 제수되었으나 음관 출신이며 나이가 많아 중임을 감당할 수 없다고 사양하였다. 문장에 능하고 특히 변려문에 뛰어났다.

393 정원백 : 정선(鄭敾, 1676~1759)으로, 본관은 광산(光山), 자는 원백(元伯), 호는 난곡(蘭谷)·겸재(謙齋)이다. 조선 후기의 대표적인 문인화가이다. 우리나라 산천을 소재로 한 진경산수화를 그려 한국 회화사 발전에 큰 업적을 남겼다. 도화서에 들어가 벼슬을 하여 동지중추부사에까지 올랐다.

394 완계사 : 완사계(浣紗溪)라고도 한다. 모두 43자로 되어 있다. 당나라 때 교방(敎坊)의 가곡 이름인데, 후에는 이를 사용하여 사패(詞牌)를 지었다. 이별의 정한이나 서로의 소식이 궁금한 것 등을 노래한 것이 많다.

395 시상 : 강주(江州) 심양군(尋陽郡) 시상현(柴桑縣)으로, 도연명의 고향이자 그가 은거하며 살던 곳이다.

回頭遙指峽雲生

이상은 '길가는 이에게 가는 길을 묻다〔問征夫以前路〕'를 서술한 것이다.

물새 놀라 날아오르는 곳에 담소 소리 시끄러운데 水鳥驚飛笑語喧
종이 나를 맞이해 산기슭[396]에 도착하였네 僕夫迎我到山樊
다시 보니 어린 아들이 대문[397]에서 기다리고 更看幼子候衡門
고요한 배 한 척에 봄물 드넓어라 容裔扁舟春水濶
한들한들 뽕나무 가래나무가 산촌을 에워쌌으니 依依桑柘繞山村
풍진에서 십 년 세월 보내고 전원으로 돌아왔구나 風塵十載返田園

이상은 '어린 아들이 문에서 기다리다〔稚子候門〕'를 서술한 것이다.

396 산기슭 : 원문의 '산번(山樊)'은 산의 가장자리, 또는 산의 무성한 숲이라는 뜻으로, 은거나 은사를 비유하는 말로 쓰인다. 《장자》 〈칙양(則陽)〉에 은자 공열휴(公閱休)에 대하여 "겨울에는 강에서 자라를 잡고 여름에는 산에서 쉬는데, 지나가는 사람이 물으면 여기가 내 집이라고 한다오.〔冬則擉鼈於江, 夏則休山樊, 有過人而問者, 曰此予宅也〕"라고 한 말에서 유래하였다.

397 대문 : 원문의 '형문(衡門)'은 두 기둥에다 한 개의 횡목(橫木)을 질러 만든 허술한 대문을 말한다.

정원백[398]이 그린 산수 5첩을 보고 각각 소사 한 편을 쓰다 신미년(1751)[399]

觀鄭元伯畫山水五疊 各題小詞 辛未

누가 그림에 소리가 없다고 했는가 誰謂畫無聲
백곡의 나는 폭포에 온 숲에 맑은 경쇠 소리 가득한 것을 百谷飛泉一林淸磬
저 봉우리 꼭대기에 걸린 조각달도 좀 보시오 試看缺月峯頂

두 번째 수 其二

끊어진 듯한 벼랑엔 앙상한 나무 자라고 踈木斷岸
기다란 모래섬엔 가랑비 내리네 細雨長洲
대삿갓 쓴 노인 혼자서 篛笠一老
저물녘 외로운 배를 향해 걸어가네 暝踏孤舟
그대 집은 어디인가 爾家何在
차라리 그냥 돌아가 不如且歸
그물이나 말리시게 于以曬網
저 대나무 울타리에서[400] 于彼竹籬

398 정원백 : 정선으로, 376쪽 주393 참조.

399 신미년(1751) : 영조 27년으로, 남유용이 54세 되던 해이다.

400 저……울타리에서 : 《시경》 〈채빈(采蘋)〉에 "마름풀을 캐어라, 남쪽 시냇가에서. 마름풀을 캐어라, 저 길가의 흐르는 물에서.〔于以采蘋, 南澗之濱. 于以采藻, 于彼行

세 번째 수 其三

푸른 벽 아래엔 흰 바위 멋지고 蒼壁下白石好
고송 옆으론 흐르는 물 좋구나 古松畔流水好
띠 풀 올린 정자 하나는 없어도 그만 一茅亭無亦可
한 판의 바둑은 있어도 그만 一棋局有亦可

네 번째 수 其四

큰아들은 남녘 둑으로 낚시하러 가고 大男南陀釣魚去
작은아들은 서쪽 산으로 약재 캐러 갔네 小男西崦采藥去
저물녘이 되어 돌아오는데 薄暮歸來
오랜 나루엔 추운 연기 피어오르고 古渡寒煙
멀리 마을엔 나무 고요하네 遙村澹樹
늙은이는 창가에서 잠자다 깨어 老子窓間睡罷
옷자락 걷어잡고 홀로 돌아보는데 攬衣獨眄
흥은 온통 모래펄 갈매기와 언덕 붉은 여뀌에 가 있네
興在白鷗沙紅蓼岸

다섯 번째 수 其五

누가 그대에게 거문고 타라고 권하여도 誰勸汝彈琴
그대여 거문고를 타지 마시게 汝莫彈琴
갈대밭 앞 외로운 배 한 척이 孤舟蘆葦前
홀로 밤에 배회해도 獨夜徘徊

潦]"라고 하였는데, 이 표현을 차용하였다.

종자기는 끝내 오지 않는다네 鍾子期竟不來
기러기 다 날아가 버리고 鴻鴈歸盡後
강가 하늘이 텅 비어버린 이때 江天泬寥時
작은 줄의 소리 높고 경쾌하며 小絃廉折
큰 줄의 소리 고요하고 낭랑해도[401] 大絃寥朗
갑자기 흥이 극에 달하여 슬픔 일까 두려우니 却恐興極生悲
그대여 거문고를 타지 마시게 汝莫彈琴
천지는 그대의 몸뚱이요 天地是汝形骸
물과 달은 그대의 폐부라 水月是汝肺腑
그대여 그대의 무릎을 끌어안으시게[402] 汝抱汝膝
어둡고 그윽해라 冥兮窈兮
어느 것이 상음이고 어느 것이 우음인지[403] 또 어찌 알리오

401 큰……낭랑해도 : 《사기》 권46 〈전완세가(田完世家)〉에 의하면, 추기자(騶忌子)가 거문고 타는 일로 위왕(威王)을 알현하여 말하기를 "대체로 큰 줄의 소리가 탁하여 봄의 다스운 기운을 느끼게 하는 것은 임금에 해당하고, 작은 줄의 소리가 예리하고 급하여 맑은 것은 재상에 해당합니다.〔夫大絃濁以春溫者, 君也, 小絃廉折以淸者, 相也〕" 하였고, 소식(蘇軾)의 〈현사의 금 연주를 듣다(聽賢師琴)〉 시에는 "큰 줄 소리는 봄기운처럼 다스워 평화롭고, 작은 줄 소리는 높고 경쾌하여 밝고도 맑네.〔大絃春溫和且平, 小絃廉折亮以淸〕"라고 하였다.

402 그대여……끌어안으시게 : 큰 포부를 지닌 장부가 그 뜻을 펼 지위를 얻지 못하고 불우하게 지내는 것을 뜻하는 말이다. 촉한(蜀漢)의 승상 제갈량(諸葛亮)이 출사(出仕)하기 전 남양(南陽)에서 몸소 농사를 지을 때, 매일 새벽과 저녁에 무릎을 감싸 안은 채 길게 탄식했던〔抱膝長嘯〕 데서 유래한 말이다. 이때 지어 부른 노래가 〈포슬음(抱膝吟)〉 혹은 〈양보음(梁甫吟)〉이라고도 한다. 《三國志 卷35 蜀書 諸葛亮傳 註》

403 어느……우음인지 : 상음(商音)은 굳세고 맑은 음으로 사시로는 가을, 오행으로는 금(金)에 해당한다. 우음(羽音)은 오음 중 소리가 가장 맑으며 오행으로는 수(水)에

又安知何者爲商何者爲羽

그대여 거문고를 타지 마시게　　汝莫彈琴

해당한다.

꿈에 짓다

夢作

노란 꾀꼬리 후원에서 노닐고 있으니 黃鸝遊後院

고개 돌리지 마세요 莫回顧

고개 돌리면 노란 꾀꼬리가 어지러이 날아갑니다 回顧黃鸝亂

자평하기를, "이는 대략 고가요(古歌謠)의 체(體)일 뿐이다. 뜻을 이해할 수는 없지만, 물아(物我)가 각기 마땅함을 얻어 서로의 존재를 잊고 서로 어지럽히지 않는다는 뜻을 서술한 점에 대해 볼 때 시어가 도리어 혼후하다.

옛 그림에 쓰다
題古畫

문원(文遠)[404]이 강가 거처를 그려달라고 청하기에 이 사를 짓고 제목을 '옛 그림에 쓰다〔題古畫〕'라고 붙였다. 대개 강산이란 천지간 한 폭의 옛 그림인 것이다.

강가의 가을이 알고 싶다면 欲知江上秋
기러기가 갈대숲에 내려와 흩어질 때를 보고 鴈落蘆葦散
강가의 밤이 알고 싶다면 欲知江上夜
달이 작은 강을 천천히 흘러갈 때를 보시오 月小江流緩
강가 노인이 발 씻는 때를 알고 싶다면 欲知江翁濯足時
강가 하늘 텅 비고 어부의 노래 끊겼을 때를 보시오 江天泬寥漁歌斷

404 문원(文遠) : 이덕홍(李德弘)으로, 본관은 완산(完山), 호는 졸옹(拙翁), 자가 문원이다. 《뇌연집》 권14의 〈동음의 화악유람기〔遊洞陰華嶽記〕〉에 "매서인 완산 이문원〔妹婿完山李文遠〕"이라고 하였으니 이덕홍은 남유용에게 매제가 됨을 알 수 있다.

겸재 정원백이 누군가를 위해 〈호남장거도(湖南莊居圖)〉[405]를 그리고 내게 화제(畫題)를 써달라고 청하기에 나는 소하도의 격식[406]으로 글을 지어서 그 청에 응했다 임신년(1752)[407]

鄭謙齋元伯 爲人畫其湖南莊居 請余題之 余爲小河圖格 以應之 壬申

산은 어찌 이리 그윽하고 물은 어찌 이리 담박한지　山何幽水何澹
그윽하고 그윽한 곳, 마을도 담박하구나　幽幽者村澹澹
연기 막 걷혀 모래섬 맑은데　煙初斂洲渚淸
새는 날지 않고　鳥不飛
수양버들 그늘 그늘이 사립문을 덮었네　楊柳陰陰覆柴扉
주인은 무얼 하고 있나　主人何事
문 닫고 봄 잠을 자나　閉戶春睡
앞산에서 약초를 캐나, 뒤 시내에서 물고기를 감상하나
抑前峯采藥後溪觀魚
혹자는 이곳이 처사 떠난 후 동도의 오두막[408]이라 하네

405 〈호남장거도(湖南莊居圖)〉 : 겸재정선미술관에서 제공하는 웹사이트의 겸재 정선의 연표를 보면 정선이 77세 되던 해인 1752년에 "〈호남장거도〉를 그리고 남유용에게 제를 청했다."라고 한다. 그러나 이 그림은 현재 실전되었다.

406 소하도의 격식 : 하도(河圖)는 중국 황하에서 나왔다는 그림으로, 신마(神馬)의 몸에 55개의 반점이 새겨져 있고, 구궁격(九宮格)으로 구성되어 있다. 이 시 역시 9행, 총 55글자로 되어 있어서 소하도의 격식이라고 칭한 듯하다.

407 임신년(1752) : 영조 26년으로, 남유용이 55세 되던 해이다.

408 처사……오두막 : 한유(韓愈)의 〈하양군으로 부임하는 온 처사를 보내는 글〔送

或云是處士去後東都廬

溫處士赴河陽軍序]〉에서 인용한 말이다. "동도(東都)는 사대부들의 기북(冀北: 천리마가 나는 곳)이다.……대부(大夫) 오공(烏公)이 부월을 들고 하양을 진수하게 된 3개월 후……아침에 한 사람을 취하되 뛰어난 자를 뽑아가고, 저녁에 한 사람을 취하되 또 뛰어난 자를 뽑아가니……이와 같다면 대부 오공이 한번 하양을 진수하자 동도의 오두막에 사람이 사라졌다고 말한다 한들 안 될 것이 무엇이랴?"

밤에 이웃의 노래를 듣고 그 소리에 따라 장난삼아 새로 가사 세 결(闋)을 짓다

夜聞鄰歌 倚其聲 戲爲新詞三闋

청량산 열두 봉우리[409]	清凉山六六峯
오직 흰 갈매기만이 나의 집을 안다네	惟有白鷗知我家
맑고 신중한 흰 갈매기가 어찌 나를 저버리랴	白鷗淸愼豈負吾
경박하고 믿기 어려운 것은 도화일지니	輕薄難信是桃花
도화여, 도화여 골짜기 밖으로 나가지 마라	桃花桃花更莫出洞去
바깥세상 객을 끌어들여 지나가게 할까 두려우니[410]	恐引外客來經過

위는 이퇴계(李退溪)의 시선에서 쓴 글이다.

어부는 파도에 마음이 놀라	漁父驚風波
배를 팔아 준마를 샀다네	賣舟買騏驥
누가 알았으리, 구절양장 험한 길이	誰知羊腸險
구당의 물[411]보다 더 심할 줄을	甚於瞿塘水

409 청량산……봉우리 : 경상북도 봉화에 있는 산이다. 최고봉인 장인봉(丈人峰)을 비롯하여 외장인봉(外丈人峰)·선학봉(仙鶴峰)·축융봉(祝融峰)·경일봉(擎日峰)·금탑봉(金塔峰)·자란봉(紫鸞峰)·자소봉(紫宵峰)·연적봉(硯滴峰)·연화봉(蓮花峰)·탁필봉(卓筆峰)·향로봉(香爐峰) 등의 12개의 고봉이 치솟아 절경을 이룬다.

410 바깥세상……두려우니 : 도연명의 〈도화원기(桃花源記)〉를 염두에 두고 쓴 구절이다. 어부가 물가에 떠내려온 복숭아꽃을 따라 올라갔다가 도화원을 발견했기 때문에 바깥세상 객을 끌어들인다고 표현한 것이다.

이제부터는 배도 버리고 말도 버리고서	從今棄舟又棄馬
늙은 농부 따라 농사짓는 일이나 배우려네	願從老農學耕稼

위는 박사암(朴思菴)[412]의 시선에서 쓴 글이다.

겨우내 베옷 한 벌로	三冬一布褐
바윗굴에서 눈보라 맞았는데	巖穴受風雪
구름 사이로 비치는 한 마디 햇빛도	雲間一寸暉
나의 베옷을 말려준 적 없었네	不曾晞我褐
홀연 서산에 해 넘어가는 것 보이니	忽聞西山白日頹
절로 눈물 나고 마음에 슬픔 가득하네	自然淚落心中哀

위는 김하서(金河西)[413]의 시선에서 쓴 글이다.

411 구당의 물 : 구당은 삼협(三峽)의 하나로 사천성(四川省) 봉절현(奉節縣) 동남쪽 장강 상류에 있는 협곡이다. 구당협 어귀에는 험한 여울인 염여퇴(灩澦堆)가 있어 이곳을 지나는 배들이 많이 전복된다고 한다.

412 박사암(朴思菴) : 박순(朴淳, 1523~1589)으로, 사암은 그의 호이다. 본관은 충주(忠州), 자는 화숙(和叔), 시호는 문충(文忠)이며, 화담(花潭) 서경덕(徐敬德)의 문인이다. 벼슬이 영의정에 올랐으나 이이(李珥)가 탄핵되었을 때 그를 옹호하다가 양사(兩司)의 탄핵을 받자, 스스로 관직에서 물러나 영평(永平)의 백운산(白雲山)에 작은 집을 짓고 은거하였다.

413 김하서(金河西) : 김인후(金麟厚 : 1510~1560)로, 하서는 호이다. 본관은 울산, 자는 후지(厚之), 시호는 문정(文正)이다. 1540년(중종35)에 문과에 급제하고, 설서(說書), 부수찬(副修撰)을 거쳐 옥과 현감(玉果縣監)을 지냈으나 을사사화가 일어나자 낙향하여 성리학 연구에 전념하였다.

미음 이 처사[414]의 권 머리에 쓰다

題薇陰李處士卷首

군중은 시 짓는 법을 오묘히 터득했으나　君重妙解乞詩法
애초에 시 얻고자 하는 뜻을 드러내지 않고서　初不露乞詩意
낡은 거문고로 노래 한 곡 연주했을 뿐이라네　但取古琴彈一曲
서재[415]에 달 밝아 사람들 아직 일어나기 전　西齋月曉人未起
한 줄기 폭포가 추운 대숲에서 쏟아지는 소리 들었네　忽聞一泓飛泉瀉寒竹
거문고 소리 그쳤으나 아무 말도 하지 않고　琴已竟了無言
보따리를 열고서 시 두루마리를 꺼내더니　發槖出詩卷
손으로 펼쳐 보여주며 나더러 읽어보라 하네　手自披展令我讀
그런 다음 다시 원백[416]의 그림을 꺼내는데　次又出元伯畫
가릉[417]의 산수가 펼쳐져 있네　嘉陵山水

414 미음……처사 : 《뇌연집》 권4에 〈미음 이 처사 군중 정엽이 나를 위해 거문고를 연주하다……〔薇陰李處士君重 鼎燁 爲余彈琴……〕〉라는 시가 있어 미음 이처사가 바로 이정엽(李鼎燁)임을 알 수 있다. 유언호(兪彦鎬)의 《연석(燕石)》 책9에 〈이처사 정엽 애사(李處士 鼎燁 哀辭) 을해(乙亥)〉가 수록되어 있는데, " 미음 이처사는 나와 알고 지낸 지 오래다. 매번 보면 베옷에 짚신을 신고 손에는 짧은 거문고 하나를 들고 다닌다. 학사 대부 사이에서 어울리면서 시문과 고화를 많이 얻어 보따리에 넘치도록 담아 돌아가곤 했다.〔薇陰李處士, 余與相識久矣. 每見其布褐青鞋, 携短琴. 遊學士大夫間, 多得詩文古畫, 溢槖而歸〕"라고 하였다.

415 서재 : 남유용 집의 서쪽에 있던 건물인 듯하다.

416 원백 : 겸재 정선을 말한다.

늙은 바위와 한 그루 오동나무[418] 老石孤桐
갈대 핀 물 언덕에 대놓은 고기잡이배가 蘆岸漁舟
나의 마음과 정신을 초월하게 하였으니 使我心神超越
마치 물 찾아가는 기러기나 숲으로 향하는 사슴 같았네
如赴水之鴈趍林之鹿
제아무리 광평[419] 같은 철석 심장이라도 誰能廣平石腸
이 그림 보고 시를 읊지 않고서 於此不吟詩
고목처럼 멍하니 아무 말 없을 수 있을손가 嗒然如枯木
아아 嗚呼
군중은 시 얻는 법을 오묘히 터득하였구나 君重妙解乞詩法
어찌하여 이 기술을 가져다가 何不移此術
남들처럼 벼슬 구하는 법 배우지 않고서 向人學干祿

417 가릉 : 경기도 가평의 옛 지명이다.

418 늙은……오동나무 : 앞의 주 **에서 인용한 유언호의 〈이처사 애사〉에 보면 "또 들건대 그가 사는 곳은 가릉의 승경을 독차지하고 있다 한다. 정원에는 묵은 바위가 있는데, 평상처럼 평평하고 둥글고, 옆에는 오동나무 한 그루가 있는데, 군데군데 그늘을 이루어 바위를 덮고 있다. 이 바위의 이름은 탄금석이다.〔且聞其所居, 擅嘉陵之勝. 庭有古石, 平圓如牀, 傍生一梧樹, 團團成陰以覆之. 名彈琴石〕"라는 내용이 보인다.

419 광평 : 광평은 당 현종 때의 현상(賢相)으로 광평군공(廣平郡公)에 봉해진 송경(宋璟)을 가리킨다. 송경이 일찍이 〈매화부(梅花賦)〉를 지었는데, 후에 당나라 말기의 시인 피일휴(皮日休)가 자신의 〈도화부서(桃花賦序)〉에서 송경의 〈매화부〉를 들어 말하기를 "내가 일찍이 재상 송 광평의 바르고 강직한 자질을 사모해 왔으니, 그의 철석같은 간장으로는 아마도 유순하고 애교 넘치는 말을 토해 낼 줄 모르리라고 여겼는데, 그의 글을 보다가 〈매화부〉가 있어 보니, 말이 통창하고도 풍부하고 화려하여 남조의 서유체를 꼭 닮아서, 그 사람됨과는 아주 달라 보였다."라고 하였다.

베옷과 짚신으로 텅 빈 골짜기에서 늙어가는가　　布褐青鞋老空谷
아아, 군중의 마음을 내 알기에　　嗚呼君重之心我知之
처음 보자마자 오랜 친구인 양 느껴졌으리라　　所以一見如宿昔

배에서 간옹[420]의 〈몽영기〉[421]를 보고 짓다 경진년(1760)[422]
舟中見礀翁夢瀛記 有述 庚辰

초봄에 간옹(礀翁)은 오산(鰲山)[423]에 있었는데, 졸로(拙老)[424]와 영주(瀛洲)[425]에서 나를 만나는 꿈을 꾸었다고 하였다. 꿈에서 나는 커다란 배에 앉아 진일주(眞一酒)[426]를 가득 따라 마시더니 두 객에게도 따라 주었고, 붉은 복숭아〔火桃〕[427]로 셋이서 술을 주거니 받거니 하다가 모두 잔뜩 취해 즐거움을 만끽했다고 한다. 간옹은 깨어난 뒤 이를 기이하게 여겨 편지를 보내 이 일을 기록했다. 그해 4월에 나는 봉래(蓬萊)[428]에서 바다를 따라 동으로 갔다가 대영대(大瀛臺) 아래 배를

420 간옹 : 김이건으로, 284쪽 주148 참조.

421 〈몽영기〉 : 《뇌연집》 권16 〈김강백 이건에게 답하다〔答金剛伯 履健〕〉에 보면 "〈몽영기〉가 마침 대영대 아래 배를 세워 놓았을 때 도착하자 졸로(이문원)와 함께 한 번 읽고서 〈임강선〉 소사를 지어 그의 뜻에 답하였다.〔夢瀛記適及於大瀛臺下舟次, 與拙老一讀, 作臨江仙小詞以答其意〕"라고 한 내용이 보인다.

422 경진년(1760) : 영조 36년으로, 남유용의 나이 63세 되던 해이다.

423 오산(鰲山) : 경상북도 청도(淸道)의 옛 이름이다.

424 졸로(拙老) : 이문원으로, 383쪽 주404 참조.

425 영주(瀛洲) : 봉래산·방장산과 더불어 신선이 산다는 곳으로 여겨지는 곳이다.

426 진일주(眞一酒) : 진일(眞一)은 원래 도가 용어로, 본성을 보전하여 자연스럽게 무위(無爲)의 경지에 드는 것을 말하는데, 후에는 주로 양생의 방법을 가리킨다. 여기서는 소식(蘇軾)이 빚은 술 이름이 진일주(眞一酒)이기 때문에 끌어온 표현이다.

427 붉은 복숭아 : 시 본문에 붉은 복숭아, 즉 반도를 훔쳐 내려왔다는 표현이 나오는 것으로 보아 타오르는 듯 붉은 복숭아를 나누어 먹으며 술을 마셨다는 표현으로 보인다.

428 봉래(蓬萊) : 금강산의 별칭이다. 이해(1760) 1월에 남유용은 안변 부사(安邊

띄웠다. 그때 간옹의 편지와 기가 마침 배 안에 도착해 있었는데, 졸옹도 같이 있었기에 서로 돌아보며 그 기이함에 찬탄하다가 〈임강선(臨江仙)〉 한 결(闋)을 지었다.

바닷가엔 반도[429] 붉은 알이 수만 개 열려있는데	海上蟠桃紅萬顆
군산 맛 좋은 술[430]은 샘처럼 맑네	君山美酒如泉
삼생에 생긴 습관[431]으로 미치광이가 되었네	三生結習太狂顚
이것들 훔쳐서 오산으로 내려왔건만	偸來鰲山下
선리는 한창 베개 높이 베고 잠들어 있네	仙吏正高眠

선리는 꿈속에서도 술을 마실 수 있으니	仙吏夢中能飮酒
어디선가 흰 수염 난 야윈 신선이 찾아왔네	霜毛何處癯仙
술잔 들어 나를 위해 천수를 빌어주네	擧觴壽我一千年
석 잔 마시고 또 마시더니	三盃猶可
다시 나를 좇아 대영대 아래 배에 올랐네	又追我大瀛船

府使)가 되었고 4월에 금강산 유람에 나섰다.

429 반도 : 반도는 3000년에 한 번 꽃이 피고 열매를 맺는데, 이 복숭아를 먹으면 불로장생한다고 한다. 《산해경(山海經)》에 "창해(滄海) 속에는 도삭산(度朔山)이 있는데 그 꼭대기에는 큰 복숭아나무가 있다." 하였다.

430 군산……술 : 군산(君山)은 동정호 가운데에 있는 산이다. 전설에 의하면 군산에 노신선이 술을 마시고 달밤에 옥적(玉笛)을 분다고 한다. 따라서 군산주는 신선이 마시는 술로, 술의 미칭인 듯하다.

431 삼생에……습관 : 삼생(三生)은 전생, 현생, 내생을 통틀어 말한 것이고, 결습(結習) 역시 불교 용어로, 어떤 사물에 집착하는 상념이 있음을 뜻하는바, 전하여 오래 쌓여서 제거하기 어려운 습관을 말한다.

장난삼아 옥련환체[432]를 읊어서 문원의 동호에 있는 초당에 편지 삼아 보내다 갑술년(1754)[433]

戱占玉連環體 書文遠東湖草堂 甲戌

이하 4수는 잡체시에 속한다.

물고기 뛰고 새 모이 쪼며 나들이 수레 맞이하니	魚跳鳥啅迓遊車
십 리 푸른 교외에 홀로 지낼 거처를 묻네	十里靑郊問索居
오랜 상자에 남은 글들은 온통 쓸데없는 원고이고	古篋留題渾漫稿
높은 집에 흩어진 권질은 절반이 새 책일세	高軒散帙半新書
햇볕이 물에 일렁이니 봄빛이 섬에서 생기고	日華漾水春生島

432 옥련환체 : 옥련환(玉連環)이라는 말은 《전국책(戰國策)》에서 "진시황이 제나라에 사신을 보내어 연결된 옥의 고리를 풀어달라고 요청하였다."라고 한 기사에서 따온 말이다. 옥련환체(玉連還體)는 말 그대로 옥을 이어 만든 고리처럼 시의 각 행에 연결고리 장치를 만들어 앞 구와 뒤 구가 정교하게 연결되도록 지은 잡체시의 하나이다. 짓는 방식을 보면, 1행 끝의 '거(車)' 자를 파자(破字)해 '십(十)' 자를 따와 2행 첫 글자로 놓고, 2행 끝의 '거(居)' 자를 파자해 '고(古)' 자를 따와 3행 첫 글자로 놓은 식이다.

433 갑술년(1754) : 영조 28년으로 남유용의 나이 57세 되던 해이다.

산 기운이 연기와 어우러지니 버들이 언덕을 스치네 山氣和煙柳拂墟
언덕과 골짜기의 그윽한 약속 두고 혼자 떠나갔지만 丘壑幽期聊獨往
사는 동안 농부와 어부를 내 찾아보고자 하노라 生涯吾欲訪耕漁

소용당[434]에서의 조촐한 모임. 다시 옥련환체를 지어서 제군에게 보내 화답을 요구하다

踈慵堂小集 又爲玉連環體 贈諸君 要和

높은 집에서 노래하는 것은 모두 나의 벗들이니	高軒歌歗盡吾曹
해 길어 산속 술동이엔 탁주가 담겼구나	日永山樽有濁醪
삼대 동안 한마을에 살며 공자의 길 이어갔고	三世井春連孔陌
평생 품은 뜻은 장자의 호수[435]에 의탁했네	百年襟抱寄莊濠
사나운 매는 화려한 새장에서 길러짐 마다하고	豪鷹不受雕籠養
준마는 헤진 채찍으로 부림 당하는 것 부끄러워하리	良馬應羞弊策操
뱃길[436]로 창주에 돌아가겠다는 계책 아득해졌으나	木道滄洲歸計濶
예로부터 현달한 이들 절반은 쑥대 집에서 살았다네	古來賢達半蓬蒿

434 소용당 : 남유용의 증조부인 남용익(南龍翼)의 거처이다. 남용익의 문집인《호곡집(壺谷集)》권15에 〈소용당기(疏慵堂記)〉가 실려 있는데, "호곡거사가 '소용'으로 그 당의 이름을 삼은 것은 '호' 자의 속뜻을 취한 것이기도 하고 '소용'이라는 두 자가 거사의 본성에 또한 걸맞기 때문이다.〔壺谷居士以疏慵名其堂者, 蓋取壺字之俗義, 而疏慵二字, 又合於居士之本性〕"라고 하였다.

435 장자의 호수 : 장자가 호수(濠水)의 징검다리 위에서 물고기가 노니는 것을 보고는 혜시(惠施)와 함께 물고기의 즐거움〔魚樂〕에 대해서 토론을 벌인 이야기가《장자(莊子)》〈추수(秋水)〉에 나온다.

436 뱃길 : 원문의 '목도(木道)'는 뱃길로 가는 것을 말한다.《주역》〈익괘(益卦) 단사(彖辭)〉에 "큰 시내를 건넘이 이로움은 목도가 이에 행해진 것이다.〔利涉大川, 木道乃行〕"라고 한 데서 왔다.

은체를 지어 강백과 문원에게 주다
隱體 貽剛伯文遠

오랜 벗 안동(安東) 사람 김이건(金履健) 강백(剛伯), 완산(完山) 사람 이덕홍(李德弘) 문원(文遠)이 인장에 새길 글을 얻기를 청하기에 금문은(金門隱)[437]의 시체(詩體)를 가지고 그 부탁에 응한다.

옛날부터 사부의 명성[438] 흠모하였고	夙欽謝傅名
자산의 마을[439]에서 살기 원했네	願居子產里
셋이 나란히 하여 원방[440]을 드러내고	參三體圓方

437 금문은(金門隱) : 금마문(金馬門)에서 벼슬했지만 은자나 다름없이 살았던 동방삭(東方朔)을 가리킨다. 당시 누군가가 그를 일러 미치광이라고 하자 동방삭이 말하기를 "속세에 묻혀 살며 금마문에서 세상을 피하노니, 궁전 안이 곧 세상을 피하여 몸을 온전히 할 수 있는 곳인데, 하필 깊은 산중, 쑥대풀 우거진 초가여야만 하겠는가."라고 하였다.

438 사부의 명성 : 사부(謝傅)는 동진(東晉)의 사안(謝安)을 가리킨다. 그의 증직(贈職)이 태부(太傅)인 데서 온 호칭이다. 그는 매우 풍류를 즐겨 벼슬길에 나아가기 전 동산(東山)에 은거할 때 산천을 유람하면서 늘 기생을 데리고 다녔다 한다.

439 자산의 마을 : 춘추시대 정나라 재상인 자산이 살았던 동리(東里)를 말한다. 그는 외교 수완이 뛰어나 두 강대국인 진(晉)나라와 초(楚)나라의 사이에 끼어 있는 약소한 정나라가 외세로부터의 침략을 전혀 받지 않도록 하여 태평시대를 유지하였다. 남유용은 이 시를 주는 대상인 김이건을 '동리의 제군〔東里諸君〕' 중 하나로 자주 불러왔는데, 같은 '동리'여서 자산을 언급한 듯하다.

440 원방 : 천원지방(天圓地方)에서 나온 말로, 하늘과 땅 곧 천지를 뜻한다. 《중용장구(中庸章句)》 제22장에 "오직 천하에 지극히 성(誠)한 분이라야 그 성(性)을 다할

여덟에 으뜸 되어[441] 궁음과 치음을 조화롭게 하네　首八諧宮徵
도가 평탄하니 그윽한 사람이 정고(貞固)하고[442]　道坦幽人貞
하늘이 운행하니 군자가 이를 본받네[443]　天行君子以
덕을 합하려면 모름지기 부드러움을 써야 하는 법[444]　合德須用柔
질나팔을 불며 중씨에게 화답하네[445]　吹塤和仲氏

수 있다. 그 성(性)을 다하면 사람의 성(性)을 다할 수 있고, 사람의 성(性)을 다하면 사물의 성(性)을 다할 수 있고, 사물의 성(性)을 다하면 천지(天地)의 화육(化育)을 도울 수 있고, 천지(天地)의 화육(化育)을 도우면 천지(天地)와 함께 나란히 설 수 있게 된다."라는 말이 나온다.

441 여덟의……되어 : 여덟은 팔음(八音)을 말한다. 팔음은 금(金), 석(石), 사(絲), 죽(竹), 포(匏), 토(土), 혁(革), 목(木) 등 여덟 가지 재료를 써서 만든 악기를 말하는데, 위에서 말한 '금문은'의 '금'을 의식하여 말한 듯하다.

442 도가……정고하고 : 《주역》 〈이괘(履卦) 구이(九二)〉에 "행하는 도가 평탄하니, 그윽한 사람이라야 정하고 길하리라.〔履道坦坦, 幽人貞吉〕" 하였는데, 정이(程頤)의 전(傳)에 "비록 행하는 바가 평탄한 도를 얻었으나 또한 반드시 그윽하고 고요하고 편안한 사람이 처하여야 정고(貞固)하고 길(吉)할 것이다."라고 하였다.

443 하늘이……본받네 : 《주역》 〈건괘(乾卦) 상전(象傳)〉에 "하늘의 운행이 강건하니 군자가 이를 보고서 스스로 힘쓰며 쉬지 않는다.〔天行健, 君子以, 自彊不息〕" 하였다.

444 덕을……법 : 《주역》 〈계사전 하(繫辭傳下)〉에 "건곤은 역(易)의 문이다. 건은 양물(陽物)이고 곤은 음물(陰物)이니, 음양이 덕을 합하여 강유의 체가 있는지라 이로써 천지의 일을 체득하며 이로써 신명의 덕을 통한다.〔乾坤, 其易之門邪. 乾陽物也, 坤陰物也, 陰陽合德而剛柔有體, 以體天地之撰, 以通神明之德〕"라고 하였다.

445 질나팔……화답하네 : 《시경》 〈하인사(何人斯)〉에 "형이 질나팔 부니 동생이 젓대를 부네.〔伯氏吹壎 仲氏吹篪〕"라는 구절이 있는데, 악기 소리가 서로 화음을 이루듯 서로의 마음이 맞는다는 뜻이다.

두 번째 수 其二

기둥을 노려보았으나 벽옥은 깨지지 않았고[446]	睨柱璧不碎
거문고 어루만지자 그림에서 소리가 울렸네[447]	撫琴畫有響
사냥개를 풀어주기론 소하(蕭何)의 공과 나란하고[448]	發蹤稱蕭功
이름 나란히 하기론 두밀(杜密)보다 위에 거했네[449]	齊名居杜上

446 기둥을……않았고 : 《사기》 권81 〈염파인상여열전(廉頗藺相如列傳)〉에 보인다. 조(趙)나라 혜문왕(惠文王)이 화씨벽(和氏璧)을 얻었다는 소문을 듣고, 진(秦)나라 소왕(昭王)이 그 화씨벽을 열다섯 성(城)과 바꾸자고 제의하여 빼앗으려 했다. 조나라 인상여(藺相如)가 화씨벽을 가지고 진나라에 갔다가 소왕의 속임수를 알아차리고 소왕의 앞에서 화씨벽을 꽉 붙들고 물러서서 말하기를, "대왕께서 기어코 신을 핍박하려 한다면 신의 머리와 이 옥벽이 함께 저 기둥에 부딪혀 부서지고 말 것입니다.〔大王必欲急臣, 臣頭與璧俱碎於柱矣〕" 하고, 옥벽을 지닌 채로 기둥을 노려보면서 기둥에 부딪히려고 하자, 소왕이 마침내 옥벽을 깰까 염려하여 인상여에게 사과하고 말렸다. 그러나 인상여는 진왕의 속임수를 미리 헤아린 나머지, 관사로 돌아간 즉시 몰래 종자(從者)를 시켜 화씨벽을 본국으로 온전하게 돌려보내고 뒤에 자신도 무사히 귀국했다.

447 거문고……울렸네 : 중국 남조 송나라 때 화가인 종병(宗炳, 375~443)의 이야기이다. 그는 거문고와 서화(書畫)를 좋아했는데, 늙고 병들어 명산(名山)을 두루 다닐 수 없게 되자 과거의 본 바를 모두 실내에 그려 붙이고 누워서 유람했다고 한다. 사람들은 이를 일러 와유(臥遊)라고 부른다. 또 일찍이 벗에게 말하기를, "거문고를 어루만지면서 곡조를 뜯으면 뭇 산들을 다 울릴 수 있다.〔撫琴動操, 令衆山皆響〕"라고 하였다.

448 사냥개를……나란하고 : 《사기》 권53 〈소상국세가(蕭相國世家)〉에 보인다. 고조가 천하를 통일하고 제장(諸將)들이 공을 서로 다투자, 고조가 이르기를 "제군(諸君)들은 사냥하는 법칙을 아는가?……사냥에 있어 짐승을 쫓아가 잡는 놈은 사냥개이지만 개를 풀어놓아서 짐승이 있는 곳을 가리켜 주는 자는 사람이다. 제군은 다만 가서 짐승을 잡은 처지일 뿐이니 그 공은 개에 해당하고, 소하는 개를 풀어놓아서 짐승을 가리켜 보여 준 처지이니 그 공은 사람에 해당한다."라고 하였다.

449 이름……거했네 : 《후한서(後漢書)》 권97 〈범방열전(范滂列傳)〉에 보인다. 후

매끄러운 몸에서 덕 있는 자태 드러나지만[450] 潤身見睟盎
임무 무거우니 관대하고 드넓어야 하리 任重要寬廣
찬란하구나, 내 주나라를 따르고자 하나[451] 郁乎吾從周
아득해라, 바라봄에 멀기만 하여라 遼哉長相望

한 때의 지사(志士)인 범방은 환제(桓帝) 때 당고(黨錮)의 화(禍)에 연좌되어 처형당했는데, 모친께 영결을 고하자 그 모친이 이르기를 "네가 지금 이응(李膺), 두밀(杜密)과 명성을 나란히 하게 되었으니, 죽은들 무슨 여한이 있겠느냐. 이미 훌륭한 명성을 얻고 다시 오래 살기까지 바란다면 다 겸하여 얻을 수 있겠느냐."라고 하였다.

450 매끄러운……드러나지만 : 원문의 '수앙(睟盎)'은 군자의 내면에 축적된 것들이 윤택하게 얼굴에 드러나고 등에 가득 넘치는 것을 뜻하는 '수면앙배(睟面盎背)'의 준말이다. 《맹자》 〈진심 상(盡心上)〉에 "군자의 본성은 인의예지가 마음속에 뿌리 하여 그 얼굴빛에 나타남이 수연히 얼굴에 나타나고 등에 가득 넘치며, 사체에 베풀어져 사체가 굳이 말하지 않아도 저절로 깨달아 행해진다.〔君子所性, 仁義禮智根於心, 其生色也, 睟然見於面、盎於背, 施於四體, 四體不言而喩〕"라고 하였다.

451 내……하나 : 《논어》 〈팔일(八佾)〉에 "주나라는 하나라와 은나라의 두 왕조를 본받았으니 그 문화가 찬란하구나. 나는 주나라의 예법을 따르겠다."라는 공자의 말이 있다.

의숙[452]이 찾아왔기에 백씨와 함께 연구를 짓다. 계곡[453]의 운을 쓰다 병오년(1726)[454]

宜叔見過 同伯氏聯句 用谿谷韻 丙午

이하 여섯 수는 연구에 속한다.

꾀꼬리 울어도 나는 여전히 드러누워 있는데	黃鳥吾猶臥
푸른 나귀 타고 그대는 벌써 오셨구려 _길재	青驢君已來
맑은 구름에 높이 걸린 나뭇잎 흔들리고	雲晴高葉動
늙은 나무에 저녁 꽃이 피네 _덕재	樹老晚花開
게으르고 졸렬함은 본디 천성 따른 것이라지만	懶拙元因性
문장마저 부끄럽게 뛰어나지 못하네 _의숙	文章媿不才

452 의숙 : 이천보(李天輔, 1698~1761). 본관은 연안. 자는 의숙(宜叔), 호는 진암(晉庵), 시호는 문간(文簡)이다. 영조 때 영의정을 지냈으며, 남유용・황경원・오원과 가까이 지냈다.

453 계곡 : 장유(張維, 1587~1638)로, 본관은 덕수, 자는 지국(持國), 호는 계곡, 시호는 문충(文忠)이다. 효종비 인선왕후(仁宣王后)의 아버지이다. 인조반정 이후 청요직(淸要職)을 두루 거쳤다. 문장이 뛰어나 조선 중기의 사대가(四大家)로 손꼽혔다. 여기서 차운한 시는 〈백주 사군께서 사슴 피 한 병을 보내면서 시를 부쳐왔기에 차운하여 바침으로써 사례하다〔白洲使君送鹿血一壺有詩 次韻奉謝〕〉이다.

454 병오년(1726) : 영조 2년으로, 남유용이 29세 되던 해이다.

강호에서 한바탕 취해볼 만하니 江湖堪一醉

청컨대 다시 술잔 가득 채우시오 _길재 請更具深杯

백사서원[455]에서 백씨 · 문원 · 종지[456]와 함께 연구를 짓다
白沙書院 同伯氏 文遠 宗之聯句

떨어진 꽃이 오랜 서원을 가두고 落花閉古院
봄풀이 스러진 비석 가에 자랐구나 _종지 春草有殘碑
고심 어린 충절은 위기 시에 드러나고 苦節危時見
영웅스러운 자태는 초상화 안에서도 보이네 _길재 英姿畫裏知
철령의 노래[457] 속에 구름은 돌아가고 歸雲鐵嶺曲
목릉의 시[458] 속에 저녁 해 비끼네 _덕재 斜日穆陵詩

455 백사서원 : 백사 이항복(李恒福, 1556~1618)의 학문과 덕행을 추모하기 위해 1635년(인조13)에 건립된 화산서원(花山書院)을 말한다. 경기도 포천에 있다.

456 종지 : 《뇌연집》 권1 〈청명절, 송산을 나와 도곡의 시골집을 바라보며 서종숙 한종 · 종지에게 화운하다〔淸明出松山望陶谷田家 和庶從叔漢宗, 宗之〕〉시를 보면 종지가 남유용의 서종숙임을 알 수 있다.

457 철령의 노래 : 백사(白沙) 이항복(李恒福)이 인목대비(仁穆大妃) 폐출을 반대하는 의논을 올렸다가 북청(北靑)으로 귀양 가면서 읊은 시조를 가리킨 것으로, 그 내용은 다음과 같다. "철령(鐵嶺) 높은 봉(峰)에 쉬어 넘는 저 구름아. 고신원루(孤臣冤淚)를 비 삼아 가져다가 임 계신 구중심처(九重深處)에 뿌려 볼까 하노라."

458 목릉의 시 : 목릉(穆陵)은 선조(宣祖)의 능이다. 이정귀(李廷龜)의 《국역 월사집》 제14권에 〈백사 이 상공께 드리다〔贈白沙李相公〕〉를 보면, "정사년 겨울에 흉악한 무리가 박몽준(朴夢俊) 등을 사주하여 연이어 소장을 올려 모후를 폐위할 것을 청하였다. 동짓달 20일 후 소장이 하달되어 정부(政府)가 수의(收議)하려 하자 백관들이 정청(庭請)하라고 협박하였는데, 나는 연경(燕京)에서 돌아와 두문불출하면서 병으로 휴가를 내고 있었다. 이때 백사 이 상공은 재상에서 체직되어 교외의 독촌(禿村)에 우거하고 있기에, 내가 맏아들 명한(明漢)을 데리고 술을 가지고 가서 방문하고는 사생을 같이하

천년토록 멀리 전해지겠지만 千載流傳遠
유심히 읊조리자니 슬픔 이길 길 없네 _문원 幽吟不勝悲

기로 맹세하고 이어 결별하였다. 이별하면서 입으로 한 수 읊어서 드렸다."라는 서문이 붙어있고, 이어 "백발의 몸으로 다시 만나니, 여생은 모두 성은으로 얻은 것. 우리들 앞엔 오직 죽음이 있을 뿐, 세상사는 말하고 싶지 않구려. 물이 드넓으니 교룡이 숨고, 겨울이 따스해 기러기 놀란다. 석양에 몇 줄기 눈물 흘리며, 목릉촌에 말을 세우노라. 〔白髮重相見, 餘生各聖恩. 吾儕唯有死, 世事欲無言. 水濶蛟龍蟄, 冬暄鴈鶩喧. 斜陽數行淚, 立馬穆陵村〕"라는 시가 있다.

백씨 · 문원과 함께 우당에서 연구를 짓다. 각촉[459]하며 지었던 옛날의 시령을 쓰다

同伯氏 文遠 友堂聯句 用刻燭故令

높다란 촛불 어슴푸레하고 밤은 긴데　高燭暈夜長
향긋한 술병에 한 해 저물어감을 안다네 _문원　芳樽知歲晩
오랜 기와엔 눈이 높이 쌓였고　古甃雪覆深
낡은 오두막[460]엔 연기 멀리 피어오르네 _길재　老蓽煙生遠
추운 매화가 꼿꼿하게 비치는데　梅寒照耿介
야윈 학이 오만하게 끼어있네 _덕재　鶴癯參偃蹇
천성은 게을러 시나 짓고　天機懶賦詩
세상사는 웃다가 밥알을 뿜네 _길재　世事笑噴飯
솥에 때 끼어 단약 완성되지 못했지만　鼎垢丹不化
무부(碔砆)[461]가 오르자 옥은 섞이는 걸 부끄러워하네 _문원　珷登玉羞混
뜻을 즐기니 물고기가 놓여나 못에서 헤엄치는 듯하고　樂志魚脫淵
자취를 벗어나니 낙엽이 뿌리로 돌아간 듯하네 _덕재　稅跡葉歸本

459 각촉 : 각촉부시(刻燭賦詩)의 준말이다. 초에 눈금을 그어 놓고 촛불이 그 눈금까지 타들어 가는 동안에 민첩하게 시를 짓게 하는 시험 방식을 말한다.

460 낡은 오두막 : 원문의 '필(蓽)'은 '필호(蓽戶)'의 줄인 말로 싸리로 만든 문이라는 뜻인데, 가난하여 누추한 집을 이른다.

461 무부(碔砆) : 옥과 비슷한 돌이다.

초가집 마련할 일 가슴에 품었나니 懷哉理草廬
난초밭 풍성해질 일 즐거워하네 _문원 樂此滋蘭畹
옷을 생각하자면 뽕나무 가히 심음 직하고 念衣桑可樹
먹을 것 계산해보면 밭을 응당 개간해야겠지 _덕재 計食田當墾
한 소쿠리의 밥 비어도 또한 안연은 즐거워했는데[462] 簞空亦樂顔
막다른 길에서 완적은 어찌 통곡하였는가[463] _길재 途窮寧哭阮
거문고 곡조 누구에게 보내 감상하게 할까 操琴遣誰賞
잘 길들여진 사슴은 부인이 끌어주길 기다린다네[464] _덕재 馴鹿待婦挽
공자의 가르침은 노여움 없는 것을 귀히 여겼고[465] 孔訓貴無慍

462 한……즐거워했는데 : 공자가 안회에 대해 "한 그릇의 밥과 한 표주박의 물로, 누추한 시골에 있는 것을 딴 사람들은 그 근심을 견뎌 내지 못하는데, 안회는 그 즐거움이 변치 않으니, 어질다, 안회여.〔一簞食一瓢飮, 在陋巷, 人不堪其憂, 回也不改其樂, 賢哉, 回也〕"라고 하였다. 《논어》 〈옹야(雍也)〉에 보인다.

463 막다른……통곡하였는가 : 삼국 시대 위(魏)나라 때 죽림칠현(竹林七賢) 중 한 사람이었던 완적(阮籍)은 울분을 달래려고 혼자 수레를 타고 나갔다가 길이 막히면 문득 통곡하고 돌아왔다고 한다. 보통 곤경에 떨어져서 희망이 전무한 상태를 비유하는 말로 쓰인다. 《晉書 卷49 阮籍列傳》

464 잘……기다린다네 : 후한 포선(鮑宣)의 처 환소군(桓少君) 고사이다. 청고함을 숭상하는 남편의 뜻을 따라 화려한 혼수와 종들을 모두 친정으로 돌려보내고 남편과 함께 작은 수레인 녹거(鹿車)를 타고 향리로 돌아가 청빈하게 살면서 부도(婦道)를 실천했다고 한다.

465 공자의……여겼고 : 《논어》 〈공야장(公冶長)〉에 "초(楚)나라의 영윤인 자문은 세 차례나 출사(出仕)하여 영윤이 되었지만 기뻐하는 빛이 없었고, 세 차례나 그만두었어도 노여워하는 빛이 없었다.〔令尹子文, 三仕爲令尹, 無喜色, 三已之, 無慍色〕"라는 말이 나온다.

희요[466]는 비둔을 훌륭하다 여겼지[467] _문원　　　羲繇嘉肥遯
문채 나는 마음 깨끗한 사람이여[468]　　　有斐素心人
손에 손잡고 마땅히 일찍 돌아가야 하리라 _길재　　　携手當早返

466 희요(羲繇) : '희(羲)'는 복희씨가 그린 괘를 지칭한 것이고, '요(繇)'는 문왕(文王)이 괘의 아래에 해석을 단 말이다. 결국은 《주역》을 가리킨다.

467 비둔 : 은둔하며 여유롭게 사는 생활을 말한다. 《주역》 〈둔괘(遯卦) 상구(上九)〉에 "살지는 은둔이니 이롭지 않음이 없다.〔肥遯, 無不利〕"라는 말이 나온다.

468 문채……사람이여 : 《시경》 〈기욱(淇奧)〉에 "저 기수의 모퉁이를 보니, 푸른 대나무가 아름답고 무성하도다. 문채 나는 군자여, 짐승의 골각을 끊고 갈듯, 옥석을 쪼고 갈듯 하도다.〔瞻彼淇奧, 綠竹猗猗. 有斐君子, 如切如磋, 如琢如磨〕"라고 하였다. '유비군자(有斐君子)'란 학덕 있는 선비를 가리킨다. '소심인(素心人)'은 도연명의 시 〈이거(移居)〉에 보인다. "예전부터 남촌에 살고 싶었으니, 좋은 집터 정해서가 아니고, 들으니 깨끗한 마음을 간직한 사람 많아, 즐거이 아침저녁으로 자주 만나려고 해서라네.〔昔欲居南村, 非爲卜其宅. 聞多素心人, 樂與數晨夕〕"

태묘의 직려에서 유문[469] · 공필[470]과 함께 연꽃 연구시를 지었다 갑인년(1734)[471]

太廟直廬 與孺文公弼 賦得荷花聯句 甲寅

고인 물 위에 꽃이 가득 피어있는데　水花充淹留
저녁 빛 깨끗한 이 꽃을 사랑하노라 _뇌연　愛玆晩色淨
내가 온 것은 오월 초　我來五月初
둥근 동전들이 이미 가득 떠있었네 _공필　圓錢浮已盛
꼿꼿이 서서 저 깊은 곳에 연뿌리를 토해내고　亭亭吐藕高
넝쿨 지어 꽃받침을 길게 끌고 다녔지 _유문　蔓蔓引蒂永
네모난 연못은 청묘와 이웃하여　方沼隣淸廟
그 몸 맡긴 곳 그윽한 경지에 있다네 _공필　托體在幽境
진흙 속에 처해 있는 것 싫어하지 않나니　匪嫌處泥滓
귀한 바는 청정을 지키기 때문이라네 _뇌연　所貴保淸靜
이리저리 겹치어 서로 화의(花意)를 의지하니　交加意相因
높고 낮은 형세 가지런하지 않구나 _유문　長短勢不整
무성한 꽃 무리가 아직 성대함 가두고 있지만　芳葳尙斂滋

469 유문 : 김순택(金純澤)으로, 268쪽 주96 참조.

470 공필 : 남공필(南公弼, 1715~1763)로, 남유용의 형 남유상(南有常)의 아들이자 오원의 사위이다. 자는 원직(元直). 세자익위사 익찬(世子翊衛司翊贊)을 지냈고 예안현감(禮安縣監), 평창 군수(平昌郡守)에 임명되었다.

471 갑인년(1734) : 영조 10년으로, 남유용의 나이 37세 되던 해이다.

작은 꽃받침은 이미 환한 빛 머금고 있네 _뇌연	小萼已含耿
장차 펴지려 할 때 새어 나온 향기에 놀랐더니	將敷驚洩馥
꽃봉오리 터짐에 고고한 자태 보고 감탄하네 _유문	旣綻嗟孤靚
섬에 바람 불자 살짝 고운 모습 드러내고	島風亞薄姸
마름 풀 위에 해 뜨자 새로운 빛 포개지네 _뇌연	藻日疊新暎
방이 따뜻하니 나비 날갯짓하기 편하고	房暄妥蝶翅
그늘이 촘촘하니 물고기 헤엄치기에 그윽하네 _공필	蔭密深魚泳
비에 젖으면 어렴풋이 저녁에 초췌해지지만	受雨曖晩悴
이슬 맞으면 아침에 엄연히 빛을 발한다네 _유문	裛露儼朝炳
못가 누각에 긴긴 낮 동안 앉아	池閣坐永晝
텅 비고 쓸쓸한 마음 좀체 그칠 줄 몰랐는데	虛凉稍無竟
흐뭇하게 평소 마음에 흡족하나니	怡然愜素襟
맑은 본성과 통함이 기뻤기 때문이라 _공필	賞玆淸通性
이미 군자의 사랑 입었으니	已被君子憐
군자의 탓함 어찌 마다하랴	寧辭君子病
자질은 죽군[472]의 굳셈에 부끄럽고	姿慚竹君勁
빛깔은 국의[473]의 단정함에 손색 있네	色遜鞠衣正
가볍게 빛나는 것은 봄날 작약의 요염함이요	薄耀春芍艶
쉬이 시드는 것은 아침 버섯의 운명이라[474]	易謝朝菌命

472 죽군 : 대나무를 가리킨다.

473 국의 : 《예기》 〈월령〉에 "천자가 선제(先帝)에게 국의를 바친다."라고 되어 있는데, 정현(鄭玄)의 주에 국의는 황상색(黃桑色), 즉 뽕나무 잎이 처음 날 때의 색으로, 누에 치는 일을 기원할 때 사용하는 의복이라고 하였다.

조화의 공에 본디 온전함이란 없는 것　　化功固無全
길게 탄식하며 깊은 읊조림 터뜨리노라　　永慨發沉詠
푸른 소나무가 그 옆에 서있어　　蒼松立其側
나로 하여금 자꾸 고개 돌리게 하네 _뇌연　　我屢引領

474 아침……운명이라 : 원문의 '조균(朝菌)'은 두엄더미 위에 피는 버섯으로 아침에 생겼다가 저녁에 스러져 극히 연약하고 생명력이 짧은 것을 비유한다. 《장자》 〈소요유(逍遙遊)〉에, "조균은 밤과 새벽을 모르고 매미는 봄과 가을을 모른다. 이것은 수명이 짧은 것들이다.〔朝菌不知晦朔, 蟪蛄不知春秋, 此小年也〕" 하였다.

의숙·백옥·대경과 종암에서 밤 모임을 가지고 두자의 〈영회〉와 〈북정〉[475] 시를 꺼내 읽다가 중복되는 시운을 없앤 다음 그 운을 밟아 연구를 지었다. 모두 850언이다

정사년(1737)[476]

同宜叔伯玉大卿 鐘巖宵集 出杜子詠懷北征詩讀之 仍黜其複韻而步之爲聯句 八百五十言 丁巳

위대하기만 한 이 건곤 안에서	偉哉乾坤內
오도는 어찌 이리 졸박한가[477] _의숙	吾道一何拙
글공부해온 사십여 년	讀書四十年
품어온 뜻은 기와 설[478]에 있었네 _덕재	雅志在夔契
준마가 끄는 수레 방울[479] 소리에	良驥鑾和淸

475 〈영회〉와 〈북정〉 : 두보(杜甫)가 지은 시이다. 〈영회〉는 〈서울에서 봉선으로 갈 때 회포를 읊다〔自京赴奉先詠懷詩〕〉를 말한다. 〈북정〉은 두보가 숙종(肅宗) 2년(757) 4월에 봉상(鳳翔)에 가서 황제를 알현하고 좌습유(左拾遺)를 제수받은 뒤, 8월에 부주(鄜州)의 집으로 돌아갈 때 지은 시이다.

476 정사년(1737) : 영조 13년으로, 남유용의 나이 40세 되던 해이다.

477 오도는……절박한가 : 생계나 세상살이에 서툴다는 뜻으로, 곧 생계나 세상살이에 서툰 만큼 그것으로 도를 지킨다는 말이다. 두보의 〈병적(屛跡)〉 시에 "졸박함으로 나의 도를 보존하니, 그윽한 살림이 물정에 가깝구나.〔用拙存吾道, 幽居近物情〕"에서 온 말이다.

478 기와 설 : 순 임금 때의 두 명신. 기(夔)는 음악을 맡았고 설(契)은 문교(文敎)를 맡았다고 한다.

479 수레 방울 : 원문의 '난(鑾)'은 임금이 타는 수레를 끄는 말의 재갈에 다는 방울이고, 화(和)는 수레 채 끝에 가로 댄 나무에 다는 방울이다. 임금의 수레를 뜻한다.

주나라의 도로 드넓게 걸어 나아가네 _백옥	周道步趍濶
마음으로는 치세와 난세를 상세히 궁구하고	心究理亂細
눈으로는 왕도와 패도를 훤히 꿰뚫어보네 _대경	眼窮帝覇豁
나아가고 머무름에 각기 처한 상황대로 하고	行藏各所値
갖옷과 갈옷은 추위와 더위에 따르네 _의숙	裘褐隨凉熱
궤 속에 감추어둔 옥은 팔지 않았으되[480]	韞櫝玉不沽
화로 속의 쇠는 저절로 뜨거워졌네[481] _덕재	在鑪金自烈
기이한 생각 품고서 속세에 염증 내며	奇想厭埃壒
아득한 곳 목표 삼아 구름 달과 다투네 _백옥	遐標競雲月
이대로 떠나서 영지를 줍고저	逝將掇靈芝
단구에서 보결[482]을 찾고저 _대경	丹丘搜寶訣
그러나 신선이란 결국엔 없는 것	神僊竟虛無

480 궤……않았으되 : 여기서 옥이란 바로 사람의 재덕에 비유한 것이다. 자공(子貢)이 공자에게 묻기를 "아름다운 옥이 여기에 있으니, 궤에 담아서 감춰 두시겠습니까, 아니면 좋은 값을 받고 팔아야겠습니까?〔有美玉於斯, 韞匵而藏諸, 求善賈而沽諸?〕"라고 하자, 공자가 이르기를 "팔겠다, 팔겠다. 그러나 나는 좋은 값을 기다리는 사람이다.〔沽之哉! 沽之哉! 我待賈者也〕"라고 한 데서 온 말이다. 《論語 子罕》

481 화로……뜨거워졌네 : 재능을 충분히 갖추고 있음을 말한다. 《장자》 〈대종사(大宗師)〉에 "대장장이가 쇠를 녹일 때 쇠가 뛰어올라 말하기를 '나는 반드시 막야(鏌鎁)와 같은 명검(名劍)이 되겠다.' 하면 대장장이가 반드시 상서롭지 못한 쇠라 여길 것이다. 지금 한번 사람의 형체를 타고 나서 '사람이다, 사람이다.' 주장한다면 조물주가 반드시 상서롭지 못한 사람이라 여길 것이다. 지금 오로지 천지를 큰 용광로로 삼고 조화를 큰 대장장이로 삼으면 어디로 간들 안 될 것이 있겠는가."라고 하였다.

482 단구에서 보결 : 단구(丹丘)는 일반적으로 신선이 산다는 선경을 가리키고, 보결은 도교에서 수련하는 비법을 전한 도록(道籙) 등을 말한다.

뜻과 사업 모두 이지러지고 말 뿐이라네 _의숙　志業兩虧缺
살아갈 계책 막연해지니　身計轉濩落
세상에는 싸우고 빼앗음이 많아지네 _덕재　世故多爭奪
속세를 벗어나면 절로 고사요 현사가 되나니　逃俗自高賢
빛을 감추고서[483] 암혈에 몸을 기탁하리 _백옥　葆光托巖穴
소보와 허유도 기산과 영수에 누웠고[484]　巢許臥箕潁
유안도 요동 발해에 배를 띄웠다네[485] _대경　幼安泛遼渤
네거리를 으리으리한 저택이 에워싸니　通逵繞甲第
굽이진 길[486]로 청탁하러 오는 사람들 뛰어다니네 _의숙　曲徑走交謁
낯짝 부끄러운 솔개는 들판에서 봉황을 윽박지르지만[487]　顏忸野鴟嚇

483 빛을 감추고서 : 재지가 밖으로 드러나지 않음을 비유하는 말로, 《장자》 〈제물론(齊物論)〉에 "아무리 부어도 차지 않고 아무리 떠내어도 마르지 않는데 어째서 그렇게 되는지를 알지 못하나니, 이를 일컬어 내면에 감추어진 빛이라 한다.〔注焉而不滿, 酌焉而不竭, 而不知其所由來, 此之謂葆光〕"라고 하였다.

484 소보와……누웠고 : 요 임금 때 고사(高士)인 허유(許由)와 소부(巢父)가 기산(箕山) 아래 영수(潁水) 가에 살았는데, 요 임금이 허유에게 천하를 물려주려 하자 허유는 더러운 말을 들었다 하여 영수에서 귀를 씻었고, 소부는 소에게 영수의 냇물을 먹이려 하다가 허유가 귀를 씻었다는 말을 듣고는 물이 더러워졌다 하여 소를 상류로 끌고 가서 물을 먹였다 한다.

485 유안도……띄웠다네 : 유안(幼安)은 삼국 시대 위(魏)나라 관녕(管寧, 158~241)의 자이다. 황건적(黃巾賊)의 난을 피해 요동으로 가서 살았는데, 조정에서 누차 불렀으나 나아가지 않고, 학문에 힘쓰며 시서를 강의하고 예양(禮讓)을 가르쳐서 요동 지방의 풍속을 많이 변화시켰다고 한다. 《三國志 魏書 卷11 管寧傳》

486 굽이진 길 : 원문의 '곡경(曲徑)'은 방기곡경(旁岐曲徑)의 준말이다. 곧 샛길과 굽은 길을 가리키는 말로, 바른길을 좇아 정당하게 일하지 않고 그릇된 수단을 써서 억지로 하는 일을 비유한다.

뜻 원대한 갈매기는 물결 속으로 들어가버리네 _덕재	志遠波鷗沒
연잎으로 홀로 초의를 지어 입고[488]	荷製獨初衣
상나라 노래[489] 부르며 거듭 무릎을 치네 _백옥	商謳屢擊節
희소한 소리지만 화답하는 이 적지 않으니	希聲匪寡和
곡조를 알아주는 이 실로 끊어지지 않았구나 _대경	識曲亮無絶
남아는 사귐의 의리를 중히 여겨	男兒重交義
그 의기가 쇠와 돌도 깨트린다네 _의숙	意氣金石裂
어진 호걸들이 한데 모이게 되자	賢豪得合并
가슴 속 시운들을 번갈아 꺼내네 _덕재	襟韻迭鼓發
문장은 당우 시절[490]을 거슬러 올라가고	文章溯灝噩

487 낯짝……읏박지르지만 : 이욕에 눈이 어두운 소인배가 고상한 사람의 심중을 알지 못하고 시샘하는 것을 비웃는 말이다. 《장자》〈추수(秋水)〉에 나오는 말로, 남방에 원추(鵷鶵)라는 새가 있어 남해를 출발하여 북해로 날아갈 때 오동나무가 아니면 쉬지 않고, 대나무 열매가 아니면 먹지 않으며, 단물이 나오는 샘이 아니면 마시지도 않는데, 올빼미가 썩은 쥐를 물고 있으면서 마침 그 위를 날아가는 원추를 보고 제 썩은 쥐를 빼앗길까봐 소리를 질렀다는 데서 나온 말이다.

488 연잎으로……입고 : 연잎으로 지은 옷은 곧 초야에 있는 은자를 상징한다. 《초사》〈이소(離騷)〉에 "기하를 마름질하여 저고리를 짓고, 부용을 모아서 치마를 짓네.〔製芰荷以爲衣兮, 集芙蓉以爲裳〕"라고 하였다. 초의(初衣)는 벼슬하기 전에 입는 옷을 말한다.

489 상나라 노래 : 상나라 노래는 곡조가 슬프게 들린다고 한다. 증자(曾子)가 위(衛)나라에 있을 때 사흘이나 불을 때지 못하고 십 년 동안 새 옷을 해 입지 못하는 극빈(極貧)의 생활 속에서도 "신발을 끌고 상송(商頌)을 노래하니 그 소리가 천지간에 가득 차면서 마치 금석에서 나오는 것과 같았다.〔曳縱而歌商頌, 聲滿天地, 若出金石〕"라는 고사가 있다. 《莊子 讓王》 빈한한 생활 속에서도 맑은 절조를 고수하는 것을 말한다.

490 당우 시절 : 원문의 '호악(灝噩)'은 당우삼대(唐虞三代)의 문장을 평론한 말이다.

오묘한 이치는 교착되고 얽매인 것 풀어내네 _백옥　　理竗柝膠結
육경으로 드넓은 경지를 엿보고　　六經窺泓博
백가서로 가파른 곳을 치닫네 _대경　　百子駕截嵲
근원을 구하려면 가운데가 깊어야 하고　　求源要中深
화려함 거두려면 바깥의 유혹 경계해야 하네 _의숙　　斂華戒外滑
주나라 법도의 예스러움을 전형으로 삼고　　典刑周彜古
우나라 명구 두드리던 것[491]을 율려로 삼네 _덕재　　律呂虞球戛
북두성은 어지러이 빛을 내뿜고　　星斗紛芒角
천둥소리는 요란한 소리를 울리기도 하네 _백옥　　震霆或轟轕
보불을 수놓은 그림은 없으나[492]　　繪無施黼黻
베옷 입은 이들 중에 박옥 있다네 _대경　　璞有褁裋褐
벽에 걸린 거문고는 스스로 울리고　　懸壁琴自響

양웅(揚雄)의 《법언(法言)》에 "우하 시대의 글은 혼혼하고, 상서는 호호하고, 주서는 악악하다.〔虞夏之書渾渾爾, 商書灝灝爾, 周書噩噩爾〕"라고 한 데서 왔다.

491 우나라……것 : 순임금이 종묘에 제사 지낼 때 쓰는 음악을 이른다. 《서경》 〈익직(益稷)〉의 "명구(鳴球)를 치며 거문고와 큰 거문고를 타며 노래를 읊으니, 조고(祖考)의 영혼이 와서 강림하시며 우빈(虞賓)이 자리에 있으면서 여러 제후들과 덕(德)으로 사양합니다. 당하(堂下)에는 관악기와 도고(鼗鼓)를 진열하고, 음악을 합하고 멈추되 축(柷)과 어(敔)로 하며 생(笙)과 용(鏞)을 번갈아 울리니, 새와 짐승이 너울너울 춤을 추며 소소(簫韶)를 아홉 번 연주하자 봉황이 와서 춤을 춥니다.〔戛擊鳴球, 搏拊琴瑟以詠, 祖考來格, 虞賓在位, 群后德讓. 下管鼗鼓, 合止柷敔, 笙鏞以間, 鳥獸蹌蹌, 簫韶九成, 鳳凰來儀〕"라는 내용을 인용한 것이다.

492 회화에……않으니 : 옛날에 임금의 대례복(大禮服)인 곤복(袞服)에 수놓았던 화려한 문양을 말한다. 보(黼)는 흰색과 검은색으로 자루 없는 도끼 모양을, 불(黻)은 검은색과 푸른색으로 '아(亞)' 자 모양을 수놓은 것으로, 전하여 유려하고 찬란한 무늬를 의미한다.

땅에 묻힌 검은 드러나지 않네[493] _의숙 埋泉劒不出
유유자적 지낼 곳이 어찌 없겠는가마는 優游豈無所
돌아보며 미련 두는 것은 궁궐 때문이라 _덕재 睠顧戀京闕
큰 산과 물이 경기(京畿)로 모여드니 嶽瀆王畿輳
우뚝 솟은 모습 조물주의 솜씨로다 _백옥 融峙眞宰活
들판을 지팡이 짚고 거닐며 연기를 희롱하고 野策弄烟華
호수를 배 타고 다니며 구름을 잡네 _대경 湖舫攬雲物
저 멀리 바다는 눈으로 바라만 보아도 드넓고 遙海送目濶
공중에 매달린 계단은 밟자니 두 다리 후들거리네 _의숙 懸磴置脚慄
술 사러 산골 저자를 찾아다니고 貰酒叩山市
이불 가지고 와 승방에서 묵네 _덕재 携衾宿僧室
요란한 폭포는 번뇌 어린 가슴 씻어내리고 豗瀑盪煩抱
뾰족이 솟은 산봉우리는 나약한 몸 두렵게 만드네 _백옥 攢峯竦懦質
비가 쏟아지자 단풍잎 우수수 떨어지고 雨集楓淅瀝
서리 무성히 내리자 바위가 쓸쓸하네 _대경 霜緐石蕭瑟
형체를 잊을 때면 새며 물고기와 하나 되고 忘形混禽魚
시구를 탐할 때면 명자와 귤이 뒤섞이네[494] _의숙 耽句雜楂橘

493 벽에……않네 : 이 두 구절은 재능을 가진 이들이 알아주는 이를 만나지 못해 뜻을 펼치지 못하고 있음을 의미한다.

494 명자와……뒤섞이네 : 《장자》 〈천운(天運)〉의 "명자, 배, 귤, 유자가 맛은 반대지만 모두 입에 맞는다.〔楂梨橘柚邪, 其味相反, 而皆可與口〕"라는 말이 나온다. 또 《세설신어(世說新語)》 〈품조(品藻)〉에 "환현이 유 태상에게 물었다. '나와 사 태부〔謝安〕을 비교하면 어떻소?' 유 태상이 답했다. '공은 높으시고 태부는 깊습니다.' 또 물었다. '나와 외삼촌 자경은 어떻소?' 대답했다. '명자, 배, 귤, 유자는 각기 그 맛이 다릅니다.'

높은 성벽은 구름 끝에 닿을 듯하고 崇墉抗雲標
우뚝 솟은 바위는 굳센 뼈[495]를 깎아놓은 듯하네 _덕재 矗石剗秋骨
얽히고설켜 있는 백제의 고사[496] 綢繆百濟故
그 흥폐에 관해서는 전대 사서가 다 기술하였네 _백옥 興廢前史述
첩첩 돌 비탈엔 새들도 날아가기 힘겹고 疊磴劣通鳥
좁디좁은 길엔 수레도 지나가기 어렵네 _대경 窄徑難容轍
창칼은 번개처럼 번쩍이는데 戈鋋電掣明
성가퀴는 달빛 아래 덩그렇네[497] _의숙 埤堄月抱兀
가을 하늘에 나뭇잎 죄다 떨어지니 秋旻劇搖落
시내며 길이며 그 굽이진 모양을 다 드러내네 _덕재 川陸露曲折
술통과 술잔 들고 그윽하고 기이한 곳 찾아갈 제 樽斝逐幽奇
나귀[498] 고삐 풀어주고 느릿느릿 걸어가네 _백옥 驢鳴捨牽窣
이미 청담[499]에서 노닐고 已經淸潭遊

〔桓玄問劉太常曰: '我何如謝太傅?' 劉答: '公高 ,太傅深.' 又曰: '何如賢舅子敬?' 答曰: '楂、梨、橘、柚,各有其美.'〕"라는 말이 나온다. 따라서 군이 상하 우열을 논했다기보다는 서로 다른 풍미가 섞여 있었다고 해석해야 할 듯하다.

495 굳센 뼈 : 원문의 '추골(秋骨)'은 씩씩하고 굳센 골격을 뜻하는 말이다.

496 백제의 고사 : 백제의 시조 온조(溫祚)가 맨 처음 도읍으로 삼았던 곳이 서울이기에 이렇게 표현하였다.

497 성가퀴는……구부러졌네 : 서울에 있는 아차산 고성에서 벌어졌던 백제와 고구려의 전투를 상상하며 쓴 구절인 듯하다. 아차산성을 중심으로 남북으로 장성이 연결되어 있기에 성가퀴 운운하였다.

498 나귀 : 여기에서는 '驢鳴'이라고 되어 있으나 황경원, 오원, 이천보의 문집에는 '驢馬'라고 되어 있다.

499 청담 : 북한산성 부근 지역의 이름이다. 《국역 만기요람(萬機要覽)》〈총융청(摠

다시금 자계[500]를 넘었네 _대경	復從紫溪越
정자 하나가 구름 햇살 속에 고요히 서 있는데	孤亭靜雲日
세찬 여울물이 눈서리를 뿜어내네 _의숙	激湍噘霜雪
바위에 매달린 흰 박쥐는 야위었고	控巖白蝙癯
간수 옆을 달리는 푸른 다람쥐는 목마르네 _덕재	走澗蒼鼯渴
누대는 고래를 희롱하는 파도를 누르고	樓壓戲鯨浪
조수는 말머리를 나란히 한 병졸처럼 치달리네 _백옥	潮奔騈馬卒
서쪽 바라보니 곧 등주와 내주라	西眺直登萊
중원의 일[501]에 슬퍼 목이 메는구나 _대경	中原事悲咽
북쪽에 고하려니 조정이 없고[502]	北控無朝廷
동쪽을 돌아보니 정벌하던 일[503] 기억나네 _의숙	東顧憶征伐
슬픈 노래로 격정을 쏟아내자니	哀歌寫感激
매서운 바람이 쓸쓸히 불어오누나 _덕재	烈風來蕭屑
외로운 마음은 습지에 떨어진 도꼬마리요[504]	孤懷隰苓賣

戎廳) 북한산성〉의 기록에 의하면, "산성 부근의 토지는 구역을 나누어 확정한다."의 주에, "신둔(新屯)・청담(淸潭)・서문하(西門下)・교현하(橋峴下)는 훈련도감창의 구역이다."라고 하였다.

500 자계 : 북한산성 부근에 있는 시내의 이름인 것으로 보인다.

501 중원의 일 : 명나라가 망하고 청나라가 들어선 것을 의미한다.

502 조정이 없고 : 조선이 섬기던 명나라 조정이 없어졌다는 뜻이다.

503 동쪽을……일 : 고려 말 조선 초에 걸쳐 왜구를 근절시키기 위해 대마도를 정벌한 일을 말한다. 고려 말 장군 출신이었던 태조 이성계는 왜구의 피해를 잘 알고 있었기 때문에, 즉위 초부터 왜구 대책에 부심해 이를 방어하는 한편, 흥리왜인(興利倭人: 상왜(商倭))과 귀화왜인을 우대하는 등 유화정책을 썼으나 침입이 계속되자 그들의 근거지인 대마도를 정벌하게 되었다.

그윽한 일은 언덕에서 국화 따는 것이라[505] _백옥　幽事崖菊掇

구름 걷혀 하늘이 개더니　開雲天爲霽

윤달인 데다 시절이 또한 길하구나 _덕재　餘閏辰又吉

귀허[506]를 지척에서 굽어보며　歸墟俯咫尺

호탕하게 낙조를 감상하네 _의숙　浩蕩觀落日

광명을 드날릴 때는 만국을 두루 비추고　揚明閱萬國

빛을 멈추면 외딴 오두막을 덮어주네 _덕재　駐輝覆孤蓽

교룡과 악어가 기뻐하며 다투어 맞이하고　蛟鰐驩爭迓

노을과 무지개가 혹여 잃을세라 보호하네 _백옥　霞霓護恐失

음양이 번갈아 어두워졌다 밝아지니　陰陽遞晦明

요처에서 기밀을 엿볼 수 있다네 _대경　機鐍窺密勿

희화씨가 떠나가도 장차 붙잡아 두고자[507]　羲和逝將攀

504 습지에……도꼬마리요 : 《시경》 〈간혜(簡兮)〉에 "산에는 개암나무가 있고 습지에는 도꼬마리가 있네.〔山有榛, 隰有苓〕" 하였다. 그 주석에 〈간혜〉는 "현자(賢者)가 쇠퇴한 시대에 하국(下國)에서 뜻을 얻지 못하고, 융성했던 시대의 훌륭한 왕을 그리워한 것이다." 하였다.

505 국화……것이라 : 은거하면서 국화나 완상하는 삶을 비유한 말이다. 도연명의 〈음주(飮酒)〉에 "동쪽 울타리 밑에 국화를 따면서 유연히 남산을 보노라.〔采菊東籬下, 悠然見南山〕"라는 구절이 보인다.

506 귀허 : 끝을 알 수 없을 정도로 아득히 깊고 넓은 골짜기를 말한다. 《열자(列子)》 〈탕문(湯問)〉에 "발해의 동쪽에 몇억만 리인지 알 수 없는 커다란 골짜기가 있는데, 실은 밑이 없는 계곡이다. 그 아래로 밑이 없기 때문에 '귀허'라고 부른다. 팔굉과 구야의 물, 그리고 은하수까지도 모두 이곳으로 흘러 들어가는데, 그 물은 늘어나지도 줄어들지도 않는다."라는 내용이 보인다.

507 희화씨가……두고자 : 희화씨(羲和氏)는 아침에 양곡(暘谷)에서 해를 씻겨서 수레에 태운 다음 저녁에 우연(虞淵)이라는 연못과 몽곡(蒙谷)이라는 계곡을 거쳐 아침

해바라기의 마음[508]은 기울수록 더욱 간절해지네 _의숙 葵藿傾更切
달과 별자리가 그 찬란함을 이으니 月宿嗣璀璨
도깨비들이 감히 어지럽히랴 _덕재 魑魍敢恍惚
문틈으로 사마가 지나가는 것이[509] 이처럼 빠르건만 駟隙如斯迅
갈매기와 한 약속 그 언제나 이루려나 _백옥 鷗盟幾時畢
지경이 가까워지자 외려 맘에 맞는데 境近猶會心
시를 많이 짓는다고 어찌 피를 토하랴 _대경 詩多豈嘔血
묵은 종은 회겁[510]을 징험하고 古鐘驗灰刦
버려진 탑은 흥망의 감회 일으키네 _의숙 遺塔感興滅
옷은 앉아 참선하던 감실에 남아있고 衣留坐禪龕
표주박은 샘 긷던 굴에 떠다니네 _덕재 瓢泛酌泉窟
커다란 숲이 한적한 시간 보내기에 어울리니 穹林契寬閒
고해의 소용돌이는 사양하려네 _백옥 苦海謝洄潏
교외 정원에서 복잡한 심정 씻어내고서 郊園滌煩紆

에 다시 양곡으로 돌아온다고 한다. 태양을 상징하는 말로 사용되기도 하므로 희화씨가 떠나간다는 것은 세월이 흘러가는 것을 뜻한다고 볼 수 있다.

508 해바라기의 마음 : 임금을 향한 충심을 말한다.

509 문틈으로……것이 : 아주 짧은 시간을 상징하는 말이다. 《예기》 〈삼년문(三年問)〉에 "삼년상은 스물다섯 달이면 끝나니, 그 기간은 마치 사마(駟馬)가 좁은 틈새를 지나가는 것과 같다."라고 한 데서 왔다.

510 회겁 : 일반적으로 겁회(刦灰)라고 한다. 겁화(刦火)의 재라는 뜻으로, 재앙을 뜻하는 불가의 용어이다. 하나의 세계가 끝날 즈음에 겁화가 일어나서 온 세상을 다 불태운다고 하는데, 한 무제(漢武帝) 때 곤명지(昆明池) 밑바닥에서 나온 검은 재에 대해 인도 승려 축법란(竺法蘭)이 "바로 그것이 '겁화를 당한 재〔刦灰〕'이다."라고 대답했다는 고사가 전한다. 《高僧傳 卷1 漢洛陽白馬寺竺法蘭》

글 짓고 술 마시며 즐거움을 이어가네 _대경 文酒續怡悅
서가엔 업후의 장서 높이 쌓아놓고[511] 架峙鄴侯書
동원에선 두릉의 밤을 줍네[512] _의숙 園拾杜陵栗
유람하며 금경의 오악(五嶽)[513] 실컷 보고 觀遊飫禽嶽
편히 쉴 때는 장자의 칠원(漆園) 살이[514]를 흠모하네 _덕재 燕息慕莊漆
싸락눈에 얼음 어는 추운 계절 돌아왔지만 霰氷冽天序
소나무와 조릿대는 정원을 빽빽이 채웠네 _백옥 松篠森庭實
그윽한 회포는 탄식이 되기 쉽다지만 幽抱易成嘅

511 서가엔……쌓아놓고 : 당나라 업후(鄴侯) 이필(李泌)의 집에 장서(藏書)가 많았다고 한다. 한유(韓愈)의 〈수주로 글공부하러 가는 제갈각을 보내며〔送諸葛覺往隨州讀書〕〉에, “업후의 집에는 책이 하도 많아서, 서가에 꽂힌 것이 3만 축이나 되는데, 하나하나 상아 찌를 달아놓았고, 깨끗하긴 손도 대지 않은 것 같았네. 사람이 박람강기하여, 한번 본 책은 다시 읽지 않는다네.〔鄴侯家多書, 挿架三萬軸, 一一懸牙籤, 新若手未觸. 爲人强記覽, 過眼不再讀〕”라는 말이 있다.

512 동원에선……줍네 : 두보는 스스로를 금리(錦里) 선생이라고 자칭하면서 〈남린(南隣)〉 시에서 “금리 선생은 오각건을 쓰고서, 전원에서 토란 밤 거두니 가난하지만은 않구나.〔錦里先生烏角巾, 園收芋栗不全貧〕”라고 하였다. 소박하지만 운치 있는 삶을 표현한다.

513 금경의 오악(五嶽) : 금경(禽慶)은 전한(前漢) 말 후한(後漢) 초 은자(隱者)의 이름이다. 은자 향장(向長)과 함께 삼산(三山)과 오악(五岳)을 두루 돌아다니며 자유롭게 여생을 보냈다고 한다. 《後漢書 卷83 逸民傳》

514 장자의……살이 : 장자가 몽(蒙)이란 곳에서 칠원(漆園)의 벼슬아치로 있었던 것을 말한다. 당시에 초(楚)나라 위왕(威王)이 그가 어질다는 말을 듣고 사자(使者)를 보내 후한 폐백을 주고 재상으로 맞이하려 하였는데, 장주가 웃으면서 “나를 더럽히지 말고 빨리 가라.”라고 하며 물리쳤다. 이를 두고 진(晉)나라 곽박(郭璞)이 ‘오연한 관리〔傲吏〕’라고 일컬은 바 있다. 《莊子 秋水》

어제의 일들 아직 끝난 것 아니라네 _대경	昨事毋已末
느릿느릿 돌아가며 장하던 마음 안타까워하고	遲回惜壯心
지는 해에 쇠잔한 머리털만 매만지는구나 _의숙	晼晩撫衰髮
배움 좋아하기로 촛불 밝혔다는 말[515] 들었고	好學聞炳燭
도에 나아갈 때는 버선 신겨줄 일[516] 생각하네 _덕재	就道思結襪
〈이소〉는 굴원이 깨어있음을 슬퍼한 것이요[517]	騷悲屈原醒
노래는 양보에서 무릎 안고 부르다 남긴 것이라네[518] _백옥	

515 배움……말 : 늙어서도 배우는 일을 그만두어서는 안 된다는 말이다. 진(晉)나라 평공(平公)이 사광(師曠)에게 묻기를, "내 나이 칠십이라 배우고자 해도 이미 늦은 듯하다.〔吾年七十欲學, 恐已暮矣〕"라고 하니, 사광이 말하기를 "어찌 촛불을 켜지 않습니까?……신은 들으니, '어려서 학문을 좋아하는 것은 해가 돋아 오를 때의 햇빛과 같고, 장성하여 학문을 좋아하는 것은 해가 중천에 오를 때의 햇빛과 같으며, 늙어서 학문을 좋아하는 것은 촛불을 켜서 밝게 하는 것과 같다.'라고 하였습니다. 촛불을 켜서 밝게 하는 것이 어둠 속에 길을 가는 것과 비교할 때 어느 것이 낫겠습니까?"라고 한 데서 온 말이다.《說苑 卷3 建本》

516 버선……일 : 옛날에 한나라의 장석지(張釋之)는 유명한 정위(廷尉)였는데, 왕생(王生)이라는 노인이 버선을 신겨 줄 것을 청하자, 장석지는 공손히 신겨 주었다. 어떤 사람이 왕생에게 "어찌해서 장 정위(張廷尉)를 모욕하는가?" 하자, 그는 대답하기를 "나는 늙고 미천하니 장 정위를 유익하게 해 줄 수가 없다. 장 정위는 온 천하에 유명한 신하이므로 나는 일부러 모욕을 주어서 그의 겸손한 덕을 더욱 드러나게 하려는 것이다."라고 하니, 사람들이 왕생을 어질게 여기고 장석지를 더욱 존경하였다.《史記 卷102 張釋之列傳》

517 〈이소는〉……것이요 : 굴원(屈原)의 〈어부사(漁父辭)〉에 "온 세상이 모두 탁한데 나 홀로 맑고, 사람들 모두 취했는데 나만 깨어있네.〔擧世皆濁 我獨淸 衆人皆醉 我獨醒〕"라는 말이 있다. 그래서 굴원 혼자 깨어있다고 표현한 것이다.

518 노래는……것이라네 : 〈양보음(梁甫吟)〉은 악부시 제목이다. 양보는 태산 아래에 있는 산 이름으로, 사람이 죽으면 이 산에 장사를 많이 지냈다고 한다. 촉한(蜀漢)의

	歔餘梁甫膝
세상을 경영하려던 염원은 이미 어긋났건만	經世願已違
죽어 남길 글만 부질없이 늘어놓았구나 _대경	垂後辭空列
외물에 얽매인 것들 죄다 내버리면	外境捨羈絆
헛된 생각이랑 모두 씻겨 나가리라 _의숙	浮念期洗櫛
천인의 이치는 그 정미함을 탐색해야 하고	天人賾精微
장구는 덕지덕지 바르는 것을 사양해야 하네 _덕재	章句辭塗抹
뜻이 컸던 옛 현인 되고자 기약하며	嘐嘐古賢期
속 좁은 조무래기를 꾸짖네 _백옥	齪齪纖兒喝
도의 근원인 수수와 사수[519]는 아득히 멀어지고	道源洙泗邈
잇속 놓고 다투는 만과 촉[520]만 시끄럽구나 _대경	利爭蠻觸聒
관을 쓴 초나라 사람[521] 보고 진위를 묻고	眞僞楚猴冠

승상 제갈량이 출사하기 전 남양(南陽)에서 몸소 농사지을 때 양보산에 있는 세 개의 무덤을 바라보며 매일 새벽과 저녁에 무릎을 감싸 안은 채 길게 노래를 불러 천하에 뜻을 품은 선비의 답답한 심정을 토로하였다. 〈포슬음(抱膝吟)〉이라고도 한다. 《三國志 卷35 諸葛亮傳》

519 수수와 사수 : 공자가 이곳에서 제자를 가르쳤다고 한다.

520 만과 촉 : '만촉(蠻觸)'은 세상에서 분분하게 명리를 다투는 상황을 비유한 말이다. 달팽이의 두 뿔에 만(蠻)과 촉(觸)이라는 나라가 각기 자리 잡고서 하루가 멀다 하고 영토 쟁탈전을 벌인다는 우화에서 비롯된 것이다. 《莊子 則陽》

521 초나라 사람 : 원문의 '초후(楚猴)'는 항우(項羽)를 뜻한다. 항우가 관을 썼다는 말은 사람답지 않은 이가 옷만 훌륭하게 입었음을 비유한다. 《사기》 권7 〈항우본기(項羽本記)〉에, 초나라 항우가 진(秦)나라 궁궐을 불태워 버리고 유방을 추방한 다음 부귀를 누리고 금의환향한다고 큰소리칠 때, "어떤 자가 이르기를, '항우의 사람됨은 원숭이를 목욕시키고 갓을 씌운 것처럼 오래 가지 못할 것이다.'라고 하였는데 과연 그러하였다."라는 고사에서 나왔다.

제나라 야인의 말[522]을 듣고 시비를 논하네 _의숙	是非齊人說
소리 내 우는 오동나무에 위봉[523] 끊어지니	鳴梧絶威鳳
맑은 숲 보며 날쌘 송골매를 그리워하네 _덕재	淸藪憶俊鶻
기 땅의 어리석은 자[524]처럼 근심과 초조함 품고서	杞癡抱憂焦
미나리 바치려다[525] 당돌하다 할까 봐 겁을 내네 _백옥	芹獻怯唐突
돌아가 의지할 넓은 집[526]이 있으니	歸依有廣居

522 제나라……말 : 중국 제(齊)나라 동쪽 변방 야인의 말이라는 것은 근거가 없는 허황된 말을 의미한다. 맹자의 제자인 함구몽(咸丘蒙)이 맹자에게 묻기를 순(舜)이 천자가 되자 요(堯)와 고수(瞽瞍)가 순을 섬겼다는 말이 사실이냐고 하자, 맹자가 이는 제동 야인(齊東野人)의 말이라고 했다. 《孟子 萬章下》

523 위봉(威鳳) : 봉황으로, 태평 시대에 나타나는 상서이다. 흔히 걸출한 인물에 비유된다. 《시경》 〈권아(卷阿)〉에, "봉황이 훨훨 날아, 저 높은 뫼에서 울도다. 오동이 무성하게 저 산 양지쪽에서 자라도다.〔鳳凰鳴矣, 于彼高岡. 梧桐生矣, 于彼朝陽〕"라고 한 데서 온 말이다.

524 기……자 : 기우(杞憂) 고사를 인용한 것이다. 즉 쓸데없이 걱정하는 것을 말한다. 《열자(列子)》 〈천서(天瑞)〉에 "기(杞)나라에 사는 어떤 사람이 하늘과 땅이 무너지면 몸을 피해 갈 곳이 없음을 걱정하여 침식(寢食)을 잊었다." 하였다.

525 미나리 바치려다 : 원문의 '근헌(芹獻)'은 남에게 물건을 선사하면서 겸양해서 쓰는 말이다. 《열자》 〈양주(楊朱)〉에, "옛사람이 미나리·콩나물 등을 그 고을 부호에게 자랑하니, 부호가 구해다 맛을 보자 입이 부르트고 배가 쓰라렸다. 그래서 뭇사람들이 비웃으니, 그 사람이 크게 부끄러워하였다."라고 한 데서 나왔다. 여기서는 자신의 충정을 보잘것없는 미나리로 비유한 것이다.

526 넓은 집 : 《맹자》 〈등문공 하(滕文公下)〉에 "천하의 넓은 집에 거하고, 천하의 바른 자리에 서고, 천하의 큰 도를 행한다."라는 말이 나오는데, 손석(孫奭)은 《소(疏)》에서 "맹자는 능히 인의에 거함으로써 천하를 넓고 큰 거처로 삼을 수 있음을 말한 것이다."라고 하였고, 주희는 《집주(集注)》에서 "넓은 집이란 인(仁)이다."라고 해석하였다.

절차탁마하여 훌륭한 보필감이 되려네 _대경 磋切資良匹

우뚝 서서 높이 솟은 산악을 발돋움해 바라보고 卓立企嶽峙

용감히 나아가며 터져 나와 흐르는 샘물을 배워야 하네 _의숙 勇進服泉決

의로 옮겨갈 때는 옥을 차지하려는 듯해야 하고 遷義譬獲玉

허물에 침을 놓을 때는 병 고칠 때처럼 해야 하네 _덕재 砭過當愈疾

때를 편안히 여길 적에는 자벌레처럼 몸을 움츠리고[527] 安時蠖用屈

도에 나아갈 때는 잠룡처럼 뽑을 수 없어야 하네[528] _백옥 造道龍不拔

절조를 닦을 때는 한겨울 잣나무와 같아야 하고 勵操大冬栢

욕심을 막을 때는 중류에 우뚝 선 바윗돌 같아야 하네 _대경 障慾中流碣

세상을 바라볼 때는 펴고 접는 방법 써야 하고 觀世用舒卷

기심을 물리칠 때는 살리고 죽이는 것을 잊어야 하네[529] _의숙

527 때를……움츠리고 : 《주역》 〈계사전 하(繫辭傳下)〉에 "자벌레가 몸을 굽혀 움츠리는 것은 장차 몸을 펴기 위함이요, 용과 뱀이 숨는 것은 자신의 몸을 보전하기 위함이다.〔尺蠖之屈, 以求信也, 龍蛇之蟄, 以存身也〕"라는 말이 나온다.

528 도에……한다네 : 《주역》 〈건괘(乾卦) 초구(初九)〉에 "즐거우면 행하고 근심되면 그만둔다. 그 뜻이 확고하여 빼앗을 수가 없는 것이 물에 잠긴 용이다.〔樂則行之, 憂則違之, 確乎不可拔, 潛龍也〕"라고 하였다.

529 기심을 ……하네 : 기심(機心)은 자기의 사적인 목적을 이루기 위하여 교묘하게 꾀하는 마음을 말한다. 바닷가에 사는 사람이 매일 아침 수백 마리의 물새와 벗하며 어울려 노닐었는데, 그의 부친이 자기가 데리고 놀 수 있도록 잡아 달라고 부탁하자, 그다음 날 아침에는 한 마리도 내려와 앉지 않았다는 이야기가 《열자(列子)》 〈황제(黃帝)〉에 나온다.

	屛機忘活殺
쑥 뜯는 사슴이[530] 서로의 울음에 화답하니	苹鹿鳴相和
방 안의 난초는 그 향기 절로 남다르구나[531] _덕재	室蘭臭自別
옥루[532]에서 이 마음 내려다보니	屋漏臨此心
책이야말로 옛날의 철인 그대로구나 _백옥	籤簡儼昔哲
조식과 유정[533]의 담장 밀쳐버리고	且排曹劉墻
함께 주돈이와 이정[534]의 문으로 달려나가세 _대경	共造周程闥
성인의 길이란 끝이 없으니	聖路無窮極
독실히 행하여 날로 나아가려 힘써야 하리 _의숙	慥慥勉日達

530 쑥……사슴이 : 《시경》 〈녹명(鹿鳴)〉에 "사슴이 울어라, 들판에서 쑥을 뜯네. 나에게 반가운 손들 모여 비파 뜯고 피리도 부노라.〔呦呦鹿鳴, 食野之苹. 我有嘉賓, 鼓瑟吹笙〕"라는 구절이 보이는데, 후에 '쑥을 뜯는 사슴〔食苹鹿〕'은 고아한 뜻을 간직한 채 작록을 탐하지 않는 고결한 사람을 뜻하는 말로 사용되었다.

531 방……남다르구나 : 《공자가어(孔子家語)》에 "선한 사람과 같이 지내면 마치 지란(芝蘭)이 놓인 방 안에 들어가 오래 있을수록 그 향내가 나지 않아도 온몸에 젖는 것과 같이 저절로 선에 훈화(熏化)된다."라는 말이 있다.

532 옥루 : 방에서 가장 으슥한 서북쪽 모퉁이로, 사람들의 눈에 잘 뜨이지 않는 곳을 말한다. 《시경》 〈억(抑)〉에 "네가 집에 있을 때를 보건대, 거의 옥루에 부끄럽지 않게 한다.〔相在爾室 尙不愧于玉漏〕" 하여, 혼자 있을 때를 삼가는 신독(愼獨)의 공부를 말하였다.

533 조식과 유정 : 후한 시대 건안(建安) 연간의 시인인 조식(曹植)과 유정(劉楨)은 모두 당대의 문장가로서 조유체(曹劉體)라는 독특한 문체를 이루었다. 두보(杜甫)의 〈장유(壯遊)〉에 "기운은 굴원과 가의의 보루를 무너뜨리고, 눈길은 조식과 유정의 담을 낮게 보누나.〔氣劘屈賈壘, 目短曹劉牆〕"라고 하였다. 《杜少陵詩集 卷16》

534 주돈이와 이정 : 북송 때 성리학의 기초를 다진 주돈이(周敦頤)와 정호(鄭顥), 정이(程頤) 형제를 가리킨다. 즉 학문에 몰두하자는 뜻이다.

종암을 잠시 빌려 사는 중에 공필[535]이 시를 부쳐왔기에 졸옹[536]과 연구를 지어 답하다 신미년(1751)[537]

借居鍾巖 公弼寄詩來 與拙翁聯句 答之 辛未

동산에서 십 년 동안[538] 봄놀이 못 하다가 _뇌연 東山十載罷春遊
오늘 소를 타니 생각이 절로 유유하구나 今日騎牛意自悠
길을 두른 소나무 대나무에 옛날 길 헷갈리고 _졸옹 繞徑松篁迷舊躅
숲 가득한 꽃과 새에 새로운 수심 이는구나 _뇌연 滿林花鳥起新愁
나무꾼은 저벅저벅 푸른 전나무 숲 지나는데 _졸옹 樵人歷歷過蒼檜
술집 아낙네는 쓸쓸히 백발만 남았네 酒媼蕭蕭餘白頭
술 취한 후 그대의 벌목[539] 노래 듣노라니 醉後聞君歌伐木
세 장 끝나기도 전에 눈물 먼저 흐르는구나 _뇌연 三章未竟涕先流

535 공필 : 남공필로, 407쪽 주470 참조.

536 졸옹 : 이덕홍으로, 383쪽 주404 참조.

537 신미년(1751) : 영조 27년으로, 남유용의 나이 54세 되던 해이다.

538 동산에서……동안 : 종암(鍾巖)은 남유용ㆍ이천보ㆍ황경원과 함께 사가(四家)로 일컬어지던 오원의 별장이 있는 곳이다. 오원이 1740년에 세상을 뜬 뒤로 종암에서 노닐지 못하다가 이 시를 짓는 1751년에 다시 이곳으로 오게 되었기에 십 년 동안 봄놀이를 하지 못하였다고 말한 것이다.

539 벌목 : 붕우와 화락하게 지내는 것을 노래한 시이다. 《시경》 〈벌목(伐木)〉에 "꾀꼴꾀꼴 우는 소리여, 그 벗을 찾는 소리로다.〔嚶其鳴矣, 求其友聲〕"라고 하였다. 새가 벗을 찾는 소리를 통해 사람에게 친구가 없어서는 안 됨을 비유한 것이다.

지산 노인[540]이 시골 밭에서 한가로이 지내면서 자득하니[541] 마음에 즐거움이 있었다. 내게 이를 시로써 표현해보라고 하기에 〈귀전지습(歸田之什)〉여섯 편을 지어 그에게 보낸다 병오년(1726)[542]

芝山老人 閒居耕圃 犂然有樂乎心 俾余形以詩 賦歸田之什六篇以遺之 丙午

이하 24수는 4언시에 속한다.

뭉게뭉게 흰 구름　　逢逢白雲

540 지산 노인 : 남성중(南聖重)이다. 《뇌연집》 권1에 〈차운하여 서종조 지산 노인 성중의 그윽한 거처에 부치다〔次韻寄題庶從祖芝山老人 聖重 幽居〕〉라는 시가 실려 있다. 남성중이 남용익의 둘째 아들로 첩 소생이기에 서종조라고 부른 것이다.

541 자득하니 : 원문의 '이연(犁然)'은 자득하여 마음이 느긋한 모양을 가리킨다. 《장자》 〈산목(山木)〉에 "공자가 진채의 사이에서 곤경을 당하여 7일 동안 밥을 지어 먹지 못하고 왼쪽으로는 고목에 의지하고 오른쪽으로는 마른 가지를 두드리며 염제씨의 노래를 불렀다.……나무 두드리는 소리와 사람의 목소리가 풀리듯 사람의 마음에 꼭 맞는 점이 있었다.〔孔子窮於陳蔡之間, 七日不火食, 左據槁木, 右擊槁枝, 而歌猋氏之風.……木聲與人聲, 犁然有當於人心〕"라고 한 말이 있는데, 그 주에 "이연(犁然)은 밭을 가는 자의 땅이 풀어 헤쳐짐과 같다."라고 하였다.

542 병오년(1726) : 영조 2년으로, 남유용이 29세 되던 해이다.

북쪽으로 갔다 남쪽으로 갔다　一北一南
옛날 내가 글을 배울 적에는　昔我學書
가죽 띠에 푸른 옷[543] 입었고　韋帶青衿
중년에 검술을 배울 적에는　中年學劒
매위에 군장[544]을 썼지　韎韋兜鈴
지금 내가 와서 머무는 곳은　今我來止
지산의 북쪽이라네　芝山之陰

뭉게뭉게 흰 구름　逢逢白雲
서쪽으로 갔다 동쪽으로 갔다　一西一東
옛날 내가 동쪽으로 길 떠나　昔我東征
배를 타고 저 부상으로 갔는데[545]　汎彼扶桑
고래 같은 파도가 노를 때리고　鯨波擊楫
그 사이로 해가 떠올랐지　日出其中
지금 내가 와서 머무는 곳은　今我來止
지산의 남쪽이라네　芝山之陽

543 가죽……옷 : 원문의 '위대(韋帶)'는 선비가 벼슬하기 전에 차는 장식 없는 가죽 띠를 말하고, '청금(青衿)'은 옛날 선비들이 입던 푸른색의 의복으로, 곧 선비를 가리킨다.

544 매위에 군장 : '매위(韎韋)'는 적색 가죽으로 만든 군복으로, 고위 군관을 뜻한다. 원문의 '두검(兜鈐)'은 투구 등 군장을 가리킨다.

545 부상으로 갔는데 : 남성중은 1711년에 통신사 서기로 일본에 다녀온 적이 있는데, 그 일을 말하고 있다. 부상은 곧 일본을 가리킨다.

뭉게뭉게 흰 구름 逢逢白雲
저 그윽한 골짜기에 있네 在彼幽谷
지금 나는 늙었지만 今我老矣
어찌 즐겁지 아니하랴 云胡不樂
검을 꺾어 쟁기 만들고 折劒爲犂
말을 팔아 송아지 사서 賣馬買犢
밭 갈고 김매네 載耕載耘
지산 자락에서 芝山之曲

이상 〈흰 구름〔白雲〕〉 3장. 이 장에서는 귀전(歸田)에 대한 생각을 서술하였다. 먼저 나아가고 머문 경위를 설명함으로써 지금의 노쇠한 몸은 더 이상 옛날처럼 건장하지 못하므로 귀전하지 않을 수 없음을 드러내었다.

선민께서 말씀하셨네 先民有言
백성의 살길은 부지런함에 달려있다고[546] 民生在勤
공인과 장사치들은 이랬다저랬다 하며 工賈流易
사람들에게서 이익을 찾지만 求利于人
농민들은 제힘으로 기른 곡식을 먹기에 農食其食
오직 하늘이 낸 백성이라 하였네 曰惟天民
지금 나는 늙었으니 今我老矣
전원으로 돌아가느니만 못하리라 莫如歸田

546 백성의……달려있다고 : 《춘추좌씨전》 선공(宣公) 12년에 "민생은 부지런함에 달려있으니, 부지런하면 궁핍함은 없다.〔民生在勤, 勤則不匱〕"라는 내용이 있다.

나의 밭은 참으로 기름져 我田孔良
그 밭두둑 남동쪽으로 나있다네 南東其疇
그 안에서 힘써 일하며 勤力其中
그밖에는 구하는 것 없네 靡他其求
오직 소화산의 경석(磬石)에 維此少華
농가(農歌)를 실어서 載陳農謳
논밭 사이에서 노래하여 俾歌于畝
우리 농부들을 권면하게 할 뿐이라네 勸我農夫

이상 〈선민(先民)〉 2장. 이 장은 앞의 장을 이어서 근본에 힘써 노력하여 농사지으라는 뜻을 말하였다. 내가 생각하기에 공인이나 장사치들도 기물을 만들거나 물품을 선점해 각자 자신의 힘으로 먹고살지만, 사람들과 교역(交易)하고 난 뒤라야 이익을 얻을 수 있다. 오직 농사만이 천시(天時)를 받들어 하늘이 낸 물건을 기른다. 산에서 직접 농사지어 자신이 기른 곡식을 먹으면서 남에게 아무런 구하는 것 없이 자족하므로 '하늘이 낸 백성〔天民〕'이라고 부른다. 농사짓는 사람이 이를 몰라서는 안 되기에, 이 장에서 이러한 생각을 일으켜 아래에 모두 갖추어 펼침으로써 귀전의 뜻을 굳게 하였다.

올라가는 바람이 물[547]을 녹이고 升風解水
내려오는 바람이 땅을 녹이네 降風解土
물고기가 얼음 위로 튀어 오르고 有魚陟氷
겨울잠 자던 개구리가 문을 뒤흔드네 有蟄震戶
우리들도 이때가 되면 我人及此
우리들 거처에서 일어나 爰起我處

547 물 : 원문은 '水'라고 되어 있으나, '얼음〔氷〕'의 오기로 보인다.

농기구[548]를 정리하여 理我鎡基
전답에서 일할 차비를 하네 將服于畝

우렛소리 울리니 天雷發聲
온화한 기운이 제때 펼쳐지네[549] 淑氣時舒
이때에 우리 농부들 及我農夫
가난한 오두막에서 나와 出我蓬廬
거름도 주고 밭두둑도 태우고 載糞載燒
묵은 밭도 정리하고 새 밭도 일구나니 迺菑迺畬
보리며 기장이며 維牟及秔
없는 것 없이 다 갖추어져 있다네 備我孔無

우는 비둘기 날개를 털고 鳴鳩拂羽
대승[550]은 뽕나무에 앉아있네 戴勝在桑

548 농기구 : 《맹자》 〈공손추 상(公孫丑上)〉에 "비록 지혜가 있다 해도 때를 잘 타는 것만 못하고, 비록 농기구가 있다 해도 때를 기다리는 것만 못하다.〔雖有知慧, 不如乘勢, 雖有鎡基, 不如待時〕"라는 말이 나오는데, 《집주》에서 "'자기(鎡基)'는 농기구이다.〔鎡基, 田器也〕"라고 설명하였다.

549 온화한……펼쳐지네 : 우레가 울리기 시작한다는 것은 봄이 돌아옴을 뜻한다. 순음(純陰)의 달인 10월을 지나 동지가 되면 밑에서 일양(一陽)이 처음 생기는 지뢰복괘(地雷復卦)를 이루게 되는데, 그 괘상(卦象)은 땅속에서 우레가 울리는 것을 상징한다. 두보(杜甫)의 시 〈소지(小至)〉에 "천시와 인사는 날마다 재촉하여, 동지에 양이 생기니 봄이 다시 오네.〔天時人事日相催, 冬至陽生春又來〕"라고 하였다.

550 대승 : 새 이름이다. 이 새가 뽕나무에 내려와 앉을 때면 뽕잎이 피므로 이 새가 뽕밭에 내려오면 잠박을 챙겨서 누에 칠 준비를 한다. 《禮記 月令》

나의 벼 다 심었고 我稼畢藝
나의 밭 모두 일군 뒤 我圃俱興
나의 봄옷 갈아입으니 襲我春服
훨훨 날아갈 것만 같구나 將翱將翔
농사[551]께서 말씀하시길 農師有言
올해는 풍년이 든다 하였네 今年其豐

이상 〈올라가는 바람이〔升風〕〉 3장. 이 장에서는 오직 봄날 농가의 일을 읊었다.

저 울창한 뽕나무 가지 菀彼桑條
그 잎이 늘어졌구나 維葉離離
여자들아, 이 잎 뜯어가서 女子是采
누에들 굶주리게 하지 말지어다 毋使蠶飢
나의 누에들 채반에 있는데 我蠶在箔
그 고치 누렇고 희네 黃白其絲
여자들아, 고치로 실을 자아 女子是績
내가 입을 옷을 지을지어다 以作我衣

중려와 유빈[552]에 仲呂蕤賓

551 농사(農師) : 농사를 담당하는 관원이다. 《사기》 권4 〈주본기(周本紀)〉에 "제요(帝堯)가 기(棄)를 등용하여 농사로 삼으니 천하가 그 이로움을 얻었다."라는 내용이, 한나라 왕찬(王粲)의 《무본기(務本記)》에 "농사를 두어 감찰하고, 전준(田畯)을 두어 살피게 했다."라는 내용이 나온다. 위소(韋昭)는 "농사는 상사(上士)이다."라고 하였다.

바람도 비도 시절과 조화롭네 風雨時和
너의 밭은 어떠한가 爾田若何
나의 새싹들 참으로 훌륭하다네 我苗孔嘉
나의 노복들에게 밥을 먹이고 飯我僕婢
삿갓 쓰고 도롱이 입네 載笠載蓑
가라지 김매고 載鋤其莠
나의 어린 벼를 세우네 立我幼禾

나의 보리로 밥을 짓고 旣炊我麥
나의 아욱으로 국 끓이네 亦羹我葵
사람들이 들로 새참을 가져오니 群饁于野
달콤하기가 마치 엿과도 같네 其甘如飴
나의 보리 얼마나 될까 我麥幾何
삼부[553] 하고도 남음이 있네 三釜有餘
가을걷이가 멀지 않았으니 秋穫弗遠
그때까지는 아마도 버텨줄 수 있으리 庶其繼之

이상 〈뽕나무 가지〔桑條〕〉 3장. 이 장에서는 여름날 농가의 일을 서술하였다. 양잠 또한 농가의 중요한 업무이기 때문에 함께 언급하였다.

울창하구나 저 아름드리 나무 菀彼嘉木

552 중려와 유빈 : 중려는 4월, 유빈은 5월을 각각 가리킨다.

553 삼부 : 삼부(三釜)의 부는 6두(斗) 4승(升) 들이의 용량(容量)을 말한다. 곧 일반인이 한 달 먹을 수 있는 용량에 해당한다.

그 열매 주렁주렁	其實童童
우리 아이 열매를 따고	我兒剝之
나는 광주리로 그 열매 받네	我承以筐
나의 광주리 이미 그득해지자	我筐既盈
나의 품속으로 집어넣네	納我懷中
나의 열매 실로 많듯이	我實孔多
나의 벼 또한 똑같이 많다네	我稼其同

여자는 낫을 쥐고	女兮秉鎌
남자는 마당을 청소하네[554]	男兮滌場
함께 들판으로 나아가보니	偕適于野
나의 벼 주렁주렁 열렸네	我禾穰穰
수확하여 묶은 다음	既穫既束
겨 벗겨내어 날려버리네	載剝載揚
독과 단지 안에 쌀을 담아	甕盎受之
문 닫고 보관한다네	塞戶乃藏

나에게 남은 곡식 있어	我有餘粟
술을 빚을 수 있다네	可以爲酒
나에게 맛 좋은 술이 있어	我有旨酒

554 남자는……청소하네 : 농사일이 다 끝나 타작마당을 청소한다는 말로 10월을 뜻한다. 《시경》 〈칠월(七月)〉에 "구월에 서리가 내리면 시월에 타작마당을 청소한다.〔九月肅霜, 十月滌場〕"라고 하였다.

그대와 함께 즐거워하네[555] 與汝樂胥
농부가 배불리 술에 취하더니 農夫醉飽
일어나 나를 위해 축수하네 起爲我壽
그대는 아흔 살까지 사실 것이고 汝年九十
그대의 집안은 참으로 부귀할 것입니다 汝家寔富

이상 〈아름드리 나무〔嘉木〕〉 3장. 이 장에서는 가을날 농가의 일을 서술하였다. 나무 심는 것 또한 농가의 일이기에 여기에 넣었다.

나의 논 가을걷이 마쳤더니 我田旣收
볏짚이 많이도 생겼구나 稈槀多有
볏짚 엮고 새끼 꼬아 載編載綯
나의 집 담장을 수리한다네 葺我室堵
비록 추적추적 비 내려도 雖有陰雨
나의 집 새는 곳 없으리 我室靡漏
무릇 나의 생계는 凡我契活
모두 남쪽 밭이랑[556]으로부터 온다네 畢自南畝

저 언덕에 땔나무 있고 彼隰有薪

555 그대와……즐거워하네 : 여러 해에 걸쳐 풍년이 이어지는 태평한 세상을 뜻한다. 한나라 반고(班固)의 〈영대시(靈臺詩)〉에 "자주 풍년이 드니, 아아 즐거워라.〔屢惟豐年, 於皇樂胥〕"라고 한 데서 유래하였다.

556 남쪽 밭이랑 : 남쪽으로 향한 밭이랑이라는 뜻으로, 논밭을 가리킨다. 《시경》 〈대전(大田)〉에 "비로소 남묘(南畝)에서 일하여 백곡을 파종한다.〔俶載南畝, 播厥百穀〕"라고 하였다.

산에는 썩은 나무토막 있다네　　山有朽柮
주워다가 말려서　　載掇載暴
나의 온돌 따스하게 하네　　煖我土堗
이불 끌어안고 달게 잠자며　　捉衾熟睡
나의 무릎을 쫙 펴네　　舒我之膝
북쪽으로부터 바람 불어와　　有風自北
펄펄 눈을 내리네　　滂滂下雪

이상 〈나의 밭〔我田〕〉 2장. 이 장에서는 겨울날 농가의 일을 서술하였다. 겨울은 농사가 끝나 백성들의 일이 한가해지므로 집을 수리하고 땔 나무하는 일 등을 다 서술할 수 있었다. 농사에 게으른 자들은 이 즐거움을 얻을 수 없다. 내가 이 장을 농가의 일에 집어넣은 것은 또한 이것으로써 노인들을 북돋으려 함이었다.

〈귀전歸田〉 6편 16장이다.

김생 윤겸[557]의 부채 그림에 쓰다

金生允謙扇畫題

나와 나귀 이미 배에 올라	我驢旣升
말하기를, 그대여 노를 저으라 하니	曰女揚櫓
노를 저어 유유자적 흘러가네	揚櫓悠悠
이 산의 남쪽에	此山之陽
소나무 있고 바위 있어	有松有石
군자께서 배회하네[558]	君子夷猶

557 김생 윤겸 : 김윤겸(金允謙, 1711～1775)으로, 본관은 안동(安東), 자는 극양(克讓), 호는 진재(眞宰)・산초(山樵)・묵초(默樵)이다. 김상헌(金尙憲)의 현손이며, 김수항(金壽恒)의 넷째 아들인 김창업(金昌業)의 서자로 태어났다. 진주 동쪽의 소촌역(召村驛) 찰방을 지냈다. 정선(鄭敾)이 이룬 진경산수화풍(眞景山水畵風)을 이어받아 강희언(姜熙彦), 김응환(金應煥) 등과 함께 정선파(鄭敾派)를 형성하였다. 그러나 정선이나 정선파 화가들의 경향에서 벗어나 자신의 화풍을 갖춘 화가로 평가된다.

558 배회하네 : 원문의 '이유(夷猶)'는 '이유(夷由)'로도 표기하는데, 머뭇거리며 배회함을 이른다. 《초사(楚辭)》 〈구가(九歌) 상군(湘君)〉에 "그대 떠나지 못하고 주저함이여.〔君不行兮夷猶〕"라고 하였는데, 왕일(王逸)은 "'이유'는 망설이는 모양이다."라고 주를 달았다.

나무꾼이 새끼사슴을 잡아서 바쳤으나 남쪽 숲에 놓아주었다. 소주의 〈사냥꾼이 사슴을 잡다〔虞獲子鹿〕〉 운[559]을 쓰다 계축년(1733)[560]

樵人獲子鹿以獻 放之南林 用蘇州虞獲子鹿韻 癸丑

너를 늪으로 돌려보내마 歸女于麋

수초가 뒤섞여있는 곳을 '미(麋)'라고 한다.[561]

으슥한 저 남쪽 모퉁이로 窈彼南陬

혹 언덕에서 잠을 잘 때나 或寢在阿

혹 맑은 물을 마실 때나 或飮淸流

너의 벗 실로 많아 爾友孔祁

어울려 우는 소리 유우유우 들릴 터이나 和鳴呦呦

너는 깊숙한 거처 즐거워하면서 樂爾深居

밖으로 나와 노니는 일 신중히 하여라 愼爾出游

559 소주의……운 : 소주(蘇州)는 당나라 시인 위응물(韋應物)을 가리킨다. 여기서 차운한 시는 〈사냥꾼이 사슴을 잡다〔虞獲子鹿〕〉이다.

560 계축년(1733) : 영조 9년으로, 남유용이 36세 되던 해이다.

561 수초가……한다 : 이 부분은 본문에 간주처럼 표시되어 있지 않으나, 운자를 보거나 내용으로 보아 간주가 확실하므로 간주로 해석한다.

샘물 노래 임술년(1742)[562]

泉水歌 壬戌

〈샘물 노래〔泉水歌〕〉는 옛날 효자 오공(吳公)[563]의 일을 읊은 노래이다. 효자가 능히 고결한 정성으로써 그 부모를 제사 지낼 수 있었기에 하늘이 샘물을 내려주어 그 효를 도왔던 것인데, 군자들은 그의 어짊을 칭송하길 즐기고, 소인배들은 그 기이함을 말하길 좋아한다. 효자가 죽은 지 200년이 지났지만, 나라에서 이 샘을 마시는 사람들은 아직까지도 효자의 일을 능히 말하면서 효로써 서로 권면한다. 그러나 사람 마음이란 오래되면 나태해지는 법, 나는 이 시를 지어 마을에서 부르게 함으로써 나태해진 자들을 경계하고자 한다.

562 임술년(1752) : 영조 28년으로, 남유용의 나이 55세 되던 해이다.

563 효자 오공(吳公) : 오준(吳浚, 1444~1494)을 말한다. 이남규(李南珪)의 《수당집(修堂集)》 권5 〈효감천실기(孝感泉實記) 중간(重刊) 서문〉에 "이 샘은 효자 오공(吳公)이 여묘하던 곳에 있다. 오공은 여막 부근에 먹을 만한 샘물이 없어서 매일 아침저녁으로 몇 리나 되는 먼 곳을 다니면서 물을 길어다가 제찬을 마련하는 데 이바지하였는데, 이 때문에 겨울철이 되면 손발이 얼어서 터졌다. 어느 날 저녁에 갑자기 하늘이 크게 천둥을 치자 여막 부근의 바위 사이에서 샘물이 마구 용솟음쳐 올랐다. 고을의 태수가 이 소문을 듣고 확인을 해 보니 사실이었다. 그래서 태수가 급히 사람을 시켜서 벽돌을 쌓아 우물을 만들어 주었으니, 이 우물이 아직도 남아 있어서 호남 사람들은 지금 이를 가리키면서 그 장소를 서로 전하여 오고 있다."라는 기록이 보인다. 지금 전라북도 고창군 신림면에 효감천(孝感泉)이 남아 있고, 그 앞에는 효자문이 세워져 있어 효(孝)를 교육하는 장소가 되고 있다.

샘물에는 근원이 있어　泉水有源
그 흐름 다할 날이 없네[564]　其流不匱
나라 사람이 여기 와서 샘물 마시며　邦人來飮
옛날 효자를 생각한다네　思古孝子
찬란히 빛나는 효자들은　孝子皇皇
죽은 자 섬기기를 산 자 섬기듯 하였기에　事亡如生
깨끗이 제사 올리면　克明于祀
수저 소리를 들은 듯하였네　如聞匕聲
바닷물이 낮은 습지[565]로 흘러들어와　海濆沮洳
탁한 우물물 사라지지 않았으니　井渾不渫
두(豆)[566]에 올릴 제수들　登豆攸盛
어찌 그 물로 향기롭고 정갈히 할 수 있으리오　曷用芳潔
닭이 울면 반드시 일어나　鷄鳴必興
저 들판 한 가운데를 따라갔네　率彼中野
들판에 시내가 있고　有川在野
짊어지고 온 짐 속엔 병이 있기에　有甁在荷
병이 가득 차면　甁之盈矣

564 그……없네 : 《시경》 〈기취(旣醉)〉에 보면 "효자의 효도 다함이 없는지라, 영원히 복을 받으리로다.〔孝子不匱, 永錫爾類〕"라는 말이 나온다.

565 낮은 습지 : 원문의 '저택(沮澤)'은 낮고 습기가 많은 땅인 진펄, 또는 수초(水草)가 있는 곳이다. 《시경〈분저여(汾沮洳)〉에 "저 분수 가 진펄에서 푸성귀를 뜯네.〔彼汾沮洳, 言采其莫〕"라는 말이 나온다.

566 두(豆) : 제기의 하나로, 신위(神位)의 오른쪽에 국이나 고기·젓 따위를 담는 나무로 만든 제기이다.

마을 바라보며 돌아왔네	望閭而歸
상복[567]은 바람에 펄럭이고	衰裳拂拂
눈비는 서서히 내리는데[568]	雨雪祁祁
하늘이 말씀하시기를, 아아	昊天曰咨
효자로구나 이 사람은	孝哉此人
무엇으로써 이 사람에게 총애를 내릴까	何以寵之
맑은 샘물을 내려야겠구나	錫以淸泉
엎드려 있던 우레가 소리를 내고	雷發其伏
이어져 있던 지맥이 터졌네	地決其脉
콸콸 솟아나는 맑은 샘물은	湜湜滃滃
마치 쏘아대는 것만 같았네	其出如射
의려[569]를 에워싸고	環其倚廬
마치 파낸 것처럼 샘이 생겨나니	如鑿而成
바가지로 뜨고 퍼내어	匏之酌之
그 샘물 취하여 여러 병에 담았네	若取諸罌
이 물로 끓이고 또 삶으니	烹之湘之

567 상복 : 원문의 '최상(衰裳)'은 상복(喪服)으로, 윗옷을 최(衰)라고 하고 아래옷을 상(裳)이라고 한다.

568 눈비는……내리는데 : 원문의 '기기(祁祁)'는 단비가 서서히 내린다는 의미이다. 《시경》 〈대전(大田)〉에 "뭉게뭉게 구름이 일어, 천천히 단비를 몰아와서, 우리 공전에 흠뻑 내리고, 마침내 우리 사전에도 미치었네.〔有渰萋萋, 興雨祁祁. 雨我公田, 遂及我私〕"라는 구절이 있는데, 여기서 유래한 말이다.

569 의려(倚廬) : 부모의 상중에 상주가 거처하는 집으로, 빈소가 있는 문밖의 동쪽 담 밑에 짚으로 지붕만을 덮은 허름한 집이다.

음식이 향기롭고 飮食芬馨

헹구고 또 씻으니 漑之濯之

국그릇이며 술잔이며 맑고 깨끗하네 鉶爵淸明

나라 사람들 모두 와서 구경하더니 邦人來觀

서로서로 이야기 전하여 감탄하지만 相告嗟訝

너희들이 어찌 알겠는가 爾曹何知

이치에 그러한 것이 있다는 것을 理有然者

하늘이 위에 있고 旻天在上

효자가 여막에 있음에 孝子在廬

지성이 서로 감통한 것이 至誠相感

서로 호흡이 맞닿은 듯하였고 如噏如噓

효성에 감동하여 응하였기에 感斯應之

돌연 샘물이 솟은 것이라네 居然出泉

사람과 하늘은 몹시도 가까워 天人甚邇

미더움 있음이 모두 이러한 법 有孚皆然

이 미더움이 크면 是孚而大

봉황도 위의를 드러내고[570] 鳳鳥攸儀

한 나라를 미덥게 하면 孚之一邦

보리에 이삭이 두 개씩 달리며[571] 維麥兩歧

570 봉황도……드러내고 : 《논어》 〈자한(子罕)〉에 "봉황새가 오지 않으며, 황하에서 하도가 나오지 않으니, 나는 그만이로구나!〔鳳鳥不至, 河不出圖, 吾已矣夫〕"라고 한 대목이 있고, 그 주희의 주에 "순임금 때는 봉황이 나타나 위의를 드러내었고 문왕 때에는 기산(岐山)에서 봉황이 운 적이 있다."라고 하였다.

571 보리에……달리며 : 고을 백성들이 수령의 선정을 칭송하리라는 말이다. 후한의

한 집안이 미더워하면 孚于一家
눈 속에 죽순 자라고 얼음에서 잉어 나온다네[572] 雪笋氷鯉
내 말 못 믿는 사람 있거든 有不吾信
이 샘물을 보시오 視此泉水
그 누가 이 샘물 마시고 孰飮此泉
효에 힘쓰지 않으리오 而不勸孝
무릇 어버이 계신 자라면 凡厥有親
이 효자를 본받을지어다 孝子是傚
샘물은 만년토록 泉水萬年
처음처럼 맑게 흐를 것이요 湛湛如始
효자는 만년토록 孝子萬年
아름다운 명성 그치지 않으리니 令聞不已
그 흐름 더럽히지 말고 毋淆其流
그 근원으로부터 멀어지지 말지어다 毋漓其源
샘은 비록 땅에 있으나 泉雖在地

장감(張堪)이 호노(狐奴)에서 전답을 개간하여 백성들의 생활을 풍요롭게 해 주자, 백성들이 '보리에 이삭이 두 개씩 달렸다〔麥穗兩歧〕'고 좋아하면서 노래를 불렀다는 고사가 있다. 《後漢書 卷31 張堪列傳》

572 눈……나온다네 : 효성의 감응으로 인해 발생한 일이다. 《수신기(搜神記)》에 "왕상(王祥)의 계모가 생선을 좋아하였는데, 이때 추위가 몰아쳐 얼음이 꽁꽁 얼었다. 왕상이 옷을 벗고 얼음을 깨고 고기를 잡으려는 참이었는데, 갑자기 얼음이 저절로 쪼개지며 잉어 두 마리가 뛰어나왔다."라고 하였다. 《삼국지(三國志)》〈손호전(孫皓傳)〉의 주(注)에, "오(吳)나라 맹종(孟宗)의 모친이 죽순을 좋아했는데, 겨울철이라 구할 수가 없었다. 그러자 맹종이 대밭으로 들어가 슬프게 우니, 죽순이 올라왔다."라고 하였다.

하늘로부터 온 것이라네 其來自天

샘물〔泉水〕 1장 68구이다.

제주에 새로 부임하게 된 한대숙 억증[573] 의 부채에 써서 이별하다 을축년(1745)[574]

書濟州新牧韓大叔 億增 扇爲別 乙丑

제주가 멀다 말하지 마시오	莫以濟遠
그 누구라고 왕의 신하 아니겠소	孰非王臣
그 누가 제주를 비루하다 하는가	孰謂濟陋
왕의 백성 아닌 자 없거늘	莫非王民
청렴과 위엄으로써 아랫사람들을 엄숙히 다스리고	淸嚴肅下
충성과 용서로써 제 몸을 지킨다면	忠恕衛身
오랑캐 땅에서도 또한 행해질 터	蠻貊亦行
하물며 이 제주 사람들이겠소	矧玆濟人

573 한 대숙 : 한억증(韓億增, 1698~?)으로, 본관은 청주(淸州), 자는 대숙(大淑)이다. 제주 목사, 승지, 대사간 등을 역임하였다.

574 을축년(1745) : 영조21년으로, 남유용의 나이 48세 되던 해이다.

영희전[575]에서의 친향[576]을 마치시고 경현당[577]에서 군신에게 잔치를 베푸셨는데, 성제 4언시를 내리셨기에 공경히 화답하여 바치다 무진년(1748)[578]

親享永禧殿訖 賜群臣宴于景賢堂 降聖製四言詩 恭和以進 戊辰

어용을 새로이 그리고	御容新摹兮
영희전에서 친향하시었네	親享殿中
온화한 모습으로 남면[579]하시고	穆穆南面兮
성자[580]께서는 동쪽에 계시는도다	聖子在東
그 효심에 후손에게 복을 내리시리니[581]	孝思錫類兮
백성들과 함께하기를 바라네	願與民同

575 영희전 : 태조, 세조, 원종(元宗), 숙종의 어진(御眞)을 봉안한 전각으로, 원래 이름은 남별전(南別殿)이었는데 1690년(숙종16)에 영희전으로 개칭하였다. 뒤에 영조와 순조의 어진도 이곳에 함께 봉안하였다.

576 친향 :《영조실록》 24년(1748) 5월 2일 기사에 "임금이 영희전(永禧殿)에서 친향(親享)하기 위해 6일 동안 재계(齋戒)하겠다고 명하였다."라는 내용이 보인다.

577 경현당 : 동궁이 예를 받는 정당(正堂)으로, 경희궁(慶熙宮) 안에 있었다.

578 무진년(1748) : 영조 24년으로, 남유용의 나이 51세 되던 해이다.

579 남면 : 여기서 남면하고 있는 것은 어진 속의 숙종을 가리킨다.

580 성자 : 임금의 아들이므로 여기서는 숙종의 아들인 영조를 가리킨다.

581 그……내리시리니 : 효행이 후손들에게도 아름다운 영향을 미침을 말한다.《시경》〈기취(旣醉)〉에 "효자의 정성이 끝이 없으니 길이 너에게 선을 주리라.〔孝子不匱, 永錫爾類〕" 하였다.

퇴지의 〈박탁행〉에 차운하다 기묘년(1759)

次退之剝啄行 己卯

퇴지(退之 한유(韓愈))와 영숙(永叔 구양수(歐陽修))은 모두 〈박탁행(剝啄行)〉을 지었다. 퇴지는 참언을 근심하고 비방을 두려워하였기에 손님이 찾아와도 응하지 않았고, 영숙은 관직을 그만두고 용감히 물러났기에 손님이 찾아오면 기뻐하였다. 지금 나에게는 퇴지의 근심만 있지 영숙의 용감함은 없어서 그 내용이 이와 같아졌다. 그러나 그 귀결처를 궁구해보건대 또한 같은 솜씨 다른 곡조[582]일 따름이다.

똑똑	剝剝啄啄
손님이 내 집 문을 찾아왔네	有客至門
내 재빨리 응대하지 않았으나	我應不疾
귀가 먹은 것을 두고 어찌 성을 내시오	聾耳何嗔
객이여, 일단 편히 앉으시고	客且安坐
내게 화내지 마시구려	毋我慍然
비록 내가 귀는 어두워도	雖我無聰
입이 있어 말은 할 수 있으니	口也能言
마음으로부터 말이 터져 나올 때면	其發由心
근원으로부터 샘이 흘러나오는 것과 같다오	如流有源

582 같은……곡조 : 곡조가 다른 음악에 대해서도 똑같이 뛰어난 솜씨로 연주하는 것을 이르는데, 여기서는 작품 모두 뛰어난 솜씨를 발휘하는 것을 가리킨다.

따스함으로 바탕 삼아 維質以溫
마치 왕골로 짠 자리 같았거늘 如藉有莞
누가 갈고리가 되어 孰爲其鉤
이간질로 사람을 던져놓고 投人以間
누가 가시가 되어 孰爲其棘
온전한 사람을 망가뜨렸단 말이오 毁人于完
기심이 한번 움직이면 心機一動
삿된 기운이 와서 침범하는 법 邪氣來干
내 그러한 이치 깨닫고 보니 我覺其然
말하는 것도 침묵하는 것도 모두 어렵더이다 語嘿皆難
그래서 군자들은 所以君子
입 다물기를 좋아하고 번거로움을 싫어하는가 보오 好訒惡煩
살기를 도모하는 데도 한계가 있으니 謀生有涯
누가 감히 온전하기를 구하겠으며 孰敢求全
임금을 모시는 데도 도가 있으니 事君有道
어찌 모두 고관대작이라야 하겠소 豈皆高官
내 마음은 물과 같으니 我心如水
파란 일으키지 말고 毋作波瀾
나의 행실은 숫돌과 같으니 我行如砥
기교 따위를 일삼지 말지어다 毋事機關
텅 빈 방이라도 一室空處
천신의 위엄 있나니 有嚴天神
나의 행동 면밀히 살피시고 密相我爲
편안함도 내리시고 어려움도 내리신다오 降休與艱

객이 웃으며 말하기를	客嘻而謝
참으로 옳소이다! 그대가 한 말	諒哉子云
나와 손잡고 함께 돌아가	携手同歸
평생토록 함께 합시다	以卒我年

기로연에 하사하신 임금님의 시에 공경히 화답하다

恭和聖製耆老宴賜詩

기축년(1769, 영조 45년)에 우리 성왕의 보력(寶曆)[583]이 76세가 되셨습니다. 2월 무인일에 문손(文孫)[584]이 백관을 이끌고 대정(大庭)에서 주상께 축수하였으니, 이는 옛날에도 찾아보기 드문 성대한 예식이었습니다. 다음 달 무자일에 주상께서 여러 기로신(耆老臣)들에게 명하여 본사(本社)[585]에 모여 연회를 열라 하시고, 승지(承旨)를 보내 술을 베풀어주셨습니다. 또 시와 비단도 하사하시었으니, 이는 전대에 드문 총애로운 의전(儀典)이었습니다. 신이 비록 이미 늙음을 이유로 물러나긴 하였으나, 이름이 외람되이 기로신 명단에 들어 성대한 연회에 참여하게 되었기에, 손뼉 치며 기뻐하고 송축하는 마음 가눌 길이 없사옵니다. 이에 감히 임금님께서 지으신 시의 첫 번째 시구 중 '노(老)' 자를 운으로 써서 공경히 4언시 1장(章)을 지음으로써 순 임금 조정에서 노래한 〈갱가(賡歌)〉[586]의 여음을 잇고자 하옵니다.

583 보력(寶曆) : 임금의 나이를 높여 부르는 말이다.

584 문손(文孫) : 《서경》 〈입정(立政)〉의 '문자문손(文子文孫)'에서 온 말로 본래는 주나라 문왕(文王)의 자손이란 뜻인데 여기서는 당시 왕세손이었던 정조를 가리킨다.

585 본사(本社) : 기사(耆社)를 말한다. 조선 시대 나이가 많은 임금과 벼슬에서 물러난 일흔 살이 넘은 정2품 이상의 문관들을 예우하기 위해 설치한 관아이다.

586 〈갱가(賡歌)〉 : 순 임금 조정에서 부른 창화가(唱和歌)로, "대신들이 즐거우면 임금이 흥성하고 백관도 화락하리라.〔股肱喜哉 元首起哉 百工熙哉〕"라는 순임금의 노래와 이에 고요(皐陶)가 화답한 "임금님이 밝으시면 신하들도 훌륭하여 만사가 안정되

공당에서 술잔 올리니[587]	公堂稱爵
그 잔치가 국로에게 미치었네	燕及國老
무엇으로써 총애를 내리시었나	何以寵之
임금님께서 쓰신 글이 찬란하구나	有爛奎藻
맛 좋은 술 향기롭고	維醑芳旨
바구니엔 고운 명주 담겼네	維筐纖縞
기로신들 백번 절하며	耆臣百拜
하늘의 보우하심이라 노래하면서	歌以天保
각각 장수를 빌어 올려[588]	各獻爾年
만수무강하옵소서 하였네[589]	於萬壽考

리이다.〔元首明哉 股肱良哉 庶事康哉〕"라는 노래, 그리고 이어서 부른 "임금님이 잗달게 굴면 신하들도 해이해져서 만사가 실패하리이다.〔元首叢脞哉 股肱惰哉 萬事墮哉〕"라는 노래를 가리킨다.《書經 益稷》

587 공당에서……올리니 : 회갑이나 칠순 등 잔치에 축하하는 의미로 술잔을 올리며 축수하는 일을 '칭굉(稱觥)'이라 한다. 여기서는 굉(觥) 자를 작(爵) 자로 바꾸었다. 주공(周公)이 일찍이 빈(豳) 땅을 농정(農政)으로 잘 다스렸던 선조 후직(后稷)과 공류(公劉)의 풍화(風化)를 서술하여 지은《시경》〈칠월(七月)〉에 "시월엔 채마밭 깨끗이 닦고, 두 항아리 가득히 술을 걸러, 염소와 양을 잡아 잔치를 열고, 저 공당에 올라가서, 무소뿔 잔을 들어 비노니, 만수무강하리로다.〔十月滌場, 朋酒斯饗, 曰殺羔羊, 躋彼公堂, 稱彼兕觥, 萬壽無疆〕"라는 말이 나온다.

588 각각……올려 : 원문의 '헌년(獻年)'은 헌수(獻壽)와 같은 뜻으로 역시 환갑잔치 등에 장수를 비는 뜻으로 술잔을 올리는 것을 말한다.

589 만수무강하옵소서 하였네 :《시경》〈하무(下武)〉에 "밝도다. 후세가 있어서 그 조상의 발자취를 계승한다면, 아, 만년토록 하늘의 복을 받으리라.〔昭茲來許, 繩其祖武. 於萬斯年, 受天之祜〕"라는 말이 나오는데, '於萬斯年'에서 '於'는 뜻이 없는 글자이므로, '만년토록'이라고 해석한다. 따라서 원문의 '於萬壽考'는 만년토록 장수한다는 뜻으

신이 감히 늙었다고 말할 수 있으랴　　臣敢曰老
크나큰 은혜 아직 갚지 못한 이 마당에　　大恩未報

로 풀이할 수 있다.

임금님께서 양로례[590]에서 지으신 시에 공경히 화답하다
계사년(1773)[591]

恭和聖製養老禮詩 癸巳

윤3월 초사흘에 주상께서 숙종(肅宗) 때 옛 관례를 삼가 적용하시고, 친히 임하시어 양로례(養老禮)를 행하시었습니다. 어제시(御製詩) 세 수를 내리시어 연회에 입시했던 제신(諸臣)들로 하여금 받들어 지어 바치게 하였으니, 심히 성대한 일이옵니다. 신은 기당(耆堂)[592]으로서 시를 바치옵니다.

왕께서 만수무강의 술잔을 받으시고	王受康爵兮
선대의 발자취 따를 것임을 말씀하시었네[593]	先武是述
머리 누런 늙은이들이 인도하고 보익하니	黃髮引翼兮

590 양로례 : 나이 많고 덕망이 있는 자를 가려서 술과 음식으로써 대접하고 경례(敬禮)하던 의식을 말한다.

591 계사년(1773) : 영조 49년으로, 남유용의 나이 76세 되던 해이다.

592 기당(耆堂) : 조선 시대, 나이 칠십이 넘어 기로소에 든 정이품 이상의 벼슬아치

593 선대의……말씀하시었네 : 《영조실록》 20년(1744) 9월 10일 기사에, "임금이 숭정전(崇政殿)에 나아가서, 왕세자가 백관들을 거느리고 하례하는 것을 받았다. 드디어 교문(敎文)을 반포하기를, '왕은 말하노라. 수역(壽域)에서 교화를 뻗치니 하늘에서 기쁜 경사를 내려 주고, 영수각(靈壽閣)에서 그 아름다움을 짝하매 백성들과 더불어 경사를 함께 하노라. 대개 선무(先武)를 따르고자 하는 것이고, 감히 미문(彌文)을 일삼지는 아니하겠다.……그러므로 이에 교시(敎示)하니, 마땅히 자세히 알기를 바란다.' 하였다."라는 내용이 보인다.

그 무리들 또한 백을 헤아렸네　　其旅亦百
남겨주신 계책 몸시도 편안하여　　詒謨孔燕兮
억만년의 국운을 빌 수 있으리　　祈命維億

〈가짜 월계수는 진짜 대나무만 못하다니〉 여섯 수를 지어 유생에게 보여주다 무오년(1738)

假桂不如眞竹六首 示兪生 戊午

이하 13수는 6언에 속한다.

나에게 월계수 분재 하나가 있는데 유생(兪生)이 이를 뽑아버리고 총죽(叢竹)으로 바꾸었다. 내가 그 까닭을 묻자 유생이 말하기를, "이것은 가짜 월계수이니 진짜 대나무만 못합니다."라고 하였다. 내 그 말을 듣고 느낀 바가 있기에 〈가짜 월계수는 진짜 대나무만 못하다니〉 여섯 수를 지어서 보여주었다.

가짜 월계수는 진짜 대나무만 못하다니	假桂不如眞竹
그대는 이러한 분별일랑 하지 마시오	汝休分別如許
마침내 제대로 된 분별에 이르렀다 해도	畢竟分別得到
조화옹은 어디에 두려고 하시오	欲寘化翁何處

가짜 월계수는 진짜 대나무만 못하다니	假桂不如眞竹
그대는 이처럼 분별하지 마시오	汝休分別如此

마침내 분별함이 지나치게 되면 畢竟分別得過
그대는 그대 몸을 어디에 두려 하시오 汝將汝身安置

내가 보건대 만물이란 모두가 진짜이지만 吾觀物物皆眞
분별에 이르자마자 모두 가짜가 되어버린다오 纔到分別皆假
지인은 이것을 변론하느라 말 많이 했지만 至人辨之多口
성인이 그대로 지나쳐버렸소 聖人依他做過

지인은 상제의 교활한 노비요 至人帝之黠奴
성인은 상제의 능력 있는 자식이라 聖人帝之克子
교활한 노비는 주인의 권세를 옮기길 잘하지만 黠奴善移主權
능력 있는 자식은 인사를 서술하길 잘한다오 克子善述人事

성인은 어찌할 수 없음을 통렬히 깨달아 聖人劇知毋乃
기강이 되는 일원을 터득하였소 只得綱紀一元
하나의 근원 끝나는 때일랑 논하지 마시오 一元竟時休論
그것을 논한다면 그 죄 용서받기 어려우리 論之厥罪不原

하나의 진짜와 하나의 거짓이라는 두 개의 분변 一眞一假二辨
거기에 다시 분별이라는 세 번째 분변 更容分別三辨
분별하지 않음은 또 하나의 분변 不分別又一辨
차라리 입 닫고 분변하지 않음은 어떠하리 何如閉口無辨

소령에서 바다를 바라보며 지은 시를 조생에게 보여주다
신유년(1741)[594]

笑嶺望海示曹生 辛酉

한 점 산색도 용납하지 않고	未饒一點山色
오로지 하늘과 물이 맞닿은 것만 보이네	只見天水相含
바다 바깥엔 세상이 어떤 곳인지 알지 못했는데	不知海外何物
성은으로 바다 남쪽 땅 보게 해주시었네	聖恩猶許海南

처음에 정의(旌義)로 유배한다는 어명[595]이 내려왔기에 이렇게 말한 것이다.

594 신유년(1741) : 영조 17년으로 남유용의 나이 44세 되던 해이다.

595 처음에……어명 : 남유용이 1741년에 상소하여 대훈(大訓)을 논한 일로, 영조가 제주 정의현(旌義縣)으로 유배 보내라는 명을 내렸다가 곧 유배지를 해남현(海南縣)으로 바꾸어서 명한 바 있다. 따라서 이 시는 바로 정의현 유배 명령이 내려온 당시에 지어진 것임을 알 수 있다.

바둑을 두다가 장난삼아 읊다

圍碁戲吟

내가 손님과 함께 바둑을 두고 있었는데, 손님이 말했다. "그대가 검은 돌을 버리고 흰 돌을 취한 것은 흰 것은 양(陽)이요 검은 것은 음(陰)이라는 것을 말하려는 것이오?" 내가 말했다. "그렇소이다. 나의 재주는 약하고 적은 강하다는 것을 나는 잘 알고 있소. 그러니 그대가 나를 이긴다면, 이는 음을 부려서 양을 이기는 셈이 되지 않겠소." 객이 웃으며 말했다. "굽히고 펴고 줄어들고 늘어나는 것은 본디 하늘의 운명이오." 내가 말했다. "비록 그렇기는 하지만 양이 되어서 굽히고 싶지 음이 되어서 펴고 싶지는 않고, 양이 되어서 줄어들고 싶지 음이 되어서 자라나고 싶지는 않소이다."

이 한 판은 그대가 날 좀 봐준 덕분에	一局君且饒我
양이 약해지고 음이 강해지게 할 수 있었네	可使陽弱陰强
그대는 승패가 하늘에 달려 있다고 말하지만	若言成敗在天
나는 그래도 끝까지 양이 될 것이네	我也畢竟爲陽

〈대나무를 보고 장난삼아 읊다〉 한 수를 의숙[596]에게 보내다

戱竹一首贈宜叔

대나무의 성정은 본디 맑고 고요하여　竹性本自淸靜
바람이 불어야 하늘하늘 흔들린다네　風至乃一婆娑
한 번 흔들리는 것조차 안 된다면　一婆娑尙不可
바람 없이 혼자 일렁이는 것은 어떠한가　無風自簸如何

596 의숙 : 이천보로, 400쪽 주452 참조.

총옥천의 수석은 맑고 기이하기가 정연[597] 못지않으나 그저 읍 사람들이 그 기이함을 알지 못할 따름이다. 처음으로 얻은 이름 '칠만총옥'은 내가 명명한 것이다 기묘년(1759)[598]
叢玉川水石淸奇 不下亭淵 特邑人未之奇耳 始名七灣叢玉 余所命也 己卯

산 아래 구비마다 맑은 시내 흐르는데	山下百曲淸川
물결 속에 만 개의 기이한 돌이 잠겨있네	波中萬顆奇石
이 모습 생전 처음 본 뇌옹이지만	千年一遇雷翁
아이들도 총옥인 줄 다 알고 있다네	兒童亦知叢玉

597 정연 : 철원군 정연리(亭淵里)에 있다. 한탄강의 남한쪽 최북단에 있는데, 정자가 절벽 위에 서 있고 강이 굽이져 강물이 흐르지 않기 때문에 붙여진 지명이라고 한다.
598 기묘년(1759) : 영조 35년으로, 남유용이 62세 되던 해이다. 남유용은 이해 3월에 식년회시(式年會試) 시관(試官)의 소명을 어겨 철원부(鐵原府)로 도배(徒配)되었다가 6월에 석방된 바 있다.

경성으로 폄적된 김광중[599]에게 편지 삼아 보내다

경인년(1770)[600]

簡寄鏡城謫尉金光仲 庚寅

밤에 꿈을 꾸었는데, 귀양 가는 사람을 보내며 6언시 한 수를 지어준 듯하였다. 꿈에서 깨어난 후에 열두 글자를 기억할 수 없었으며, 그 사람이 누구인지도 잊어버렸다. 마침내 보충하여 한 편을 완성한 후 부치다.

쫓겨난 신하들을 모두 남쪽 기러기 편에 보내고 　逐臣送盡南鴻

침상 머리엔 오직 오래된 열 글자는 보충하였다. 《주역》만 놓여있네 꿈에서 본 글자이다. 　床頭惟有 十字補 古易 夢得

가지 몇 개 드리운 푸른 소나무를 보라 두 글자는 보충하였다. 　請看 二字補 數枝青松

제대로 산의 경관이 이루고 있지 않은가 꿈에서 본 구절이다. 　好作一山眉目 夢得

599 김광중 : 김익(金熤)으로, 300쪽 주200 참조. 그는 1770년 1월에 필선에 제수되었으나 상소하여 다시 이정렬(李鼎烈)의 일을 언급한 죄로 사근 찰방(沙斤察訪)에 척보(斥補)되었다. 곧 명이 환수되어 보덕, 부응교에 제수되었으나 소를 올리고 지레 나가자 노여움을 사서 경성 판관(鏡城判官)에 제수되었다.

600 경인년(1770) : 영조 46년으로 남유용의 나이 73세 되던 해이다.

응교 김광중[601]이 〈북관시〉 한 축을 보내오고 겸하여 내가 꿈꾸고 지은 육언시에 화답해왔다. 읊조리며 감상하고 난 뒤에 다시 두 수를 두루마리 끝에 적다

金應教光仲寄示北關詩一軸 兼和夢得六言以來 吟賞之餘 又書二首于軸尾

담박함으로 뜻을 밝힐 수 있으니[602] 澹泊可以明志
이 말은 성인께서도 바꾸지 않으시리 斯言聖人不易
영해[603] 그 어디이건 모두가 조정이니 何處嶺海巖廊
지금의 모습을 늘 간직하고 있으시오 常留此時面目

두 번째 수 其二

쫓겨난 신하의 머리 위엔 푸른 하늘뿐 逐臣頭上穹蒼
이 한 구절이면 가히 더불어 《주역》을 말할 수 있겠구려 一句可與言易
이제야 알겠네, 평탄한 길 가는 그윽한 사람[604] 乃知坦坦幽人

601 김광중 : 300쪽 주200 참조.

602 담박함으로……있으니 : 제갈량(諸葛亮)의 〈계자서(誡子書)〉에 "군자의 행동은 고요함으로써 몸을 닦고 검약함으로써 덕을 기르니, 담박한 마음이 아니면 뜻을 밝힐 수 없고, 편안하고 고요한 마음이 아니면 먼 데 이를 수 없다.〔夫君子之行, 靜以修身, 儉以養德, 非澹泊無以明志, 非寧靜無以致遠〕"라는 말이 나온다.

603 영해 : 큰 산과 바다에 인접한 고장으로, 궁벽한 귀양지를 가리키는 말로 쓰인다.

604 평탄한……사람 : 《주역》 〈이괘(履卦) 구이(九二)〉에 "행하는 도(道)가 평탄하

밝디밝은 신의 눈앞에서도 부끄러움 없다는 것을　不媿昭昭神目

시축 중에 '쫓겨난 신하의 머리 위엔 푸른 하늘뿐〔逐臣頭上有穹蒼〕'이라는 구절 하나가 있었는데, 영해(嶺海)로 귀양 간 사람들의 일곱 자 부적이 될 수 있기에 기록하였다.

니, 그윽한 사람이라야 정하고 길(吉)하리라.〔履道坦坦, 幽人貞吉〕" 하였는데, 정이(程頤)의 전(傳)에 "비록 행하는 바가 평탄한 도를 얻었으나 또한 반드시 그윽하고 고요하고 편안한 사람이 처하여야 정고(貞固)하고 길(吉)할 것이다."라고 하였다.

지은이 **남유용(南有容)**

1698(숙종 24)~1773(영조 49). 조선 후기의 문신. 본관은 의령(宜寧). 자는 덕재(德哉), 호는 뇌연(雷淵)·소화(小華), 시호는 문청(文淸)이다. 서울 출신으로, 증조부는 대제학 남용익(南龍翼), 조부는 대사헌 남정중(南正重), 아버지는 동지돈녕부사 남한기(南漢紀), 어머니는 청송심씨(靑松沈氏)이다. 이재(李縡)의 문인이다. 1721년(경종 1) 진사가 되고, 강릉 참봉·영춘 현감 등을 지냈으며, 1740년(영조 16) 알성문과에 급제했다. 정언으로 있을 때 간관은 의리와 시비를 명확히 밝혀야 한다는 상소를 올렸는데, 이것이 탕평책을 펴는 영조의 뜻을 거슬려 해남으로 유배당했다. 1742년 풀려나 홍문관에 등용된 뒤 오랫동안 세자시강원에 있었다. 1747년 응교로 있을 때에는 군덕10조(君德十條)를 진언하여 군주의 성실을 특히 강조했고, 1754년에는 원손보양관이 되어 뒤에 정조가 된 세손을 세살 때 무릎에 앉혀놓고 글을 가르쳤다. 양관대제학·원손사부를 거쳐 예조참판·우빈객이 되었고, 1767년 벼슬에서 물러난 뒤 봉조하가 되었다. 문장과 시에 뛰어났고 글씨에도 일가를 이루었다. 저서로는 《뇌연집》외에도 《명사정강(明史正綱)》·《천의리편(闡義理編)》 등이 있다.

옮긴이

이은영(李恩英)

1965년 충북 음성에서 태어났다. 이화여대 국어국문학과를 졸업하고 동대학원에서 〈조선 초기 제문 연구〉로 박사학위를 받았다. 민족문화추진회 국역연수원 연수부와 일반연구부 과정을 졸업하였다. 현재 이화여대 한국문화연구원 연구교수로 있다. 저서에 《제문, 양식적 슬픔의 미학》·《예와 정의 조화와 변주》, 공역서에 홍길주 문집 《현수갑고》·《표롱을첨》·《항해병함》과 《역주 점필재집》, 《강한집》, 《월곡집》, 《진암집》 등이 있다.

이주해(李珠海)

연세대학교 중어중문학과를 졸업하고 타이완국립대학에서 석사 및 박사학위를 받았다. 현재 이화여자대학교 한국문화원 연구교수로 재직 중이다. 저서로 〈펑쯔카이 만화 고시사(豊子凱漫畵古詩詞)〉(공저), 〈집단감성의 계보〉(공저)가 있고, 역서로 〈육구연집〉, 〈파사집〉, 〈한유문집〉, 〈우초신지〉 등이 있다.

권역별거점연구소협동번역사업 연구진

연구책임자 **김동준**(이화여자대학교 국어국문학과 교수)
공동연구원 **조혜란**(이화여자대학교 국어국문학과 교수)
교열 **김동주**(전통문화연구회 국역위원)
책임연구원 **이은영**(이화여자대학교 한국문화연구원 연구교수)
이주해(이화여자대학교 한국문화연구원 연구교수)
하지영(이화여자대학교 한국문화연구원 연구교수)

뇌연집 4

남유용 지음 | 이은영 · 이주해 옮김
2023년 12월 31일 초판 1쇄 발행
편집 · 발행 학자원
등록 2011.4.6 제2011-14호
주소 (134-814) 서울시 강동구 천호대로 1121
전화 02-6403-1000 | 팩스 02-6338-1001 | 이메일 hakjaone@daum.net

값 40,000원
ISBN 979-11-6247-309-2 94810
979-11-6247-254-5 (세트)